此防伪页系专门制造

※此防伪页内有多层次固定水印，透光看水印清晰，水印凹凸立体感明显。

※此防伪页上有开天窗安全线，安全线在可见光下改变角度可变色，线上印有“自学考试”激光字。

全国高等教育自学考试指定教材

国际金融

（含：国际金融自学考试大纲） 课程代码 00076

（2024年版）

全国高等教育自学考试指导委员会 组编

主 编 聂利君

副主编 李 玫 王琦凡

中国人民大学出版社

·北京·

中国人民大学出版社自考数字教材配套数字资源使用指南

凡是购买正版教材的考生，可凭封面的兑换码免费兑换教材配套数字资源。
数字资源获取方法和使用说明如下：

(1) 扫描并关注“人大社 e 自考”微信公众号。

(2) 点击“课程中心”中的子菜单“兑换中心”。

(3) 刮开本书所附卡片涂层，获取数字资源兑换码，即可兑换教材配套数字资源。

(4) 在“课程中心”中的子菜单“我的课程”里找到已兑换的课程进行学习。

如兑换码有误或有其他问题，请关注“人大社 e 自考”微信公众号并留言。

组编前言

21 世纪是一个变幻莫测的世纪，是一个催人奋进的时代。科学技术飞速发展，知识更替日新月异。希望、困惑、机遇、挑战，随时随地都有可能出现在每一个社会成员的生活之中。抓住机遇、寻求发展、迎接挑战、适应变化的制胜法宝就是学习——依靠自己学习、终身学习。

作为我国高等教育组成部分的自学考试，其职责就是在高等教育这个水平上倡导自学、鼓励自学、帮助自学、推动自学，为每一个自学者铺就成才之路。组织编写供读者学习的教材就是履行这个职责的重要环节。毫无疑问，这种教材应当适合自学，应当有利于学习者掌握和了解新知识、新信息，有利于学习者增强创新意识，培养实践能力，形成自学能力，也有利于学习者学以致用，解决实际工作中所遇到的问题。具有如此特点的书，我们虽然沿用了“教材”这个概念，但它与那种仅供教师讲、学生听，教师不讲、学生不懂，以“教”为中心的教科书相比，已经在内容安排、编写体例、行文风格等方面都大不相同了。希望读者对此有所了解，以便从一开始就树立起依靠自己学习的坚定信念，不断探索适合自己的学习方法，充分利用自己已有的知识基础和实际工作经验，最大限度地发挥自己的潜能，达到学习的目标。

欢迎读者提出意见和建议。

祝每一位读者自学成功。

全国高等教育自学考试指导委员会

2022 年 12 月

目 录

全国高等教育自学考试

国际金融
自学考试大纲

全国高等教育自学考试指导委员会　制定

大纲前言

为了适应社会主义现代化建设事业的需要，鼓励自学成才，我国在 20 世纪 80 年代初建立了高等教育自学考试制度。高等教育自学考试是个人自学、社会助学和国家考试相结合的一种高等教育形式。应考者通过规定的专业考试课程并经思想品德鉴定达到毕业要求的，可获得毕业证书；国家承认学历并按照规定享有与普通高等学校毕业生同等的有关待遇。经过 40 多年的发展，高等教育自学考试为国家培养造就了大批专门人才。

课程自学考试大纲是规范自学者学习范围、要求和考试标准的文件。它是按照专业考试计划的要求，具体指导个人自学、社会助学、国家考试及编写教材的依据。

随着经济社会的快速发展，新的法律法规不断出台，科技成果不断涌现，原大纲中有些内容过时、知识陈旧。为更新教育观念，深化教学内容方式、考试制度、质量评价制度改革，使自学考试更好地提高人才培养的质量，各专业委员会按照专业考试计划的要求，对原课程自学考试大纲组织了修订或重编。

修订后的大纲，在层次上，本科参照一般普通高校本科水平，专科参照一般普通高校专科或高职院校的水平；在内容上，及时反映学科的发展变化，增补了自然科学和社会科学近年来研究的成果，对明显陈旧的内容进行了删减，以更好地指导应考者学习使用。

全国高等教育自学考试指导委员会

2023 年 12 月

I　课程性质与课程目标

一、课程性质和特点

本课程是全国高等教育自学考试金融学（专升本）和投资学（专升本）专业的课程，是为自学考试应考者掌握国际金融基本理论并运用这些基本理论进行实际业务操作而设置的一门专业基础课程。

国际金融是商品经济发展到一定阶段的产物，也是国际贸易和国际经济合作发展的直接结果。国际金融的发展又极大地促进了国际贸易和国际经济合作的发展。在国际经济、金融一体化和全球化的今天，国际金融不仅与一国的国际贸易和国际经济合作紧密联系，而且涉及一国宏观经济的平衡和稳定，涉及国际经济、金融的协调与合作。"国际金融"课程主要从货币金融的角度研究开放条件下国际金融领域的相关问题。本课程具有如下特点。

（一）创新性

随着金融全球化和一体化的发展，国际金融涉及的范围不断扩大，国际金融研究的领域也不断拓宽。一方面，全球范围内国际金融活动极为活跃，新工具、新方法和新问题层出不穷；另一方面，我国开放程度的加深使国际收支平衡和外汇风险管理等一系列问题越来越引起关注，需要在实践中不断摸索和创新。本课程力求将国际金融理论和实践的最新成果体现在相应章节中。

（二）基础性

理论与实践相结合是掌握知识和获取技能的一般途径，对于国际金融的学习来说亦不例外。本教材注重学科知识的全面和系统，教材内容包括国际金融相关的基础知识，从而使自学者对国际金融学科有一个完整而系统的认识。

（三）操作性

设置本课程的目的，是使学生了解和掌握与国际金融领域相关的具体业务、涉外工作所必备的国际金融理论与实务。如人民币汇率制度改革以来，汇率变动的幅度和频率加大，我们面临如下问题：如何强化外汇风险管理，实现储备资产的保值增值；如何调节国际收支，实现人民币汇率的稳定；如何在国际金融市场融资；如何综合运用国际贸易融资方式等。这些都是国际金融理论在实践中的具体应用。

二、课程目标

通过对本课程的系统学习，学生应该达到的基本目标是：系统地掌握国际收支、外汇汇率、外汇交易与外汇风险管理、国际结算、国际贸易融资、国际金融市场、国际货币体系与国际金融机构等方面的基本概念和基本理论，并能够理论联系实际，对现实工作和生活中的国际金融现象和问题进行较为系统和正确的分析，熟练掌握国际金融活动中的各种基本实务操作程序和操作技巧。具体目标包括以下方面：

（1）掌握国际收支、国际储备、国际货币体系、外汇与汇率、外汇交易、汇率风险防范、国际结算、国际贸易融资、国际中长期信贷等国际金融学科的基本概念、基本理论和基本业务知识。

（2）了解我国国际收支、人民币汇率制度变迁等情况，了解国际货币体系的变迁及当今国际货币体系存在的问题。

（3）具备分析国际金融现实问题的能力，掌握各种外汇交易的交易原理和方法，具备防范汇率风险的能力，掌握运用国际金融市场进行融资的方式。

三、与相关课程的联系与区别

国际金融学是金融学研究领域的一个重要分支，是从货币金融角度研究开放经济下内外均衡如何同时实现问题的一门独立学科。国际金融学作为一门新学科，研究的对象是国际货币金融关系，揭示国际货币流通与国际资金融通的基本规律。它的萌芽可追溯到200多年前，是在国际贸易学的基础上产生的。但作为一门独立的学科，它形成于20世纪60年代。第二次世界大战以后，随着生产和资本国际化迅速发展，国家之间的货币金融关系也日益发展。20世纪80年代以来，经济金融化和一体化趋势加速，国际金融的领域不断拓宽，几乎渗透到国际经济和各国经济的各个角落。国际金融在国际经济关系和国民经济运行中的地位日益重要。

国际金融学作为一门具有交叉性质的学科，其综合性可从国际金融学与其他课程的横向比较与纵向比较两方面来认识。从横向看，尽管国际金融学是研究国际经济的货币关系，但在实际研究中带有很强的综合性。例如，分析国际资本流动对经济的影响问题时，突破了货币金融学只对经济的货币面进行分析的做法，而是比较广泛地涉及宏观经济的各个方面；从纵向看，国际金融学的范围覆盖了一个开放经济体的内部、外部以及国际经济关系这一传统上由不同学科进行分工的领域，并且将这三者贯穿起来。

四、课程的重点和难点

本课程的重点内容包括：国际收支（国际收支与国际收支平衡表；国际收支平衡表的分析；国际收支的调节），外汇与汇率，外汇实务，外汇风险管理，国际结算与贸易融资，国际金融市场，国际货币体系等。

本课程的难点内容包括：汇率标价方法，各种外汇交易方式，外汇风险管理办法，国际结算方式。

Ⅱ　考核目标

本大纲在考核目标中，按照识记、领会、简单应用和综合应用四个层次规定考生应达到的能力层次要求。这四个能力层次是递进关系，各能力层次的含义是：

识记（Ⅰ）：要求考生能够识别和记忆本课程中有关国际金融的基本概念，并能够根据考核的不同要求，做正确的表述、选择和判断。

领会（Ⅱ）：要求考生能够领悟和理解本课程中有关国际金融相关原理的内涵及外延，理解相关国际金融知识的区别和联系，并能根据考核的不同要求对国际金融问题进行逻辑推理和论证，做出正确的判断、解释和说明。

简单应用（Ⅲ）：要求考生能够根据已知的国际金融相关资料，对国际金融问题进行本领域的分析和论证，得出正确的结论或给出正确的判断。

综合应用（Ⅳ）：要求考生能够根据已知的国际金融发展状况，对现实中的国际金融问题进行跨章节知识综合分析和论证，并得出解决问题的综合方案。

Ⅲ　课程内容与考核要求

第一章　国际收支与国际储备

一、学习目的与要求

通过本章的学习，要求掌握国际收支、国际收支平衡表等相关的概念，熟悉国际收支平衡表的构成、主要内容、编制原则和方法，能够分析国际收支失衡的原因及影响，掌握国际收支失衡的调节方法，结合我国国际收支状况，进一步加深对国际收支及国际收支平衡表的理解。掌握国际储备的概念、特点及构成，熟悉国际储备的来源、作用及国际储备管理的原则，理解国际储备的需求和适度规模、总量管理和结构管理。重点掌握适度国际储备量的影响因素。

二、课程内容

1. 国际收支概述
2. 国际收支平衡表
3. 国际收支失衡及其调节
4. 国际收支调节理论
5. 国际储备

三、考核知识点与考核要求

1. 国际收支概述

识记：国际收支的定义；居民的概念；国际投资头寸的含义。

领会：国际收支的特征；居民的特例。

简单应用：国际收支与国际投资头寸的区别。

综合应用：根据实例判断一笔交易是否应该纳入国际收支的范畴。

2. 国际收支平衡表

识记：国际收支平衡表的定义；经常账户的构成；资本账户的构成；金融账户的构成。

领会：国际收支平衡表的格式；国际收支平衡表的编制原则；国际收支平衡表分析的意义。

简单应用：国际收支平衡表的结构；贸易收支差额；经常账户差额；资本与金融账户差额；综合账户差额；国际收支平衡表的内容；国际投资头寸表的内容；我国投资头寸表的内容。

综合应用：根据实例分析国际收支平衡表；根据实例分析国际投资头寸表。

3. 国际收支失衡及其调节

识记：自主性交易账户；调节性交易账户；偶发性失衡；季节性失衡；周期性失衡；收入性失衡；货币性失衡；结构性失衡；外汇缓冲政策；支出增减政策；汇率政策；直接管制政策。

领会：国际收支平衡表的平衡与失衡的具体含义；国际收支失衡的原因；国际收支逆差的影响；国际收支顺差的影响；国际收支失衡的自动调节机制。

简单应用：国际收支失衡的经济影响；国际收支失衡调节的对策。

综合应用：根据国际收支失衡实例选择适合的调节方法。

4. 国际收支调节理论

识记：马歇尔-勒纳条件；J 曲线效应；弹性。

领会：弹性论的假定内容；J 曲线效应存在的原因；吸收论的假定与内容 ；货币论的假定与主要观点。

简单应用：弹性论的应用；吸收论的应用；货币论的政策主张。

综合应用：用国际收支调节理论分析现实经济现象。

5. 国际储备

识记：国际储备；国际清偿能力；在国际货币基金组织的储备头寸；特别提款权；黄金储备；外汇储备；国际储备资产安全性；国际储备资产流动性；国际储备资产盈利性；一级储备；二级储备；三级储备。

领会：国际储备与国际清偿能力的异同；国际储备的作用；国际储备的特点；国际储备的来源。

简单应用：国际储备的构成；特别提款权与普通提款权的不同；国际储备收益管理；国际储备资产的结构管理；外汇储备的币种结构管理；外汇储备资产形式的结构管理。

综合应用：国际储备资产管理原则；国际储备结构管理。

四、本章重点与难点

本章重点：国际收支的概念，国际收支平衡表的构成，国际收支失衡及失衡的原因，国际收支不平衡的分析，国际储备与国际清偿能力的概念，国际储备的作用，国际储备的构成。

本章难点：国际收支不平衡的分析，国际储备规模管理。

第二章　外汇与汇率

一、学习目的和要求

通过本章的学习，理解外汇的静态和动态概念以及外汇的三大特征、外汇的分类和外汇在国际经济中的作用、汇率影响经济运行的主要方式；掌握汇率的标价方法和汇率种类、影响汇率波动的主要因素；掌握主要的汇率决定理论；掌握固定汇率制度和浮动汇率制度的区别、汇率制度选择的主要考虑因素，了解汇率制度类型的划分；了解人民币汇率制度变迁的历史，掌握三次汇改的背景及内容。

二、课程内容

1. 外汇
2. 汇率及其标价方法
3. 汇率的决定基础及影响因素
4. 汇率决定理论
5. 汇率变动对经济的影响
6. 汇率制度
7. 人民币汇率制度变迁

三、考核知识点与考核要求

1. 外汇

识记：国际货币基金组织对外汇的定义；静态的外汇；狭义外汇；广义外汇。

领会：我国外汇的构成；外汇的特征。

简单应用：一国货币要成为自由外汇必须具备的三个条件。

2. 汇率及其标价方法

识记：汇率的含义；直接标价法和间接标价法的定义；买入汇率、卖出汇率和现钞汇率的定义；关键货币；套算汇率的定义；固定汇率与浮动汇率；官方汇率与市场汇率；即期汇率与远期汇率。

领会：直接标价法、间接标价法、美元标价法的特点；双向报价法；选择关键货币必须遵循的原则；汇率的种类；电汇汇率、信汇汇率与票汇汇率的区别。

简单应用：根据标价法判断货币升贬值；计算中间汇率；计算套算汇率；判断买入价和卖出价。

综合应用：双向报价法下计算套算汇率。

3. 汇率的决定基础及影响因素

识记：铸币平价；黄金输送点。

领会：金本位制度下汇率的决定；信用货币制度下决定汇率的基础。

简单应用：黄金输入点计算；黄金输出点计算；影响汇率的经济因素。

综合应用：利率如何影响汇率；能结合实际情况分析影响汇率的因素。

4. 汇率决定理论

识记：一价定律；汇兑心理说。

领会：绝对购买力平价理论的内容；相对购买力平价理论的内容；购买力平价理论的局限性；利率平价理论的内容；国际收支说的内容；货币主义汇率理论——弹性说的主要内容；汇率超调模型的内容；汇率超调模型的局限性；资产组合分析法的内容；资产组合

分析法的评价。

简单应用：购买力平价理论的公式；非抵补利率平价理论的公式；抵补利率平价理论的公式；资产组合分析法和货币主义汇率理论的区别。

综合应用：根据汇率决定理论解释汇率变动的原因；根据汇率决定理论预测汇率变动。

5. 汇率变动对经济的影响

识记：贬值改善就业的前提；弹性问题；时间滞后问题。

领会：汇率变动对国内经济的影响；汇率变动对一国涉外经济活动的影响。

简单应用：汇率变动对物价水平的影响；汇率变动对贸易收支的影响；汇率变动对证券市场的影响；汇率变动对国际经济关系的影响。

综合应用：汇率变动对资金流动的影响；分析近年来人民币汇率波动对我国物价和进出口的影响。

6. 汇率制度

识记：汇率制度的概念；美元化；爬行盯住汇率制度；固定汇率制度；浮动汇率制度；货币局制度的含义。

领会：美元化的优势与缺陷；货币局制度的优势与缺陷；爬行盯住汇率制度的优势与缺陷。

简单应用：固定汇率制度的优缺点；自由浮动汇率制度的优缺点。

综合应用：影响汇率制度抉择的主要因素。

7. 人民币汇率制度变迁

识记：贸易汇率；金融汇率。

领会：外汇调剂市场的作用；1994 年汇改的背景与内容；2005 年“7.21 汇改”的背景与内容；2015 年“8·11 汇改”的背景与内容；人民币汇率形成机制改革的中国特色。

简单应用：1994 年汇改的影响与评价；2005 年“7.21 汇改”的影响与评价；2015 年“8·11 汇改”的影响与评价。

综合应用：人民币汇率形成机制改革的方向。

四、重点和难点

本章重点：汇率的标价方法、影响汇率变动的因素、汇率对一国经济的影响、汇率制度的类型及选择、汇率决定理论、人民币汇率形成机制的历次改革。

本章难点：汇率的计算和汇率决定理论。

第三章　外汇实务

一、学习目的与要求

通过本章的学习，理解外汇市场、外汇市场的结构、外汇市场的层次和作用及主要外汇市场概况；能够熟练掌握和运用各种传统外汇交易业务；了解和熟悉外汇衍生交易业务的流程及操作。

二、课程内容

1. 外汇市场
2. 传统外汇交易
3. 外汇衍生交易

三、考核知识点与考核要求

1. 外汇市场

识记：外汇市场；有形市场；无形市场；批发市场；零售市场；自由外汇市场；平行市场；外汇黑市；即期外汇市场；远期外汇市场；外汇银行；外汇经纪人。

领会：外汇市场的特征；外汇市场的种类；无形市场的优势；外汇市场的参与者。

简单应用：外汇市场的层次；外汇市场的作用。

综合应用：主要外汇市场概况。

2. 传统外汇交易

识记：即期外汇交易；标准交割日；隔日交割；当日交割；远期外汇交易；“日对日”；“月对月”；“节假日顺延与不跨月”；择期交易；套汇；两角套汇；三角套汇；套利；抵补套利；不抵补套利；掉期交易。

领会：即期外汇交易交割日的确定；即期外汇交易的功能；远期外汇交易的种类；远期外汇交易的功能；投机交易与保值避险交易的区别；直接报价方式；点数报价方式；择期交易的报价原则；掉期交易的类型；掉期交易的作用。

简单应用：远期汇率的报价；远期汇率升、贴水计算；套汇业务的运用；套利业务的运用。

综合应用：进出口报价综合运用。

3. 外汇衍生交易

识记：外汇期货；外汇期权；看涨期权；看跌期权；双向期权；欧式期权；美式期权；场内交易期权；场外交易期权；互换交易；利率互换；外汇互换。

领会：外汇衍生交易出现的背景；外汇衍生产品市场的发展特征；外汇期货交易的特点；外汇期货交易的功能；外汇期权合约的要素；外汇期权的种类；外汇期权的盈亏分析；影响外汇期权价格的因素；外汇期权的特征；外汇期权交易与远期外汇交易的比较；远期利率协议的作用。

简单应用：外汇期权业务的运用；远期利率业务的运用。

综合应用：外汇期货业务的运用；利率互换的运用案例；外汇互换的交易步骤及运用案例。

四、重点和难点

本章重点：外汇市场相关概念和原理、各种传统外汇交易业务及外汇衍生交易业务。

本章难点：外汇衍生交易业务。

第四章　外汇风险管理

一、学习目的与要求

通过本章的学习，理解外汇风险的概念、类型及构成，外汇风险产生的原因；掌握外汇风险管理内容，掌握和熟练运用防范外汇风险的管理工具；既要学会利用贸易谈判、合同的商洽和经营决策来规避外汇风险，又要善于利用金融工具来规避外汇风险；重点掌握外汇风险种类及防范风险的办法。

二、课程内容

1. 外汇风险概述
2. 外汇风险管理内容
3. 外汇风险管理工具

三、考核知识点与考核要求

1. 外汇风险概述

识记：外汇风险；交易风险；外汇买卖风险；外汇借贷风险；交易结算风险；折算风险；经济风险。

领会：外汇风险的种类；影响交易风险的因素；外汇风险对对外贸易的影响；外汇风险对国际资本流动的影响；外汇风险对涉外企业经营的影响。

简单应用：外汇风险的要素；外汇风险的成因。

综合应用：外汇风险的经济影响。

2. 外汇风险管理内容

识记：外汇风险管理的概念。

领会：外汇风险管理的原则。

简单应用：外汇风险管理的思路。

综合应用：外汇风险管理策略。

3. 外汇风险管理工具

识记：本币计价法；合理选择货币币种的原则；软硬货币搭配法；平衡结汇法；黄金保值条款；硬币保值条款；借款法；投资法。

领会：如何选择币种、优化货币组合；保值条款的内容；“一篮子”货币保值的内容；贸易融资法的内容；价格调整法的内容。

简单应用：提早或延期收付法及应用；BSI 法及其应用；LSI 法及其应用。

综合应用：贸易类外汇风险管理工具的运用；金融类外汇风险管理工具的运用。

四、重点和难点

本章重点：外汇风险的概念、种类及外汇风险的防范方法。

本章难点：针对不同类型的外汇风险综合运用各种防范风险的方法。

第五章　国际结算与贸易融资

一、学习目的与要求

通过本章的学习，了解国际结算体系中银行的角色，熟悉相关的国际票据法律和惯例。熟悉票据基础知识，重点理解票据的基本特征。掌握汇票、本票和支票的概念和基本使用方法，掌握汇款、托收、信用证、国际保理的特点及使用流程。掌握针对进口商和出口商的主要贸易融资方式。

二、课程内容

1. 国际结算中的往来银行
2. 国际结算工具
3. 国际结算方式
4. 贸易融资

三、考核知识点与考核要求

1. 国际结算中的往来银行

识记：国际结算；象征性交货；电子数据交换；国际汇兑；顺汇；逆汇；代理行；控制文件；密押；费率表；账户行与非账户行；往账与来账。

领会：现代国际结算特征；银行在国际结算中的作用；代理行关系建立的步骤；控制文件包括的内容。

简单应用：账户行间的资金支付；如何选择账户行。

2. 国际结算工具

识记：票据；票据权利；汇票；本票；支票；背书；善意持票人；出票；提示；承兑；划线支票；保付支票。

领会：票据的功能；票据的特征；国际票据法系；汇票的基本当事人；票据抬头；背书的形式；汇票的种类；本票的记载项目；本票的种类；支票的内容；支票的种类。

简单应用：汇票的必要记载项目；行使追索权的条件；本票与汇票的异同；支票与汇票的异同。

综合应用：汇票使用中的票据行为；汇票的填制。

3. 国际结算方式

识记：票汇；托收；跟单托收；付款交单；承兑交单；信用证；开证行；受益人；议付行；跟单信用证；假远期信用证；对开信用证；国际保理。

领会：汇款的当事人；汇款的种类；托收的当事人；托收的种类；托收的特点；信用证的性质；信用证的当事人；国际保理的主要当事人；国际保理对进出口商的好处。

简单应用：汇款的业务流程；托收的业务流程；信用证的内容；国际保理的业务流

程；企业适宜采用国际保理的情形。

综合应用：托收业务的风险及防范；关于托收的国际惯例；信用证业务流程；信用证的风险与防范；关于信用证的国际惯例。

4. 贸易融资

识记：贸易融资；打包放款；预支信用证；出口押汇；贴现；融资保理；信托收据；进口押汇。

领会：打包放款的基本操作流程；打包放款的金额和期限；预支信用证与打包放款的异同；信托收据当事人的权利与义务；进口押汇的种类、对象和条件。

简单应用：申请打包放款需要向银行提供的资料；出口押汇的对象及条件；出口押汇的币种、利率和期限；出口押汇的程序；信托收据的风险承担；进口押汇的币种、利率和期限；进口押汇的条件；进口押汇的基本操作流程。

综合应用：企业贸易融资方式的选择。

四、本章重点、难点

本章重点：代理行及其账户的使用、汇票的内容与票据行为、主要结算方式的流程、贸易融资的种类及业务流程。

本章难点：各种结算方式、融资方式下有关主体面临的风险及其防范措施。

第六章　国际资本管理

一、学习目的与要求

通过本章学习，掌握国际资本流动的分类、原因、特点及对经济的影响；掌握国际债务、金融危机、外汇管制及货币自由兑换；掌握国际资本流动的方式及发展趋势。

二、课程内容

1. 国际资本流动概述
2. 国际资本流动的影响
3. 国际债务及金融危机
4. 外汇管制和货币自由兑换

三、考核知识点与考核要求

1. 国际资本流动概述

识记：国际资本流动；官方资本流动；长期资本流动；短期资本流动；直接投资；国际信贷。

领会：直接投资形式；国际信贷的种类；贸易资本流动；银行短期资本流动；保值性资本流动；投机性资本流动。

简单应用：国际资本流动的类型；国际资本流动的原因。

综合应用：国际资本流动的特点。

2. 国际资本流动的影响

领会：长期资本流动对资本输出国的影响；长期资本流动对资本输入国的影响；长期资本流动对世界经济的影响。

简单应用：长期资本流动对经济的影响；短期资本流动对经济的影响。

3. 国际债务及金融危机

识记：外债；负债率；债务率；偿债率；金融危机。

领会：外债的衡量指标；外债概念包含的要素；金融危机的起因。

简单应用：国际债务危机爆发的原因；金融危机的效应与作用。

综合应用：解决国际债务危机的方案；金融危机对国际资本流动的影响。

4. 外汇管制和货币自由兑换

识记：外汇管制；汇率管制；货币自由兑换。

领会：外汇管制的类型；对出口外汇的管制；对进口外汇的管制；对非贸易外汇的管制；对资本输出输入的外汇管制；对黄金、现钞输出输入的管制；货币自由兑换的条件。

简单应用：货币自由兑换的内容；外汇管制的对象；外汇管制的主要内容；外汇管制的方法。

综合应用：货币自由兑换的经济影响；外汇管制的作用

四、重点和难点

本章重点：国际资本流动的概念，国际资本流动对经济的影响，外汇管制的作用和货币自由兑换的条件。

本章难点：国际资本流动与金融危机的关系，货币自由兑换的条件与经济影响。

第七章　国际金融市场

一、学习目的和要求

通过本章的学习，了解金融全球化的表现和影响；掌握国际金融市场的概念和作用；掌握国际金融市场的构成；掌握外国债券和欧洲债券的区别；了解国际黄金市场的供求决定因素；掌握离岸金融市场的概念、类型、特点、形成原因；掌握中长期国际信贷的主要类型及其基本运作原理。

二、课程内容

1. 金融全球化
2. 国际金融市场概述
3. 国际金融市场的构成
4. 离岸金融市场
5. 国际中长期信贷

三、考核知识点与考核要求

1. 金融全球化

识记：金融全球化；金融自由化；金融一体化。

领会：金融全球化的表现形式；金融全球化的利弊。

简单应用：金融全球化与相关概念的区分。

综合应用：金融全球化对不同国家的影响。

2. 国际金融市场概述

识记：国际金融市场；国际金融中心。

领会：国际金融市场形成与发展的条件；国际金融市场的主要发展阶段；国际金融市场发展的新特点。

简单应用：国际金融市场的作用。

3. 国际金融市场的构成

识记：LIBOR；联邦基金利率；国库券；商业票据；银行承兑票据；大额可转让定期存单；贴现；政府贷款；国际债券；外国债券与欧洲债券；国际黄金市场的定义；欧洲式黄金市场；黄金 ETF 基金；国际金融衍生产品市场。

领会：短期信贷市场的基本类型；短期债务证券市场上的信用工具；贴现的票据类型；中长期信贷市场的贷款期限；国际债券市场的发行与利率特点；国际股票市场的特点；国际黄金市场的交易形式。

简单应用：短期信贷市场的贷款条件；政府贷款、国际金融机构贷款、国际银行贷款的区别；外国债券与欧洲债券的区别。

综合应用：国际黄金市场的供给；国际黄金市场的需求。

4. 离岸金融市场

识记：离岸金融市场的含义；国际银行便利。

领会：离岸金融市场的起源与发展；离岸金融市场的特点。

简单应用：区分离岸金融市场的四种类型；分析离岸金融市场发展的原因。

综合应用：离岸金融市场的积极作用与消极影响。

5. 国际中长期信贷

识记：银团贷款；承担费；出口信贷；买方信贷；卖方信贷；混合信贷；福费廷；国际租赁；金融租赁国际项目融资。

领会：银团贷款的手续费；出口信贷的特点；出口信贷的主要类型；买方信贷的条件；买方信贷的特点；买方信贷的贷款原则；福费廷业务的条件；福费廷业务的特点；福费廷业务的程序和做法；福费廷业务对进出口商的利弊；国际租赁的特点；国际租赁的形式；国际租赁的程序；项目融资的特点；项目融资的类型。

简单应用：银团贷款的条件；福费廷与一般贴现的区别；福费廷与保理业务的区别；买方信贷的程序和做法；卖方信贷的程序；项目融资与世界银行项目贷款的区别。

综合应用：国际中长期信贷主要类型的应用。

四、本章重点与难点

本章的重点：金融全球化的影响；外国债券和欧洲债券的区别；国际黄金市场的供求；离岸市场产生的原因；国际中长期信贷的形式与运作。

本章的难点：国际金融市场的构成以及出口信贷、福费廷、项目融资等业务的程序。

第八章　国际货币体系与国际金融机构

一、学习目的与要求

通过本章的学习，掌握国际货币体系的演变进程；国际金本位制最终崩溃的原因；布雷顿森林体系产生和崩溃的原因；三次美元危机的爆发和拯救方式；牙买加体系的主要内容和特点；现行国际货币体系存在的问题和欧洲货币体系的影响；现有的主要国际金融组织的宗旨、组织结构及主要业务；了解现行国际货币体系状况。

二、课程内容

1. 国际货币体系概述
2. 国际金本位制
3. 布雷顿森林体系
4. 牙买加体系
5. 区域货币一体化
6. 国际金融组织
7. 区域性国际金融机构

三、考核知识点与考核要求

1. 国际货币体系概述

识记：国际货币体系的概念。

领会：国际货币体系核心内容。

简单应用：国际货币体系的作用。

综合应用：国际货币体系发展。

2. 国际金本位制

识记：金币本位制的含义；金块本位制的含义；金汇兑本位制的含义。

领会：国际金本位制的特点。

简单应用：国际金本位制的类型。

综合应用：国际金本位制的崩溃。

3. 布雷顿森林体系

识记：怀特计划的内容；凯恩斯计划的内容。

领会：布雷顿森林体系的建立；布雷顿森林体系的基本内容；布雷顿森林体系的政策

效果。

简单应用：布雷顿森林体系的崩溃。

综合应用：布雷顿森林体系时期的各种货币改革方案。

4. 牙买加体系

识记：黄金非货币化；汇率目标区。

领会：牙买加体系的形成；牙买加体系的主要内容；对牙买加体系的政策评价。

简单应用：现行国际货币体系现状。

综合应用：国际货币体系改革相关方案。

5. 区域货币一体化

识记：最适度货币区理论。

领会：欧元创立的背景。

简单应用：欧元区的运行困境。

综合应用：欧元的出现对现行国际货币体系的影响。

6. 国际金融组织

识记：国际金融组织；世界银行集团；国际开发协会；国际金融公司；国际清算银行。

领会：国际金融组织产生与发展；国际金融组织的分类；国际金融组织建立的目的及作用；国际货币基金组织的责任和宗旨；国际货币基金组织的基本职能；国际货币基金组织的资金来源；国际货币基金组织的业务；国际复兴开发银行的宗旨；国际复兴开发银行的组织结构；国际复兴开发银行的资金来源；国际开发协会的宗旨；国际开发协会的组织结构；国际开发协会的资金来源；国际金融公司的宗旨；国际金融公司的组织结构；国际金融公司的资金来源；多边投资担保机构的业务内容；国际投资争端解决中心的任务；国际清算银行的职责；国际清算银行的组织机构；国际清算银行的资金来源。

简单应用：国际货币基金组织的组织结构；世界银行的主要业务活动；国际开发协会的主要业务；国际金融公司的主要业务；国际清算银行的主要业务。

综合应用：各国际金融组织的宗旨、职能、资金来源、业务的比较。

7. 区域性国际金融机构

识记：亚洲开发银行。

领会：亚洲开发银行的宗旨；亚洲开发银行的组织结构；亚洲开发银行的资金来源；非洲开发银行的宗旨；加勒比开发银行的宗旨；欧洲复兴开发银行的宗旨；欧洲投资银行的宗旨；美洲开发银行的宗旨。

简单应用：亚洲开发银行的主要业务。

综合应用：亚洲基础设施投资银行的运作。

四、重点和难点

本章重点：三种国际货币体系的特点及其评价；各类国际金融组织和区域性国际金融机构的宗旨及业务。

本章难点：最适度货币区理论。

Ⅳ　关于大纲的说明与考核实施要求

一、课程自学考试大纲的目的和作用

课程自学考试大纲是根据专业自学考试计划的要求，结合自学考试的特点而确定。其目的是对个人自学、社会助学和课程考试命题进行指导和规定。

本课程自学考试大纲明确了本课程学习的内容以及广度、深度，规定了课程自学考试的范围和标准。因此，它是编写自学考试教材和辅导书的依据，是社会助学组织开展自学辅导的依据，是自学者学习教材、掌握课程内容知识范围和程度的依据，也是进行自学考试命题的依据。

二、课程自学考试大纲与教材的关系

课程自学考试大纲是进行学习和考核的依据，教材是学习掌握课程知识的基本内容与范围，教材的内容是大纲所规定的课程知识和内容的扩展与发挥。课程内容在教材中可以体现一定的深度或难度，但大纲中对考核的要求适当。

大纲与教材所体现的课程内容一致；大纲里面的课程内容和考核知识点，教材里会全部体现，但教材里有的内容，大纲里并不一定体现。如果教材是推荐选用的，其中有的内容与大纲要求不一致的地方，应以大纲的规定为准。

三、关于自学教材

《国际金融》，全国高等教育自学考试指导委员会组编，聂利君主编，中国人民大学出版社，2024 年版。

四、关于自学要求和自学、应考方法的指导

本大纲的课程基本要求是依据专业考试计划和专业培养目标而确定的。课程基本要求还明确了课程的基本内容，以及对基本内容掌握的程度。基本要求中的知识点构成了课程内容的主体部分。因此，课程基本内容掌握程度、课程考核知识点是高等教育自学考试考核的主要内容。

为有效地指导个人自学和社会助学，本大纲已指明了课程的重点和难点，在章节的基本要求中一般也指明了章节内容的重点和难点。

本课程共 6 学分。

关于自学和应考的建议：

1. 各章学时建议

在学习每章内容之前，先认真阅读自学考试大纲中该章的具体考核知识点，做到学习时有的放矢。从每章案例引出的问题入手，建立对各章的整体认识框架。全书由八章构成，各章建议学时如下：

章	名称	建议学时
第一章	国际收支与国际储备	18
第二章	外汇与汇率	12
第三章	外汇实务	18
第四章	外汇风险管理	8
第五章	国际结算与贸易融资	12
第六章	国际资本管理	12
第七章	国际金融市场	10
第八章	国际货币体系与国际金融机构	10

2. 如何学习

合理计划和组织是你学习成功的法宝。如果你正在接受培训和学习，一定要跟紧课程并完成作业。为了在考试中作出满意的回答，你必须对所学课程内容有很好的理解。使用“行动计划表”来监控你的学习进展。阅读课本时可以做读书笔记，如有需要重点关注的内容，可以用彩笔来标注。如：红色代表重点；绿色代表需要深入研究的领域；黄色代表可以运用在工作之中。可以在空白处记录相关网站、文章。

3. 如何考试

卷面整洁非常重要。书写工整、段落与间距合理、卷面赏心悦目有助于教师评分，教师只能为他能看懂的内容打分。回答所提出的问题时，要回答所问的问题，而不是回答你自己乐意回答的问题，避免超过问题的范围。

如果你在考试中紧张，试试下列方法：使用“线索”纸条。进入考场之前，将记忆“线索”记在纸条上，但你不能将纸条带进考场，当你阅读考卷时，一旦有了思路就快速记下。按自己的步调答卷。为每个考题或部分合理分配时间，并按此时间安排进行。

“国际金融”是一门实践性很强的课程，考生在学习过程中应注重理论联系实际，通过学习提高分析实际问题和解决实际问题的能力；要熟练掌握各章的基本概念、基本原理和基本知识，做到融会贯通、举一反三。

五、对考核内容的说明

1. 本课程要求考生学习和掌握的知识点内容都作为考核的内容。课程中各章的内容均由若干知识点组成，在自学考试中成为考核知识点。因此，课程自学考试大纲中所规定的考试内容是以分解为考核知识点的方式给出的。由于各知识点在课程中的地位、作用以及知识自身的特点不同，自学考试对各知识点分别按三个或四个认知层次确定其考核要求。

2. 在考试之日起6个月前，由全国人民代表大会和国务院制定或修订的法律、法规都将列入相应课程的考试范围。凡大纲、教材内容与现行法律、法规不符的，应以现行法律法规为准。

六、关于考试方式和试卷结构的说明

1. 本课程的考试方式为闭卷，笔试，满分100分，60分及格。考试时间为150分钟。

2. 本课程在试卷中对不同能力层次要求的分数比例大致为：识记占20%，领会占30%，简单应用占30%，综合应用占20%。

3. 试题的难度可分为易、较易、较难和难四个等级。必须注意试题的难易程度与能力层次有一定的联系，但二者不是等同的概念。在各个能力层次中，对于不同的考生都存在着不同的难度。在大纲中要特别强调这个问题，切勿混淆。

4. 课程考试命题的题型一般有单项选择题、多项选择题、名词解释题、简答题、计算题、论述题等。

附录：题型举例

一、单项选择题：在每小题列出的备选项中只有一项是最符合题目要求的，请将其选出。

1. 国际收支平衡表中最基本、最重要的账户是

A. 经常账户　　B. 金融账户

C. 资本账户　　D. 误差与遗漏净额账户

2. 远期外汇合同到期前的任何一天，客户可以放弃合同执行的外汇业务是

A. 择期业务　　B. 欧式期权业务

C. 远期外汇业务　　D. 美式期权业务

二、多项选择题：在每小题列出的备选项中至少有两项是符合题目要求的，请将其选出。错选、多选、少选或未选均无分。

3. 某国进口商以美元计价从美国进口谷物，约定三个月后支付货款，为避免汇率风险，该进口商可在该国外汇市场

A. 卖出三个月期汇美元　　B. 卖出美元现汇

C. 买入三个月期汇美元　　D. 买入三个月美元期权

E. 买入三个月择期美元

4. 出口商可以获得的贸易融资方式包括

A. 信托收据　　B. 打包放款　　C. 预支信用证　　D. 福费廷

E. 融资保理

三、名词解释题

5. 外汇风险

6. 特别提款权

四、简答题

7. 简述买方信贷的特点。

8. 简述利率平价理论的内容。

五、计算题

9. 若一家位于纽约的 A 银行给出的汇率报价是：

即期汇率：£1＝＄1.265 0～60

1 个月期：12～8

2 个月期：28～16

3 个月期：38～26

试计算：

（1）A 银行买入 1 个月期美元的具体价格是多少？

（2）客户买入 2 个月期英镑的具体价格是多少？

（3）客户卖出 3 个月期美元的具体价格是多少？

10. 某日纽约外汇市场牌价为：1 英镑＝1.257 6～1.268 3 美元

伦敦外汇市场牌价为：1 英镑＝1.159 3～1.160 9 欧元

法兰克福外汇市场牌价为：1 欧元＝1.082 0～1.086 9 美元

某机构若用 1 亿欧元进行套汇，试计算其套汇收益。

六、论述题

11. 试论当一国国际收支逆差时，如何采用各种政策进行国际收支调节？

12. 试论影响汇率变动的经济因素。

大纲后记

《国际金融自学考试大纲》是根据《高等教育自学考试专业基本规范（2021 年）》的要求，由全国高等教育自学考试指导委员会经济管理类专业委员会组织制定的。

全国高等教育自学考试指导委员会经济管理类专业委员会对本大纲组织审稿，根据审稿会意见由编者做了修改，最后由经济管理类专业委员会定稿。

本大纲由中央财经大学聂利君副教授编写；参加审稿并提出修改意见的有中国人民大学王芳教授、中国人民大学王晋斌教授、中央民族大学郭利华教授。

对参与本大纲编写和审稿的各位专家表示感谢。

全国高等教育自学考试指导委员会
经济管理类专业委员会
2023 年 12 月

全国高等教育自学考试指定教材

国际金融

全国高等教育自学考试指导委员会　组编

编者的话

党的二十大报告提出，我国要“推进高水平对外开放”，“积极参与全球治理体系改革和建设”。在党领导金融工作的历程中，扩大金融对外开放是重要内容，也是推动我国金融理论与实践不断发展的动力源泉。

《国际金融》是为了适应高等教育自学考试金融学、投资学专业教学的需要，按照课程考试大纲规定的学习和考核范围编写而成的。

在教材内容设计和写作方法上，我们充分考虑自学考试的特点。首先，每一章都以案例作为切入点，将本章的知识点及其逻辑关系呈现出来，让学生带着问题进入每章的学习，并结合每章的具体内容列出学习目标和学习方法，引导学生自学；其次，在正文写作中，我们以新时代中国金融高水平对外开放的精神为指引，在详细阐述国际金融的基本知识、基本原理和业务的同时，也特别注重实践应用，每章都附有多个专栏，进行知识拓展和深化，以增加教材的可读性与时代性。最后，为了适应自考学生自主学习的特点和需求，对于每章重要的知识点，通过“本章小结”的形式予以强化，各章还安排了思考题，引导学生回顾和复习重难点问题。

本教材采用立体教材的开发形式，除了纸质版的教材外，还附带有大量的电子资源，这些电子资源包括课程的 PPT 以及每一章的习题。这些习题形式多样化，并且都附有详细的参考答案和解析，方便学生在自学之余测试学习效果，帮助学生巩固所学知识和提高应用能力。

本教材由中央财经大学聂利君副教授担任主编，北京工业大学李玫副教授、包头铁道职业技术学院王琦凡高级讲师担任副主编。各章分工如下：聂利君负责第一章、第二章、第三章、第五章、第七章的编写；李玫负责第四章的编写；王琦凡负责第六章、第八章的编写。聂利君副教授和李玫副教授负责统稿。

中国人民大学王芳教授、王晋斌教授，中央民族大学郭利华教授对本书大纲和初稿进行了评审并提出了许多宝贵的、富有建设性的意见，在此深表谢意！

在编写过程中，我们参考了大量的学术文献和研究资料，以确保内容的准确性和可靠性，在此我们对相关作者深表感谢。由于编者水平有限，书中不当与疏漏之处在所难免，欢迎广大读者提出宝贵意见和建议，以便我们不断改进和完善。

编者
2023 年 12 月

第一章 国际收支与国际储备

学习目标

通过本章的学习，要求掌握国际收支、国际收支平衡表等相关的概念，熟悉国际收支平衡表的构成、主要内容、编制原则和方法，能够分析国际收支失衡的原因及影响，掌握国际收支失衡的调节方法，结合我国国际收支状况，进一步加深对国际收支及国际收支平衡表的理解。掌握国际储备的概念、特点及构成，熟悉国际储备的来源、作用及国际储备管理的原则，理解国际储备的需求和适度规模、总量管理和结构管理。重点掌握适度国际储备量的影响因素。

学习方法

1. 预习法。通过预习，了解本章的内容，对国际收支、国际储备及国际收支平衡表有一个初步的把握。

2. 联系学习法。国际收支反映了一国国际金融的宏观状况，将国际收支与国际储备、外汇、汇率、国际资本管理、国际结算与国际贸易融资联系起来学习，有助于把握国际收支平衡表的构成、国际收支的变动，可以更好地理解一国对外经济交往的整体状况。

3. 完成本章末的思考题。

案例导读

2023 年 2 月 13 日，国家外汇管理局公布了 2022 年第四季度国际收支平衡表初步数据。国际收支平衡表初步数据显示，在海外俄乌冲突风险外溢、美联储激进紧缩等超预期冲击下，2022 年我国经常账户顺差扩大，国际收支基本项目强劲，资本流出增加但趋于收敛，对外经济部门经受住了资本流动冲击和汇率宽幅震荡的考验。

2022 年中国经常账户顺差高达 4 175 亿美元，是仅次于 2008 年 4 206 亿美元的历史次高。2022 年中国货物贸易顺差达到 6 856 亿美元，创下历史新高，历史次高为 2015 年的 5 761亿美元。2022 年中国服务贸易逆差仅为 943 亿美元，这是自 2012 年以来的新低。

2022 年，从国际收支平衡表来看，中国增加了 982 亿美元外汇储备，2022 年，中国储备资产中的货币黄金项增加了 35 亿美元，这意味着中国政府在境外购买了黄金。事实上，这是自 2009 年以来中国政府首次在境外购买黄金。

请根据以上材料思考下列问题：

1. 国际收支平衡表包括哪些内容？这些内容在国际收支平衡表的地位如何？

2. 一国的国际收支顺差或者逆差是如何计算出来的？

3. 一国国际储备增加的原因有哪些？一国调整国际储备结构的考量因素有哪些？

第一节　国际收支概述

一、国际收支的定义

国际收支的概念产生于 17 世纪。1948 年国际货币基金组织（IMF）成立初期出版了《国际收支手册》（第一版），国际收支正式成为统计项目。按照 IMF 规程要求，其所有成员（国家或经济体）有义务定期向其报送国际收支统计数据。随着国际社会和经济发展，IMF 也在不断修改和完善该手册内容，并于 2009 年推出《国际收支和国际投资头寸手册》（第六版）。2015 年我国开始按照第六版的标准编制国际收支平衡表。

国际收支是特定时期内（一个月、三个月、半年或者一年）某一经济体（或国家/地区）居民与非居民之间全部经济交易的系统记录，它反映了该经济体与其他经济体之间发生的进出口贸易、投融资往来等各类经济交易的经济过程或者现象，以及对外金融资产负债的存量变化。国际收支统计数据是全面反映一个经济体对外的贸易、金融投资及收益的变动、金融资产负债存量等情况的重要统计信息。国际收支统计数据通过汇总整理，最终形成国际收支平衡表和国际投资头寸表。

国际收支包括三个方面：（1）某一经济体与其他经济体之间商品、劳务和收益等的交易行为。（2）该经济体所持有的货币黄金、特别提款权的变化以及与其他经济体债权债务关系的变化。（3）凡不需要偿还的单方面转移的项目和相对应的项目，由于会计上必须用来平衡的尚未抵消的交易及不易互相抵消的交易。

国际收支有狭义与广义两个层面的理解。狭义的国际收支是指一个经济体在一定时期内，由于经济、文化等各种对外经济交易而发生的，必须立即结清的外汇收入与支出。它建立在现金或支付基础上，可以简单地理解为一国的外汇收支，只要涉及外汇收支的经济交易都属于国际收支。广义的国际收支是指某一经济体居民与非居民之间发生的所有经济交易活动的汇总。它是以交易为基础，不仅包括贸易收支和非贸易收支，也包括资本的输入和输出；不仅包括已实现的外汇收支交易，也包括未实现的外汇收支交易。这是因为在国际经济交易中，并非所有的交易都必须涉及货币的支付，如补偿贸易、以实物形式提供的无偿援助和投资等只是单方面转移，不属于狭义的国际收支范畴。鉴于此，国际货币基金组织建议采用广义的国际收支概念。

二、国际收支的特征

国际收支具有以下几个方面的特征。

（一）国际收支记载的是居民与非居民之间发生的经济交易

国际收支强调的是居民与非居民之间的交易，同一经济体的居民之间的交易不属于国际收支。

居民是指在一国长期从事生产和消费的自然人或法人，居民不等于公民。居民有自然人居民和法人居民。自然人居民是在该国居住时间长达一年以上的个人，既包括本国公民，也包括在本国居住一年以上的外国公民。法人居民是在该国从事经济活动的各级政府机构、企业和非营利团体，既包括本国政府、企事业单位，也包括在本国开展经营活动的外国企业。关于居民的概念，有以下几个特例要特别注意。

1. 国际组织是任何国家的非居民

联合国、国际货币基金组织、世界卫生组织等各类国际性机构或组织，无论是总部还是派出机构，对任何国家来说都是非居民。例如亚洲基础设施投资银行总部位于中国北京，但其对中国来说是非居民，其与中国发生的各项交易均要列入中国的国际收支。

2. 外国使领馆是派出国的居民

外国使领馆属于一国领土的延伸，所以外国使领馆属于外国居民。例如，中国驻美大使馆在地理位置上位于美国首都华盛顿特区，但其属于中国居民。相应的官方外交使节、驻外军事人员尽管在东道国生活居住一年以上，但他们均不属于东道国居民，而属于派出国居民。

（二）国际收支是在特定时期内经济交易的系统的货币记录

国际收支强调的是在特定时期内发生的所有国际经济交易，不论其是否已经支付或结清。这些经济交易既包括直接以外汇资金收付实现的交易，也包括没有外汇资金收付的只是以货币表示的资产转移。例如我国向巴基斯坦捐赠价值 1 亿美元的药品，这笔交易没有发生现金收付，但药品经过海关完成出口了，属于经济交易，所以也要列入国际收支。

（三）国际收支是一个流量概念，不是存量概念

国际收支记载的是特定时期内的发生额，而不是某一时点的余额或持有额。它是按期统计的国际经济交易量，并对已经发生的交易进行统计、记录，统计期可以是一个季度、半年或一年，通常为一年。

三、国际投资头寸的含义

国际投资头寸（International Investment Position，IIP）是与国际收支相联系的一个的概念，不过两者也存在着区别。国际投资头寸反映的是某一时点上（如年末）某一经济体对外金融总资产与对外金融总负债的差额。国际收支是一个流量概念，而国际投资头寸是一个存量概念。

第二节　国际收支平衡表

一、国际收支平衡表的定义

国际收支平衡表是一国对一定时期（一个月、三个月、半年、一年）内的国际经济交易，根据交易的特征和经济分析的需要，分类设置账户，并以复式记账原则进行系统记录的报表。国际货币基金组织 2009 年出版的《国际收支和国际投资头寸手册》（第六版）对国际收支平衡表的标准作了统一的规定。国际收支平衡表由经常账户、资本与金融账户、误差与遗漏净额账户三部分组成。国际收支平衡表的标准格式如表 1－1 所示。

表 1-1 国际收支平衡表

国际收支	借方	贷方	差额
经常账户			
货物和服务			
货物			
服务			
初次收入			
雇员报酬			
利息			
公司的已分配收益			
再投资收益			
租金			
二次收入			
对所得等征收的经常性税收			
非寿险净保费			
非寿险索赔			
经常性国际转移			
其他经常转移			
养老金权益变化调整			
经常账户差额			
资本账户			
非生产非金融资产的取得/处置			
资本转移			
资本账户差额			
净贷出（+）/净借入（-）			
金融账户（按职能类别）	金融资产净获得	金融负债净产生	差额
直接投资			
证券投资			
金融衍生工具			
其他投资			
储备资产			
资产/负债变化总额			
净贷出（+）/净借入（-）			
误差与遗漏净额			

国际收支平衡表反映和说明某经济体的国际收支状况。它是对一定时期某一经济体国际收支的具体的、系统的统计和记录，可综合反映该经济体的对外经济发展、国际收支平

衡状况、国际收支结构及储备资产的增减变动情况，为其制定开放经济下的宏观经济政策、采取相应的调控措施提供基本依据。

二、国际收支平衡表的编制原则

（一）复式记账原则

国际收支平衡表是采用复式记账原则进行编制的。复式记账原则是国际会计的通行标准，它规定：任何一笔交易要求同时作借方记录和贷方记录，即“有借必有贷，借贷必相等”。

国际收支中每笔交易的记录均由两个金额相等但方向相反的分录组成，对于每笔交易，各方都记录一个与之相应的贷方分录和借方分录：

贷（CR.）：货物和服务出口、应收收入、资产减少或负债增加

借（DR.）：货物和服务进口、应付收入、资产增加或负债减少

一切收入账户或负债增加、资产减少的账户，都应列入贷方；一切支出账户或资产增加、负债减少的账户都应列入借方；每笔交易由两个金额相等、方向相反的会计分录组成，贷方分录合计金额与借方分录合计金额相等。贷方表示实际资源出口和对外资产减少或对外负债增加，借方表示实际资源进口和对外资产增加或对外负债减少。例如货物出口收入在国际收支平衡表中贷记货物贸易出口、借记对外存款资产增加；外商来华直接投资现汇流入在国际收支平衡表中贷记直接投资负债增加、借记对外存款资产增加。如果交易属于单向转移（如捐赠），记账的账户只有一方，不能自动成双匹配，就要使用某个特定的人为设立的账户记账（如表 1－1 经常账户中二次收入项下的经常性国际转移）以符合复式记账原则的要求。具体如表 1－2 所示。

表 1－2 国际收支平衡表的编制

<table>
<tr><th colspan="4">项目</th><th>借方</th><th>贷方</th></tr>
<tr><td rowspan="5">经常账户</td><td colspan="3">货物</td><td>进口</td><td>出口</td></tr>
<tr><td colspan="3">服务</td><td>输入</td><td>输出</td></tr>
<tr><td rowspan="2">初次收入</td><td colspan="2">雇员报酬</td><td>外国居民
受雇本国所获收入</td><td>本国居民
受雇国外所获收入</td></tr>
<tr><td colspan="2">再投资收益</td><td>外国居民购买
本国证券所获收入</td><td>本国居民购买
国外证券所获收入</td></tr>
<tr><td colspan="3">二次收入</td><td>移出</td><td>移入</td></tr>
<tr><td rowspan="4">资本与
金融账户</td><td rowspan="2">资本账户</td><td colspan="2">资本转移</td><td>移出</td><td>移入</td></tr>
<tr><td colspan="2">非生产、非金融
资产的取得/处置</td><td>取得</td><td>处置</td></tr>
<tr><td rowspan="2">金融账户</td><td rowspan="2">直接投资</td><td>外国对本国
直接投资</td><td>减少</td><td>增加</td></tr>
<tr><td>本国对国外
直接投资</td><td>增加</td><td>减少</td></tr>
</table>

续表

<table>
<tr><th colspan="4">项目</th><th>借方</th><th>贷方</th></tr>
<tr><td rowspan="7">资本与金融账户</td><td rowspan="7">金融账户</td><td rowspan="2">证券投资</td><td>资产</td><td>本国居民
购买外国证券</td><td>本国居民
出售外国证券</td></tr>
<tr><td>负债</td><td>外国非居民
出售本国证券</td><td>外国非居民
购买本国证券</td></tr>
<tr><td rowspan="2">金融衍生工具</td><td>资产</td><td>本国居民购买
外国金融衍生工具</td><td>本国居民出售
外国金融衍生工具</td></tr>
<tr><td>负债</td><td>外国非居民出售
本国金融衍生工具</td><td>外国非居民购买
本国金融衍生工具</td></tr>
<tr><td rowspan="2">其他投资</td><td>资产</td><td>增加</td><td>减少</td></tr>
<tr><td>负债</td><td>减少</td><td>增加</td></tr>
<tr><td colspan="2">储备资产</td><td>增加</td><td>减少</td></tr>
<tr><td>平衡账户</td><td colspan="3">误差与遗漏净额账户</td><td colspan="2">与上述各项余额数值相等、符号相反</td></tr>
</table>

（二）权责发生制原则

按照会计原则，交易的记录时间原则上采用权责发生制确定。权责发生制是在经济价值被创造、转换、交换、转移或消失时进行会计记录的原则。反映经济所有权变更的流量是在所有权转移时记录，而服务是在提供时记录。

对于实际资源、金融债权和债务等各项交易，可能存在签约日、所有权变更日、结算日等多个日期，在记录时需要统一。按照国际货币基金组织的规定，记录日以商品、劳务和金融所有权变更的日期为准。所以，国际收支平衡表中按照日期分类的各类经济交易包括：在统计期内已全部结清的部分；在统计期内已经到期必须结清的部分（不管实际上是否结清）；在统计期内已经发生（所有权已变更）但是需要跨期结清的部分（如预付货款、延期付款等）。如在货物已出口但未收回货款的情况下，应借记其他投资项下的贸易信贷，同时贷记货物出口。

（三）市场价格原则

市场价格原则是指按照交易时的市场价格记录。一项国际经济交易可能存在多个价格，在国际收支平衡表中以成交时的市场价格作为交易计价的基础。对于进出口商品，除了商品本身的价格外，还可能包括运输、装卸和保险的费用，采用到岸价格（CIF）记录。在没有市场价格的情况下，以同等条件下形成的市场价格进行记录。

（四）单一记账货币原则

所有记账单位都要折合为同一种记账单位。国际收支平衡表中的各项交易所采用的货币或价值尺度各不相同，在记账时必须将这些价值量折算成同一记账单位。记账单位可以是本币也可以是外币。在将各种计价的币种转换为国际收支记账单位时，最合适的汇率就是交易日的市场汇率，而非记账时的汇率。如果市场汇率不存在的话，应使用最短时期内的平均汇率。

为了正确掌握国际收支平衡表的记账原则，了解国际收支账户的记账方法，更好理解账户间的关系和区别，下面举几个涉及经常账户、资本与金融账户范围内的国际经济交易，具体说明国际收支平衡表的编制方法。

【例 1-1】 A 国企业出口价值 3 千万美元的机器设备，国外进口商从银行提出活期存款支付货款。

该笔交易包含两方面内容：一是 A 国企业出口，出口实际资源导致 A 国资产减少，应记录在国际收支平衡表贷方的经常账户的货物出口账户中；二是 A 国资金来源增加，应记入国际收支平衡表借方的资本与金融账户的其他投资账户中。

记账方法如下：

借（DR.）：资本与金融账户——金融账户——其他投资　　3 000 万美元

　贷（CR.）：经常账户——货物出口　　3 000 万美元

【例 1-2】 A 国企业进口价值 6 千万美元的商品，进口商以本国银行活期存款支付货款。

该笔交易同样存在两方面内容：一是 A 国企业进口，进口商品引起 A 国资产增加，应记录在国际收支平衡表借方的经常账户中的货物进口账户中；二是 A 国资金来源减少，应记入国际收支平衡表贷方的资本与金融账户的其他投资账户中。

记账方法如下：

借（DR.）：经常账户——货物进口　　6 000 万美元

　贷（CR.）：资本与金融账户——金融账户——其他投资　　6 000 万美元

【例 1-3】 国外旅行者在 A 国旅游，支付了 30 万美元的费用。

该笔交易也有两方面内容：一是 A 国向外国居民提供了服务，为服务输出，应记录在贷方的经常账户的服务账户中；二是 A 国资金来源增加，应记入借方的资本与金融账户的其他投资账户中。

记账方法如下：

借（DR.）：资本与金融账户——金融账户——其他投资　　30 万美元

　贷（CR.）：经常账户——服务　　30 万美元

【例 1-4】 某外国企业向 A 国投资价值 9 000 万美元的设备，成立合资企业。

该笔交易也有两方面内容：一是 A 国进口 9 000 万美元设备，应记录在借方的货物进口账户中；二是外国对 A 国直接投资，应记入贷方的资本与金融账户的直接投资账户中。

记账方法如下：

借（DR.）：经常账户——货物　　9 000 万美元

　贷（CR.）：资本与金融账户——金融账户——直接投资　　9 000 万美元

【例 1-5】 A 国企业获得对外投资收益 500 万美元，其中，300 万美元进行了再投资，150 万美元汇回国内，50 万美元进口当地商品。

该笔交易分为进口商品、境外长期投资和储备资产三项。记账方法如下：

借（DR.）：经常账户——货物进口　　50 万美元

　　资本与金融账户——金融账户——储备资产　　150 万美元

　　资本与金融账户——金融账户——境外长期投资　　300 万美元

贷（CR.）：经常账户——初次收入——境外投资收入　　　　500 万美元

【例 1-6】 A 国居民使用其在国外存款购买了 80 万美元的某国国债。

记账方法如下：

借（DR.）：资本与金融账户——金融账户——证券投资　　　　80 万美元

贷（CR.）：资本与金融账户——金融账户——其他投资　　　　80 万美元

【例 1-7】 A 国政府用外汇储备 200 万美元向某国提供无偿援助。

记账方法如下：

借（DR.）：经常账户——二次收入——经常转移　　　　200 万美元

贷（CR.）：资本与金融账户——金融账户——储备资产　　　　200 万美元

根据以上经济交易为 A 国编制国际收支平衡表，如表 1-3 所示。

表 1-3　国际收支平衡表　　　　单位：万美元

账户	借方	贷方	差额
一、经常账户	15 250	3 530	−11 720
1. 货物	6 000+50+9 000	3 000	−12 050
2. 服务		30	30
3. 初次收入		500	500
4. 二次收入	200		−200
二、资本与金融账户	3 560	15 280	11 720
1. 资本账户			
2. 金融账户	3 560	15 280	11 720
（1）直接投资	300	9 000	8 700
（2）证券投资	80		−80
（3）其他投资	3 000+30	6 000+80	3 050
（4）储备资产	150	200	50
三、误差与遗漏净额			

三、国际收支平衡表的结构

由于各国国情和特点不同，各国编制的国际收支平衡表也不尽相同，但其基本结构大致一样。基于国际货币基金组织出版的《国际收支和国际投资头寸手册》（第六版）的规范要求，国际收支平衡表一般包括经常账户、资本与金融账户以及误差和遗漏净额账户三部分。

（一）经常账户

经常账户包括货物、服务、初次收入和二次收入四个子账户。

（二）资本与金融账户

资本与金融账户包括资本账户和金融账户两个子账户。

资本账户主要包括非生产、非金融资产的取得或处置、资本转移。

金融账户包括直接投资、证券投资、金融衍生工具（储备除外）和雇员认股权、其他投资、储备资产等。

（三）误差与遗漏净额账户

误差与遗漏净额账户是作为残差项推算的，专门为轧平账户时使用。它是为了国际收支平衡表平衡而人为设置的一个账户。

四、国际收支平衡表的内容

根据国际货币基金组织出版的《国际收支和国际投资头寸手册》（第六版）的规范要求，国际收支平衡表主要包括以下内容。

（一）经常账户

经常账户是国际收支平衡表中最基本、最重要的账户类别，记录的是居民与非居民之间货物、服务、初次收入和二次收入的流量。经常账户包括货物、服务、初次收入和二次收入四个子账户。经常账户和其各个子账户通常都列出贷方总额和借方总额，以便计算差额。经常账户差额又称经常账户收支，显示的是出口和应收收入之和与进口和应付支出之和之间的差额。经常账户盈余指的是其贷方总额大于借方总额，表示经常账户交易的收入大于支出；反之为经常账户赤字。

1. 货物

此子账户通常称为有形贸易，货物的进出口包括绝大多数可移动商品在国际经济交易中所有权的转移，主要包括一般商品、转手买卖货物、非货币黄金。

货物为有形的生产性项目，对其可建立所有者权益，且其经济所有权可以通过交易由一经济主体转移至另一经济主体。它们可以用来满足居民或社会的需求，或者用来生产其他货物或服务。货物的生产可以与其随后的销售或转售分离开来。

2. 服务

此子账户又称无形贸易，记录的是服务的输出和输入。服务是改变消费单位条件或促进产品或金融资产交换的生产活动成果。服务一般不是可以单独对其建立所有者权益的项目，它通常无法与其生产分离开来。服务主要包括加工服务、维修、运输、旅行、建设、保险服务、金融服务、计算机和信息服务、其他商业服务、知识产权、个人文化和娱乐服务、政府服务共 12 个方面。输出记入贷方，输入记入借方。

3. 初次收入

初次收入显示的是居民与非居民机构单位之间的初次收入流量，主要包括雇员报酬、投资收益和其他初次收入等。雇员报酬与生产过程相关的收入，仅在居民个人由非居民聘用或者居民聘用非居民个人时才发生，如非居民工作人员的以现金或类似现金的形式获得的工资、薪金福利等。投资收益是提供金融资产所得的回报，包括直接投资收益、证券投资收益、其他投资收益、储备资产收益。投资的本金记入资本与金融账户项下的金融子账户，而投资产生的收益要记入经常账户项下的初次收入子账户。其他初次收入包括租金等。

4. 二次收入

二次收入账户记录不发生对等偿付的单方面支付，表示居民与非居民之间的经常转移。各种不同类型的经常转移记入本账户，表明其在经济体间收入分配过程中的作用。请注意该账户不记入资产所有权的转移（如固定资产所有权转移、债权人放弃债权且不要求任何补偿等）。

转移可以为现金或实物，主要包括个人转移、对所得和财富等征收的经常性税收、社保缴款、社会福利、非寿险和标准化担保净保费、非寿险索赔和标准化担保下的偿付要求、经常性国际合作、其他经常转移。

（二）资本与金融账户

资本与金融账户反映了金融资产在不同经济体之间的转移，也就是国际资本的流动。它有资本账户和金融账户两个。输入本国记贷方，输出本国记借方。

1. 资本账户

资本账户指的是居民与非居民之间的应收和应付资本转移、居民与非居民之间非生产、非金融资产的取得和处置，包括非生产、非金融资产的取得或处置、资本转移两部分。

（1）非生产、非金融资产的取得或处置是指各种无形资产如专利权、经营权、特许权以及各种知识产权的交易。

（2）资本转移包括：固定资产所有权的转移；与固定资产的处置或取得相关的，或以固定资产的取得或处置为条件的资金转移；债权人对债务进行豁免且不要求任何补偿。非人寿保险索赔通常划入经常转移，但对于部分因灾难引起的异常大额索赔，可以记为资本转移，而非通常的经常转移。

2. 金融账户

金融账户记录的是居民与非居民之间涉及金融资产与负债的交易，主要包括直接投资、证券投资、金融衍生工具、其他投资、储备资产。

（1）直接投资。

直接投资是以投资者寻求在本国以外运营企业获取有效发言权为目的的投资，包括直接投资资产和直接投资负债两部分。相关投资工具可划分为股权和关联企业债务。股权包括股权和投资基金份额、再投资收益。关联企业债务包括关联企业间可流通和不可流通的债权和债务。直接投资资产包括：本国境内非金融部门对外直接投资存量、境内银行在境外设立分支机构所拨付的资本金和营运资金存量、从境内外母子公司间的贷款和其他应收及应付款的存量等。直接投资负债包括：本国非金融部门吸收国际直接投资存量和金融部门吸收境外直接投资存量（包括外资金融部门设立分支机构、本国金融部门吸收外资入股和合资金融部门中外方投资存量），以及境内外母子公司间的贷款和其他应收及应付款的存量等。

（2）证券投资。

证券投资包括证券投资资产和证券投资负债，相关投资工具可划分为股权和债券。

① 股权。

股权的全称为记录在证券投资项下的股权和投资基金份额。股权通常以股份、股票、参股、存托凭证或类似单据作为凭证。投资基金份额指投资者持有的共同基金等集合投资产品的份额。

② 债券。

债券包括可流通的债务工具，是证明其持有人（债权人）有权在未来某个（些）时点向其发行人（债务人）收回本金或收取利息的凭证，包括可转让存单、商业票据、公司债券、有资产担保的证券、货币市场工具以及通常在金融市场上交易的类似工具。

（3）金融衍生工具。

金融衍生工具的全称为金融衍生工具和雇员认股权。金融衍生工具是一种金融工具，该金融工具与另一特定的金融工具、指标或商品相联系，可以独立在金融市场上针对特定金融风险（例如利率风险、外汇风险、股权和商品价格风险、信用风险等）进行交易；雇员认股权指向公司雇员提供的一种购买公司股权的期权，通常作为公司对其雇员的一种报酬。

（4）其他投资。

其他投资指除直接投资、证券投资、金融衍生工具和储备资产之外的所有金融资产/负债，包括其他投资资产和其他投资负债。相关投资工具可划分为其他股权、货币和存款、贷款、贸易信贷、其他应收/付款等形式。

① 其他股权。

其他股权是指不以证券投资形式（上市和非上市股份）存在的、未包括在直接投资项下的股权，通常包括：在准公司或非公司制企业中的、表决权小于10%的股权（如分支机构、信托、有限责任公司和其他合伙企业、房地产和其他自然资源中的所有权名义单位），在国际组织中认缴的股本金等。

② 货币和存款。

货币包括由中央银行或政府发行或授权的，有固定面值的纸币或硬币。存款是指对中央银行、中央银行以外的存款性公司以及某些情况下其他机构单位的、由存单表示的所有债权。

③ 贷款。

贷款指通过债权人直接借给债务人资金而形成的金融资产，其合约不可转让。贷款包括普通贷款、贸易融资、透支、金融租赁、证券回购和黄金掉期等。

④ 保险准备金。

保险准备金的全称为保险、养老金和标准化担保计划，主要包括非人寿保险技术准备金、人寿保险和年金权益、养老金权益以及启动标准化担保的准备金。

⑤ 贸易信贷。

贸易信贷又称贸易信贷和预付款，是因款项支付与货物所有权转移或服务提供非同步进行而与直接对手方形成的金融债权债务。如相关债权债务不是发生在货物或服务的直接交易双方，即不是基于商业信用，而是通过第三方或银行信用形式发生，则不纳入本项统计，而纳入贷款或其他账户统计。

⑥ 其他应收/付款。

其他应收/付款指除其他股权、货币和存款、贷款、保险准备金、贸易信贷以外的其他应收、应付款等。

(5) 储备资产。

储备资产又称官方储备或国际储备，是由一国货币当局控制，并随时可供货币当局用来满足国际收支资金需求、用以干预外汇市场、用于其他相关目的（例如，维护人们对一国货币和经济的信心，作为向外国借款的基础）的对外资产。储备资产必须是外币资产和实际存在的资产，不包括潜在的资产。由货币当局"控制"和"可供使用"是储备资产的基本概念。储备资产包括货币黄金、在基金组织的储备头寸、特别提款权和外汇储备。

① 货币黄金：指一国中央银行作为储备持有的黄金。

② 在基金组织的储备头寸：指一国在国际货币基金组织普通账户中可自由动用的资产。

③ 特别提款权：指国际货币基金组织根据会员认缴的份额分配的，可用于偿还国际货币基金组织债务、弥补会员政府之间国际收支逆差的一种账面资产。

④ 外汇储备：指一国中央银行持有的可用作国际清偿的流动性资产和债权。

（三）误差和遗漏净额账户

在编制国际收支平衡表时，资料不完整、数据来源不一致、统计时间和计价标准不一致、货币换算等因素会造成误差和遗漏。误差和遗漏净额账户是为使国际收支平衡表保持平衡而人为设置的平衡账户。根据复式记账原理，国际收支平衡表中的借贷双方应相互平衡，两者之差应该等于零。当贷方总计大于借方总计时，差额数列在"误差与遗漏净额"的借方；当借方总计大于贷方总计时，差额数则列在"误差与遗漏净额"的贷方。表1-4是国家外汇管理局编制的2022年国际收支平衡表。

表1-4　中国国际收支平衡表（2022年年度表）　　单位：亿美元

项目	2022年
1. 经常账户	4 019
贷方	39 508
借方	−35 489
1. A 货物和服务	5 763
贷方	37 158
借方	−31 395
1. A. a 货物	6 686
贷方	33 469
借方	−26 782
1. A. b 服务	−923
贷方	3 690
借方	−4 613

续表

项目	2022 年
1. A. b. 1 加工服务	135
贷方	143
借方	−8
1. A. b. 2 维护和维修服务	39
贷方	83
借方	−43
1. A. b. 3 运输	−224
贷方	1 465
借方	−1 689
1. A. b. 4 旅行	−1 052
贷方	96
借方	−1 148
1. A. b. 5 建设	67
贷方	143
借方	−76
1. A. b. 6 保险和养老金服务	−153
贷方	45
借方	−198
1. A. b. 7 金融服务	11
贷方	50
借方	−39
1. A. b. 8 知识产权使用费	−312
贷方	133
借方	−445
1. A. b. 9 电信、计算机和信息服务	178
贷方	557
借方	−379
1. A. b. 10 其他商业服务	419
贷方	944
借方	−525
1. A. b. 11 个人、文化和娱乐服务	−12
贷方	14
借方	−26

续表

项目	2022 年
1. A. b. 12 别处未提及的政府货物和服务	−19
贷方	17
借方	−36
1. B 初次收入	−1 936
贷方	1 902
借方	−3 839
1. B. 1 雇员报酬	63
贷方	204
借方	−141
1. B. 2 投资收益	−2 031
贷方	1 658
借方	−3 689
1. B. 3 其他初次收入	32
贷方	41
借方	−9
1. C 二次收入	191
贷方	447
借方	−256
1. C. 1 个人转移	15
贷方	57
借方	−42
1. C. 2 其他二次收入	176
贷方	390
借方	−214
2. 资本与金融账户	−3 113
2. 1 资本账户	−3
贷方	2
借方	−5
2. 2 金融账户	−3 110
资产	−2 815
负债	−294
2. 2. 1 非储备性质的金融账户	−2 110
资产	−1 816
负债	−294

续表

项目	2022 年
2.2.1.1 直接投资	305
2.2.1.1.1 资产	−1 497
2.2.1.1.1.1 股权	−820
2.2.1.1.1.2 关联企业债务	−677
2.2.1.1.1.a 金融部门	−364
2.2.1.1.1.1.a 股权	−308
2.2.1.1.1.2.a 关联企业债务	−56
2.2.1.1.1.b 非金融部门	−1 133
2.2.1.1.1.1.b 股权	−512
2.2.1.1.1.2.b 关联企业债务	−621
2.2.1.1.2 负债	1 802
2.2.1.1.2.1 股权	1 597
2.2.1.1.2.2 关联企业债务	205
2.2.1.1.2.a 金融部门	125
2.2.1.1.2.1.a 股权	116
2.2.1.1.2.2.a 关联企业债务	10
2.2.1.1.2.b 非金融部门	1 677
2.2.1.1.2.1.b 股权	1 481
2.2.1.1.2.2.b 关联企业债务	195
2.2.1.2 证券投资	−2 811
2.2.1.2.1 资产	−1 732
2.2.1.2.1.1 股权	−477
2.2.1.2.1.2 债券	−1 255
2.2.1.2.2 负债	−1 079
2.2.1.2.2.1 股权	344
2.2.1.2.2.2 债券	−1 423
2.2.1.3 金融衍生工具	−58
2.2.1.3.1 资产	27
2.2.1.3.2 负债	−85
2.2.1.4 其他投资	454
2.2.1.4.1 资产	1 386
2.2.1.4.1.1 其他股权	−2
2.2.1.4.1.2 货币和存款	125

续表

项目	2022 年
2.2.1.4.1.3 贷款	1 011
2.2.1.4.1.4 保险和养老金	−56
2.2.1.4.1.5 贸易信贷	103
2.2.1.4.1.6 其他	204
2.2.1.4.2 负债	−932
2.2.1.4.2.1 其他股权	0
2.2.1.4.2.2 货币和存款	−528
2.2.1.4.2.3 贷款	−178
2.2.1.4.2.4 保险和养老金	25
2.2.1.4.2.5 贸易信贷	−314
2.2.1.4.2.6 其他	64
2.2.1.4.2.7 特别提款权	0
2.2.2 储备资产	−1 000
2.2.2.1 货币黄金	−35
2.2.2.2 特别提款权	19
2.2.2.3 在国际货币基金组织的储备头寸	−2
2.2.2.4 外汇储备	−982
2.2.2.5 其他储备资产	0
3. 净误差与遗漏	−906

注：(1) 本表计数采用四舍五入原则。

(2) 根据《国际收支和国际投资头寸手册》(第六版) 编制，资本与金融账户中包含储备资产。

(3) 贷方按正值列示，借方按负值列示，差额等于贷方加上借方。本表除标注贷方和借方的项目外，其他项目均指差额。

(4) 金融账户下，对外金融资产的净增加用负值列示，净减少用正值列示。对外负债的净增加用正值列示，净减少用负值列示。

五、国际收支平衡表的分析

(一) 国际收支平衡表分析的意义

国际收支平衡表可综合反映一国的国际收支平衡状况、收支结构及储备资产的增减变动情况，为分析该国的国际经济表现、汇率政策和储备管理等，提供了一个综合框架。

国际收支平衡表的编制国可以通过对国际收支平衡表的分析，让管理当局充分了解本国的外汇资金来源和运用方面的情况，以及储备资产的增减变化，使管理当局及时、正确地掌握本国的国际收支的综合情况，找出国际收支顺差或逆差的原因，采取合理的调节措施恢复本国国际收支平衡。此外，通过对国际收支平衡表的分析，编制国管理当局可以全面了解本国的国际经济地位，从而制订出与本国国力相称的对外经济政策，如国际贸易、国际投资、经济援助、国际借贷等对外经济政策。

其他国家通过对主要编制国国际收支平衡表进行分析，可以了解各国经济实力、世界各国对外贸易发展情况，更好地预测世界贸易的发展趋势，为本国制定合理的经济政策提供科学的依据。

（二）国际收支平衡表分析方法

分析国际收支平衡表可以采用静态分析法、动态分析法和比较分析法，而且将这三种分析方法结合起来，可以对一国国际收支进行全面、准确、深入的分析。

1. 静态分析法

静态分析法是指对一个国家某一时期国际收支平衡表进行账面上的分析，主要是计算和分析国际收支平衡表中各个账户数据及其差额，分析各个账户差额形成的原因及对国际收支的影响。账户差额主要包括：贸易收支差额、经常账户差额、资本与金融账户差额、综合账户差额。

（1）贸易收支差额。

贸易收支差额（Trade Balance，TB）指的是一国货物和服务的进出口收支差额。尽管贸易收支仅是国际收支的一部分，但由于很多发展中国家的贸易收支在全部国际收支中的比重比较大，人们也经常把这些国家的贸易收支作为其国际收支的近似代表。贸易收支差额也综合反映了一国的产业结构和经济效率的状况，反映了该国产品的国际竞争力，即使对于那些资本与金融账户比重较大的发达国家，也仍然非常重视贸易收支差额。

若货物、服务出口等于进口，称为贸易收支平衡；如果出口小于进口，则称为贸易收支逆差；如果出口大于进口，则称为贸易收支顺差。一国贸易收支出现顺差或逆差受多方面因素的影响，主要有：本国产品的国际竞争力；经济周期的更替、财政与货币政策变化引起的总供给与总需求的变化；气候与自然条件的变化；本国货币的汇率水平；国际市场的供求关系等。结合这些方面进行综合分析，有助于找出贸易收支差额形成的原因。

$$TB=\text{货物和服务出口}-\text{货物和服务进口}$$

（2）经常账户差额。

经常账户差额（Current Account Balance，CA）包括货物贸易收支、服务贸易收支、初次收入收支和二次收入收支，前两项构成经常账户收支的主体。经常账户是国际收支中最基本、最重要的账户类别，被世界各国广泛使用，并被当作制定国际收支政策和产业政策的重要依据。国际经济协调组织也经常采用这一指标对成员经济进行衡量，例如国际货币基金组织就特别重视成员经常账户的收支状况。在开放宏观经济中，经常账户差额能反映出一国内外经济的紧密联系、债务人或债权人的地位，所以经常账户差额也被国际银行家视为信用评级的重要变量。

如果经常账户贷方总额等于借方总额，表示经常账户平衡；如果经常账户贷方总额大于借方总额，表示经常账户顺差；如果经常账户贷方总额小于借方总额，表示经常账户逆差。经常账户差额是国际收支分析中最重要的收支差额之一。如果一国出现经常账户顺差，则意味着该国由于有货物、服务、初次收入和二次收入的贷方净额，该国的国外资产净额增加，也意味着该国对外净投资 I_f 增加，该国在国际上处于债权人的地位。反之，由于有货物、服务、初次收入和二次收入的借方净额，意味着该国的国外资产净额减少，也意味着该国对外净投资 I_f 减少，该国在国际上处于债务人的地位。

$$CA = TB + 初次收入 + 二次收入$$

（3）资本与金融账户差额。

资本与金融账户差额（Capital & Finance Account Balance，KA）由资本账户差额和金融账户差额构成，它记录了世界其他国家对本国的投资净额或贷款/借款净额。分析资本与金融账户的作用在于：

① 资本与金融账户和经常账户之间具有融资关系，资本与金融账户的流量总额也可以反映出一国经常账户的状况。按照国际收支平衡表的复式记账原则，在国际收支中一笔贸易收支通常会对应一笔金融账户收支，可以说，经常账户中实际资源的流动与资本和金融账户中资产所有权的流动是一个活动的两个方面。因此，不考虑误差与遗漏因素时，经常账户差额必然引起数量相同、方向相反的资本与金融账户差额。

在不考虑误差与遗漏净额的情况下，当经常账户顺差时，资本与金融账户为等额的逆差，导致资本流出，该国外国净资产增加；当经常账户逆差时，资本与金融账户为等额顺差，资本流入，对外资产减少或负债增加。所以，资本与金融账户可以称为经常账户融资机制。这一融资机制的存在，使得经常账户的逆差可以在一定时期内存在。例如，本国政府减少储备资产为经常账户逆差融资，或者通过外国资本以直接投资、证券投资或其他投资的形式流入为经常账户逆差融资。但是，这种融资关系受诸多因素限制，例如，当一国很难吸引国外资本流入时只能用官方储备进行融资，但一国官方储备是有限的。另外，当为一国提供融资的主要是国外资本时，就会出现这种融资方式的稳定性和偿还性问题，可能导致资金链断裂和债务危机。

② 通过资本与金融账户规模可以看出一个国家资本市场和金融市场的发达程度。一般而言，资本市场越开放，金融市场越发达，资本与金融账户的流量总额就越大。

随着国际金融一体化发展，资本与金融账户和经常账户的融资关系正在弱化，资本与金融账户不再被动地由经常账户决定，资本流动存在着自身独立的运动规律，资本流动越来越多地受到国内外的投资收益率、利率、汇率、通胀率、税率、税收政策和风险因素等方面的影响，其流量也大大超过了国际贸易的流量，这从根本上摆脱了与贸易收支的融资关系。

$$KA = 资本账户 + 金融账户$$

（4）综合账户差额。

综合账户差额（Overall Balance，OB）是指经常账户加上资本与金融账户中的资本转移、直接投资、证券投资、金融衍生工具和雇员认股权以及其他投资后的余额，也就是将国际收支账户中储备资产账户剔除后的余额。所以，综合账户差额，可以综合反映一国自主性国际收支的状况，是全面衡量和分析国际收支状况的指标。当一国实行的是非自由浮动汇率制时，通过综合账户差额的分析，可以衡量国际收支对一国官方储备造成的压力，对维持汇率稳定有重要意义。国际收支的各种行为会直接导致外汇市场上本币与外币的供求变动，影响汇率的稳定性。为了保持外汇市场上汇率的稳定，政府可能需要动用官方储备干预外汇市场以实现供求平衡。所以，分析综合账户差额在政府有义务维护汇率稳定时是非常重要的。

$OB=-$储备资产变动额

2. 动态分析法

动态分析法是对一个国家若干连续时期的国际收支平衡表进行分析，是一种纵向分析方法。

国际收支平衡表虽只反映某一特定时期的情况，但它是与前后发展过程紧密联系的，不是孤立存在的。它既是前一时期演变的结果，又是后一时期状况的原因。因此，要研究一国国际经济和国际金融状况，必须结合动态分析，连续分析不同时期的国际收支平衡表，掌握其长期变化情况。只有这样，才能得出比较正确的结论。

动态分析要对国际收支变动的实际过程进行分析，包括分析有关账户在一定时间过程中的变动、这些账户在变动过程中的相互影响和彼此制约的关系，以及在每一个时点上变动的速率等。它的特点是考虑时间因素的影响，并且把经济现象的变化当作一个连续的过程来看待。

3. 比较分析法

比较分析法也称对比分析法，是将本国和其他国家的国际收支平衡表进行对比的分析方法。通过比较分析，一国可以发现本国与其他国家的差距，以及在国际经济领域的互补性，进而为弥补差距和开展国际经济合作提供依据。由于各国的国际收支平衡表在账户分类与差额统计上可能存在差异，国际收支平衡表的比较分析常采用联合国或国际货币基金组织公布的主要指标。比较分析不同国家的国际收支，有助于了解各国在国际经济中的地位，把握国际金融的格局和走势。

六、国际投资头寸表

（一）国际投资头寸表的含义

国际投资头寸表是国际收支核算中的另一个重要统计表，与国际收支平衡表不同，它是有关某个时点的统计报表。该报表反映特定时点（通常为年末）一个国家/地区对世界其他国家/地区的金融资产与金融负债存量（余额）的情况。一个国家/地区对外金融资产与金融负债之间的差额，为该国/地区的净国际投资头寸，它可以为正值，也可以为负值。

国际收支平衡表与国际投资头寸表一起，构成了一国/地区完整的国际账户体系。前者反映的是特定时期内一国/地区与世界其他国家/地区发生的一切经济交易。后者反映的是特定时点上一国/地区对世界其他国家/地区的金融资产和金融负债存量状况。国际投资头寸表在记账单位、计价和折算等核算原则上均与国际收支平衡表一致。

（二）我国国际投资头寸表的内容

根据国际货币基金组织的标准，国际投资头寸表的账户按资产和负债设置。资产可细分为对外直接投资、证券投资、金融衍生工具、其他投资和储备资产五部分；负债可细分为外国直接投资、证券投资、金融衍生工具、其他投资四部分。头寸净额是指对外金融资产减去对外金融负债。国际投资头寸表的格式如表 1 - 5 所示。

表 1-5　国际投资头寸表

国际投资头寸	期初	交易（金融账户）	其他数量变化	重新定值	期末
资产（按职能类别）					
直接投资					
证券投资					
金融衍生工具					
其他投资					
储备资产					
资产总额					
负债（按职能类别）					
直接投资					
证券投资					
金融衍生工具					
其他投资					
负债总额					
国际投资头寸净额					

表 1-6 是中国国际投资头寸表，每一行数据均表示在某一年年末（通常是当年的 12 月 31 日）的存量数据。如表中 2022 年年末资产栏中直接投资为 27 950 亿美元，表示截至 2022 年 12 月 31 日我国对外的直接投资总额为 27 950 亿美元。

表 1-6　中国国际投资头寸表　　单位：亿美元

项目	2017 年末	2018 年末	2019 年末	2020 年末	2021 年末	2022 年末
净头寸	20 652	21 075	22 996	22 868	21 861	25 313
资产	71 915	74 327	78 464	88 791	95 216	92 580
1 直接投资	18 450	20 015	22 366	25 807	27 852	27 950
1.1 股权	15 949	17 023	19 341	22 638	24 896	24 307
1.2 关联企业债务	2 501	2 993	3 026	3 169	2 955	3 643
1.a 金融部门	2 371	2 518	2 839	3 103	3 724	3 912
1.1.a 股权	2 276	2 416	2 739	3 003	3 571	3 692
1.2.a 关联企业债务	95	102	100	99	153	220
1.b 非金融部门	16 079	17 498	19 528	22 704	24 128	24 039

续表

项目	2017年末	2018年末	2019年末	2020年末	2021年末	2022年末
1.1.b 股权	13 673	14 607	16 602	19 634	21 326	20 615
1.2.b 关联企业债务	2 405	2 891	2 926	3 070	2 802	3 423
2 证券投资	4 992	5 065	6 575	9 030	9 791	10 335
2.1 股权	3 044	2 786	3 853	6 048	6 477	5 902
2.2 债券	1 948	2 279	2 722	2 982	3 314	4 433
3 金融衍生工具	59	62	67	206	165	304
4 其他投资	16 055	17 505	17 226	20 184	23 139	20 925
4.1 其他股权	54	69	84	89	95	97
4.2 货币和存款	3 611	3 896	3 962	4 839	5 428	5 140
4.3 贷款	6 373	7 097	6 963	8 432	9 887	8 397
4.4 保险和养老金	101	106	135	167	216	261
4.5 贸易信贷	5 319	5 972	5 604	5 972	6 323	6 176
4.6 其他	597	364	479	685	1 191	854
5 储备资产	32 359	31 680	32 229	33 565	34 269	33 065
5.1 货币黄金	765	763	954	1 182	1 131	1 172
5.2 特别提款权	110	107	111	115	531	512
5.3 国际货币基金组织的储备头寸	79	85	84	108	107	108
5.4 外汇储备	31 399	30 727	31 079	32 165	32 502	31 277
5.5 其他储备资产	5	−2	0	−5	−1	−4
负债	51 263	53 252	55 468	65 923	73 356	67 267
1 直接投资	27 257	28 271	27 964	32 312	36 035	34 956
1.1 股权	25 150	25 858	25 296	29 410	32 857	31 686
1.2 关联企业债务	2 107	2 413	2 668	2 903	3 177	3 270
1.a 金融部门	1 351	1 422	1 605	1 828	2 129	1 986
1.1.a 股权	1 241	1 277	1 426	1 609	1 844	1 739
1.2.a 关联企业债务	110	145	179	218	285	247
1.b 非金融部门	25 906	26 849	26 359	30 485	33 906	32 970
1.1.b 股权	23 909	24 581	23 869	27 801	31 014	29 947
1.2.b 关联企业债务	1 997	2 268	2 490	2 684	2 892	3 023
2 证券投资	11 775	11 628	14 526	19 558	21 477	17 810

续表

项目	2017年末	2018年末	2019年末	2020年末	2021年末	2022年末
2.1 股权	8 405	7 506	9 497	12 607	13 386	11 243
2.2 债券	3 370	4 122	5 029	6 951	8 091	6 567
3 金融衍生工具	34	60	65	129	104	183
4 其他投资	12 197	13 294	12 913	13 923	15 740	14 318
4.1 其他股权	0	0	0	0	0	0
4.2 货币和存款	4 365	4 833	4 245	5 259	5 970	5 269
4.3 贷款	3 922	4 169	4 605	4 414	4 495	4 031
4.4 保险和养老金	100	109	135	168	235	267
4.5 贸易信贷	3 523	3 931	3 644	3 719	4 228	3 826
4.6 其他	188	154	189	263	305	443
4.7 特别提款权	100	97	97	101	507	482

注：(1) 表中数据采用四舍五入原则。

(2) 净头寸是指资产减负债，“+”表示净资产，“−”表示净负债。

第三节　国际收支失衡及其调节

一、国际收支平衡表的平衡与失衡

由于采用复式记账法，国际收支平衡表上借贷双方总额总是相等的。因而所谓的国际收支不平衡、国际收支失衡、国际收支恶化等问题应从经济意义上理解，而不是从会计学意义上理解。为了深入了解国际收支失衡，我们可以按照国际经济交易的动机和目的，将国际收支账户分成自主性交易账户和调节性交易账户。

（一）自主性交易账户

自主性交易账户又称事前交易项目，是指经济主体自主地为某种经济目的进行的交易。如金融机构、进出口商、国际投资者等出于自主的经济动机或自身特别的目的：追求利润、减少风险、资产保值、逃税避税、逃避管制或投机等而进行的交易活动。交易活动体现的是各经济主体的意志，具有自发性和分散性的特点，不代表国家或政府，也不以国家或政府的意志为转移。从动机上看，这些交易完全没有考虑到一国国际收支是否会因此发生失衡。国际收支平衡表中的经常账户、资本与金融账户中除去储备资产外的其他账户所代表的交易活动都属于自主性交易项目。

（二）调节性交易账户

调节性交易账户又称事后项目、补偿项目，是指一国中央银行或货币当局出于维持国际收支平衡、调整国际收支差额、维持汇率稳定的目的而进行的各种交易。通常情况下，它是在自主性交易账户出现差额时，由政府出面，动用本国的黄金、外汇等官方储备，或通过中央银行、国际金融机构借入资金，弥补自主性交易带来的收支差额。这种交易活动具有补偿性和被动性等特点，体现了国家和政府的意志。误差与遗漏账户也是调节性交易账户，它可以使国际收支平衡表最终在账面上达到平衡。

综上所述，国际收支的平衡与国际收支平衡表的平衡是两个不同的概念，国际收支平衡表的账面平衡是通过调整账户来实现的，并不意味着该国国际收支的平衡，真正能够反映国际收支状况的是自主性交易账户，通常意义上的国际收支状况实际上是指自主性交易账户收支的平衡与失衡。

所以，国际收支失衡是指国际收支的自主性交易的失衡，即自主性交易支出不等于自主性交易收入。当自主性交易收入大于支出时，称为国际收支顺差，或者国际收支盈余；当自主性交易收入小于支出时，称为国际收支逆差或者国际收支赤字。

二、国际收支失衡的原因

一国国际收支反映着该国与其他各国之间全部的经济交易，一国国际收支失衡的原因多种多样，一般来说，可概括为以下方面。

（一）临时性失衡

国际收支临时性失衡分为偶发性失衡和季节性失衡。偶发性失衡是由偶然原因如自然灾害、战争等造成的国际收支不平衡。季节性失衡则是由于进出口结构随着季节的不同而造成的国际收支不平衡，例如，某国以出口农产品为主，当农产品收获的秋冬季节，该国国际收支经常是顺差；而每年的春夏季节，该国国际收支则经常是逆差。

（二）周期性失衡

国际收支周期性失衡是指一国经济周期波动所引起该国国民收入、价格水平、生产和就业发生变化而导致的国际收支失衡。经济周期包括繁荣、衰退、萧条和复苏四个阶段，发达国家经济周期不同阶段对国际收支会产生不同的影响。

从经常账户来看，在经济繁荣时期，国内消费需求增长，本国对外国产品的需求旺盛，使得出口减少、进口增加，国际收支可能出现逆差；在经济萧条时期，国内消费需求减弱，对国外产品需求下降，产品出口增加，这些因素一般会导致国际收支出现顺差。

从资本与金融账户来看，在经济繁荣时期，投资前景看好，国际投资增加，资本流入增加；在经济萧条时期，投资前景黯淡，资本投资减少，资本流出增加。

经济周期的变化不仅影响本国国际收支状况，还会影响他国的国际收支，最典型的是发达国家经济周期的变化会对发展中国家的国际收支产生影响。例如，某些发达国家处于经济衰退时期，对发展中国家产品的需求减弱，使得发展中国家出口降低，发展中国家的国际收支出现逆差。

（三）收入性失衡

国际收支收入性失衡是指国民收入变化使进出口贸易发生变动，从而造成国际收支的不平衡。

引起国民收入发生变化的原因很多，可能是经济周期，也可能是经济增长速度，还可能是国家的经济政策。国民收入的变化对国际收支的影响，主要是通过其对外需求的增减来实现的。

通常情况下，当一国国民收入相对快速增长时会导致进口需求大幅增长，进而出现国际收支顺差减小或逆差增大。反之，当一国国民收入相对减少时会导致出口增加进口减少，于是国际收支出现逆差减小或顺差增大。

（四）货币性失衡

国际收支货币性失衡是指由于一国的价格水平、成本、汇率、利率等货币性因素的变化引起的国际收支失衡。

在一定的汇率条件下，当一国货币供应量增长较快，通货膨胀出现时，国内货币成本上升，出口商品价格相对上升而进口价格相对下降，导致出口减少进口增加，引起国际收支失衡，顺差减小或逆差增加。反之，当一国货币供应量减少，通货紧缩出现时，国内货币成本下降，出口商品价格相对下降而进口价格相对上升，导致出口增加进口减少，引起国际收支失衡，顺差增加或逆差减小。

（五）结构性失衡

国际收支结构性失衡是指国内经济、产业结构不能适应世界市场的变化而发生的国际收支失衡。结构性失衡有两层含义：一方面是因为产业结构调整滞后；另一方面是因为本身产业结构单一、落后，产品类型没有竞争力。国际分工结构发生变化，而本国产业结构不能及时调整适应国际市场产业结构发展变化就会引起国际收支失衡。

一国产业结构与国际分工结构失调，会引起该国国际收支的失衡。另外，一国的产业结构比较单一，或者其产品出口的需求弹性低，或者出口的需求弹性高但进口的需求弹性低，都会引起国际收支失衡。如发展中国家在初期发展劳动密集型产业，由于具有生产成本低的优势，大量出口引起国际收支顺差。但随着工资水平大幅提高，生产成本上升，产品国际竞争力下降，出口受到抑制，国际收支顺差减小或出现逆差。

一国产业结构的变化会引起国际收支失衡，同样一国产业结构的改善、技术革新、成本下降、质量提高、品种增加，也会促进国际收支的改善。但是，与临时性失衡不同，结构性失衡具有长期的性质，扭转起来相对困难。

此外，外汇投机和国际资本流动也会造成一国国际收支失衡，在浮动汇率制下，资本为了规避汇率变动的风险而频繁流动常常会造成一国国际收支的不稳定。

三、国际收支失衡的经济影响

由于季节性或者偶发性因素引起的国际收支失衡，通常在短期内能自动消除，其对一国经济的影响是有限的。但是持续的、结构性的失衡，会对一国经济产生不利的影响。由于国际收支失衡包括国际收支逆差和国际收支顺差两种情形，对其影响的分析也从这两方面进行。

（一）国际收支逆差的影响

1. 造成偿债困难

持续的国际收支逆差使积累的对外负债增加，可能超过本国的偿债能力，进而引起偿还外债困难。如果严重到陷入债务困境不能自拔，最终将陷入债务危机。20 世纪 80 年初期发展中国家爆发的国际债务危机在很大程度上就是因为债务国出现长期国际收支逆差，不具备足够的偿债能力而引发。

2. 导致本币贬值

持续的国际收支逆差使得外汇储备减少，造成外汇汇率上升，本币汇率下跌。一旦本币汇率过度下跌，货币信用下降，会削弱本币在国际上的地位和信誉，进而导致国际资本大量外逃，引发货币危机。

3. 抑制国内经济增长

持续的国际收支逆差使得一国获取外部资金（如对外借债）的能力减弱，影响所需的生产资料的进口，使国民经济增长受到抑制，进而影响一国的国内财政以及就业。

4. 引起经济衰退

调整国际收支逆差的政策通常会引起经济衰退。当一国国际收支出现逆差时，可行的调节措施是实行紧缩的财政、货币政策，但这些政策往往会引起国内经济出现衰退。

（二）国际收支顺差的影响

国际收支顺差在一定程度上可克服国际收支逆差带来的负效应，但持续的、巨额的国际收支顺差同样会给一国经济带来消极影响。

1. 不利于本国商品出口

持续性国际收支顺差会使得国际金融市场上对本国货币需求量的增加，本国货币升值，不利于本国商品的出口，对本国经济的增长产生不利影响。

2. 增加国内通货膨胀压力

持续性国际收支顺差会导致国内总供给与总需求平衡遭到破坏，通货膨胀压力加大。国际收支出现顺差，也就意味着大量商品被用于出口，可能导致国内市场商品供应短缺，带来通货膨胀的压力。此外，无论是经常项目的顺差还是资本项目的顺差，都会导致外汇占款的上升，进而带来通货膨胀压力。

3. 加剧国际摩擦

持续性国际收支顺差容易引起国际摩擦，不利于国际经济关系的发展。因为一国国际收支出现顺差也就意味着其他国家国际收支逆差，从而影响这些国家的经济发展。顺差国若不采取必要的措施缩减过大的顺差，必然导致国际经济摩擦的发生。

综上所述，持续的国际收支不平衡，无论是顺差还是逆差，都会给该国经济带来危害，一国政府应采取适当的调节措施，尽量维持国际收支平衡，使经济处于协调、均衡的发展状态，保持经济平稳较快增长。

四、国际收支失衡的调节方法

持续的、巨额的国际收支失衡，无论是顺差还是逆差，都可能给经济发展造成不利影响，因而必须考虑进行必要的调节。国际收支失衡的调节包括两个方面，即市场机制对国际收支失衡的自动调节和政府可能采取的政策引导措施。

（一）国际收支失衡的自动调节机制

在市场经济条件下，国际收支失衡的自动调节是依靠市场机制来实现的，即在政府没有干预的情况下，由市场经济中的其他变量与国际收支相互作用和相互影响来实现的国际收支调节。

1. 金本位制下的国际收支自动调节机制

在金本位制的条件下，一个国家的国际收支可通过价格水平的变化而自动地得到调整。这一自动调节规律称为“价格-铸币流动机制”，又称“休谟机制”，它是由英国经济学家大卫·休谟（David Hume）在1752年提出的。休谟认为：在金本位制下，如果一国的国际收支出现逆差，意味着该国黄金的净输出。由于黄金外流，导致国内黄金存量减少，本国货币发行量、存款和银行信用紧缩，货币供应量减少，于是物价下跌。而物价下跌使得出口商品成本降低，出口竞争力增强。接着，出口增加，进口减少，直至国际收支改善。反之，一国国际收支出现顺差，则黄金内流，本国货币供应量增加，物价上涨，出口商品竞争力下降，出口减少，进口增加，顺差逐渐消失。

2. 固定汇率制度下的国际收支自动调节机制

固定汇率制是指一国货币当局通过货币供应量变动干预外汇市场以维持汇率不变。在这种制度下，如果一国国际收支出现不平衡，就会造成外汇供求变化，加大外汇汇率变化压力。为了维持固定汇率不变，该国中央银行就会干预外汇市场，这种外汇干预会自动调节国际收支。

当国际收支出现逆差时，外汇市场上外汇需求上升，本币贬值压力加大。为了维持汇率稳定，中央银行在外汇市场上抛售外汇买入本币，造成本国货币供应量减少。货币供应量减少又会通过以下过程自动调节国际收支改善：

（1）货币供应量减少会带来银根紧缩，利率随着市场供求关系的变化而上升。利率上升会导致本国资本不再外流，同时外国资本也纷纷流入本国谋求高收益，资本账户的逆差得以向顺差方向转化，这就是国际收支的利率效应。

（2）货币供应量减少，国民收入水平下降，引起国内总需求和进口需求下降，进而改善国际收支的经常账户收支，这就是国际收支的收入效应。

（3）货币供应量减少，引起国内总需求下降，物价总水平下降，商品价格下降，增加了出口需求，同样改善了经常账户收支，这就是国际收支的相对价格效应。

反之，国际收支顺差，中央银行会在外汇市场上购入外汇投放本币，从而导致本国货币供应量增加，利率降低，物价上涨，会增加进口需求，减少出口供应，国际收支失衡得以自动调节。

如前所述，固定汇率制度下的国际收支自动调节机制，虽然通过中央银行对外汇市场的干预使得国际收支得以自动调节，但是内部经济变量也发生了变化，也就是说，外部均衡得以实现的同时牺牲了内部均衡。

3. 浮动汇率制下的国际收支自动调节机制

在浮动汇率制下，汇率由外汇市场供求决定，货币当局对外汇市场不加干预。如果国际收支出现逆差，外汇需求大于供给，外汇汇率上升，本币贬值，引起本国商品相对价格下降，外国商品相对价格上升。在满足马歇尔-勒纳条件（进出口商品价格需求弹性的绝对值之和大于1）的情况下，本国货币贬值会有利于本国商品出口、抑制进口，随着出口增加进口减少，国际收支逆差减小或消除；反之，如果国际收支出现顺差，本币需求大于供给，本币升值，本国货币升值会有利于本国商品进口，抑制出口，随着出口减少进口增加，国际收支顺差减小或消除。

（二）国际收支的政策调节

国际收支自动调节机制会促进国际收支恢复平衡，但其作用程度和效果有限，自动调节过程可能需要较长的时间。所以，当国际收支出现不平衡时，不能单纯地依靠自动调节机制来自动调节国际收支，而需要利用各种政策措施来调节国际收支的失衡，这些政策和措施不仅会改变国际收支，而且还会给国民经济带来其他影响。

1. 外汇缓冲政策

外汇缓冲政策是指政府通过外汇储备的变动或短期的对外借款来干预外汇市场，调节国际收支失衡。中央银行通过在外汇市场上买卖外汇，改变外汇供求从而对国际收支进行调节。外汇缓冲政策的主要作用是抵消国际收支失衡带来的消极影响，一般用于解决暂时性的国际收支失衡。

如果国际收支不是暂时性的失衡，而是出现了根本性的失衡，那么运用外汇缓冲政策就可能带来严重的问题。中央银行在外汇市场上长期大量买卖外汇，将导致外汇储备过多或枯竭，进而引发新的矛盾和问题。对于逆差国来说，可能导致外汇储备被消耗干净，外汇储备下降又会引起本国政府信用评级下调，官方对外借款也将会难以为继。对于顺差国来说，外汇缓冲政策同样无法解决长期性的失衡问题。长期的国际收支顺差意味着国外对本国的货币需求增加，从而使得本国货币的价格升高，导致本国货币的升值，同时大量的顺差也意味着大量外币的流入，导致外币供应的增加，使得外币相对贬值。如果政府试图控制本币升值，本币升值预期就会刺激投机行为。而且，官方储备的过量增长，会给经济运行带来不良的影响。

2. 支出增减政策

支出增减政策即政府运用财政政策和货币政策改变国内总需求的数量，进而调节国际收支失衡的政策。支出增减政策主要包括财政政策和货币政策。

（1）财政政策。

在财政政策方面，政府可以通过增减财政开支影响社会总需求，从而调节国际收支的顺差或逆差。

当国际收支逆差时，政府可以实施紧缩的财政政策，削减财政支出，抑制消费和投资，使国内总需求减少，物价下降，导致出口增加，进口减少，逐步消除国际收支逆差，使之恢复平衡。

当国际收支顺差时，政府可以采用扩张性的财政政策，增加财政支出，鼓励消费和投资，使国内总需求增加，物价上涨，进而导致出口减少，进口增加，达到逐步缩小顺差、国际收支趋于平衡的目的。

（2）货币政策。

在货币政策方面，政府可以采取调整再贴现率、法定存款准备金率以及公开市场操作等进行调节，这是西方国家普遍、频繁采用的调节国际收支的政策措施。

再贴现率作为一国基准利率，制约和影响着市场利率水平。当一国出现国际收支逆差时，可以通过提高再贴现率来提高市场利率，吸引资本流入，改善资本与金融账户收支。另外，利率提高也可以抑制国内投资和消费，减少进口支出，改善贸易收支，促进国际收支逆差减少或消除。

存款准备金是银行为保证客户提取存款和资金清算需要而在中央银行的现金准备，中央银行要求的存款准备金占其存款总额的比例就是法定存款准备金率。中央银行控制商业银行的准备金的多少和准备金率的高低，影响着银行的信贷规模和货币供应量。当一国国际收支逆差时，可以提高法定存款准备金率，减少货币供应量，减少总需求促使进口减少，改善国际收支逆差。

公开市场操作是中央银行吞吐基础货币、调节市场流动性的主要货币政策工具，是中央银行实施货币政策的三大手段之一。当一国国际收支出现顺差时，中央银行可以在公开市场上买进有价证券向市场投放流动性，银行信贷规模扩大，总需求增加，进口增加，使得贸易收支顺差减少；同时利率下降，引起资本外流，资本与金融账户顺差减少。

货币政策主要是利用利率机制控制货币供应量，引起资本的流动，进而调节国际收支。但货币政策会对国内经济产生影响，所以常与其他政策搭配使用，以实现宏观经济的内外均衡。

3. 支出转换政策

支出转换政策是不改变总需求数量，但改变需求结构从而调节国际收支失衡的政策。狭义的支出转换政策一般指的是汇率政策。

汇率政策是货币当局运用汇率的变化来实现国际收支平衡的政策。在其他条件不变的情况下，汇率变动会导致国内产品与外国进口产品的市场价格发生变动，由此会导致社会需求的转换。当一国处于国际收支逆差时，可以主动将本币贬值，促进出口、抑制进口，改善该国的贸易收支。同样，当一国长期存在国际收支顺差时，政府可以主动将本币升值，抑制出口、刺激进口，从而促使国际收支平衡。

汇率政策操作简便且见效快，所以一些国家的政府为了刺激本国产品的出口，增加就业机会，会故意将本国货币的价值贬到均衡汇率以下。但一国货币贬值要达到促进出口抑制进口的目的，还需具备一定的条件，其中最重要的制约因素是进出口商品的价格需求弹性和竞争对手国家不采取报复措施。

4. 产业政策与科技政策

产业政策是国家制定的，引导国家产业发展方向、推动产业结构升级、协调国家产业结构使国民经济健康可持续发展的政策。产业政策的核心是优化产业结构。

科技政策是国家为实现一定历史时期的科技任务而规定的基本行动准则，是确定科技事业发展方向，指导整个科技事业的战略和策略原则。

一国制定的产业政策和科技政策，可以促进技术进步，促进资源在本国各产业间的合理配置，更好地适应世界市场的需求，也有利于提高劳动生产率，形成自己的比较优势，进而减少乃至消除结构性的国际收支失衡。与支出增减政策和支出转换政策不同，产业政策和科技政策是从供给角度调节国际收支失衡的政策，也是一国从根本上解决国际收支失衡的政策。

5. 直接管制政策

直接管制政策是政府直接干预对外经济活动以实现国际收支调节的政策措施。直接管制是政府调节国际收支的基本手段，包括贸易管制、外汇管制和财政管制。直接管制主要是对进出口贸易进行干预，其基本措施包括通过各种关税和非关税壁垒来限制进口，以及对本国的出口给予政策上的鼓励等。

（1）贸易管制。

贸易管制是指政府直接鼓励或限制进出口数量的政策。政府可以通过加强贸易管制缓和国际收支逆差。常用的贸易管制手段有：进口许可证制、进口配额制、进口技术标准等。

（2）外汇管制。

外汇管制是指政府直接通过有关机构对外汇买卖和国际结算进行行政干预。外汇管制又分为外汇的数量管制和成本管制。数量管制是国家外汇管理机构对外汇买卖的数量直接进行限制和分配，通过控制外汇总量达到限制出口的目的；成本管制是国家外汇管理机构对外汇买卖实行复汇率制，利用外汇买卖成本的差异，调节进口商品结构。当一国的国际收支失衡状况十分严重时，可能采取的外汇管制就是：限制资本输入；限制资本输出；限制私人持有外汇；限制私人购买外汇；实行复汇率制；禁止黄金输出；限制个人携带本币进出国境的数量等。（外汇管制的详细内容参考本书第六章第四节）

（3）财政管制。

财政管制是指一国政府通过调整税收和财政支出，来控制总需求和物价水平，从而调节国际收支的政策手段。财政管制机构包括财政部、海关、官方金融机构等。常用的财政管制手段包括：进口关税政策、出口补贴政策、出口信贷政策。

直接管制见效快、成本低、易操作，但它也有诸多弊端：首先是直接管制容易遭受其他国家的报复，给国际贸易和国际金融带来消极影响。其次是直接管制可能会出现寻租行为，如配额分配中经常出现权力与金钱的交换。再次是直接管制在一定程度上限制了竞争，削弱了国内企业创新的动力。最后是直接管制可能扭曲市场价格信号，使市场机制作用不能充分发挥，导致该国资源配置不够合理，不能充分利用国际分工发挥自身优势。

6. 国际经济合作政策

各国的国际收支是联系在一起的，一国的逆差往往是另一国的顺差。国际收支不平衡的根本原因在于各国之间经济发展的不平衡性以及各种制度安排的不合理。各国国际收支调节政策只能起到暂时缓和本国国际收支困境的作用，而不能从根本上解决国际收支不平衡的格局。调节政策都是以本国利益为出发点，调节措施可能对其他国家的经济产生不利的影响，并引发其他国家采取相应的调节措施，结果是出现国际经济摩擦、贸易战、汇率战等。

为了缓解各国国际收支之间的矛盾，需要加强国际合作，协调各国经济政策，消除自由贸易障碍，促使生产要素自由移动，更好地改善一国的国际收支。各国应加强对国际收支调节政策的国际协调，通过各种国际经济协定确定国际收支调节的一般原则。例如，《关贸总协定》规定了非歧视原则、关税保护和关税减让原则、取消数量限制原则、禁止倾销和限制出口补贴原则、磋商调解原则等。《国际货币基金协定》规定了多边结算原则、消除外汇管制和制止竞争性贬值原则等。

（三）使用国际收支调节政策时需注意的问题

政府在对国际收支失衡进行调节时，应当根据不同的情况，采取不同的对策。

1. 出现临时性失衡时的政策选择

当国际收支出现临时性失衡时，可以采用外汇缓冲政策来进行调节。

2. 出现根本性失衡时的政策选择

当国际收支出现根本性失衡时，政府或货币当局可以运用宏观经济政策来对国际收支进行调节。这些宏观经济政策有的是调节需求的，如支出增减政策中的财政政策、货币政策以及支出转换政策中的汇率政策；有的是调节供给的，如产业政策、科技政策。总体上来讲，调节需求的政策短期内调节效果比较明显，属于“治标”；而调节供给的政策则能够从根本上解决国际收支失衡，属于“治本”。

3. 国际收支失衡状况比较严重时的选择

当国际收支失衡状况比较严重时，政府可以直接进行管制，改变进出口的数量，以尽快扭转国际收支失衡的局面。

4. 内外均衡的冲突与协调

调节国际收支失衡的某些政策如财政政策、货币政策，也会对一国内部经济均衡产生影响，有时甚至会产生冲突，这时就需要对这些调节政策进行协调。例如，当某个实行固定汇率制度的国家，同时处于通货紧缩和国际收支逆差的经济状况时，该国政府若采用紧缩性的货币政策（如提高利率），可以吸引资本的流入，有助于缓解国际收支逆差的状况，但紧缩性的货币政策会使得国内经济萧条的状况变得更严重。

第四节　国际收支调节理论

各国在国际收支出现不平衡时，都会采取一些调节措施。西方经济学者对国际收支调节的分析，按照历史顺序可以分为弹性分析法、吸收分析法以及货币分析法。这些分析方法各有侧重，为一国政府调节国际收支失衡提供了相应的理论依据。

一、弹性论

弹性论又称弹性分析法。20 世纪 30 年代，英国经济学家琼·罗宾逊（Joan Robinson）和 A. P. 勒纳（Abba Ptachya Lerner）在马歇尔（Alfred Marshall）的供求弹性局部均衡分析方法的基础上，系统地提出了国际收支的弹性论。弹性论主要研究在收入不变的条件下汇率变化在国际收支调节中的作用，着重考虑货币贬值取得成功的条件及对贸易收支和贸易条件的影响。

（一）弹性论的假定

弹性论的基本假定是：进出口的供给弹性趋于无穷大；其他条件不变，只考虑汇率变化对进出口商品的影响；收入水平不变，进出口商品的需求就是这些商品及其替代品的价格水平的函数；不考虑国际资本流动，国际收支等同于贸易收支。

（二）弹性论的内容

弹性论认为，汇率变动会引起进出口商品价格的变动，商品价格的变动引起进出口数量的变动，从而导致国际收支的变化。如一国国际收支出现逆差，该国可采取货币贬值的办法增加出口额、减少进口额，贬值的效果取决于一国进出口商品的需求弹性。

1. 马歇尔-勒纳条件

需求弹性是指需求量对价格的反应程度。各种商品在价格变动后，需求量的变化是不一样的。若需求量的变动幅度小于价格的变动幅度，称为需求弹性小于 1；若需求量的变动幅度大于价格的变动幅度，称为需求弹性大于 1；需求量的变动幅度等于价格变动的幅度，则称为需求弹性等于 1。在汇率发生变动后，进出口商品的需求弹性不同，对贸易收支状况的影响也不同。假设以 E_x 代表出口商品的需求弹性绝对值，E_m 代表进口商品的需求弹性绝对值，货币贬值后可能出现三种情况：

（1）进出口商品的需求弹性之和 $E_x + E_m > 1$ 。

在这种情况下，外汇收入的增加量和外汇支出的减少量之和大于由于出口商品价格下跌而减少的外汇收入量和由于进口商品价格上涨而增加的外汇支出量之和，本币贬值可以改善贸易收支状况。

（2）进出口商品的需求弹性之和 $E_x + E_m < 1$ 。

在这种情况下，外汇收入的增加量和外汇支出的减少量之和小于由于出口商品价格下跌而减少的外汇收入量和由于进口商品价格上涨而增加的外汇支出量之和，本币贬值反而会导致贸易收支状况恶化。

（3）进出口商品的需求弹性之和 $E_x + E_m = 1$ 。

在这种情况下，外汇收入的增加量和外汇支出的减少量之和等于由于出口商品价格下跌而减少的外汇收入量和由于进口商品价格上涨而增加的外汇支出量之和，本币贬值对贸易收支状况没有影响。

在以上这三种情况中，只有在第一种情况下，一国将本币贬值，才能达到改善贸易收支的目的。最早揭示一国货币的贬值与该国贸易收支改善程度关系的学者是英国经济学家马歇尔和美国经济学家 A. P. 勒纳。马歇尔-勒纳条件（Marshall-Lerner Condition）是指一国货币贬值后，只有出口商品的需求弹性和进口商品的需求弹性之和大于 1，贸易收支状况才能改善，即贬值取得成功的条件是：出口商品的需求弹性和进口商品的需求弹性之和大于 1。

2. J 曲线效应

在货币贬值对贸易收支状况的调节过程中，存在着一定的时滞效应，即在货币对外贬值之后的一段时期中，贸易收支状况没有得到改善，反而进一步恶化，经过一段时间之后，待出口供给和进口需求做了相应的调整后，贸易收入才会逐步增加，贸易收支状况才逐步得到改善。整个过程用曲线描绘出来，呈字母 J 形。故在马歇尔-勒纳条件成立的情况下，货币贬值对贸易收支状况改善的时滞效应，称为 J 曲线效应，如图 1－1 所示。

J 曲线效应之所以存在，主要是因为在货币贬值调节贸易收支状况的过程中，存在着

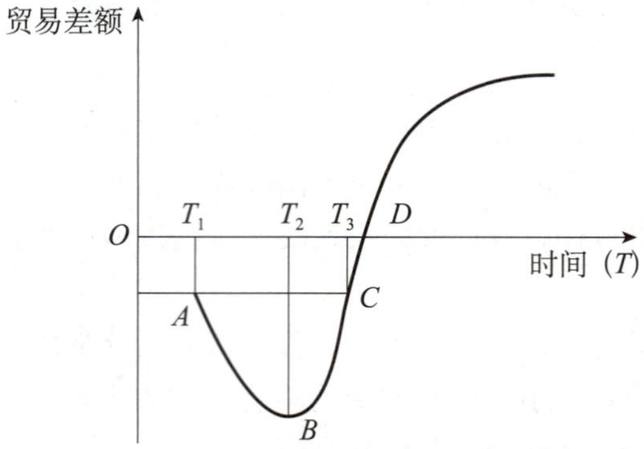

图 1-1　货币贬值的 J 曲线效应

以下几个时滞因素：(1) 认识时滞，即本币贬值后，本国出口商品价格降低的信息并不能立即被进口商所了解，而是需要一个过程；(2) 决策时滞，即进出口商在掌握了进出口商品价格变动的信息之后，需要对价格变动的重要性进行分析，以便做出正确的决策；(3) 生产时滞，即面对增加的出口需求，国内出口部门从组织资源到生产出产品需要一个过程；(4) 取代时滞，即以前的合同不能取消，进出口商都需要一定的时间来处理以前的存货。只有经过这些环节和过程之后，出口国的外汇收入才会增加。

二、吸收论

吸收论又称支出分析法，它是 1952 年由詹姆斯·爱德华·米德（James Edward Meade）和当时在国际货币基金组织工作的西德尼·斯图尔特·亚历山大（Sidney Stuart Alexander）在凯恩斯宏观经济学的基础上提出的。它从凯恩斯的国民收入方程式入手，着重考察总收入与总支出对国际收支的影响，在此基础上，提出了国际收支调节的相应政策主张。

按照凯恩斯的理论，国民收入与国民支出的关系可以表述如下：

$$Y=E$$

在封闭经济条件下：

$$Y=C+I+G$$

在开放经济条件下，把对外贸易也考虑进去，则有：

$$Y=C+I+G+X-M$$

上式经变换得到：

$$X-M=Y-C-I-G=Y-(C+I+G)$$

公式中，Y 代表国民收入，E 代表国民支出，C 代表消费，I 代表投资，G 代表政府支出，$X-M$ 为贸易收支差额，以此作为国际收支差额的代表。$C+I+G$ 为国内支出，即国民收入中被国内吸收的部分，用 A 来表示。由此，国际收支差额实际上就可由国民收入 Y 与国内吸收 A 之间的差额来表示。设国际收支差额为 $B=X-M$，则有：

$$B=Y-A$$

当国民收入大于总吸收时，国际收支为顺差；当国民收入小于总吸收时，国际收支为逆差；当国民收入等于总吸收时，国际收支平衡。

一国国际收支最终要通过改变收入或吸收来调节，或增加收入或减少吸收（支出）。因此吸收论的政策主张是：(1) 增加收入 Y 或减少支出 A；(2) 收入 Y 与支出 A 都增长，但 Y 的增长速度快于 A 的增长速度；(3) Y 不变或者收入 Y 与支出 A 都减少，但 Y 的减少速度小于 A 的减少速度。第 (1)、(2) 种情况表明该国生产要素尚未充分就业，要改善国际收支可以通过扩大生产、增加产出来实现，但要求本国的产出没有全部被本国吸收，产出有多余的部分供外国消费，从而形成国际收支顺差；第 (3) 种情况表明一国国内生产要素都已经充分就业，甚至经济处于衰退期时，产出无法进一步扩大，这时要改善国际收支顺差，必须要采取紧缩的政策，减少国内总吸收，而且总吸收减少的速度要高于产出减少的速度。

吸收论所主张的国际收支调节政策，无非改变总收入与总吸收（支出）的政策，即支出转换政策与支出增减政策。当国际收支出现逆差时，表明一国的总需求超过总供给，即总吸收超过总收入，这时，就应当运用紧缩性的财政、货币政策来减少对贸易商品（进口）的过度需求，以纠正国际收支逆差。紧缩性的财政、货币政策在减少进口需求的同时，会减少对非贸易商品的需求和降低总收入，因此，还必须运用支出转换政策来消除紧缩性财政、货币政策的不利影响，使进口需求减少的同时收入能增加。这样，使贸易商品的供求相等，非贸易商品的供求也相等，需求减少的同时收入增加，就整个经济而言，总吸收等于总收入，从而达到内部均衡和外部均衡。

三、货币论

20 世纪 60 年代后期，罗伯特·蒙代尔（Robert Mundell）、哈里·约翰逊（H. G. Johansson）等将封闭条件下的货币主义原理引申到开放经济中来，发展了国际收支货币论。货币论是从货币的角度而不是商品的角度来考察国际收支失衡的原因，并提出相应的政策主张。货币论的基本假定是：在充分就业均衡状态下，一国的实际货币需求是收入和利率等变量的稳定函数；从长期看，货币需求是稳定的，货币供给变动不影响实物产量；贸易商品的价格是由世界市场决定的，从长期来看，一国的价格水平和利率水平接近世界市场水平。

（一）货币论的主要观点

1. 国际收支是一种货币现象

把国际收支看作货币现象是货币论与吸收论、弹性论最大的区别。货币论继承和发扬了大卫·休谟（David Hume）的价格-铸币流动机制，认为在纸币制度下，货币对外部均衡的影响仍然是决定性的。货币论将实际经济变量对外部均衡的影响放在次要位置，并且在其分析中隐含假定实际经济变量对外部均衡的影响也是要通过货币发挥作用。

2. 货币是存量不是流量

货币论强调货币是存量而不是流量，货币存量变化会对外部均衡产生影响。而造成货币存量变化的根本原因是货币供给与货币需求存量的变化。一旦货币供给与货币需求未能有效地匹配，就会造成货币存量发生变化，从而引起外部失衡。所以一国出现国际收支逆差，其实是该国名义货币供给量超过了该国的名义货币需求量。

3. 货币论的最基本方程式

货币论的最基本方程式为：

$$R = M_d - D$$

式中，R 是来自国外的货币供应基数，它通过国际收支盈余获得，以国际储备作为代表。M_d代表实际货币需求。D 指国内提供的货币基数，即中央银行的国内信贷或支持货币供给的国内资产，以基础货币为代表。

（二）货币论的主要政策主张

货币论的主要政策主张包括以下方面。

1. 国际收支不平衡在本质上应归为货币原因

货币论认为，所有的国际收支不平衡在本质上都可归结为货币的原因，因此，国际收支的不平衡都可以用国内货币政策来解决。

2. 国际收支不平衡是一种短期现象

货币论认为，国际收支不平衡是一种短期现象。短期内，当一国出现国际收支逆差时，会消耗它的国际储备直到耗尽为止，当一国出现国际收支顺差时会消耗它的国内信贷资产直到耗尽为止，所以国际收支不平衡是一种短期现象。一国政府若要长期维持国际收支顺差，那么该国中央银行就必须不断地在外汇市场上投放本币回收外币，本国放出的这些本币会不断流向国外，成为其他国家的外汇储备，与此同时本国的信贷资产不断减少，迫使商业银行持有国外资产。

3. 国内货币政策主要指货币供应政策

货币论认为，国内货币政策主要指货币供应政策。因为货币需求是收入、利率的函数，而货币供应则在很大程度上可由政府操纵，所以扩张性的货币政策可以减少国际收支顺差，而紧缩性的货币政策可以减少国际收支逆差。

4. 支出转换政策对国际收支的影响是暂时的

货币论认为，为平衡国际收支而采取的贬值、进口限额、关税、外汇管制等贸易和金融干预措施，只有当它们的作用是提高货币需求，尤其是提高国内价格水平时，才能改善国际收支状况，而且这种影响是暂时的。如果在施加干预措施的同时伴有国内信贷膨胀，则国际收支状况不一定能改善，甚至可能恶化。

5. 某些调节政策具有完全替代的效果

货币论认为，对于国际收支来说，本币贬值与紧缩国内信用具有完全替代的效果，升值与扩张国内信贷也完全可以替代。

货币论主张的政策核心是：在国际收支发生逆差时，应注重国内信贷的紧缩。

第五节　国际储备

一、国际储备概述

（一）国际储备的概念

国际储备又称官方储备，是指一国货币当局所持有的，国际上普遍可以接受的，用于平衡国际收支、维持汇率稳定和作为偿还外债保证的各种对外流动资产的总称。根据国际货币基金组织的界定，一国的国际储备包括黄金储备、外汇储备、在国际货币基金组织的储备头寸（即普通提款权）和国际货币基金组织分配给会员国尚未动用的特别提款权。

当一个国家的对外支付大于收入时，可以动用国际储备来弥补出现的逆差。当一国货币对外汇率涨跌过度时，也可以动用国际储备来干预外汇市场，维持汇率的稳定。国际储备有广义和狭义之分，狭义的国际储备是官方持有的国际储备，通常所说的国际储备包括本章所分析的均为狭义的国际储备。广义的国际储备定义是：凡一国官方可以动用的，用于弥补国际收支逆差和维持汇率稳定的外币资产都可算作国际储备。也就是说，广义的国际储备不仅包括官方持有的储备资产，还包括一国官方可以利用的非官方持有的其他储备资产，如企业或个人存放在官方银行的外汇资产、非官方金融机构持有的储备资产等。

（二）国际清偿能力

国际清偿能力又称国际流动性，是一国官方所能动用的一切对外金融资产的总和，包括该国的官方储备和借入储备。国际清偿能力代表了一国的对外支付能力，反映了一国货币当局干预外汇市场的总体水平。

（三）国际储备与国际清偿能力的异同

国际储备与国际清偿能力的共同点表现在：两者都是一国对外支付能力及金融实力的标志。

两者之间的区别如下。

1. 两者的范围不一样

国际清偿能力不仅包括狭义和广义的国际储备，而且还包括从境外筹借资金的能力。例如签订了央行间互惠信贷协定的两个国家，在甲国发生逆差时，协议方的乙国中央银行会向甲国及时提供一定数额的贷款以弥补逆差。这笔贷款虽不属于甲国的国际储备，但却构成了甲国的国际清偿能力。

2. 两者代表的清偿能力不一样

国际储备是一国具有的现实的对外清偿能力。国际清偿能力是一国现实的和可能的对外清偿能力的总和，而且是一国对外资信的重要标志。

3. 两者的内涵不一样

国际储备的内涵是一国官方可以无条件动用的对外支付手段；而国际清偿能力还应包括有条件使用的清偿手段，即包括由债权方所提供的资金。国际储备与国际清偿能力的关系可以形象地用同心圆来表示，如图 1－2 所示。其中核心层 L_1，为狭义的国际储备；第二层 L_2，为广义的国际储备，第三层 L_3，为国际清偿能力。

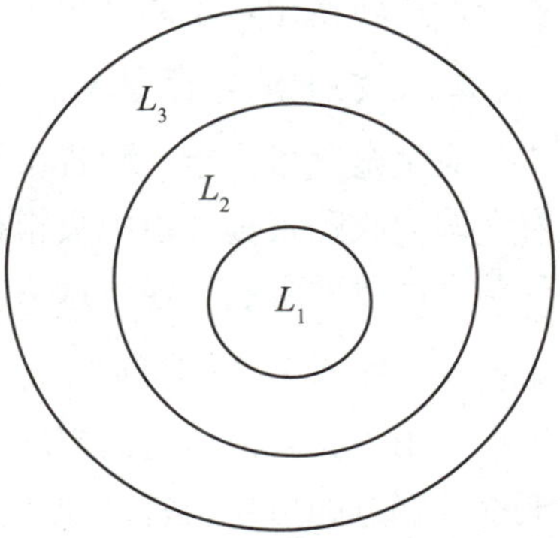

图 1－2　国际储备与国际清偿能力的关系

（四）国际储备的特点

国际储备资产主要用于平衡国际收支、维持汇率稳定和对外偿债保证，因此，用于国际储备的资产必须具有如下特点。

1. 官方持有性

国际储备资产必须为一国货币当局所持有和直接掌握并加以使用的资产，而不是被其他机构或经济实体所持有。非官方金融机构、企业和私人持有的黄金、外汇等资产，不能算作国际储备。因此，国际储备又称官方储备。1992 年以前，我国的外汇储备一直由国家外汇库存和中国银行外汇库存两部分组成。1992 年 9 月以后，我国启用了新的外汇储备统计口径，外汇储备仅包括国家外汇库存部分。

2. 自由兑换及可接受性

一国从事国际交易需要对外流通手段或支付手段，而能够用于国际交易的流通或支付手段，必须是国际上普遍可以接受的用于清偿债务的资产。因此，国际储备必须能够自由地兑换成任何一国的货币，且能为世界各国普遍认同、接受和使用。

3. 流动性

作为国际储备的资产必须是随时能够动用的资产，各国政府或货币当局可无条件地获得并在必要的时候动用这些资产。如存放在国外银行的活期外币存款，或随时可以变现的以可兑现货币标明面值的有价证券等。若一种储备资产不具有流动性，无法随时用于弥补国际收支逆差，也不能随时用来维持汇率的稳定，则不能算作国际储备资产。

二、国际储备的来源

国际储备的来源主要有以下六个方面。

（一）国际收支顺差

国际收支顺差是增加国际储备的主要来源，国际收支中经常账户差额、资本与金融账户差额之和，反映在国际收支平衡表中就是国际储备的变化额。在这两者之中，经常账户的收入是增加国际储备最可靠的来源。

此外，在资本与金融账户下，一国获得其他国家的政府贷款、从国际金融机构获得的贷款、中央银行之间的互惠贷款、从国际银行或银团获得的融资以及在国际金融市场上发行债券获得的融资，都可以充当国际储备使用。但此种资金只是在偿还期限之前可以作为储备资产周转使用，不能从根本上保证国际储备量的增加。

（二）政府黄金存量

政府黄金存量是指一国货币当局拥有的货币性黄金储备。增加黄金储备的途径，一是政府在国内收购黄金并由中央银行储存，二是动用本币或外汇在国际市场上购买黄金，由于受黄金产量的限制，通过这一渠道所获得的国际储备量有限。

（三）外汇市场干预

在本币受到升值压力的情况下，一国货币当局在外汇市场抛售本币，购进外汇，以稳定汇率，购进的可兑换货币便成为该国国际储备的一部分。

（四）国际信贷

一国从其他国家、国际金融组织获得的贷款，中央银行之间的互惠贷款，从国际专业银行获得的贷款以及在国际金融市场上发行债券筹集的资金都可以充当国际储备使用。不过，这种资金不能从根本上保证国家储备量的增加，只能在偿还期限之前作为储备资产周转使用。

（五）在国际货币基金组织的头寸

在国际货币基金组织的头寸又称普通提款权，是一国国际储备的来源之一，其数量取决于各国在国际货币基金组织缴纳的份额。

（六）特别提款权的分配

特别提款权由国际货币基金组织分配给成员国，每 5 年分配一次。特别提款权虽然不能作为现实货币用于普通商品交换，但可以作为国际储备支付国际债务。

专栏 1-1

全球国际储备的积累机制

储备资产的积累主要源于国际收支顺差，可归纳为三种模式。一是经常账户顺差模式，即通过商品贸易、服务贸易、初次及二次分配顺差的方式积累。二是金融账户顺差模式，通过 FDI、证券投资、其他投资以及金融衍生品资金的净流入积累。三是经常账户和资本账户“双顺差”模式。1990—2021 年，全球储备资产迎来快速增长期，规模由 11 431 亿美元增至 153 244 亿美元，增长了 12 倍多。30 多年来，全球储备资产的积累方式呈现明显的阶段性特征。

一、亚洲金融危机前，多数储备资产增长较快地区遵循金融账户顺差模式

1990—1996 年，全球储备资产规模增长前十地区的外汇储备提高 4 249 亿美元，其中，经常账户累计流入 4 861 亿美元，金融账户累计流出 1 104 亿美元。日本储备资产增幅明显，主要依靠商品贸易和初次收入形成的经常账户顺差，其非储备性质金融账户则呈现大幅逆差。新加坡也呈现经常账户顺差模式，其顺差主要源自服务贸易，而大量的证券对外投资形成了金融账户的净流出特征。

中国呈“双顺差”模式，商品贸易和外商直接投资带来的资金流入是储备资产积累的主要途径。除上述国家外，绝大多数储备资产增长较快地区遵循金融账户顺差模式，例如，巴西、泰国、韩国、印度和马来西亚等，其国际收支主要特征是经常账户逆差（主要由商品贸易逆差和初次收入逆差形成）和金融账户顺差（主要由证券投资和其他投资等短期资本形成）。依靠证券投资和组合投资形成的储备，具有较强的套利特征，需要支付利息和股息成本，受外部市场环境冲击较为明显。1997 年亚洲金融危机中，通过金融账户顺差模式积累储备资产的泰国、印度、韩国和马来西亚等国家应对外部冲击的能力较弱，在危机中遭受了较大损失。

二、亚洲金融危机以来，经常账户顺差对储备资产形成发挥主导性作用

亚洲金融危机让许多发展中国家和地区认识到，金融账户顺差模式，特别是以短期资本“借”来的储备资产并不安全，这些国家积极转变储备资产的积累方式。1997—2013 年，主要国家外汇储备规模增长 76 362 亿美元，其中，经常账户流入 76 127 亿美元，金融账户流入 3 640 亿美元。中国依然呈“双顺差”模式，但主要由商品贸易推

动形成的经常账户顺差超过主要由FDI带来的金融账户顺差，“双顺差”中更加依赖经常账户。这一时期，日本、沙特阿拉伯、瑞士、俄罗斯和韩国呈经常账户顺差模式，而巴西和印度依然遵循金融账户顺差模式。在2008年金融危机中，依靠“双顺差”和“经常账户”模式的国家在外部冲击下，呈现出更强韧性，而依靠金融账户顺差的部分东欧国家则受到明显冲击。

三、2014年以来，金融账户对储备资产的影响效果有所增强

贸易保护主义、逆全球化趋势加剧，对全球储备资产积累方式产生了较大影响。2014—2021年，主要国家外汇储备规模增长19 108亿美元，其中，经常账户累计流出5 160亿美元，金融账户累计流入18 540亿美元。这一阶段，储备资产增长最快的国家是瑞士，其遵循“双顺差”模式；印度储备资产增幅位居第二，其主要依赖金融账户顺差模式；新加坡、俄罗斯、日本和韩国等仍遵循经常账户顺差模式，巴西、美国则主要遵循金融账户顺差模式。

资料来源：陈卫东，熊启跃，赵雪情．全球储备资产：历史趋势、形成机制和中国启示［J］．国际金融研究，2023（4）：3-16.

三、国际储备的构成

国际储备的构成随经济发展不断变化，金本位时期，各国都把黄金作为国际储备资产。随着经济发展和国际贸易的扩大，黄金已无法满足世界市场对国际流通手段的需要，许多国家开始把能兑换为黄金的外汇储备作为储备资产，国际货币基金组织成立后，各国在国际货币基金组织的储备头寸和国际货币基金组织分配的特别提款权也先后被列为储备资产。目前，外汇储备是国际储备的主体。

国际货币基金组织对一国的国际储备做了明确界定，包括以下四部分：黄金储备、外汇储备、在国际货币基金组织的储备头寸以及特别提款权。

（一）黄金储备

黄金储备是指由一国的货币当局所持有的货币性黄金数量的总和。

黄金作为国际储备资产有着较长历史。从19世纪初到第一次世界大战爆发，在国际金本位制度下，黄金储备是国际储备的典型形式。到第二次世界大战结束前夕的1944年，布雷顿森林体系下建立的双挂钩制度规定：美元同黄金挂钩，其他国家的货币同美元挂钩；黄金仍是决定货币汇率的基础，具有一般支付手段职能，并是最重要的国际储备形式。虽然自1976年起实施的《牙买加协议》中规定，黄金和国际货币制度分离，且1978年4月1日生效的《国际货币基金协定》第二修正案中更进一步规定黄金“非货币化”。但由于黄金是有价值的实体，它仍是各国国际储备资产中不可缺少的组成部分。

（二）外汇储备

外汇储备是一国货币当局持有的国际储备资产中流动性较强的外汇资产，包括在国外可兑换的银行存款和其他可变现的金融资产等。外汇储备是国际储备中最重要、最活跃的部分，是国际储备的主体，也是国际储备资产管理的主要对象。一种货币作为储备货币，

需具备以下条件：(1) 在国际货币体系中占有重要地位；(2) 能自由兑换成其他储备资产；(3) 是国际贸易的主要结算和计价货币；(4) 市场对该货币的稳定性具有信心。外汇储备货币在不同时期存在变化，第二次世界大战之前，占统治地位的储备货币是英镑，美元次之。第二次世界大战结束后，美元成为国际储备的主要货币。目前，主要储备货币有美元、欧元、英镑、日元等，其中美元仍为主要的储备货币，但其在国际储备中的占比已由 72%下降到 2023 年底的 58.9%。

（三）在国际货币基金组织的储备头寸

在国际货币基金组织的储备头寸亦称普通提款权（General Drawing Rights），是指国际货币基金组织的成员国在国际货币基金组织中拥有的储备头寸，在国际货币基金组织普通账户中会员国可自由提取使用的资产。具体包括：会员国向基金组织认缴份额中 25%的外汇部分；基金组织为支付其他会员国的借款而使用的会员国认缴份额中的本国货币持有量；基金组织从该会员国的借款净额。

（四）特别提款权

国际储备中的特别提款权（Special Drawing Rights，SDR）是指由国际货币基金组织分配给会员国但尚未使用的特别提款权余额。

特别提款权是国际货币基金于 1969 年创设的一种记账单位，是由国际货币基金组织无偿分配给会员国的一种资金使用的权利，作为会员国原有的提款权即普通提款权的一种补充。特别提款权按会员国在国际货币基金组织中的份额比例分配给会员国，可用于归还国际货币基金组织贷款，是成员国政府之间弥补国际收支逆差的一种账面资产。特别提款权实际上是一种记账单位，成员国可将之用于政府之间的结算，以弥补会员国国际清偿能力的不足，但不能用于贸易和非贸易的结算和支付。作为一种观念货币和国际储备的一种形式，特别提款权的创立是国际货币基金组织对国际社会的一大贡献。

特别提款权与普通提款权的不同表现在：(1) 普通提款权必须在 3～5 年内偿还，而特别提款权归会员国无条件所有；(2) 特别提款权仅限于在会员国的官方转账中使用，私人和企业不得持有和使用；(3) 特别提款权严格限于解决国际收支失衡问题，不能用于贸易和非贸易支付，更不能用于兑换黄金；(4) 特别提款权是一种信用发行的账面资产，本身并无内在价值，但能作为国际清算的合法手段。特别提款权价值按美元、英镑、欧元、日元、人民币五种货币币值加权平均定值。

专栏 1－2

特别提款权的分配

特别提款权是国际货币基金组织于 1969 年创造的一种用于补充成员国官方储备的国际储备资产。特别提款权的核心问题是份额分配问题而非数量和价格问题，因为成员国持有特别提款权的比例决定了其在国际货币基金组织的投票权大小。根据《国际货币基金组织协定》，特别提款权由国际货币基金组织根据成员国在世界经济中的相对地位进行无成本的按配额分配，形成成员国向国际货币基金组织出资的最高上限，并关系到其从国际货币基金组织获得贷款的最高限额。特别提款权也可以在限额内由国际货币基金组织指定成员国间进行买卖，成员国可以从持有额和配额差额获得利息，持有额超过配额，则该国可从超出部分获取利息，反之则需对不足部分支付利息。

特别提款权制度建立以来，国际货币基金组织一共做出四次特别提款权普遍分配的决定。第一次是在1970—1972年分配和拨付了93亿特别提款权，第二次是在1979—1981年分配和拨付了121亿特别提款权，第三次普遍分配是2009年通过的数额为1 612亿的特别提款权分配。此外，为给予不断增加的新成员国平等地位，IMF于1997年提出了特别提款权的一次性特别分配方案，并于2009年实施。经过前三轮的分配，国际货币基金组织已经向成员国分配了2 042亿特别提款权（相当于约2 930亿美元）。第四次普遍分配被称为有史以来最大规模的特别提款权分配。国际货币基金组织在2019年各国财政困难之际，批准分配约6 500亿美元的特别提款权，以增加流动性。本轮特别提款权分配中约58%分给高收入国家，其余的分配给中低收入的发展中国家。这意味着约2 750亿美元分配给了新兴和发展中国家，其中低收入国家将分配到约210亿美元，有的国家得到的分配相当于其国内生产总值的6%。为扩大本轮分配的好处，国际货币基金组织鼓励那些外部头寸强健的国家继续向最有需要的国家自愿转借部分特别提款权。一些成员国承诺向该组织的“减贫和增长信托”转借240亿美元特别提款权，该信托旨在向低收入国家提供优惠贷款。

专栏1-3

特别提款权的定值

特别提款权通过篮子货币币种和权重选择决定其估价水平，并根据篮子货币的汇率变动确定当日价格。权重由篮子货币的贸易结算和国际储备量决定。以美元表示的特别提款权的价值每日根据伦敦正午前后的即期汇率确定，并发布在国际货币基金组织的网站上。

自创立以来，特别提款权定价经历了三个阶段。第一阶段自创立至1974年，特别提款权最初确定为相当于0.888 671克纯金，与美元等值，即35特别提款权折合1盎司黄金，之后随着美元的贬值，特别提款权的价值在1971年和1973年做过两次微调。第二阶段自1974年7月至1980年底，在美元持续贬值，主要货币纷纷实行浮动汇率制的背景下，特别提款权改用16种货币组成的“一篮子”货币计价，篮子货币的选择以商品和服务贸易总额五年内平均达到全球1%以上为准则，包括美元、英镑、日元、法国法郎、联邦德国马克、意大利里拉、加拿大元、荷兰盾、比利时法郎、瑞典克朗、挪威克朗、丹麦克朗、西班牙比塞塔、奥地利先令、南非兰特和澳大利亚元。在此期间，曾在1976年进行微调，以沙特里亚尔和伊朗里亚尔替代丹麦克朗和南非兰特。自1978年以来，特别提款权形成了相对稳定的定价机制。计算篮子货币权重则遵循如下两条原则：货币权重反映其在国际金融和贸易领域的重要程度，单一货币权重不应过度影响特别提款权的稳定性。具体来说，国际货币基金组织以篮子货币国在国际货物和服务贸易结算中的比例（五年平均），以及该币种在国际储备中的比例（五年平均）两个指标来计算权重。第三个阶段是 1981 年至今，为简化计算，稳定币值，特别提款权缩减为仅与美元、德国马克、法国法郎、英镑和日元五种货币挂钩。随着欧元的问世，2001 年特别提款权进一步缩减为与美元、欧元、英镑、日元四种货币挂钩。

2015 年 11 月 30 日，国际货币基金组织在其华盛顿总部举行执董会会议，会议决定将中国的人民币纳入国际货币基金组织特别提款权货币篮子，人民币成为继美元、欧元、英镑、日元之后的第五个成员。新的货币篮子于 2016 年 10 月 1 日正式生效，人民币在特别提款权基准货币篮子中占据 10.92％的权重，美元占 41.73％，欧元占 30.93％，日元占 8.33％，英镑占 8.09％。

随着中国出口贸易规模的提升，人民币在支付结算中的比重不断提高，2022 年 5 月 11 日，国际货币基金组织执董会完成了五年一次的特别提款权定值审查。这是 2016 年人民币成为特别提款权篮子货币以来的首次审查。执董会一致决定，维持现有特别提款权篮子货币构成不变，即仍由美元、欧元、人民币、日元和英镑构成，并将人民币权重由 10.92％上调至 12.28％，将美元权重由 41.73％上调至 43.38％，同时将欧元、日元和英镑权重分别由 30.93％、8.33％和 8.09％下调至 29.31％、7.59％和 7.44％，人民币权重仍保持在第三位。

目前以美元衡量的特别提款权价值计算方法如下：

1. 计算 1 单位特别提款权所含的某种货币数量

某种货币数量＝USD/SDR×某种货币的权重×某种货币兑美元汇率

注：USD/SDR 是计算日前一天的单位特别提款权的美元值。某种货币兑美元汇率为间接标价法，即一单位的某种货币值多少美元。

2. 计算 X 值

X＝某种货币数量×该种货币的美元值

除美元之外的四种货币分别计算得到 X_1、X_2、X_3、X_4。

3. 计算特别提款权的美元值

特别提款权的美元值$=X_1+X_2+X_3+X_4$

四、国际储备的作用

（一）调节国际收支

如果一国的国际收支失衡得不到及时弥补，将不利于本国国内经济和对外经济关系的发展，因此政府必须采取措施予以纠正。如果国际收支失衡是暂时的、小额的，可通过增减国际储备予以解决，而不必采取影响整个宏观经济的财政、货币政策来调节。如果国际收支失衡是长期的、巨额的，则国际储备的调节可以起到缓冲作用。

（二）维护本国货币汇率的稳定

一国经济实力的消长必然会在各国货币汇率或货币地位的变化上反映出来。国际金融市场汇率的不正常波动会严重影响一国的经济发展和稳定。在固定汇率制度时期，一国为使本国货币汇率波动控制在固定汇率制所规定的幅度内，不得不对市场汇率的大幅度波动进行干预。实行浮动汇率制度后，各国为了本国的利益，需动用国际储备来干预外汇市场以稳定汇率，国际储备是维持货币汇率的干预资产。

（三）保证本国货币的国际信誉

国际储备作为备用的国际支付手段，是对外举债、还本付息的保证。债权人在发放国际信贷时不仅要分析借款国的对外信誉、偿债能力和国家风险，还要考察一国的国际储备量。一国的国际储备比较充足时，可以提高该国的国际信誉，特别是金融资信程度。可见，国际储备既是一国向外借款的保证，也是债务国到期还本付息的基础。

一国持有国际储备的多少表明一国干预外汇市场和维持汇率的实力。一国拥有雄厚的国际储备不仅为当局客观上提供干预资产，而且还可以增强投资者对本国货币的市场信心，以维持本币在外汇市场的坚挺走势。一国储备雄厚，外汇市场对本国货币的信心就充足。充足的国际储备是支持与加强本国货币信誉的保证。

（四）对外举债、还本付息的保证

国际储备可以作为一国政府对外借款的保证。一国拥有比较充足的国际储备，意味着该国有充足的还款保证，因而容易在国际金融市场上发行债券或者借入资金。

（五）增强国际竞争能力

一国的经济发展保持均衡的良性循环，外贸与国际收支基本平衡并有一定顺差，国际储备稳定增长，国际竞争能力会提高。反之，国际经济活动的竞争能力则会减弱。因此，国际储备状况是一国金融实力和经济地位强弱的象征。

一国金融当局若持有充足的国际储备资产，则具有高估或低估本币价值的能力。在特定的条件下，本币高估可以使同一货币量购买更多的外国商品或清偿更多的外国债务；而本币低估可以提高本国商品的出口竞争能力。

五、国际储备资产管理

（一）国际储备资产管理原则

国际储备资产管理是指一国政府及货币当局根据一定时期内本国的国际收支状况和经济发展规律的要求，对国际储备的规模、结构及储备资产的运用等进行调整、控制，以实现储备资产规模适度化、结构最优化的过程。国际储备资产管理应遵循以下原则。

1. 安全性

安全性是指储备资产本身的价值稳定且存放可靠。主要考虑以下方面：首先，一国要持有何种资产，必须先考虑这种资产的价值是否稳定。如果一种资产的价值经常受到汇率的冲击而贬值，则表明该资产缺乏安全性，应当减少该种资产的储备。其次，一国在确定外汇资产存放的国家与银行时，必须考虑这个国家的经济是否发达，银行资信是否可靠。如果一国经济不发达，银行资信不可靠，则不宜存放。

2. 流动性

流动性是指该储备资产随时能够获得与运用。不同形态的储备资产具有不同的流动性。一般来说，活期存款、商业汇票等资产的流动性较高，可作为一级储备。外国中期国债等资产的流动性较弱，只能作为二级储备。一国在权衡得失时，一方面应保持较多的一级储备，以利于日常的国际支付；另一方面应把流动性强弱不同的各种储备资产用于不同期限的投资，使各种资产的期限与对外支付的日期相衔接，保证资产的充分流动。

3. 盈利性

盈利性是指储备资产在保值的基础上有较高的收益。一国在管理储备资产时，一般应在满足安全性和流动性的前提下，尽可能提高储备资产的盈利性，以降低持有储备资产的机会成本。

上述三条原则从表面看是相互矛盾的，如活期存款的盈利性较差，但其流动性较好；国债的安全性较好，但其流动性较差；软货币价值不稳定，但其盈利性往往较好；硬货币安全性较好，但其盈利性较差等。各国在管理储备资产时，应坚持以上三条基本原则，处理好各个原则间的矛盾关系，形成在实现安全性和流动性前提下尽量获得较高收益的最佳储备资产组合。

（二）国际储备结构管理

1. 国际储备资产的结构管理

国际储备资产的结构管理是指一国如何合理地分配储备资产，从而使黄金储备、外汇储备、普通提款权和特别提款权的持有量之间保持适当的比例关系，并考虑储备货币结构优化的问题。

普通提款权和特别提款权的数量取决于一国向国际货币基金组织缴纳份额的多少，受国际货币基金组织控制，数量相对固定，这两项资产占储备资产总额的比重也较小。在布雷顿森林体系崩溃后，黄金储备已退居二线储备地位，其本身不能作为直接支付手段，而需要通过卖出黄金换取外汇的方式弥补国际收支逆差，流动性较差。由于持有黄金非但不能获取利息，还要支付保管费用，黄金在整个国际储备中所占比重也较小。在实践中，各国政府对黄金储备的管理倾向于保持原来的储备量不变，或在黄金价格上涨周期小幅增持。储备货币已成为国际储备资产的主要形式，实行浮动汇率制度以来，汇率的频繁波动使储备货币价值变动的风险不断加大。因此，国际储备资产的结构管理主要是储备货币结构的管理。

2. 外汇储备币种的结构管理

外汇储备币种的结构管理是指根据外汇市场汇率变化，调整各币种的储备货币在外汇储备中的比例。一般来说，储备货币币种结构优化要考虑以下因素：

（1）外贸结构。

一国外汇储备货币结构应满足该国外贸结构所需币种及数量，以减少货币兑换环节，防范汇率风险，使储备货币具有充分的流动性。

（2）对外投资与偿还外债的需要。

一国的经济实力和国外的投资环境决定了该国对外投资的数量和币种；国际融资渠道和债务负担的状况又决定了偿债本息的数量和币种。储备货币的结构必须满足偿还外债的币种需求。

（3）外国投资企业资金和收益的汇出。

外汇储备币种结构的配置需要结合外资企业的国别及盈利水平的具体状况来考虑储备货币的币种结构。

（4）汇率与利率走势。

储备货币的风险主要来自汇率和利率的变动。一般情况下，硬币的利率水平较低，软币的利率水平较高。合理地权衡汇率风险和利率收益间的关系，才能保证外汇储备的稳定。因此，要增加有升值趋势的硬币及汇率波动幅度小的货币比重，以减少贬值风险。对利率水平较高的国家，则可动用该国货币储备对该国进行投资，以获取较大收益。

（5）外汇市场干预的需要。

即使是一些储备货币的发行国能够用本国货币支付逆差，也需保持多种货币作为储备，以备外汇市场干预之需。

（6）货币发行国及国际金融市场的状况。

一般来说，储备货币发行国的政治、经济、金融状况良好，其货币汇率走势就趋于上升；国际金融市场的利率变动对储备货币发行国的影响较小，该国的币值就趋于稳定。在这种情况下，可适当增加该币种的持有量。

我国外汇储备主要由美元、日元、欧元、英镑等外币资产构成。近年来，随着我国积极推进外汇储备资产币种结构多元化，美元资产占我国外汇储备资产的比重由1995年的79％下降到2016年的58％，非美元资产占比从21％上升到42％。

3. 外汇储备资产形式的结构管理

外汇储备资产形式的结构是指外币现金、外币存款、外币短期证券和外汇长期证券等资产在储备货币中的比重。为了使储备货币的运用兼顾流动性、安全性、盈利性的要求，人们通常将外汇储备根据不同的变现能力进行分级管理，并确定各等级的合理比例。外汇储备一般可分为以下三级。

（1）一级储备。

一级储备是指用于一国经常性或临时性对外支付所需的外汇储备。这部分储备必须保持高度的流动性，随时可以变现。这部分储备资产形式包括外币现金、在国外银行的活期存款、短期存款、短期债券、商业票据等。一级储备的盈利性较低，风险也较低，流动性大。

（2）二级储备。

二级储备主要是作为补充性的流动资产，以应付临时性、突发性等不时之需时对外支付的保证。二级资产的管理以盈利性为主，兼顾适度的流动性和风险性，这部分储备资产形式包括外国中期国债等金融资产。

（3）三级储备。

三级储备主要是用于长期投资的国际储备资产，包括各种形式的具有高收益的外国长期有价证券。三级储备的流动性差，但收益高，可以弥补一级储备资产的不足。

我国目前国际储备资产形式主要是证券资产，也就是二级储备和三级储备为主，一级储备的比重很低。根据国家外汇管理局国际储备与外币流动性数据模板，截至2024年6月末，我国外汇储备资产为32 223.58亿美元，其中证券资产为32 134.24亿美元，占比高达 99.72%；货币和存款总额仅为 89.34 亿美元，占比为 0.28%。

（三）国际储备收益管理

在满足不同时期外汇支付的前提下，有一部分国际储备相当长时期内是不会动用的，要尽可能地提高这部分储备资产的收益。

1. 投资

（1）投资信誉好的有价证券。

储备资产应主要投资于外国政府债券、准政府债券、银行存款等市场规模大、信用级别高的金融资产。

（2）按不同比例投资到风险不同的资产，尽量减少投资风险。

国际储备投资时要处理好平均收益、风险和方差（短期收益和长期平均收益之差）之间的关系：平均收益高、方差小则风险小、收益高；平均收益低、方差小则风险小、收益稳定；平均收益高、方差大则风险大、收益不稳定。

2. 处理好利率、汇率之间的关系，提高实际收益率

以我国为例，在 2011 年之前，我国的外汇储备中币种结构比较单一，以美元居多。这种以美元为主要储备货币的格局，非常容易受到汇率风险的影响。当美元贬值和美国国内出现通货膨胀时，我国外汇储备都会随之贬值，造成外汇储备损失。同时，我国外汇储备主要投资于固定收益类金融债券，这些债券即使在强美元周期有 5%左右的名义收益率，但如果考虑到美国的通货膨胀率，这些债券的实际收益率会进一步降低。

3. 处理好流动性和收益性之间的关系

按照国际货币基金组织外汇储备管理指南，外汇储备达到充足性、流动性和安全性目标之后，应着重考虑收益性。据美国财政部统计，中国官方的外汇储备中约有 8 500 亿美元是以美国政府部门发行的各种证券和其他长期金融资产保有，另外还可能持有近千亿美元存款和其他短期头寸。由此可见，中国外汇储备具有较好的充足性、流动性和安全性。但是，中国外汇储备的收益性明显不足。因此，提高外汇储备收益已成为中国外汇储备管理的重要任务。

专栏 1-4

我国的国际储备及其管理

作为国际货币基金组织的成员，我国国际储备由黄金储备、外汇储备、在国际货币基金组织的储备头寸和特别提款权等构成。

国家外汇管理局的数据显示，截至 2022 年年末，我国黄金储备为 6 464 万盎司（1 盎司黄金＝31.1 克黄金），其中 2022 年 11 月增持 103 万盎司，为 2019 年 9 月后的首次增加，2022 年 12 月继续增持 97 万盎司。2022 年我国在国际货币基金组织储备头寸和特别提款权分别为 108.39 亿美元和 511.59 亿美元，外汇储备为 31 276.91 亿美元，外汇储备在国际储备总额中的占比超过 94.59%。表 1-7 为我国 2015—2022 年国际储备状况。

表 1-7 我国 2015—2022 年国际储备状况　　单位：亿美元

项目	2015 年	2016 年	2017 年	2018 年	2019 年	2020 年	2021 年	2022 年
1. 外汇储备	33 303.62	30 105.37	31 399.49	30 727.12	31 079.24	32 165.22	32 501.66	31 276.91
2. 在国际货币基金组织的储备头寸	45.47	95.97	79.47	84.79	84.44	107.65	106.89	108.39
3. 特别提款权	102.84	96.61	109.81	106.90	111.26	114.95	530.65	511.59
4. 黄金（价值）	601.19	678.78	764.73	763.31	954.06	1 182.46	1 131.25	1 172.35
5. 黄金（重量）	5 666 万盎司	5 924 万盎司	5 924 万盎司	5 956 万盎司	6 264 万盎司	6 264 万盎司	6 265 万盎司	6 464 万盎司
6. 其他储备资产	7.27	1.91	5.45	−2.20	0.33	−4.99	−1.37	−3.95
合计	34 061.11	30 978.45	32 358.95	31 679.93	32 229.32	33 565.29	34 269.08	33 065.30

随着国际储备规模的扩大和国际储备在宏观经济中的重要性日益凸显，国际储备特别是外汇储备的管理也逐步成为我国宏观经济管理的重要内容。当前，我国外汇储备管理围绕维护国际收支平衡和汇率稳定的核心职能，不断优化币种结构和资产结构，实现投资的多元化和分散化。同时，我国创新外汇管理机制，先后成立中央汇金投资有限公司和具有主权财富基金性质的中国投资有限责任公司，提升外汇储备经营管理的规范化与专业化水平，保障外汇储备的安全、流动和保值增值。

本章小结

1. 国际收支是特定时期内某一经济体（或国家/地区）居民与非居民之间全部经济交易的系统记录，它反映了该经济体与其他经济体之间发生的进出口贸易、投融资往来等各类经济交易的经济过程或者现象，以及对外金融资产负债的存量变化。国际收支具有以下几个方面的特征：国际收支记载的是居民与非居民之间发生的经济交易；国际收支是在特定时期内经济交易的系统的货币记录；国际收支是一个流量概念，不是存量概念。

2. 国际收支平衡表是一国对一定时期（一个月、三个月、半年、一年）内的国际经济交易，根据交易的特征和经济分析的需要，分类设置账户，并以复式记账原则进行系统记录的报表。国际收支平衡表由经常账户、资本与金融账户、误差与遗漏净额账户三部分组成。

3. 国际收支平衡表可综合反映一国的国际收支平衡状况，收支结构及储备资产的增减变动情况，为分析该国的国际经济表现、汇率政策和储备管理等，提供了一个综合框架。分析国际收支平衡表可以采用静态分析法、动态分析法和比较分析法，而且将三种分析方法结合起来，可以对一国国际收支进行全面、正确、深入的分析。

4. 按照国际经济交易的动机和目的，国际收支账户可分为自主性交易账户和调节性交易账户。持续的、巨额的国际收支失衡，无论是顺差还是逆差，都可能给经济发展造成不利影响，必须考虑进行必要的调节。国际收支失衡的调节包括两个方面，即市场机制对国际收支失衡的自动调节和政府可能采取的政策引导措施。

5. 国际储备又称官方储备，是指一国货币当局所持有的，国际上普遍可以接受的，用于平衡国际收支、维持汇率稳定和作为偿还外债保证的各种对外流动资产的总称。

6. 国际储备的作用包括：调节国际收支；维护本国货币汇率的稳定；保证本国货币的国际信誉；对外举债、还本付息的保证；增加国际竞争能力。

7. 根据国际货币基金组织对国际储备构成的规定，一国的国际储备应主要包括：黄金储备、外汇储备、会员国在国际货币基金组织的储备头寸、会员国所持有的特别提款权。

8. 国际储备管理是指一国政府对国际储备的规模、结构及储备资产的运用等进行计划、调整、控制，以实现储备资产规模适应化、结构最优化、使用高效化的整个过程。

思考题

1. 重要概念

国际收支；国际收支平衡表；居民；经常账户；资本与金融账户；国际收支失衡；自主性交易；调节性交易；货币性失衡；结构性失衡；收入性失衡；马歇尔-勒纳条件；J曲线效应；国际储备；国际清偿能力；黄金储备；外汇储备；储备头寸；特别提款权；一级储备；二级储备；三级储备。

2. 简答题

（1）如何全面理解国际收支的含义？

（2）国际收支平衡表主要包括哪些内容？

（3）简述国际收支平衡表的主要内容、编制原则和记账方法。

（4）简述国际收支平衡失衡的原因。

（5）调节国际收支的主要政策措施有哪些？

（6）简述国际储备与国际清偿能力的异同。

（7）简述国际储备的构成。

（8）简述国际储备的作用。

在线自测

扫一扫　练一练

第二章　外汇与汇率

学习目标

通过本章的学习，理解外汇的静态和动态概念以及外汇的三大特征、外汇的分类和外汇在国际经济中的作用、汇率影响经济运行的主要方式；掌握汇率的标价方法和汇率种类、影响汇率波动的主要因素；掌握主要的汇率决定理论；掌握固定汇率制度和浮动汇率制度的区别、汇率制度选择的主要考虑因素，了解汇率制度类型的划分；了解人民币汇率制度变迁的历史，掌握三次汇改的背景及内容。

学习方法

1. 预习法。通过预习对本章主要内容有初步了解，熟悉外汇的概念，关注如何进行汇率的套算和远期汇率的折算等。

2. 实例学习法。外汇并不像其他的概念一样看不见摸不着，它和我们的生活息息相关，外汇影响我们具体生活的案例处处存在，平常多注意对这些案例的分析能够加深我们对于外汇和汇率的理解，从而掌握外汇和汇率相关的知识。

3. 完成课后思考题，认真阅读相关文献。

案例导读

2023 年 6 月，王同学即将大学毕业，他决定去美国一所大学攻读硕士研究生。还有几个月就要开学了，一切需要准备的东西王同学还没有准备妥当，学费还没交，住宿还没有搞定，这几天为了这些事情他有些焦头烂额，这其中他最关心的事情莫过于兑换美元了。人民币兑美元汇率这几天突破了 7.17，有人和他说美联储在 2023 年 6 月份的加息会议上没有加息，这是自 2022 年 3 月以来的第一次，美国国内通胀数据也有好转，所以接下来不可能再加息了，美元指数不可能再上涨，人民币兑美元汇率肯定会回落到 7 以内，不用急于兑换美元，如果允许的话必要的支出可以用信用卡支付。可是还有人和他说国内外经济形势比较复杂，中国的贸易顺差不可能继续扩大，未来还有降息降准的空间，美国通胀率还在 4.5%以上，2023 年还有可能加息两次，美元指数有可能继续上升，美元兑人民币汇率可能到 7.5。为此王同学思考了一系列事情：

(1) 什么是外汇？为什么不是所有的外国货币都能称为外汇？

(2) 什么是汇率？影响汇率的因素有哪些？

(3) 汇率为什么那么受人关注？它到底对经济有什么样的影响？

(4) 什么是汇率制度？一国如何选择其施行的汇率制度？

第一节 外汇

一、外汇的概念

外汇（Foreign Exchange），是指能用来清算国际收支差额的外国货币或以外国货币表示的各种资产的总称。它是一个国家涉外金融领域中最普遍、最常见的概念，可以从动态和静态两个角度进行描述。

（一）动态外汇

动态外汇是国际汇兑的简称，即把一国货币兑换成另一国货币，以清偿国际债权债务的行为。在现代信用制度下，其实质是以非现金方式进行的国际支付。例如我国某公司从英国进口一批货物，约定采用英镑进行结算，其支付过程如下：我国进口商用人民币从中国银行购入一张英镑的银行即期汇票，然后寄给英国出口商，出口商收到汇票后，就可以在英国当地银行兑取英镑，从而获得清偿。这个结算过程就是国际汇兑，或称国际汇款。国际汇兑的主要方式有电汇、信汇、票汇等。早期的外汇概念一般指的就是这种国际汇兑活动，它实际上等同于国际结算。

（二）静态外汇

静态外汇是指以外国货币表示的资产。静态外汇有狭义的静态外汇和广义的静态外汇之分。

1. 狭义的静态外汇

狭义的静态外汇是指以外国货币表示的，可以直接用于国际债权债务清偿的各种支付手段和支付工具，它强调的是外汇作为金融资产的属性。

根据上述定义，狭义的静态外汇隐藏着一个前提条件，即可直接用于国际结算。以外币表示的债券、股票等有价证券由于不能直接用于国际结算，因此不属于狭义外汇的范畴。另外，美元等外币现钞也不能算作狭义的外汇，只有将其携带回发行国，存入并贷记在当地银行账户上，才能算作外汇。从这个意义上说，只有存放在国外银行的外币存款（主要是活期存款）以及索取这些存款的票据或凭证才是外汇。狭义的静态外汇主要包括：国外银行外币存款；外币面值的银行汇票、本票、支票；电汇凭证等。

2. 广义的静态外汇

广义的静态外汇是指一切以外国货币表示的资产，其强调对外债权，适用于国家的外汇管理。广义的静态外汇包括：外币现钞、外币支付手段和外币有价证券。

国际货币基金组织（IMF）对外汇的解释是："外汇是货币行政当局（中央银行、货币管理机构、外汇平准基金及财政部）以银行存款、财政部库券、长短期政府证券等形式保有的在国际收支逆差时可以使用的债权。"

2008 年 8 月 6 日颁布的《中华人民共和国外汇管理条例》（修订版）规定，"外汇，是指下列以外币表示的可以用作国际清偿的支付手段和资产"，包括：

（1）外币现钞，包括纸币、铸币。

（2）外币支付凭证或者支付工具，包括票据、银行存款凭证、银行卡等。

（3）外币有价证券，包括债券、股票等。

（4）特别提款权。

（5）其他外汇资产。

现代社会各国普遍采用的是广义的静态外汇概念。

二、外汇的特征

一说到外汇时，人们经常还会提及另一个概念：外币。事实上，外汇与外币是两个既相联系又相区别的范畴。首先，外汇包括外币，但外汇并不等同于外币，外汇还包括其他的内容，外汇的主要内容是各种外币支付凭证。其次，并不是所有外国货币都能成为外汇。一般来说，要成为外汇，必须同时具备以下三个特征。

（一）外汇必须是以外币表示的可以用作对外支付的金融资产

外汇是以外币表示的金融资产，它通常包括外币现钞和外币现汇，以及外币有价证券。任何以外币计价的实物资产和无形资产均不构成外汇。对中国居民而言，其所持有的外国房产不是外汇，持有的国外专利权也不是外汇。

另外，本国货币及本币存款等本币资产不能被视为外汇。如美元对美国以外的其他国家而言是外汇，但在美国不是。

（二）外汇必须具有充分的可兑换性和普遍接受性

外汇必须具有充分的可自由兑换性和普遍接受性。在纸币流通条件下，一国货币必须能够不受限制地按照一定的比例兑换成其他国家的货币及其他形式的支付手段，才能被其他国家普遍认可为外汇。如果一国货币由于法规限制不能自由兑换，或者不被其他国家居民普遍接受，那么都不能算作外汇。如越南盾是一种外国货币，但由于它不能自由地兑换成其他国家的货币及其他形式的支付手段，因此越南盾不是外汇。

（三）可偿性

可偿性意味着外汇必须是在国外能够得到偿付的债权，能确保其持有人拥有对该外币发行国商品和劳务的要求权。按照这一特征，空头支票、遭退票的汇票由于债权得不到清偿，因而均不能视为外汇。

专栏 2－1

自由外汇和记账外汇

自由外汇是指不需经过货币发行国批准，在国际金融市场上可以自由兑换成其他国家货币，并可随时向第三国办理支付的外国货币及其支付手段。如美元、英镑、欧元、日元、瑞士法郎、加拿大元、澳大利亚元等货币表示的外汇就属于自由外汇。根据《国际货币基金协定》第 8 条“成员国的一般义务”的规定，一国货币要成为自由外汇，必须符合以下三个条件：

(1) 对本国国际收支中的经常往来项目(贸易和非贸易的付款)和资金转移不加限制。

(2) 不采取歧视性的货币措施或多种货币汇率。

(3) 在另一个会员国的要求下,随时有义务购回对方经常项目往来中所结存的本国货币。

记账外汇又称双边外汇或清算外汇,是指未经货币当局批准,不能自由兑换成其他国家货币或对第三国进行支付的外汇。

记账外汇主要是用于签订了贸易协定或支付协定的友好国家之间进行双边清算,以节省自由外汇。其做法是在双方中央银行或指定外汇银行设立双边清算账户,以互相抵消债权债务的方式进行国际结算。协定中要规定记账货币和支付货币。记账货币可以是双方任何一国的货币,也可以是第三国货币,而支付货币必须是自由外汇。到年终结算时,由于债权债务相抵后的差额可以转至下一年度,也可以用自由外汇结清。我国于20世纪50年代曾与苏联开展过记账贸易,当时采用的记账外汇是英镑。

常见的自由兑换货币及符号如表2-1所示。

表2-1 常见的自由兑换货币及符号

货币中文名称	货币英文名称	货币国际标准代码①	货币符号
美元	US Dollar	USD	$、US$
欧元	Euro	EUR	€
英镑	Pound Sterling	GBP	£
日元	Japanese Yen	JPY	¥或J¥
瑞士法郎	Swiss Franc	CHF	SF
加拿大元	Canadian Dollar	CAD	Can$
澳大利亚元	Australian Dollar	AUD	A$
新西兰元	New Zealand Dollar	NZD	NZ$
新加坡元	Singapore Dollar	SGD	S$
香港元	Hong Kong Dollar	HKD	HK$
澳门元	Macao Pataca	MOP	P或PAT
瑞典克朗	Swedish Krona	SEK	S. Kr
丹麦克朗	Danish Krona	DKK	D. Kr
挪威克朗	Norwegian Krona	NOK	N. Kr
韩国元	Korea Won	KRW	W
泰国铢	Thai Baht	THB	B
马来西亚林吉特	Malaysian Dollar	MYR	M$
菲律宾比索	Philippines Peso	PHP	Ph. Pes
特别提款权	Special Drawing Rights	SDR	SDRs

① 在SWIFT平台上必须使用ISO三字符货币国际标准代码,其他业务中两者任选其一即可。在三字符代码中,前两个字符代表该种货币所属的国家和地区,第三个字符表示货币单位。

第二节　汇率及其标价方法

当国与国之间进行债权债务的清偿以及资本跨国流动时，由于各国使用的货币不同，就涉及要将一国货币兑换成另一国货币，这其中就有一个兑换比率的问题，这个兑换比率我们通常称为汇率。

一、汇率的含义

外汇作为一种资产，如同商品一样，可以在国与国之间进行买卖。商品买卖的价格用货币表示，而外汇买卖的价格用汇率表示。

汇率又称汇价，是外汇市场上一国货币与他国货币相互交换的比率，也可以称为以一种货币表示的另一种货币的价格。

二、汇率的标价方法

确定两国货币的比率，首先要确定用哪个国家的货币作为标准，到底是用本国货币表示外国货币的价格，还是用外国货币表示本国货币的价格？由于确定的标准不同，于是便产生了几种不同的外汇汇率标价方法。常用的标价方法包括直接标价法、间接标价法。此外，在全球外汇市场交易中，常常使用美元标价法。

（一）直接标价法

直接标价法又称应付标价法，是指以一定单位（1 个、100 个）的外国货币为标准，折算成若干数量的本国货币的汇率标价方法。直接标价法是以本币来表示外币的价格，直接标价法下，外国货币的数额固定不变，本国货币的数额随着外国货币或本国货币币值的变化而改变，所以称作直接标价法。

目前世界上除英美等国外，包括我国在内的绝大多数国家都采用直接标价法来表示汇率。

【例 2-1】　2023 年 5 月 19 日在我国银行间外汇市场上美元对人民币的汇价为

USD100＝CNY704.72

在直接标价法下，等号左边的外国货币数量是一定的，汇率变化表现为等号右边的本国货币数额发生变动。当一定单位的外国货币折算的本国货币数额增大，表明外币币值上升，这时称外币升值，本币贬值。反之，当一定单位的外国货币折算的本国货币数额减少，表明外币币值下降，这时称外币贬值，本币升值。

【例 2-2】　2013 年 5 月 19 日在我国银行间外汇市场上

USD100＝CNY628.37

2023 年 5 月 19 日在我国银行间外汇市场上

USD100＝CNY704.72

说明：同样单位的美元在 10 年后能兑换的人民币比以前多了，外币美元升值，本币人民币贬值。

（二）间接标价法

间接标价法又称应收报价法，是指以一定单位的本国货币为标准，折算成若干数量的外国货币的汇率标价方法。间接标价法是以外币来表示本币的价格，外国货币的价格是间接表现出来的，所以称作间接标价法。间接标价法下，本国货币的数额固定不变，外国货币的数额随着本国货币或外国货币币值的变化而改变。

【例 2-3】 2023 年 5 月 19 日在纽约外汇市场上美元对日元的汇价为

USD1＝JPY138.41

在间接标价法下，等号左边的本国货币数量是一定的，汇率变化表现为等号右边的外国货币数额发生变动。当一定单位的本国货币折算的外国货币数额增大，表明外币币值下降，这时称外币贬值，本币升值。反之，当一定单位的本国货币折算的外国货币数额减少，表明外币币值上升，这时称外币升值，本币贬值。

【例 2-4】 2012 年 12 月 31 日在纽约外汇市场上

USD1＝JPY78.95

2022 年 12 月 30 日在纽约外汇市场上

USD1＝JPY131.07

说明：同样单位的美元在 10 年后能兑换的日元比以前多了，外币日元贬值，本币美元升值。

目前采用间接标价法的主要是英国和美国。英国在国际金本位制时期及其前后，在国际经济及金融领域一直处于支配地位，长期以来伦敦外汇市场上的英镑对任何货币都是采用间接标价法。第二次世界大战以后，由于美国的军事、经济实力跃居世界第一，美元的国际影响力大为增强，从 1978 年 9 月 1 日开始，纽约外汇市场也改用间接标价法，但是对英镑和爱尔兰镑（爱尔兰镑在 2002 年 1 月 1 日退出流通，被欧元取代），仍沿袭采用直接标价法。此外，欧元、澳大利亚元、新西兰元在外汇市场上也采用间接标价法报价。

其实直接标价法和间接标价法是相对而言的，它只是标价的形式相反而已，代表的实际内容是一样的。例如：USD1＝JPY138.47，在日本市场上看来是直接标价法，在美国市场上看来是间接标价法，但是代表的含义其实一样的，即 1 美元可兑换 138.47 日元。

直接标价法和间接标价法是针对本国货币和外国货币而言的，但经常可以看到，在外汇市场上交易的币种非常多，而且也并不只是本国货币与外国货币之间的交易，还大量涉及外国货币与外国货币之间的交易，那么这时如何进行报价？20 世纪 50 年代起，西方各大银行在外汇市场上报价时都纷纷采用美元报价法，即以一定单位的美元为标准来表示各国货币（欧元、英镑等货币除外）的价格，非美元货币之间的汇率则通过各自对美元的汇率套算出来。

【例 2-5】 2023 年 5 月 19 日香港外汇市场上有如下报价：

USD100＝HKD781.95

USD100＝CHF90.52

直接标价法、间接标价法主要用于客户市场，美元标价法主要用于同业市场。

专栏 2-2

基点

有时我们在生活中会听到别人议论汇率涨了多少点或跌了多少点。那么，外汇汇率中的“基点”（Basis Point，BP）的准确含义是什么呢？按国际市场惯例，解释如下：外汇汇率的标价通常由五位有效数字组成，从右往左数，第一位称为“几个基点”，它是构成汇率变动的最小单位；第二位称为“几十个基点”，依此类推。基点还可以如此定义，1 个基点等于 0.01%。如假设：美元兑人民币汇率为 USD1＝RMB7.075 0，若汇率变为 USD1＝RMB7.077 0，就称美元汇率上升了 20 个基点，若汇率变为 USD1＝RMB7.072 5，就称美元汇率下降了 25 个基点。

三、汇率的种类

在实际应用中，可以从不同的角度对汇率进行分类。

（一）现汇汇率、现钞汇率

当民众到银行购汇时，银行柜台工作人员会问是买现汇还是现钞，与之对应使用的汇率就是现汇汇率与现钞汇率。

到银行购买现汇通常购买的是银行在海外银行（海外分行或代理行）的某种货币的活期存款，这种现汇可以直接用于国际结算，因而与之对应的现汇汇率是最常见的汇率。

此外，银行在对外挂牌公布汇率时，还经常会提到一个汇率——现钞汇率。现钞汇率是银行买卖外国钞票时使用的汇率。由于外国钞票在本国不能流通使用，需要运到国外存入银行才能进行对外支付，在这个过程中，要支付运费、保险费、包装费等。因此现钞的买入价要低于现汇的买入价，而现钞的卖出价一般与现汇的卖出价相同。

（二）买入汇率、卖出汇率、中间汇率

从银行买卖外汇的角度，汇率可以分为买入汇率、卖出汇率、中间汇率。买入汇率又称买入价，是指外汇银行从同业或客户手中买进外汇时所使用的汇率。卖出汇率又称卖出价，是指银行向同业或客户卖出外汇时所使用的汇率。需要特别注意的是：无论是买入价还是卖出价都是站在银行的角度，这是后面进行各种分析的起点。

买入价和卖出价之间的差额（Spread），就是银行从事外汇买卖的收益，这个收益一般为1‰～5‰，通常来说，银行同业间由于外汇买卖的金额比较大，这个差额就会比银行同一般客户的买卖差价小。

外汇银行在对外报价时通常采用双向报价法，即既报买入价又报卖出价，中间用“～”或者“/”分开，这就是通常所说的双向报价法。不过到底哪个是买入价哪个是卖出价，还要根据不同的标价法来进行具体的判断。

【例 2-6】 某日上海外汇市场和纽约外汇市场有外汇银行如下报价：

上海：USD100＝CNY707.32～707.97

纽约：USD1＝JPY151.17～151.65

可以看到，采用双向报价法，“～”左边的数值小，“～”右边的数值大，按照贱买贵卖的原则，是否左边小的就一定是买入价，右边数值大的就一定是卖出价呢？答案是否定的。首先来分析上海市场，它采用的是直接标价法，美元是外汇，其价格可以直接用本币表示出来。银行希望从客户手上买入100美元时少花人民币，而卖给客户100美元时能够多收回人民币，这样银行才有利可图，所以上述报价中左边的707.32是买入价，右边的707.97是卖出价。再来分析纽约市场，它采用的是间接标价法，日元是外汇，其价格是间接表现出来的。银行希望用1美元本币能买入更多的外汇日元，而卖给客户时希望从客户手上回收1美元本币少花外汇日元，这样银行才有利可图，所以在上述报价中，右边的151.65是银行的买入价，而左边的151.17是卖出价。

在直接标价法下，左边小的数值是买入价，右边大的数值是卖出价。而在间接标价法下，左边小的数值是卖出价，右边大的数值是买入价。

中间汇率又称中间价，是买入价和卖出价的算术平均数，即：中间汇率＝（买入价＋卖出价）/2。银行一般不挂牌公布中间汇率，而电台、电视台、报纸等媒体上通常公布的汇率就是中间汇率。此外，银行间外汇头寸的结算一般也用中间汇率。

（三）基本汇率、套算汇率

按照制定方法的不同，汇率可以分为基本汇率和套算汇率。

1. 基本汇率

由于外国货币的种类很多，如果依次制定本国货币与所有外国货币之间的比率既不方便也没有必要，事实上各国通行的做法是选择某一种货币，制定或报出本国货币与该货币之间的兑换比率，这个比率就是基本汇率（Basic Rate），选定的这种货币称为关键货币（Key Currency）。

基本汇率是一国的核心汇率，因此选择关键货币必须非常慎重。一般来说，选择关键货币必须遵循以下原则：（1）必须是该国国际收支，尤其是贸易收支中使用最多的货币；（2）必须是该国外汇储备中所占比重最大的货币；（3）该货币必须可自由兑换，并且在国际上能普遍被接受。

由于二战后美元在各国国际收支、国际结算、国际储备中占据了绝对的比重，所以许多国家都选择将美元作为关键货币，把对美元的汇率作为基本汇率。

2. 套算汇率

套算汇率（Cross Rate）又称交叉汇率，是根据基本汇率和国际金融市场行情套算出来的汇率。各国在基本汇率制定后，对其他国家货币的汇率就可以逐一套算出来。

【例2-7】 某日港元与美元的基本汇率是USD100＝HKD775.12，同期伦敦国际金融市场上GBP100＝USD156.10，请计算港币与英镑之间的套算汇率。

GBP100＝HKD(156.10×7.751 2)＝HKD1 209.96

如果采用双向报价法，既报买入价又报卖出价，那么计算套算汇率就比较复杂。其基本原理是：如果基准货币（标价法中左边的那个固定不变的货币）相同，那么采用交叉相除的方法；如果基准货币不同，那么采用同边相乘的方法。

【例2-8】 某日银行报价USD100＝CNY705.23～705.78

USD100＝HKD778.34～778.95

求港元对人民币的套算汇率。

解析：由于两个报价采用的基准货币相同，都是美元，因此计算套算汇率时要将左右数字交叉相除，得到 HKD1 ＝ CNY（705.23/778.95 ～ 705.78/778.34），即 HKD1 ＝ CNY0.905 4～0.906 8。

【例 2-9】 某日银行报价 USD1＝CNY7.032 3～7.037 8

GBP1＝USD1.241 7～1.246 6

求英镑对人民币的套算汇率。

解析：由于两个报价采用的基准货币不同，一个是美元，另一个是英镑，因此计算套算汇率时采用同边相乘的方法。得到 GBP1＝CNY(7.032 3×1.241 7～7.037 8×1.246 6)，即 GBP1＝CNY8.732 0～8.773 3。

（四）固定汇率、浮动汇率

按照汇率制度的不同，汇率可以分为固定汇率与浮动汇率。

固定汇率是指一国货币与其他货币的兑换比率保持基本固定的汇率。当汇率上涨或下跌超过一定的幅度，中央银行有义务进行干预，使其回到规定的范围内。在国际金本位时期和布雷顿森林体系时期，各国普遍实行的是固定汇率制度。

浮动汇率是指随外汇市场供求状况变动而波动的汇率，该汇率可以自由浮动。20 世纪 70 年代后期各国纷纷允许浮动汇率制合法化，货币当局对货币汇率波动可以不进行干预，政府没有义务维持汇率的稳定。

（五）官方汇率、市场汇率

按照外汇管制程度的不同，汇率可以分为官方汇率和市场汇率。

官方汇率又称法定汇率，是在外汇管制比较严格的国家，由外汇管理当局（财政部、中央银行、外汇管理局）制定并公布的汇率。在外汇管制比较严格的国家，通常禁止自由外汇市场的存在，一切外汇交易都采用官方汇率。官方汇率一经制定就不能经常变动，汇率比较稳定。

市场汇率是由外汇市场供求状况决定的汇率。目前大多数发达国家都实行市场汇率。政府要想对汇率进行调节，必须通过干预外汇市场来实现。

（六）开盘汇率、收盘汇率

按照银行营业时间的不同，汇率可以分为开盘汇率和收盘汇率。

开盘汇率又称开盘价，是外汇银行在一个营业日刚开始营业时进行外汇买卖使用的汇率。收盘汇率又称收盘价，是外汇银行在一个营业日的外汇交易终了时的汇率。由于外汇交易系统的技术日新月异，全球外汇市场已经连成一体，各大外汇市场汇率相互影响，所以一个外汇市场的开盘汇率往往受到上一时区外汇市场收盘汇率的影响。

（七）电汇汇率、信汇汇率、票汇汇率

按照银行汇兑方式的不同，汇率可以分为电汇汇率、信汇汇率、票汇汇率。

电汇汇率是指银行卖出外汇时，以电信方式（如电报、电传、SWIFT）通知国外分

行或代理行解付款项时所使用的汇率。电汇的优点是速度快、准确，银行不能占用客户的在途资金，外加国际电信费用较高，所以电汇汇率一般较高。由于电汇准确、快捷，能减少汇率波动的风险，外汇资金调拨中大量使用电汇，电汇汇率已经成为基础汇率，其他汇率制定都是以电汇汇率为基准的。目前各国银行公布的外汇牌价一般也都是电汇汇率。

信汇汇率是指银行卖出外汇时，以航空信函的方式通知国外分行或代理行解付款项时所使用的汇率。信汇的时间比较长，银行可以占用客户一个邮程的利息，因而信汇汇率比电汇汇率要低。信汇业务目前基本被票汇业务取代，使用率较低。

票汇汇率是银行采用票汇方式卖出外汇时所使用的汇率。票汇是指银行签发以国外分行或代理行为付款人的银行即期汇票，由汇款人自行携带或邮寄出国，再由汇票持票人向国外银行提示汇票收取款项的一种汇款方式。票汇非常灵活，只要抬头允许，可以自由流通转让，时间上也可快可慢。票汇汇率与信汇汇率差不多，要低于电汇汇率。

（八）即期汇率、远期汇率

按照交割时间的不同，汇率可以分为即期汇率和远期汇率。

即期汇率又称现汇汇率，是在即期外汇交易时所使用的汇率。即期汇率是由交易时外汇市场的供求状况决定的，是外汇市场上的基本汇率。

远期汇率又称期汇汇率，是指买卖双方事先签订合约，在合约中约定在将来某个日期进行交割时所使用的汇率。这个汇率是现在对将来汇率的一个预测，不管交割时现汇市场上即期汇率是多少，买卖双方都必须按照合约上约定的这个远期汇率进行交割。

第三节 汇率的决定基础及影响因素

汇率作为一国货币对外价格的表现形式，它的决定基础取决于所处的货币本位制度，同时它的形成要受到多方面因素的影响，如经济增长、国际收支、利率变化、通货膨胀、外汇投机、政治事件、政府干预、国际协调等。

一、汇率决定的基础

汇率是两国货币之间的兑换比率。从总体上讲，两种货币所具有或代表的价值比例关系是决定汇率的基础，但是，在不同的货币制度下，货币的发行基础、货币的种类和形态，以及货币所代表的价值量都不同，因此决定汇率的基础也有所不同。

（一）金本位制度下汇率的决定

金本位制是以黄金为本位货币的货币制度，它包括金币本位制、金块本位制和金汇兑本位制，其中金币本位制是典型的金本位制。金币可以自由铸造，银行券可以自由兑换黄金，黄金可以自由输出或输入国境，是这一货币制度的典型特征。

在金币本位制下，各国都规定了货币的法定含金量，两种不同货币之间的汇率是由它们各自的含金量之比——铸币平价（Mint Parity）来决定的。换言之，铸币平价或两种货币含金量之比是决定两种货币兑换率的物质基础和标准。例如，英国货币1英镑的重量为

123.274 47 格令，成色为 22K 金，即含金量为 113.001 6 格令（123.274 47×22÷24＝113.001 6 格令＝7.323 38 克）纯金；美国货币 1 美元的重量为 25.8 格令，成色为 90%，即含金量为 23.22 格令（25.8×90%＝23.22 格令＝1.504 63 克）纯金。根据含金量的对比，英镑与美元的铸币平价是 4.866 5（113.001 6÷23.22），这说明 1 英镑的含金量是 1 美元含金量的 4.866 5 倍，因此，1 英镑＝4.866 5 美元。可见，英镑与美元的汇率是以它们的铸币平价为基础或标准决定或计算出来的。

然而，由铸币平价决定的汇率只是基础汇率（亦称法定汇率或名义汇率），还不是实际汇率。由于受外汇供求关系的影响，实际汇率有时要高于或低于铸币平价，实际汇率总是与基础汇率略有差异。

实际汇率一定不会偏离铸币平价太远，或者说，金本位制下的汇率或称由铸币平价决定的汇率是比较稳定的。这是因为，在金本位制下，进行国际支付或结算总有两种手段——外汇和黄金可供选择，加之黄金的价值相对比较稳定，因此，受供求关系影响的实际汇率就不会偏离铸币平价太远，总是在一定的界限或范围之内围绕铸币平价上下波动。这个界限或范围是由黄金输送点（Gold Transport Point）决定或左右的。如果由于汇率变动而对以外币结算方式进行交易的对方不利，交易的这方就可以采用直接运进黄金的办法来结算，这样也就约束了汇率的波动幅度。然而，运送黄金是需要费用的，如运费、包装费、保险费及运送期间的利息等。假定在英国和美国之间运送 1 英镑黄金的费用为 0.03 美元，那么铸币平价加上或减去运送黄金的费用就是英镑和美元两种货币的黄金输送点。铸币平价 4.866 5 美元加黄金运送费 0.03 美元等于 4.896 5 美元就是美元对英镑的黄金输出点。如果 1 英镑的汇价高于 4.896 5 美元，美国债务人就会认为购买外汇不合算，而宁愿在美国购买黄金运送到英国再铸币以偿还其债务。铸币平价 4.866 5 美元减去运送费 0.03 美元等于 4.836 5 美元就是美元对英镑的黄金输入点。如果 1 英镑的汇价低于 4.836 5 美元，美国的债权人就不会出售英镑外汇，而宁愿在英国用英镑购买黄金运回美国。黄金输出点和黄金输入点统称黄金输送点。汇价的波动总是以黄金的输出点为上限，即铸币平价加上黄金运送费是汇价上涨的最高点；总是以黄金输入点为下限，即铸币平价减去黄金运送费是汇价下跌的最低点。可见，黄金输送点限制了汇率的波动幅度，在金本位货币制度下汇率是比较稳定的。

第一次世界大战爆发以后，参战各国的金币本位制均趋于瓦解。战后，它们先后实行了金块本位制和金汇兑本位制。此时，由于黄金的输出输入受到了政府的控制，两种货币的汇率由两种货币法定代表的含金量之比，即金平价来决定。现实的市场汇率波动则由政府来规定和维护。

（二）信用货币制度下决定汇率的基础

信用货币制度下决定汇率的基础是信用货币实际代表或具有的价值量。在信用货币制度下，所使用的纸币是价值符号，最初是金属货币的代表，代表金属货币执行流通手段的职能。在目前世界各国普遍实行的信用本位货币制度下，纸币已经与贵金属或黄金脱钩，不再代表或代替金币流通。

在信用货币制度下，任何纸币，只有在它现实地作为价值的代表，发挥交易媒介功能，实现自己的购买力时，它的货币作用才能得以充分体现。正是不同货币都具有的这种现实的购买力，才奠定了不同货币之间可以比较、兑换的基础。在信用货币制度下，汇率实质上是两国货币以各自代表的价值量为基础而形成的交换比例。货币价值量的具体表现就是在既定的世界市场价格水平上购买商品的能力，即货币的购买力。因此，在信用货币制度下，货币所代表的价值量或货币的购买力是决定汇率的基础。

在信用货币制度下，黄金不能继续成为决定汇率的基础，其根本原因在于黄金已经退出了货币流通领域，黄金的货币作用已经不复存在。黄金作为货币退出历史舞台，是经济发展的客观要求，是商品生产高度发展的必然结果。尽管黄金是具有国际通用性的高价值的商品，在各国的国际储备中仍占有一定的比例，对稳定汇率仍具有重要的作用，但稳定汇率与决定汇率是不相同的。

二、影响汇率的经济因素

汇率作为一国货币对外价格的表现，它要受到政治、经济、社会等各种因素的影响，这里主要介绍影响汇率变动的经济因素。

（一）经济增长率差异

各国经济增长因素是影响汇率的最基本、最主要的因素。经济增长对一国货币汇率的影响需要从多方面来观察。一方面，一国经济的正常增长，往往意味着生产率大幅提高使得生产成本相应降低，从而增强该国产品在国际市场上的竞争力，从而有利于增加出口并抑制进口；另一方面，一国实体经济的正常增长反映其经济实力的提升，这会增强人们在外汇市场上对该国货币的信心，使得人们更愿意持有该国货币或将一部分其他国家货币转化为该国货币，促使该国货币升值。2002 年以来人民币持续升值的根本原因，也可以归结为中国经济的长期快速增长，高经济增长率是支持人民币成为国际货币的有利因素。

此外，值得注意的是，在一国经济高速增长的情况下，该国货币有时也可能贬值。其原因在于，此时国内需求水平大幅提高导致进口支出和对外币需求的快速增长，如果进口增长快于出口增长的速度，该国国际收支的经常项目盈余可能急剧减少甚至出现逆差，从而引起人们对该国货币信心的下降。

（二）国际收支

国际收支的差额直接影响外汇市场上的供求关系从而影响汇率。国际收支是一国在对外经济活动中的综合反映，当一国国际收支出现顺差时，意味着国内外汇供给大于需求，使得本币升值、外币贬值；而当一国国际收支出现逆差时，该国国内的外汇供给小于需求，从而使得外币供不应求，外币升值而本币贬值。

国际收支对于一国汇率的影响是长期的。在固定汇率制度下，国际收支是决定汇率特别重要的因素，此时国际收支逆差往往是本币贬值的先导。在浮动汇率制度下，一定程度的国际收支差额可以被通货膨胀率差异和利率差异所抵消，但长期的巨额国际收支逆差一般都会导致本币汇率的下降。20 世纪 80 年代后期，美国长期存在国际收支逆差，而日本长期存在国际收支顺差，从而使得两国汇率出现美元长期贬值而日元不断升值的情况。

（三）利率差异

利率和汇率都是资金价格的表现形式，前者是借贷资金的价格（由国内货币市场供求关系决定），后者是两国货币的比价或外国货币的价格（由外汇市场上的供求关系决定）。

利率变动对汇率的影响主要表现在以下两个方面：首先，利率政策通过影响进出口对汇率产生影响。当利率上升时，信用紧缩，贷款减少，投资和消费减少，物价下降，在一定程度上抑制进口，促进出口，减少外汇需求，增加外汇供给，促使外币贬值、本币升值。利率下降时则反之。

其次，通过影响国际资本流动间接地对汇率产生影响。当一国利率上升时，就会吸引国际资本流入，从而增加对本币的需求和外汇的供给，促使本币升值、外币贬值。利率下降时则反之。

（四）通货膨胀率差异

在浮动汇率制度下，任何影响两国货币相对供求的因素都将灵敏地反映到汇率的变动上。因此，通货膨胀的国别差异对汇率产生着重要影响。通货膨胀水平是衡量一国一定时期内物价总水平持续上升的变量，体现了该国商品市场上货币供过于求的情形。通常情况下，如果某两国同时发生通货膨胀，通货膨胀水平的国别差异会引起两国货币代表的价值量的变化，进而引起货币汇率的变动。例如，第二次世界大战后，由于英国和意大利的通货膨胀率经常高于其他西方国家的平均水平，因此这两国货币的汇率一直处于跌势。通货膨胀最直接影响的是货币购买力，继而影响中央银行货币政策以及经济的其他方面，最终反映到外汇市场上，引起一国货币汇率的变动。

（五）政府干预

目前世界主要发达国家都实行浮动汇率制度，但是这种浮动汇率制度并不是一种完全由市场来决定汇率的制度，各国管理当局出于宏观经济目标和抑制汇率异常波动的考虑，也可能采取某些干预措施。政府干预汇率的途径主要有四种。

1. 直接在外汇市场上买卖外汇，维持汇率在一定区间

如一国货币出现贬值，该国货币管理当局可以直接进入外汇市场，通过投放外汇回收本币，增加外汇市场上对本币的需求，促进本币升值，从而将汇率维持在一定的区间。

2. 调整国内货币和财政政策，间接达到影响汇率的目的

如一国货币汇率出现贬值，该国政府可以采用紧缩性的货币政策，如提高利率，吸引国外资本流入，增加对本币的需求，促进本币升值，从而间接达到影响汇率的目的。

3. 在国际范围内发表表态性言论以达到影响市场信心的目的

如一国货币面临贬值压力时，该国货币当局可以在国际范围内发表政府稳定汇率的决心和可能采取的手段，从而影响投资者的心理预期，达到稳定市场信心的目的。

4. 与其他国家开展国际合作，共同维护汇率稳定

外汇市场交易量非常巨大，有时一国央行需要与其他国家合作来共同维护汇率稳定。如美联储和日本银行多次开展合作，以维持日元对美元汇率的稳定。

（六）国际储备的变动

一国中央银行所持有的国际储备是否充足反映了该国干预外汇市场和维持汇率稳定

的能力的大小，因而外汇储备的高低对该国货币汇率稳定起到了重要作用。外汇储备过少，往往会使得市场对于该国稳定汇率的能力产生担忧，从而使得市场不愿意持有和使用该国货币，导致其贬值。与此相反，充足的外汇储备将使得该国货币币值稳定，保持坚挺。

（七）预期因素

汇率的走势与交易者对于汇率未来走势的预期也有很大的关系。当市场上的大多数交易者预期某国的货币会贬值时，便会在市场上大量抛售该国货币，从而造成该国货币如预期中一样贬值；同样，当市场上的大多数交易者预期某国货币升值时，该国货币也会大幅升值。当今国际金融市场上资本规模巨大，流动性很强，对世界政治经济事件的反应都非常敏感，而偶然事件的发生往往会对投资者的心理预期产生比较大的影响，从而造成汇率波动。

影响投资者预期的因素很多，汇率既与一国经济的增长率、货币供应量、利率、通货膨胀等经济因素有关，也与国际政治形势、偶然事件冲击有关，因此预期对汇率的影响较为复杂，令人琢磨不定，从而增加了汇率预测的难度。

（八）外汇投机的影响

随着经济全球化和金融一体化步伐的加快，穿梭在外汇市场间的巨额投机资本，能够在一段时期内积累起巨大的买方或卖方力量，进而左右一国货币汇率的走势。根据国际清算银行（BIS）统计，全球每天 7.5 万亿美元的外汇交易额中，80%的交易属于投机性交易。因此，投机因素也是影响汇率变动的主要因素。

前面主要介绍了影响汇率变动的经济因素，事实上汇率的变动除了受到上述各种经济因素的影响以外，就短期而言，还受到政治因素、自然因素等非经济因素的影响。

政治因素对外汇市场的影响要比股票市场和债券市场大得多。政治因素的出现往往带有突发性、难以预测性，会在短期内急速改变投资者的市场预期和心理，对外汇市场的冲击极大，经常造成汇率短时间内的大起大落。例如，2016 年 6 月 23 日英国全民公投决定是否继续留在欧盟，随着投票结果的陆续公布，英镑对美元汇率由升值变成贬值，当日英镑兑美元汇率上下波动值最高达到 26%。

一些破坏性较大的自然因素（如地震、飓风、流行病毒等）突然肆虐，往往会对一国经济和金融市场造成较大的冲击，进而使该国货币在外汇市场上面临贬值的压力。例如，2023 年 2 月 6 日土耳其东南部发生 7.8 级地震，造成巨大的人员伤亡和财产损失，当日土耳其货币里拉对美元汇率出现暴跌，一度跌至 1 美元兑换 18.85 里拉的历史低点。

第四节　汇率决定理论

在国际金本位制下，各国基本实行的是稳定的固定汇率制，汇率决定于各国铸币的含金量之比，也就是铸币平价。在布雷顿森林体系下，各国实行的是可调整的盯住汇率制，汇率取决于各国纸币法定兑换黄金量之比，也就是法定平价。但是，在两次世界大战期间以及 1970 年代布雷顿森林体系崩溃之后，各国货币汇率是如何形成的呢？为此，各国经济学家进行了广泛的讨论，提出了各种汇率决定理论。

一、购买力平价理论

1914 年第一次世界大战爆发，国际金本位制崩溃，纸币代替黄金成为各国流通中的主要货币，加上战争的需要，各国政府开始大量发行纸币，导致物价飞涨，通胀频现，各国汇率也出现了剧烈的波动。1922 年，瑞典经济学家卡塞尔（G. Cassell）在其出版的《1914 年以后的货币与外汇》一书中，系统地阐述了购买力平价理论（Purchase Power Parity Theory，PPP 理论）。购买力平价理论分为绝对购买力平价理论和相对购买力平价理论。

（一）绝对购买力平价理论

绝对购买力平价理论说明在某一时点上汇率决定的基础。该理论来源于一价定律，即：若不考虑商品在国家间的贸易成本和贸易壁垒，那么同一种商品在世界各国用同一种货币表示的价格应该是一样的。用公式表示：

$$P=eP^*$$

式中，P 为本国商品价格，P^* 为外国商品价格，e 为两国间的汇率（直接标价法）。

将上式重新整理，可以得到：

$$e=P/P^*$$

上式表明，国家间商品套购活动，将引起汇率水平调整，使得两国货币的汇率等于两国物价水平之比（物价水平之比实际上可以看作两国货币购买力之比的倒数）。

（二）相对购买力平价理论

绝对购买力平价理论有严苛的假设，在现实中也难以成立。但是在绝对购买力平价理论基础上推导出来的相对购买力平价理论却有相当强的生命力，并且也得到了 20 世纪 70 年代实施浮动汇率制以后各国数据的实证检验。

根据绝对购买力平价理论，两国间的基期汇率表示为：$e_0=P_0/P_0^*$；两国间的当期汇率表示为 $e_t=P_t/P_t^*$，将这两个式子相除，可以得到：

$$\frac{e_t}{e_0}=\frac{\dfrac{P_t}{P_t^*}}{\dfrac{P_0}{P_0^*}}=\frac{1+\pi^*}{1+\pi}$$

式中，e_0 为基期汇率，e_t 为当期汇率，π 为本国通货膨胀率，π^* 为外国通货膨胀率。

将上式两边都减去 1，可以得到：

$$\Delta e=\frac{1+\pi^*}{1+\pi}-1=\frac{\pi-\pi^*}{1+\pi}\approx\pi-\pi^*$$

上式表明，某一时段内两国间汇率的波动约等于两国的通货膨胀率之差。相对购买力平价理论说明了在某一时段内汇率变动的原因是通货膨胀。通货膨胀率高的国家，货币会贬值；通货膨胀率低的国家，货币会升值。

（三）对购买力平价理论的评价

购买力平价理论是现代汇率理论的基础，它比较准确地描述了汇率与价格的关系，比较合理地揭示了一国货币汇率变动的长期原因，开辟了从货币数量角度研究汇率的先河。

但购买力平价理论也存在如下一些局限：（1）只考虑经常账户，忽略了资本流动；（2）假设自由贸易，未考虑贸易成本（如贸易壁垒、垄断等因素）；（3）主要考虑贸易品，忽视了非贸易品；（4）存在技术难题，以CPI代表一般物价水平，但CPI价格篮子存在国别差异；（5）该理论未得到实证的支持。

二、利率平价理论

利率平价理论分为抵补利率平价理论和非抵补利率平价理论。

（一）抵补利率平价理论

抵补利率平价理论（Covered Interest Parity Theory）由凯恩斯（John Maynard Keynes）在1923年系统提出。该理论假设不存在交易成本、资本在国家间可以自由流动、套利资本规模是无限的。那么资本出于套利的动机在国家间自由流动，最终的结果是即期汇率、远期汇率、本国利率、外国利率这四个变量之间实现均衡，套利资本在利差上的收益（或亏损）必将被汇率上的亏损（或收益）所抵消，资本在国内外的收益是一样的，因而停止在国家间进行流动，形成一种暂时的均衡状态，此时形成的汇率即为均衡汇率，用公式表示为：

$$\Delta e = i - i^*$$

式中，i 为本国利率水平，i^* 为外国利率水平，Δe 为两国间汇率的升贴水率。

（二）非抵补利率平价理论

非抵补利率平价理论（Uncovered Interest Parity Theory，UIP理论）同样假定不存在交易成本、资本流动没有障碍、套利资本规模是无限的，但市场参与者风险中性。非抵补套利交易是指交易者将资金从利率低的货币转向利率高的货币，从而赚取利息差额收入的交易。该交易不必在外汇市场上同时进行反方向的远期交易，因此要承担高利率货币将来可能贬值的风险。该理论认为交易者之所以进行投机性的非抵补套利交易，可能是因为交易者对未来汇率的预期与市场上的远期汇率有所不同，这些套利者出于对未来汇率的预期，来判断是否有套利机会，从而做出他们的投资决策。市场上的套利者对未来汇率的预测是不一样的，从而导致他们会在外汇市场上买入或者卖出外汇，从而形成一个均衡汇率。非抵补利率平价理论的简单表达式如下：

$$\Delta e = \frac{E(e) - e}{e} = i - i^*$$

式中，$E(e)$ 为套利者对将来汇率的预期，e 为市场上的即期汇率。

（三）对利率平价理论的评价

利率平价理论揭示了利率与汇率之间的密切关系，有较好的实践价值，尤其是应用在短期汇率的决定上。但该理论也存在一定的缺陷：（1）假设资本自由流动前提与现实不太符合，在今天依旧存在着各种外汇管制以及外汇市场不发达导致资本自由流动受到各种限制；（2）忽略了外汇交易成本；（3）假定套利资本规模是无限的，这与现实不太符合。

三、国际收支说

国际收支说是国际借贷说的现代形式。国际借贷说在1861年由英国学者戈逊（George Goschen）提出，该学说认为，外汇供求是由已进入支付阶段的国际收支引起的，当一国已进入支付阶段的外汇支出大于外汇收入时，外汇的需求大于供应，本国货币贬值；反之，本国货币升值。

布雷顿森林体系崩溃后，各国实行浮动汇率制，一些学者开始将凯恩斯主义国际收支均衡条件的分析应用于外汇供求的流量分析。1981年，美国学者阿尔盖（V. Argy）系统地将这些学者的理论进行了总结，提出了现代国际收支说。该学说把国际收支的均衡条件应用于外汇供求流动分析，说明影响国际收支的主要因素，进而分析这些因素如何通过国际收支渠道来决定汇率。国际收支说的一般公式为：

$$e = f(Y, Y^*, P, P^*, i, i^*, E)$$

式中，e 为均衡汇率，Y、Y^* 为本国和外国的国民收入水平，P、P^* 为本国和外国物价水平，i、i^* 为本国和外国的利率水平，E 为未来汇率的预期值。

上式表明，当本国国民收入增加时，会增加进口，国际收支会出现逆差，从而导致外汇需求大于外汇供给，本币将贬值。当本国物价水平上升或外国物价水平下降时，本国出口减少，进口增加，国际收支逆差，外汇需求大于外汇供给，本币贬值。当本国利率上升或外国利率下降时，国外资本将会流入，外汇供应大于外汇需求，国际收支顺差，本币将升值。

国际收支说运用供求分析法，将影响国际收支的各种因素纳入汇率的均衡模型分析中，这是该模型至今被大家广泛运用的主要原因。但该模型的缺陷在于没有研究各变量之间的相互作用，从而使得该模型在实证检验上存在缺陷。

四、汇兑心理说

1927年法国学者阿夫塔里昂（Alfred Aftalion）研究法国等欧洲国家的统计资料，发现这些国家货币、物价和汇率变动不一致，然后他根据边际效用理论提出了汇兑心理说。该学说认为，人们之所以需要外汇，是因为外汇能满足他们消费、支付、投资、投机、资本外逃等欲望，这些欲望是使得外国货币具有价值的基础。人们对外汇主观判断决定了外汇的供求，进而影响汇率的变动。

汇兑心理说后来演变为心理预期说：外汇市场上汇率的决定，很大程度上取决于市场上人们的心理预期。

五、货币主义的汇率理论——弹性说

货币主义的汇率理论假定绝对购买力平价理论长期有效、本币资产与外币资产两者是完全可自由替代的，依据对商品市场价格弹性的假定不同，分为弹性说和黏性说。

Frankel（1976）、Kouri（1976）、Branson（1977）主张，国内货币供给量决定了国内物价水平，根据绝对购买力平价理论，物价水平影响两国汇率。因而他们认为，汇率最终是由货币供给来决定的。货币主义汇率理论的弹性说是现代汇率理论中最基础的汇率基本面预测模型。

该学说将货币需求函数 $M_d/P=L(Y, i)$、货币市场均衡条件 $M_d=M_s$ 以及购买力平价理论结合，导出一般表达式：

$$\Delta e=(M_s-M_s^*)-\alpha(Y-Y^*)+\beta(i-i^*)$$

式中，M_s 为本国货币供应量，M_s^* 为外国货币供应量，Y 为本国国民收入水平，Y^* 为外国国民收入水平，i 为本国利率水平，i^* 为外国利率水平，α 为实际货币需求的收入弹性，β 为利率弹性。

货币主义汇率理论的弹性说表明：

（1）汇率的变动与本国货币供应量变化成正比，与外国货币供应量变化成反比。在其他因素不变时，当本国货币供应量增速高于外国货币供应量增速时，外汇汇率将会上升，本币将会贬值。

（2）汇率的变动与本国国民收入的变化成反比，与外国国民收入的变动成正比。在其他因素不变时，当本国国民收入水平增速高于外国国民收入水平增速时，外汇汇率将会下降，本币将会升值。

（3）汇率的变动与本国利率水平变化成正比，与外国利率水平变化成反比。在其他因素不变时，当本国利率水平上升时，将带来本国物价水平的上涨，本币将会贬值。

六、货币主义的汇率理论——超调模型（黏性说）

货币主义的汇率理论的弹性说认为，一旦国内货币供应量发生变化，那么货币市场、外汇市场、商品市场都会迅速做出反应。但在麻省理工学院经济学家鲁迪格·多恩布什（Rudiger Dornbusch）看来，事实并非如此，他认为，商品市场与资本市场的调整速度是不同的，商品市场的价格水平具有黏性的特点，当货币供应量发生变化时，商品市场的价格并不会立即做出反应，而是要经过一段时间才会将这个变化消化并吸收，购买力平价理论在短期内并不能成立。

汇率超调模型描述的是汇率对货币供应量波动的即刻反应超过了长期反应的一种现象。比如当一国央行突然宣布将货币供应量增长 10%时，货币市场上由于货币供应突然增加，会导致本国利率下降，本外币利差收窄甚至倒挂，引起资本外流，本币贬值；与此同时，因为本国货币供应增加，外汇市场上也会迅速作出反应，导致本币贬值。两种因素的共同作用，导致在短期内，本币汇率贬值的幅度会超过由基本面（物价水平的变动或货币购买力的变动）决定的汇率贬值的幅度，如短期内贬值幅度为 20%。但中期内随着套利资金流入，对本国货币需求增加，本国利率水平将会上升，本币汇率会缓慢上升。在长期内，随着套利活动的结束，形成新的均衡汇率，此时本币汇率对比最初期为贬值 10%，正好与商品市场物价水平从最初不动，到缓慢涨价，最终涨价 10%，货币购买力水平下降 10%吻合。经过短期平衡到扰动（货币供应量增加 10%，汇率贬值 20%），再通过中期调整，最终实现长期平衡（货币供应量增加 10%，汇率贬值 10%）。

超调模型是国际金融理论中对开放经济进行宏观分析的最基本模型，它开创了从动态角度分析汇率决定的先河。该模型首次涉及汇率的动态调整问题，是对货币主义与凯恩斯主义的综合创新，并且该模型具有鲜明的政策含义，也就是货币政策应适度以避免过度波动带来危害。

汇率超调模型也存在一定的缺陷：

（1）忽视了国际收支流量对汇率的影响，仅仅是从存量上进行分析。

（2）货币需求不变的假定在高通胀的情况下不成立。

（3）超调模型暗含假定：资本是完全自由流动的，汇率制度是完全自由浮动的，这在现实中无法完全实现。

（4）超调模型很难得到实证检验。

七、汇率决定的资产组合分析法

汇率决定的资产组合分析法可追溯到20世纪60年代的麦金农（Ronald I. Mckinnon）等的研究，后经多人的拓展，形成了多种形式的资产组合理论。1977年美国普林斯顿大学教授布朗森（W. Branson）在“汇率决定的资产市场和相对价格”等论文中，对资产组合理论进行了系统的总结，确立了汇率决定的资产组合平衡模型的分析框架。

该理论假定本币资产与外币资产是不完全的替代物，采用一般均衡分析方法，将商品市场、货币市场和证券市场结合起来分析汇率的决定。

该理论解释短期汇率变化的原因：在短期内，由于这些资产存量经常受到各种外生变量（如货币供给、政府支出等）的影响，因此，预期收益率常常存在差异。根据资产组合平衡理论，投资者需要经常进行资产调整（即调整每种资产的需求），以使其预期收益率取得一致。资产组合的调整，将导致汇率和利率的变化。该理论认为，只有当本国货币市场、本国债券市场、外国债券市场都处于均衡状态时，该国的资产市场总体上才处于平衡状态，各种资产的收益率相等，由此决定的汇率为均衡汇率。同时该理论认为，从长期看，经常账户的变化会引起外国债券市场存量的变化，进而影响外国债券的收益率，并引起资产组合平衡的变化，因此，经常账户对汇率的决定也有重要影响。

资产组合模型的基本形式如下：

$$W = M + B + e \cdot F$$

式中，W：一国资产总量（财富总量）；M：国内货币资产存量；B：国内债券存量；e：外汇汇率；F：外国债券存量。

汇率决定的资产组合分析法和货币主义汇率理论最大的区别在于：该理论认为国内外金融资产具有不同的风险特征，因此相互间不可完全替代，即每种资产的预期收益率经常存在差异。用UIP来表示，即：$i^* + \Delta e \neq i$。

汇率决定的资产组合分析法较之前的各种汇率模型更加完整和全面，更具有现实意义：（1）假定UIP不成立，更符合现实；（2）在考虑金融市场的同时，并未忽略商品市场，也考虑了经常账户对汇率的影响；（3）该理论也分析了存量因素的影响，克服了流量分析的弊端。

当然，该理论也存在一定的局限性：（1）对于金融市场发达的国家，该理论具有应用性；但对于金融市场不发达的国家，该理论的应用性会降低。（2）模型极为复杂，模型中的某些变量难以度量，对它的实证检验也比较困难。

第五节 汇率变动对经济的影响

汇率是联系一个国家国内外商品市场和金融市场的纽带。汇率受到多方面经济因素的影响，同时汇率也对包括国际收支、物价水平、外汇储备等经济因素产生影响，进而影响一个国家的经济运行。

一、汇率变动对国内经济的影响

汇率变动对一个国家的国内经济运行一般通过国内物价、国民收入等渠道产生影响。物价与收入的变动进而影响该国国内的资源配置和产业结构，从而对该国的经济运行产生深远的影响。

（一）对物价水平的影响

本币贬值将导致通货膨胀，引起物价上升，其影响物价的途径主要有以下三种。

1. 进口角度来看

从进口角度看，本币贬值将提高进口商品的本币价值，如果进口商品为生产用原材料或中间产品，那么将会导致使用这些原料进行加工生产的国内产成品价格提高，引起成本推动型通货膨胀；如果进口商品为生活用消费品，这将带动消费品市场物价上涨，另外这也会对国内的替代产品产生示范效应，推高其销售价格，引起通货膨胀。

2. 从出口角度来看

从出口角度看，本币贬值将降低本国出口商品的外币价值，从而导致国外对本国出口商品的过度需求，在短时间内无法提高产量的情况下，导致本国出口商品供不应求，从而导致其国内价格升高，引发通货膨胀，尤其是当出口产品本来就是国内短缺的初级产品时，那将会对国内以此为原料的制成品及其相关产品带来价格上涨的压力。

3. 货币贬值推动国内物价上涨

货币贬值能够改善一个国家的国际收支，从而使得该国的外汇储备不断增加，进而导致该国的外汇占款增加，使得央行被动投放大量货币，造成货币供给宽松，推动物价上涨。2000—2014 年中国外汇储备激增，外汇占款与货币投放大量增加，这种被动的货币供给为中国的物价水平带来了巨大的上升压力。

本币贬值将导致物价上涨，引起通货膨胀，同时通货膨胀会进一步加速本币的贬值，如果这种情况不能有效地加以控制的话，那么将会陷入“贬值—通货膨胀—贬值”的恶性循环当中。

（二）对国民收入的影响

本币贬值后，本国贸易状况往往会得到改善，根据贸易乘数原理，当边际储蓄倾向和边际进口倾向之和小于 1，即出口增加的国民收入当中有一部分是用于购买本国的产品，出口就会对国民收入的增加起到推动作用。此外，本币贬值也会导致进口商品价格上涨，使得国内消费者将对进口品的支出转移到国内消费品，这样也会使得国民收入增加。

但是通过本币贬值使得国民收入增加是有前提条件的，即边际储蓄倾向和边际进口倾向之和小于1。从实际情况来看是这样的：首先，本币贬值之前，国内生产资料充足，劳动力供给充沛，当本币贬值后，国外对国内出口商品消费增加，国内闲置资源得到利用，本国商品价格没有大幅上升的情况下，出口增加，本国收入增加；其次，本国不存在对于国外的过度依赖，否则当本币贬值后，本国对于国外商品的进口并不能随着本币的贬值而下降，这样反而增加了本国进口国外商品的支出，如果进口商品为原材料还会导致企业生产成本上升，企业利润下降，导致经济增长下降，反而限制了国民收入的增加。

（三）对产业结构的影响

本币贬值使得本国出口商品的国外价格变得便宜，提升了出口商品的国际竞争力，出口扩大，出口产品的生产企业、贸易部门的收入增加，这会导致这些企业扩大再生产，也会使得其他行业的资本进入出口产品行业，从而引起资金和劳动力从其他行业流向出口产品制造和贸易部门。从进口角度来看，本币贬值使得进口产品国内价格提高，这一方面会使得过度依赖这种进口材料的产业利润降低，从而导致该产业规模收缩；另一方面，对于进口替代品来说，进口品价格提高使得需求转向进口替代品，从而使得进口替代品行业繁荣。本币贬值使得资源向出口贸易部门和进口替代部门转移，这在一定程度上促进了这些行业的发展。

但是从另一个角度来看，本币过度贬值使得一些效率低下的企业能够继续生存，长久来看这种对于落后产业的保护不利于提高企业的竞争力，同时也会使得国内的资源配置出现扭曲，使得一些高效率产业得不到应有的资金和人力的支持。在进口方面，本币过度贬值使得进口国外高科技产品的成本提高，这使得国外的高新技术无法进入国内，不利于通过技术引进实现经济结构的调整和劳动生产率的提高。

（四）对就业水平的影响

由前面可知，本币贬值带动贸易收支改善的条件下，通过乘数效应的影响使得总需求扩大，出口部门和进口替代部门能够创造更多的就业机会，这将带动本国就业水平的提高。此外，本币贬值后，贸易收支改善，本国投资机会增多，这会吸引国外长期直接投资，也能够创造很多的就业机会。

但是本币贬值改善就业是有前提的：本国需要处在未充分就业状态。如果本国处在充分就业状态时，对于本国产品需求的提高短时间内可能提高就业水平，但是由于充分就业，产出无法大幅增长，需求将直接导致产品价格提高，产品价格提高幅度大于或等于汇率贬值幅度时，本币贬值所带来的贸易条件的改善就会被破坏，本国产品的贸易优势就会消失，需求也会回到最初水平，这将抵消掉最初对于劳动力的需求，使得就业水平无法继续提高。

（五）对证券市场的影响

外汇市场与股票市场之间也存在着密切的联系。一般来说，本币升值有利于以本币标价资产价值的提高，会刺激股票市场的上涨，而且如果本币升值的预期是持续性的，在资本账户开放的条件下会刺激国外资金流入国内，股票市场和房地产市场都是国外资金较为青睐的投资市场，这也会刺激股价的上涨。

汇率变动对证券市场的影响因公司性质而异。对于从事进出口贸易的股份公司，公司的产品相当大的一部分销往国外，本币升值，使得该产品的外币价格提高，降低了该产品的市场竞争力，从而使得公司盈利水平受到削弱，反而不利于公司长久成长，使得股价下跌。而对于进口依赖较大的企业来说，本币升值，进口材料的成本降低，利于企业盈利能力提升导致股价上涨。

二、汇率变动对一国涉外经济活动的影响

（一）对贸易收支的影响

汇率变化的一个最为直接也是最为重要的影响就是对贸易收支的影响。汇率变动对贸易收支的影响一般体现为：一方面，当一国货币对外贬值后，本国商品的外币价格下降，提升本国商品的国际竞争力，有利于本国商品的出口；另一方面，本币贬值使得进口商品成本提高，从而限制了外国商品的进口，促进了进口替代行业的发展，这样就使得贸易收支条件改善，贸易顺差扩大或者贸易逆差减少。

但是本币贬值使得贸易收支条件改善是有前提的，这里需要注意弹性问题和时间滞后问题。

1. 弹性问题

弹性问题指的是在进出口商品价格变化的条件下，进出口数量需要朝着有利的方向变动，才能使得贸易收支条件得到改善。对于出口来说，本币贬值后，出口商品的数量有所增加，但是出口商品的外币价格却在下跌，因此随着本币贬值，出口商品数量虽然增加，但是出口的整体外币收入却并不一定是增加的，有可能被商品外币价格下跌的影响抵消，因此只有出口需求的价格弹性大于1，才能够提高出口外汇收入；对于进口而言，本币贬值会使得进口商品的数量减少，但是同时进口商品的外币价格不一定降低，因此总体的进口支出不一定减少，同样需要满足进口商品的需求价格弹性大于1。综合考虑进出口两方面的影响，一国贬值能否改善贸易收支条件，需要看是否满足进出口商品价格需求弹性之和的绝对值是否大于1，这就是著名的马歇尔-勒纳条件（详细分析见第一章第四节）。

2. 时间滞后问题

时间滞后问题，指的是即使进出口商品需求价格弹性满足马歇尔-勒纳条件，但在本币贬值初期，一国的贸易收支状况会出现先恶化，而后经历一段时间后才得到改善的现象，这种时间滞后的现象被称为“J曲线效应”。（详细分析见第一章第四节）。

另外，货币贬值后，贸易收支改善时滞的长短主要取决于国内的传导机制完善程度及国内市场完善的程度，因而会存在国别差异。根据一般统计经验，发达国家时滞一般在9个月左右，而大多数发展中国家，时滞则超过1年。

（二）对非贸易收支的影响

当本国货币贬值后，一方面，外国货币购买力相对提高，本国的商品、劳务、交通、旅游等非贸易行业的产品价格将会变得相对便宜，这会刺激外国游客来本国购物、旅游、求学乃至定居，因此本币贬值会促进国内包括旅游业在内的一系列非贸易行业的发展。

另一方面，由于本币购买力相对下降，外国的商品、劳务、旅游等将变得相对昂贵，这就会抑制本国居民出国旅游和求学的欲望，限制了本国的服务进口。在不考虑贬值国国

内物价水平变动的条件下，贬值所形成的国内外相对价格水平的变化，将有利于本国非贸易收支的改善。

（三）对资金流动的影响

汇率变动将在短时间内引起投机资本在不同国家之间流动。本币将要贬值之际，以本币资产计价的金融资产的相对价值会下跌，投机者为了避免损失发生，往往会在外汇市场上将本币兑换为汇率坚挺的货币，将资金调出国外。

汇率变动对资本流动的影响程度，受到一个国家资本管制程度的影响。资本管制较严的国家，由于国际资金进出的渠道受到限制，因此汇率变动并不会造成国际资金的大量流动；但是对于资本管制较松的国家，汇率变动对资本流动的影响则非常大。目前我国资本与金融账户并非完全开放，仍然存在着一定程度的资本管制，国外资金仅能通过 QFII、RQFII、沪港通、深港通等创新形式进入我国股市，正是由于我国资本管制的存在，我国目前仍然能够在很大程度上保持货币政策的自主性。

（四）对外汇储备的影响

本币汇率变动，通过影响进出口贸易以及非贸易的资本流动，直接影响了国际收支账户，从而影响了外汇储备的增减。本币贬值使得本国贸易收支改善，从而使得本国贸易顺差扩大或者贸易逆差减少，增加了本国的外汇储备。

储备货币升值或者贬值，这将影响持有该种货币国家外汇储备的实际价值。如果某种储备货币贬值，则以该种货币持有的外汇储备资产价值降低，使得保有该种储备货币的国家遭受损失，而储备货币发行国则减轻了债务负担，转嫁了货币贬值的损失并从中获利。目前，各国在外汇储备管理的过程中，都尽可能地选择币值稳定的储备货币，而且尽量做到储备货币的多元化，通过分散化投资保持储备资产价值的稳定。

（五）对国际经济关系的影响

当浮动汇率制度成为全球主流汇率制度之后，外汇市场上各种汇率之间的波动对各国之间的经济关系产生了一系列重大影响。假如一国实行以促进出口、改善贸易收支为目的的货币贬值措施，这会使得该国出口商品竞争力上升，该国商品的国际市场占有率可能会有所提高，但是其他国家为了维持自己商品的国际竞争力，同样也会实施货币贬值政策，直接或者间接地抵制货币贬值国商品的侵入，“汇率战”也由此产生。通过货币贬值以促进商品出口是国际上很普遍的现象，由此造成不同利益国家之间的分歧和矛盾也层出不穷。

近年来国际贸易与国际金融合作越来越频繁，各个国家之间的相互影响也日趋加深。2008 年全球金融危机始于美国房地产次贷市场，但是这场危机却最终演变成了一次全球性的金融危机，其影响范围是以往历次危机中最为广泛的，在危机的传导过程中，汇率起到了非常重要的作用，美国的国内危机导致国际游资出逃美国从而推动美元贬值，美元贬值以及美国国内需求市场的萎靡进而使得全球总需求低迷，危机向全球传导。而且在美联储量化宽松货币政策的背景下，各个国家为了维持自身经济发展也都被迫采取了宽松性货币政策，各国汇率竞相贬值，一时间全球流动性过剩，这也直接导致了 2009—2011 年我国物价水平的提高。

专栏 2-3

日元大幅度升值重创日本经济

《广场协议》的签订使得日元快速升值，从而吸引大量境外热钱涌入日本，造成日本经济发展严重受阻并出现大量泡沫。随后的10年中，日元升值成了日本国民挥之不去的梦魇。

在美国的压力下，1985年9月日本签订了《广场协议》。协议签订后的17个月内，日元升值了57%。日元升值吸引境外热钱大量涌入日本，一方面形成了推动日元进一步升值的市场力量，另一方面也为房价、股价的疯涨提供了资金层面的强大动力。

协议签订前，美元兑日元在1∶250上下波动，协议签订后，在不到3个月的时间里，快速下跌到200日元附近，跌幅为20%。在这之后，以美国财政部长为首的美国政府当局和以美国国际经济研究所所长为代表的经济学专家们不断地对美元进行口头干预，表示当时的美元汇率水平仍然偏高，还有下跌空间。在美国政府强硬态度的暗示下，美元兑日元继续大幅度下跌。1986年年底，1美元兑152日元；1987年，最低到达1美元兑120日元。在不到3年的时间里，美元兑日元贬值达50%，也就是说，日元兑美元升值1倍。

1987年2月，西方七国财长在法国卢浮宫签订《卢浮宫协议》，日本迫于美国压力实施了1987年2月至1989年5月的超低利率，超低利率虽然降低了日元升值带来的热钱涌入速度，但银行为了盈利，在利率降低的情况下，开始大量放贷。20世纪80年代初，日本金融机构贷款与GDP的比例为50%左右，到80年代末已升至100%。1987—1989年，日本货币供应量年增长速度分别为10.8%、10.2%和12%，持续保持较高水平。长期的低利率政策使得本来资金充裕的日本到处充斥着廉价的资金，但由于企业的创新能力不足，利润空间小，资金大都投向股票、房地产，引发了泡沫经济。

日元升值以及超低利率导致的结果就是：1987—1989年，日本股票价格上涨94%，城市土地价格上涨103%。日元升值带来国内房价和股价的飙升，在《广场协议》签订后的10年里，日元币值平均每年上升5%以上，无异于给国际资本投资日本的股市和房市一个稳赚不赔的保险。在《广场协议》签订后近5年时间里，股价每年以30%、地价每年以15%的幅度增长，而同期日本名义GDP的年增幅只有5%左右。泡沫经济离实体经济越来越远，虽然当时日本人均GNP超过美国，但国内高昂的房价使得拥有自己的住房变成普通日本国民遥不可及的事情。

直到此时，瞄准日本的"子弹"已经初步具备击发的条件，但美国的金融界却仍在忍耐，它们在等待日本经济进入疯狂的阶段，才射出致命的"子弹"。为了让日本的楼市和股市尽快进入疯狂状态，美国的金融机构又开始向日本安放了"特洛伊木马"——股指期货。股指期货的创立，把日本股市助推到了疯狂的高度，1989年日本股市大幅上涨，同一时期股指期货也开始大幅上涨。虽然这一年的5月，日本开始实施紧缩货币政策，但这个利空消息公布之后，日经225指数却反常地继续上升。

泡沫即使再绚丽，终究有破灭的时候。当日本泡沫经济离实体经济越来越远的时候，经济危机不可避免地爆发了。1990—1996 年，日本破产企业年均高达 14 000 家左右。有统计显示，日本因股市和房地产暴跌而造成的损失达 6 万亿美元。同时，日本的银行也损失惨重，不少银行甚至倒闭。1995 年 7 月，日本大藏省银行厅公布日本银行业不良资产高达 50 万亿日元。大批日本企业难以应对资金困局，不得不把以往购买的美国资产廉价出售。在随后的 30 年里，日本经济陷入停滞，被称为“失去的 30 年”。

第六节　汇率制度

一、汇率制度的概念

汇率制度又称汇率安排，是指一国货币当局对本国汇率水平的确定、汇率水平变动方式等问题所做的一系列的安排或规定。其构成的主要内容包括：(1) 确定合理汇率的原则和依据。例如，是以货币本身的价值为依据，还是以法定代表价值为依据等。(2) 确定维持和调整汇率的原则和办法，例如是采取法定升值或贬值的办法，还是采用浮动汇率制度并辅以适当的外汇干预。(3) 管理汇率所参考的法律、法令等规章制度。(4) 确定进行汇率管理和维持的金融机构，例如中央银行、外汇管理局、外汇平准基金委员会等。各个国家的汇率制度并不是一成不变的，各国会根据自身实际情况对汇率制度进行调整。

二、汇率制度的类型

(一) 传统汇率制度的划分

传统上，按照汇率变动的幅度，汇率制度被分为固定汇率制度和浮动汇率制度两大类型。

1. 固定汇率制度

固定汇率制度是指现实汇率受固定比价的制约，只能围绕固定的比价进行小范围波动的汇率制度。在固定汇率制度下，各国货币间保持固定比价，允许市场汇率围绕固定比价（也称中心汇率）上下自由波动，波动被限制在一定的幅度之内，而且政府有义务采取相应措施维持汇率稳定。

在 19 世纪中后期开始的金本位体制下，两国货币间的固定比价由铸币平价确定，此时两国的汇率取决于两国货币的法定含金量之比，现实的汇率受到外汇供求关系影响产生波动，有可能偏离铸币平价。但是此时由于受到黄金输入点、输出点的限制，汇率波动十分有限。在金本位体制下，现实汇率是相对固定的，它总是围绕着铸币平价在黄金输送点的上下区间内波动。

第二次世界大战之后，布雷顿森林体系引导了国际货币合作的新秩序，其实质是以美元为中心的一种固定汇率制度。在这种制度下，固定汇率制是通过国家间的协议人为建立起来的。各国当局通过规定虚设的金平价来制定中心汇率，而现实汇率则是通过外汇干预或国内经济政策等措施被迫维持在人为规定的狭小范围内波动，当一国国际收支被认为出现根本性失衡的时候，固定比价可以通过国际货币基金组织的核定而准予变更。

可见，金本位体制下的固定汇率制度是典型的固定汇率制，而纸币流通条件下的固定汇率制严格来讲只能称为可调整的盯住汇率制。

2. 浮动汇率制度

随着布雷顿森林体系的崩溃以及牙买加体系的建立，浮动汇率制度取代固定汇率制度成为历史的主流。浮动汇率制度的具体内涵是：一国货币当局并不规定本国货币对外国货币的中心汇率和现实汇率的波动幅度，货币当局亦不再承担维持汇率稳定的义务，现实汇率随外汇市场上外汇的供求关系变动而自由波动。

在浮动汇率制度下，汇率的变动主要取决于一国国际收支状况变动，国际收支状况变动进而引起外汇供求关系变动，最终体现为汇率的波动。一国中央银行不再直接在外汇市场上对汇率进行干预，而是通过各种政策来调节国际收支，对外汇供求进行间接的影响，进而使汇率发生变化。

（二）IMF 汇率制度分类

1973 年 2 月布雷顿森林体系崩溃，固定汇率制度开始瓦解，随后的一段时期各个国家的汇率制度变得多种多样，传统的汇率制度划分方式已经无法反映各国汇率制度的实际情况。这样在《IMF 第二次修订案》（1976 年 1 月牙买加会议）的基础上，1982 年 IMF 根据各国官方宣布的汇率安排对各成员国的汇率制度进行了分类，主要有盯住汇率制、有限灵活汇率和更加灵活汇率三大类。

东南亚金融危机以及欧元诞生等一系列国际金融重大事件，使得上述汇率制度分类也无法真实反映各国的汇率制度情况。因此在 1999 年 IMF 重新根据各国实际施行的汇率调控制度而不是其官方宣布的汇率安排对各成员国汇率制度进行了新的分类，主要包括八类。2009 年 2 月 2 日 IMF 又根据一些国家的具体情况，将这八种分类进行细化形成十种新的分类，如表 2-2 所示。

表 2-2　2022 年 IMF 成员国汇率制度选择情况

	汇率制度类型	国家数
1	无独立法定货币汇率制度	14
2	货币局制度	12
3	传统的固定盯住汇率制度	40
4	稳定化安排汇率制度	23
5	水平区间盯住汇率制度	1
6	爬行盯住汇率制度	3
7	类爬行安排制度	24
8	浮动汇率制度	35
9	自由浮动汇率制度	31
10	其他有管理安排制度	11

资料来源：IMF. Annual Report on Exchange Arrangements and Exchange Restrictions 2022.

注：2023 年 7 月 IMF 公布的汇率安排与汇率限制（2022）数据截至 2022 年 4 月 30 日。各种汇率制度安排国家数量每年都会有变化，如克罗地亚 2020 年的汇率制度安排属于稳定化安排汇率制度，属于第 4 类，但该国于 2023 年 1 月正式加入欧元区，汇率制度安排应该列入第 1 类。

其中前三类属于盯住汇率制，后七类属于弹性汇率制。下面对十类汇率制度进行详细介绍。

1. 无独立法定货币汇率制度

无独立法定货币汇率制度是指一国采用另一个国家的货币作为法定货币，或者成员国属于某一货币联盟，所有成员国共用同一法定货币。截至 2022 年 4 月 30 日，实行无独立法定货币汇率制度的国家和地区为 14 个。无独立法定货币汇率制度典型的是美元化。

（1）美元化的含义。

美元化是指一国或地区采用美元逐步取代本国法定货币并最终放弃法定货币和金融主权的过程。美元化国家使用美元作为本国的流通货币，而本国并没有相应的法定货币，这样的国家主要集中在拉美地区和非洲的一些经济不发达地区。

（2）美元化的优势。

美元化的主要优势是：①减低了外汇交易的成本和汇率风险，增加了对外贸易，吸引了国外投资，最大限度地规避了国际游资的冲击；②降低通货膨胀和通胀预期，在一定程度上对本国的经济平稳增长起到了保障作用；③降低国内利率水平及其波动，增强了国内金融市场、金融体系的稳定和深化；④促进了本国经济和世界经济的融合，减轻了经济周期的影响，促进了本国经济的发展。

（3）美元化的缺陷。

相对于美元化的优势，美元化也存在着很大的缺陷：①本国货币当局丧失了独立的货币政策，无法充当最后贷款人的角色；②损失了铸币税，使得铸币税收入流向美国；③本国经济发展会受到货币发行国货币政策的影响；④退出成本较高，一旦发生银行挤兑，货币当局将别无选择，只能采取冻结美元提款的方式。

（4）采用美元化的国家。

目前采取美元化制度的国家，多是一些经济金融实力不强，而且国内资源匮乏，经济发展对外依赖程度较高、经济规模较小的国家，如厄瓜多尔、萨尔瓦多、帕劳、巴拿马等。这些国家或地区由于其经济对外依存度较高，国内外经济发展同步性较强，汇率波动风险对其经济影响较大，美元化才有了存在的基础。

2. 货币局制度

货币局制度是指在法律中明确规定本国货币与某一外国可兑换货币保持固定的交换比率，并且对本国货币的发行做出特殊限制的汇率制度。

（1）货币局制度运作特征。

货币局制度运作的特征表现在：一国或一地区的货币与某一可兑换货币保持固定比率，而所发行的货币保证完全以外汇储备作为后盾，以使货币局制度下的国家负债具有足够的信用保证。这使得本国储备货币的创造来源进行了严格的法律限制，货币局只有在拥有了外国货币之后才能够发行本币。货币局制度实际上是“最为坚硬的盯住汇率制形式”。

（2）货币局制度的优势。

货币局制度的优势有：①管理与操作非常简便。货币局制度是高度规则化了的金融制度，它的运行规则可以为公众所监督，货币局制度对于缺乏中央银行管理经验和环境的小型开放经济体特别具有吸引力。②赋予了货币政策高度可信性。由于货币局制度对货币当局的货币发行以及融通政府赤字做了一个限制，因此可以向公众清楚表明政府的意向，从而调整公众的预期，使政府政策发挥作用。

（3）货币局制度的缺陷。

货币局制度的缺陷有：①名义汇率僵硬，货币局制度中盯住汇率是名义汇率，当两国出现通货膨胀率差异时，必然导致实际汇率变动，这种实际汇率变动会引起本国国际收支的变动，进而容易招致国际游资的冲击。②货币局当中的中央银行不能执行最后贷款人的职能，这导致央行对商业银行经营中出现的临时性困难无法及时解决，加深了金融系统的脆弱性。③货币当局发行的基础货币具有外汇储备100%的支撑，但是经过商业银行的信用创造，流通中的现金和存款数量则多倍于最初的外汇储备，当本国居民对本币丧失信心，面临大规模挤兑或抛售时，固定汇率比价将难以维持。

（4）实行货币局制度的国家和地区。

目前，实行货币局制度的主要有中国香港、多米尼加、格林纳达、波斯尼亚和黑塞哥维那、保加利亚等12个国家和地区。其中中国香港、多米尼加、格林纳达的货币是与美元汇率保持固定；波斯尼亚和黑塞哥维那、保加利亚的货币是与欧元保持固定。

3. 传统的固定盯住汇率制度

传统的固定盯住汇率制度又称固定但可调整的盯住制度，即一国货币与某一种货币（盯住单一货币）或“一篮子货币”（盯住一篮子货币）保持固定比价关系，随其波动而波动，且波动幅度很小。

在该汇率制度下，货币当局通过干预、限制货币政策灵活度来维持汇率固定平价，但是被盯住的中心汇率可进行一次性调整，以保持货币当局通过调控汇率调整货币政策的手段，但是这种调整很少发生。

（1）传统的固定盯住制度的优势。

传统的固定盯住汇率制度的优势有：第一，汇率水平稳定，降低了交易成本和汇率风险，能够促进一国的对外贸易和投资；第二，投资者对于汇率保持稳定的预期能够自动熨平汇率波动；第三，利用固定盯住汇率的传递效应可以抑制通货膨胀，使得货币政策能够得到有效的抑制，防止货币当局超发货币。

（2）采用传统的固定盯住汇率制度的国家。

实行传统的固定盯住汇率制度的国家有40个。其中巴林、巴巴多斯、厄立特里亚、伊拉克、约旦、也门、卡塔尔、沙特阿拉伯、阿联酋、土库曼斯坦等14个国家货币实行盯住美元的固定汇率制；中部非洲经济与货币共同体（CEMAC，含喀麦隆、中非共和国、乍得、赤道几内亚、刚果、加蓬）、西非经济货币联盟（WAEMU，含贝宁、布基纳法索、几内亚比绍、马里、塞内加尔、多哥、尼日尔、科特迪瓦）、丹麦、圣多美和普林西比、科摩罗、佛得角等18个国家和地区货币实行盯住欧元的固定汇率制；此外还有斐济、利比亚、尼泊尔、纳米比亚等8国实行盯住一篮子货币或其他货币的固定汇率制。

4. 稳定化安排汇率制度

稳定化安排汇率制度又称类似盯住制度，该制度要求无论该国货币是对单一货币还是对一篮子货币，即期市场汇率的波动幅度要能够保持在2%的范围内至少6个月，并且不是浮动汇率制度。该制度与传统的固定盯住汇率制度的区别在于国家货币当局并没有维持固定汇率的汇率承诺，但却事实上采取了类似盯住汇率的制度。

截至 2022 年 4 月 30 日，实行稳定化安排汇率制度的国家和地区有 23 个，包括新加坡、柬埔寨、伊朗、黎巴嫩、玻利维亚、尼日利亚、埃及、蒙古、苏丹等。

5. 水平区间盯住汇率制度

水平区间盯住汇率制度是指汇率被保持在官方承诺的汇率带内波动。政府首先确定一个中心汇率，并允许现实汇率在一个水平区间范围内波动，如图 2-1 所示。

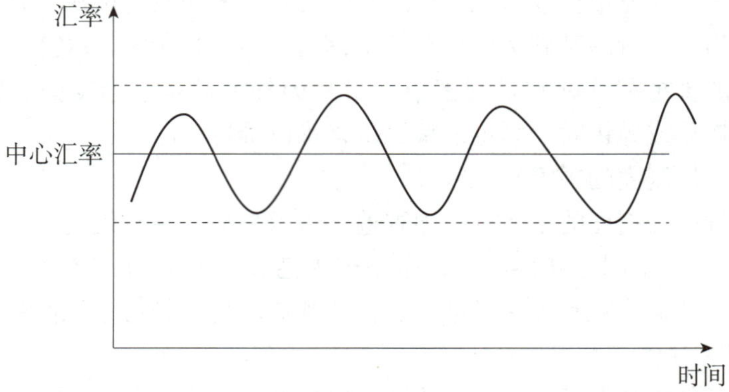

图 2-1　水平区间盯住汇率制度

水平区间盯住汇率制度既具有浮动汇率制度的灵活性，又具有固定汇率制度的稳定性，并且由于汇率波动的上下限公开，有助于形成合理的市场预期。该汇率制度的关键在于如何确定合理的汇率波动范围。过窄的汇率波动范围会使得汇率僵化，与固定盯住汇率制度无异，而过宽的波动范围则会使得汇率波动过于剧烈，无法达到稳定汇率的目的。

目前实行水平区间盯住汇率制度的国家只有一个：摩洛哥。

6. 爬行盯住汇率制度

爬行盯住汇率制度是指一国定期性、小幅度且依照事先规定固定比率来调整，或根据选择性的量化指标来改变。爬行盯住是一种自动调整的汇率制度安排，货币当局首先确定本币与盯住货币的平价，同时规定每次调整的幅度，汇率制度定期按照官方制定的公式进行调整。当市场汇率偏离最近发布的平价时，中央银行就会对汇率进行干预。爬行盯住汇率制度的特点在于允许货币平价持续地、定期地以及小幅度地调整，从而降低固定汇率一次性大幅度调整对经济的影响。

(1) 爬行盯住汇率制度的优点。

爬行盯住汇率制度的优点有：第一，它提供了一种更有效的内外均衡调节机制。爬行盯住汇率制度下汇率能够定期进行调整，这就使得国际收支失衡问题可以通过调整汇率的方式进行调节，不会出现固定汇率制度下汇率调整的滞后而带来的国际投机冲击。第二，它可以使一国抵制境外通货膨胀的输入。爬行盯住汇率制度具有部分浮动汇率制度的特征，一国货币当局可以通过汇率的调整来抵消国外通货膨胀的影响，从而可以保持本国货币政策的独立性。第三，它可以减少一国持有的外汇储备数量。因为汇率水平可以定期调整，所以中央银行在公开市场上干预汇率的情况大大减少，这可以减少中央银行持有外汇储备的数量。

（2）爬行盯住汇率制度的缺陷。

爬行盯住汇率制度的缺陷有：第一，国内货币政策仍然受到外部的制约。在爬行盯住汇率制度下，短期的本国货币的贬值措施将要求本国利率相应上升以维持国际收支平衡。因此，在经常进行汇率调整的情况下，本国的货币政策将受外部均衡制约频繁调整，无法达到内部均衡的目的。第二，面对突然冲击时，汇率调整仍然不够迅速。爬行盯住制度下汇率的调整是小幅度的，当国民经济遭受突然的外部冲击、汇率需要进行大幅度的调整时，这一制度显得不够及时和不够到位。第三，汇率的调整极易转化为国内的通货膨胀。与固定汇率制度下汇率调整的偶然性以及浮动汇率制度下汇率调整的频繁性不同，爬行盯住汇率制度下的汇率调整是相对有规律的，国内的物价体系、工资体系就容易采取与汇率挂钩的方式，这就使得货币贬值会迅速转化为国内价格水平的上升，从而抵消了贬值的效果。

目前实行爬行盯住汇率制度的国家有3个：洪都拉斯、博茨瓦纳、尼加拉瓜。

7. 类爬行安排制度

类爬行安排制度是指至少在6个月内本币汇率偏离汇率趋势值的幅度不超过2%（极端值除外）。在汇率走势上，类爬行安排制度与爬行盯住汇率制度比较相似，只是官方没有明确承诺爬行盯住。

截至2022年4月30日，实行类爬行安排制度的国家有24个，包括：中国、越南、阿富汗、布隆迪、多美尼加、卢旺达、阿根廷、赞比亚、莫桑比克、突尼斯、老挝等。

8. 浮动汇率制度

浮动汇率制度是由之前的管理浮动汇率制度细化分解出来的。它是指货币当局事先并不宣布汇率的中间水平，也不对汇率变动路径做出承诺，但是当汇率出现了不利于其调控目的的变动时，就会在外汇市场上进行积极干预。货币当局用来管理汇率的指标有国际收支状况、国际储备等。

在浮动汇率制度下，央行可以进行公开市场操作与外汇管制即直接管制，也可以调整利率或采取其他经济政策和措施，即间接调整。值得注意的是，央行的干预虽然可以避免汇率的大起大落，但这需要该国具有充足的外汇储备和可供选择的货币政策工具，并且需要准确把握干预的时机和力度，否则干预效果难以达到。

截至2022年4月30日，实行浮动汇率制度的国家有35个，包括：巴西、亚美尼亚、新西兰、韩国、秘鲁、南非、土耳其、乌克兰、乌拉圭、印度、马来西亚、印度尼西亚、巴基斯坦、以色列、匈牙利、白俄罗斯、格鲁吉亚、冰岛等。

9. 自由浮动汇率制度

自由浮动汇率制度也称清洁浮动。汇率基本上由市场决定，货币当局偶尔会进行外汇干预，旨在减轻汇率波动，防止过度投机。

（1）自由浮动汇率制度的优势。

自由浮动汇率制度具有如下优势：第一，央行具有独立的货币政策，能够担当最后贷款人的角色，从而能够有效地规避投机性货币攻击；第二，汇率依据市场供求力量自动调整，从而避免了实体经济变动造成国内经济失衡；第三，不需要大量的外汇储备，极大地降低了外汇储备的持有成本。

（2）自由浮动汇率制度的缺点。

自由浮动汇率制度具有如下缺点：第一，如果贸易缺乏弹性，那么汇率会产生经常性的剧烈波动，直接对国际贸易和国际投资造成负效应；第二，不能促进各国经济政策的相互协调；第三，没有稳定的汇率预期，对于金融市场发展不完全的发展中国家，无法规避汇率投机造成的汇率的大幅波动。

（3）采用自由浮动汇率制度的国家。

截至 2022 年 4 月 30 日，实行自由浮动汇率制度的国家有 31 个，经济发达国家居多，包括：澳大利亚、加拿大、日本、墨西哥、挪威、瑞典、波兰、俄罗斯、英国、美国、智利、捷克以及欧元区 19 个成员国（2023 年 1 月 1 日，克罗地亚正式加入欧元区，欧元区成员国上升到 20 个）。

10. 其他有管理安排制度

其他有管理安排制度是指一国汇率安排不符合上述任何类别标准的情形。截至 2022 年 4 月 30 日，实行其他有管理安排制度的国家有 11 个，包括：科威特、叙利亚、利比里亚、缅甸、津巴布韦、海地、委内瑞拉等。

三、固定汇率制度与浮动汇率制度优缺点的比较

（一）固定汇率制度的优缺点

1. 固定汇率制度的主要优点

（1）固定汇率制度具有内在的稳定机制。

固定汇率制度下，政府具有维持汇率稳定的职责，因此当市场上的汇率偏离政府制定的中心汇率过大时，市场投资者会预期政府将会在市场上进行干预，这会使得市场投资者作出有助于市场汇率稳定的投机交易。

（2）固定汇率制度能够减少国际贸易和国际投资的不确定性。

固定汇率制度下，现实汇率将会围绕着中心汇率上下波动，现实汇率较为稳定，从而避免了频繁大幅度波动带来的市场风险，为国际贸易和国际投资提供一个平稳的国际环境。

（3）固定汇率制度能够对政府的财政货币政策产生自我约束。

由于政府具有稳定汇率的职责，因而政府制定关经济政策时将会变得更加审慎，这种自我约束机制有助于抑制通货膨胀和稳定汇率。如果政府实施大规模的货币宽松政策，使得本币供给过多，在资本管制较松的情况下，这将招致国际投机资本的冲击，使得固定汇率制度难以维持。

2. 固定汇率制度的主要缺点

（1）汇率制度缺乏弹性，通常情况下无法成为政策工具来调节国际收支。

在浮动汇率制度条件下，当本国处于国际收支逆差时，这意味着本币在国际市场中的供给大于需求，本币将会贬值，而通过前面所述汇率对经济的影响等相关知识可知，本币贬值将有利于国际收支的改善，因此浮动汇率能够成为政策工具调节国际收支，而固定汇率制度则没有这个功能。

（2）固定的汇率削弱了货币政策的有效性和独立性。

固定汇率制度下，本国有维持汇率稳定的职责，这使得央行货币政策受到维持汇率的

掣肘，无法有效独立地发挥作用。当一国面临经济低迷、通货紧缩的情况时，本国有必要采取宽松的货币政策以刺激经济发展，但是宽松的货币政策将导致本币有贬值的倾向，这使得当局不得不再次通过抛售外币回收本币以维持汇率稳定，而这将抵消宽松货币政策对货币投放的作用。

(3) 经济发展的不同步性增加了汇率管理的难度。

这在实行盯住汇率或货币局制度的国家最为突出，新兴市场国家爆发的危机，如1994年墨西哥金融危机、1997年东南亚金融危机和2002年阿根廷金融动荡，就是典型的案例。

在20世纪90年代后期，美国通胀率基本保持稳定，阿根廷比索对美元的实际汇率是贬值的。从1995年到2001年，阿根廷比索对美元的实际汇率贬值18%，然而同期美元实际汇率对世界其他主要货币汇率升值35%，这意味着阿根廷比索对世界其他主要货币汇率升值17%，这与阿根廷疲弱的经济状况是背离的。

1996年，在遭受到墨西哥金融危机的冲击后，阿根廷国内的经济状况不容乐观，陷入通货紧缩。为了应对经济的下行压力，阿根廷本应采取刺激经济发展的措施，但盯住美元的货币局制度让阿根廷的货币政策失去了独立性，因为此时美国采取的是紧缩银根的货币政策，与阿根廷国内的实际情况正好相反。因此，阿根廷政府只能采取财政政策：增加税收会遭到公众的反对，便只能通过发行政府债券来削减赤字。1995年到2001年阿根廷的外债一直在增加，政府的财政赤字也在不断增加。为了偿还债务，政府不得不减少公共开支，增加税收，举借新债，卖出国有资产，而当国内资产逐渐卖空之后，人们就会对阿根廷货币局制度产生信任危机，为之后的崩溃埋下了伏笔。

(4) 固定汇率制度容易引发破坏性投机冲击，导致货币危机。

固定汇率制度是建立在政府承诺的基础之上的，市场信心的强弱取决于政府维持汇率稳定的能力。如果市场投资者认为政府具有维持汇率稳定的能力，那么市场投资者的投机行为就会起到稳定汇率的作用，但是如果市场投资者认为政府稳定汇率的能力不足，这反而会招致国际游资的投机冲击，最终导致货币危机和金融危机。

(二) 浮动汇率制度的主要优缺点

1. 浮动汇率制度的优点

(1) 浮动汇率制度具有自动调节国际收支的能力。

浮动汇率条件下汇率能够发挥调节进出口商品价格的杠杆作用，当本国出现国际收支逆差时，外汇市场上本币的供给相对大于需求，本币倾向于贬值，本币贬值后以外币衡量的本国商品的出口价格变得更便宜，而以本币衡量的进口商品价格变得更贵，这就使得本国出口增加而进口减少，从而改善本国的国际收支，这就是浮动汇率制度条件下国际收支的自动调节机制。

(2) 货币政策的有效性增强。

当汇率承担起调节国际收支的作用后，货币政策就可以和财政政策相配合，一起作为实现内部均衡的政策工具。根据前面的分析，固定汇率制度条件下，货币政策调节内部均衡的能力让位于调整外部均衡，而当汇率可以自由浮动后，外部均衡的问题由汇率解决，这样货币政策就被解放，能够用于调整内部均衡。

（3）减少国际储备的保有量，节约储备成本。

固定汇率制度条件下，国际储备是维持国际收支平衡和汇率稳定的最后一道防线，因此实行固定汇率制度的国家需要积累大量的国际储备以巩固和增强市场信心。在浮动汇率制度条件下，政府不负有维持汇率稳定的职责，因此政府不需要保有大量的国际储备，从而节约储备成本。

（4）可避免汇率在短时间内大起大落，缓解汇率波动对经济的冲击。

浮动汇率制度条件下汇率波动的不确定性增加了对汇率走势预期的难度，反而有助于熨平汇率的大幅波动，从而缓解汇率波动对内部经济的冲击。

2. 浮动汇率制度的缺点

（1）浮动汇率制度加大了国际贸易和投资的不确定性。

汇率频繁波动会导致进出口商品和服务的价格波动，不利于对外经济贸易关系的发展。同时，汇率的剧烈波动会带来外汇风险，抑制国际投资，阻碍国际贸易。

（2）加剧了国际金融市场的动荡。

汇率的波动容易引发套汇行为，在资本与金融账户开放的情况下，国内金融市场更容易受到国际游资的冲击。

四、影响汇率制度抉择的主要因素

汇率制度的选择是一个非常复杂的问题，各国政府会综合本国各方面的实际情况选择适合本国经济发展的汇率制度。无论是长期以来有关固定汇率制度和浮动汇率制度的争论，还是选择某种介于两者之间的汇率安排，都反映出各国政府对于汇率制度“可信度”与“灵活性”的权衡。国际货币基金组织成员国多样化的现实汇率制度安排说明，汇率制度本身并不存在绝对的优劣，只有适合与不适合的区别。

汇率制度应相机抉择，因为没有任何一种汇率制度对于所有国家或者一个国家的所有时期都是最优的。一国选择何种汇率制度主要取决于以下几方面的因素。

（一）本国的经济发展状况

本国的经济发展状况包括本国的经济规模、经济开放程度等方面。

大国比较适宜采取浮动性较强的汇率制度，小国实行固定汇率制度比较适宜。这是因为对于大国来说，国内均衡的重要性要更强，大国倾向于追求独立的经济政策以保持本国国内的经济发展稳定；而对于小国来说，其经济发展往往与一些国家的贸易关系密切，汇率的频繁浮动会给其贸易带来非常大的不便。

经济开放程度高、对外依存度较高的国家倾向于采取盯住汇率制度。由于经济开放，贸易占整个国内生产总值的比重会比较大，因此汇率的波动对国内价格波动会产生较大影响；同时贸易开放程度较大，汇率波动也会带来对外贸易的很大波动，使得本国经济发展不稳定。如果一国对外贸易大部分集中在单一国家，则将汇率单一盯住该国，对于稳定本国经济发展会有很大的帮助。

与贸易伙伴的通货膨胀率差异较大的国家较为适合采用浮动汇率制度。如果一国通货膨胀率高于贸易伙伴，其汇率在短期内需要经常性进行调整以维持两国之间的贸易平衡，而如果单方面追求汇率稳定则很容易造成两国贸易上的失衡从而产生较大的经济风险。

（二）对国内经济稳定的需求

国内经济稳定是许多国家所追求的经济目标，为了这一目标的实现，这些国家会在汇率制度上大做文章。如果一国决策者追求国内物价波动尽可能地小，则应该选择能满足该目标的汇率制度。

例如，有较大的贸易价格波动时，适合采用浮动汇率制度，这样当进口原材料产品价格发生大幅度波动的情况下，汇率做出相应的调整使得进口原材料产品的国内价格不发生变化，从而隔绝了国外价格波动对国内经济的干扰；如果国内存在较大的货币供给波动，那么就适合采取盯住汇率制度，因为这种汇率制度能够对货币当局的货币供给行为产生一定的约制效力。

（三）对外经济合作开展的情况

一国与其他国家的经济合作情况也对汇率制度的选择有着重要影响。例如，当两国存在非常密切的贸易往来时，两国间货币保持固定汇率有利于相互间经济关系的发展。又例如，在国际资金流动数量非常大的背景下，对于一国内部金融市场和外界联系非常紧密的国家来说，如果本国对外汇市场干预的实力和各种条件限制不强的话，那么采用浮动汇率制度，任汇率自由浮动则是一种较为合适的选择。

第七节 人民币汇率制度变迁

西方国家各主要货币的汇率主要是由外汇市场上的供求关系决定的，而我国人民币汇率则是国家根据国内外经济形势和国家政策的需要来制订、调整和公布的，人民币汇率形成机制在探索过程中，市场化程度不断提高。

一、人民币官方汇率形成与变迁（1949年1月—1980年）

（一）人民币官方汇率的形成

1948年12月1日，中国人民银行成立，发行了统一的货币——人民币，并于1949年1月18日首先在天津口岸公布人民币对西方主要国家货币的汇率。此后，全国其他地区以天津口岸的汇率为基础，根据当地市场供求等情况，公布了各自对美元的汇率。这一时期人民币汇率波动频繁且出现了大幅度贬值，由1949年1月的1美元折合80元旧人民币，调整到1950年3月13日的1美元折合42 000元旧人民币，贬值525倍。这一时期实行这样的汇率政策的原因在于：(1) 解放初期我国面临国民党留下的国民经济烂摊子，要发展经济需要大量的外汇，用于从国外进口发展经济所需的机器设备。当时的国营外贸公司刚刚成立，实力不够强，进口商品所需外汇主要依靠私营进出口商的出口收入，为了调动它们的出口积极性，当时汇率的制定以出口商品有利为原则。(2) 这一时期，国内物价水平出现了剧烈上涨，而同一时期国外物价水平基本保持稳定。

1950年2月，中央财经委员会召开了全国财经工作会议，国内物价转而下跌并趋于稳定。1950年7月8日开始实行全国统一的人民币汇率，由中国人民银行公布。

1950年3月至1952年年底，人民币兑美元汇率持续升值，由1950年3月的1美元折合 42 000 元旧人民币，升值至 1952 年 12 月的 1 美元折合 26 170 元旧人民币。这一时期实行人民币汇率升值政策的原因在于：(1) 全国财经工作会议后，国内物价趋于下跌，而美国由于对朝战争，物价上涨；(2) 美国实行“封锁禁运”措施，我国必须推动必要物资的进口，这一时期我国人民币汇率的制定原则由“推动出口”改为“进出口兼顾”，因此人民币适度升值是必要的。

（二）中央计划经济时期人民币汇率制度的变迁

1953 年，我国开始建立统一的外贸和外汇体系，人民币实行单一的固定汇率制度，人民币兑美元的汇率为 1 美元折合 26 170 元旧人民币。1955 年我国发行新人民币，以 1∶10 000的比率收兑旧人民币，人民币兑美元汇率被调整至 1 美元折合 2.46 元新人民币，固定汇率的制度安排一直延续至布雷顿森林体系瓦解之前。1973 年，布雷顿森林体系崩溃，我国开始实行盯住一篮子货币的固定汇率制度，以对各国的贸易量计算相应篮子货币的权重。从 1973 年到 1979 年，人民币兑美元汇率逐步从 2.5 元升至 1.5 元左右。但在实际市场中，出口企业获得 1 美元所对应的换汇成本大约为 2.75 元人民币，人民币汇率被严重高估。在这种情况下，外贸企业出口以及外资进入的意愿都受到打击，从而导致我国的外汇储备量难以增加，甚至到 1980 年降为负值。

二、双重汇率制度（1981 年—1993 年年底）

（一）“官方汇率＋内部结算价”的双重汇率制度

为了鼓励外贸企业出口创汇支持经济发展，我国于 1981 年开始实行双重汇率制度，即官方汇率与贸易体系内部结算价并存的双重汇率模式，也就是金融汇率与贸易汇率并重的复汇率模式。金融汇率是指适用于资金移动、旅游事业等非贸易收支的汇率。贸易汇率是指用于进出口贸易货款及其从属费用方面结算的汇率。前者适用于非贸易部门，对应人民币兑美元汇率维持在按一篮子货币计算的 1.5 元左右，而后者用于贸易部门结算，汇率根据市场实情调整至 2.8 元左右（这一数值是根据 1978 年全国平均出口换汇成本 2.53 元再加上 10%的利润计算出来的）。内部结算价的实施，与官方汇率相比，实际上是对人民币实行了贬值，这在一定程度上鼓励了出口抑制了进口。1981—1983 年我国出现了大量的贸易盈余，带动外汇储备增至 1983 年的 89 亿美元。

内部结算价以及双重汇率制度的实行，标志着人民币汇率政策的制定又重新开始考虑进出口贸易的因素。但双重汇率制度的实行，也有其明显的弊端。

1. 外贸亏损增加

实行内部结算价后，我国外贸企业进口成本增加，而国内销售价格不变，这导致外贸企业进口业务由盈利转为政策性亏损。出口方面，在内部结算价的刺激下，有些外贸企业对内抬价抢购商品，对外竞价销售，导致我国的出口换汇成本不断上升，甚至超过了内部结算价，那些未被纳入外贸体系的企业出口面临的亏损日益严重，由此导致外汇储备在 1984 年不升反降。

2. 对外经济交往陷于不利局面

由于实行双重汇率制度，国际货币基金组织将我国列入外汇管制国家，此外，国外政府和国外出口业务竞争对手企业也纷纷对人民币事实上的贬值发表了一系列不利的舆论，导致我国在刚刚打开国门不久的对外经济交往中陷入不利局面。

3. 内部结算价使用范围不够明确

2.8 元的内部结算价（贸易汇率）和 1.5 元的官方汇率（金融汇率）存在明显的价差，这导致内部结算价与公开牌价的使用范围难以严格划分清楚，或者划分得不够合理，导致外汇管理的难度增加。

基于以上弊端，各方要求取消内部结算价的呼声日益提高。1985 年 1 月 1 日，人民币官方汇率调整为 1 美元折合 2.8 元人民币，与内部结算价持平，这事实上取消了贸易体系内部结算价。

（二）"官方汇率＋调剂市场汇率"两轨并行的双重汇率制度

1979 年我国开始实行外汇留存制度，企业可保留 10%左右的外汇，并于 1980 年开始办理外汇调剂业务。但是在 1980—1984 年，由于对调剂价格实行限制，规定以 3.08 元（内部结算价＋10%）为最高限价，调剂外汇供不应求，致使外汇调剂基本上处于有价无市的状态。

1985 年我国取消内部结算价，外汇留存比例提高，以及在全国设立众多的外汇调剂市场，这些政策极大地促进了外汇调剂市场的发展，企业或个人可以在外汇调剂市场上将自己留存的外汇进行交易，价格由交易双方商定，该价格即为调剂市场汇率。由此便形成了一种新的"官方汇率＋调剂市场汇率"两轨并行的双重汇率制度。

1. 官方汇率方面

1985 年之后，人民币继续向下调整，中间出现了几次较大幅度的贬值。

（1）1985 年 1—9 月，人民币汇率经常性小步下调，累积贬值 12.5%，由 1 美元折合 2.8 元人民币调低到 3.2 元人民币。

（2）1986 年 7 月 5 日，人民币汇率贬值 13.6%，由 1 美元折合 3.2 元人民币调低到 3.7 元人民币。

（3）1989 年 12 月 16 日，人民币汇率贬值 21.2%，由 1 美元折合 3.7 元人民币调低到 4.7 元人民币。

（4）1990 年 11 月 17 日，人民币汇率贬值 10.6%，由 1 美元折合 4.7 元人民币调低到 5.2 元人民币。

之后几年，人民币官方汇率出现了小幅下调，到 1993 年 12 月 31 日，人民币的官方汇率为 1 美元折合 5.8 元人民币。

2. 外汇调剂市场汇率方面

1985 年外汇调剂价格由 3.08 元改为比官方汇率高 1 元，此后随着进出口业务的增长、外汇调剂业务的快速增加，1990 年外汇调剂价放开，一个初具规模的外汇调剂市场真正形成。外汇调剂价格在人民币官方汇率总体贬值的趋势下时高时低，最低时为 5.5 元，最高时突破了 11 元，是外汇市场上供求状况的晴雨表。到了 1993 年 12 月 31 日，外汇调剂市场上人民币兑美元的加权平均价格为 1 美元折合 8.7 元人民币。

3. 外汇调剂市场的作用

（1）增强了外汇使用的合理性，提高了外汇使用效益。

外汇调剂市场的产生与发展，促进了外汇资金的横向流通，使得宝贵的、有限的外汇资源能够被合理使用，如进口国内企业急需的改进劳动效率的生产线、技术等，这提高了使用外汇的经济效益。

（2）合理调整了企业的经济利益，促进了出口创汇的稳定增长。

以往出口企业虽然手上有一定的外汇留成，但实际上并没有随时可以使用的权利，而出口企业按固定汇价出口商品，甚至有可能出现出口越多亏损越多的现象。通过外汇调剂市场，将手中多余的外汇通过市场机制以较高的价格调剂出去，可以弥补企业的部分甚至全部亏损，获得更好的经济效益，这可以提高出口企业创汇的积极性，促进我国出口创汇的稳定增长。

（3）进一步改善了外商投资环境，对外商投资企业外汇平衡起到了积极作用。

外商投资企业通过外汇调剂市场，当进口需要外汇时可以到市场上调入外汇，当出口有外汇盈余时可以到市场上调出外汇，这有利于外资企业外汇平衡，进一步改善外商投资环境，吸引外资流入。

（4）打击外汇黑市活动。

由于外汇留存的增加，在某些特区和沿海开放城市出现了外汇炒卖的现象，有的地区不仅倒卖现汇和外汇券，甚至倒卖外汇额度，黑市活动猖獗，严重扰乱了国家的外汇管理秩序。外汇调剂市场的建立与发展，特别是允许个人外汇进入外汇调剂市场，有力地打击了外汇黑市的买卖活动。

（5）外汇调剂市场有利于探索人民币汇率接近实际合理水平。

在外汇调剂市场上聚集了我国当时外汇供求的主体，市场成交量也占到当时我国外汇成交总量的80%，因此外汇调剂市场价格的变化在一定程度上反映了外汇的供求变化，这有利于探索人民币汇率接近实际合理水平。

1960—1992年人民币兑美元汇率（直接标价法）走势如图2-2所示。

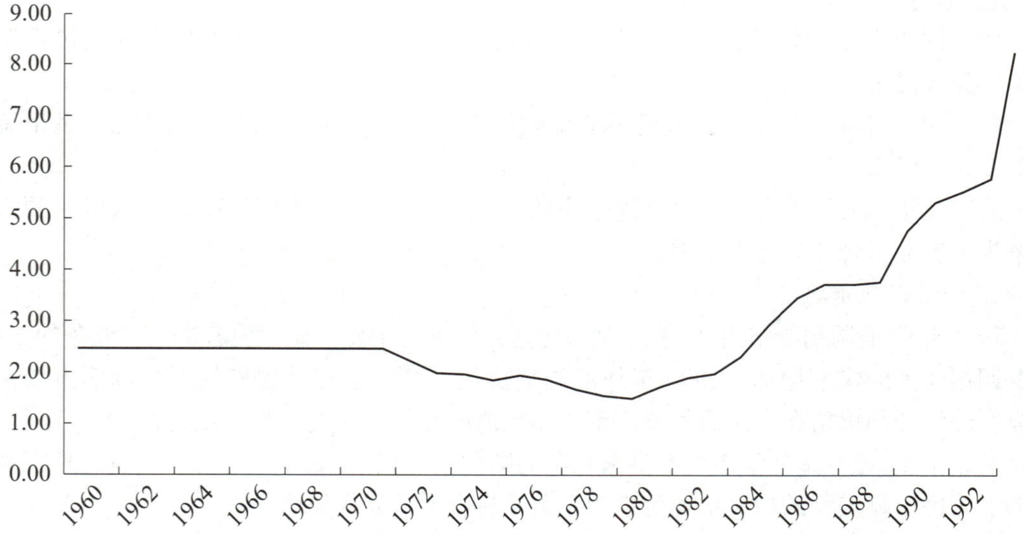

图2-2　1960—1992年人民币兑美元汇率走势图

资料来源：https：//www.worldbank.org（数据均为年底数据）.

三、人民币汇率形成机制改革

（一）1994 年汇改，人民币汇率市场化的开端

1. 1994 年汇改的背景

1985 年之后，我国外汇调剂业务出现了迅猛的增长，外汇调剂市场的外汇交易量逐步超过官方市场。1993 年时 80%以上的外汇交易都发生在调剂市场。外汇更多地集中到了私人部门手中，使得政府对外汇市场的控制力受到挑战。此外，官方市场与外汇调剂市场间的汇差显著拉大，例如 1993 年，官方汇率基本维持在 5.8 元左右，而调剂市场上人民币兑美元汇率则一度超过了 11 元，这使得寻租腐败现象日益猖獗。原有的“官方汇率＋调剂市场汇率”两轨并行的双重汇率制度的弊端开始显现。

2. 汇改的内容

（1）实现汇率并轨，形成以市场供求为基础的、单一的、有管理的浮动汇率制度。官方汇率与外汇调剂市场汇率并轨，形成单一的人民币汇率。人民币官方汇率随之从原先的 5.7 元跳贬至 8.7 元。

（2）取消外汇留成和上缴制度，转为实行强制性结售汇制度。国内出口企业不再需要向当局上缴外汇，也不按比例取得留成额度，但必须将出口收入于当日全额结售给外汇指定银行。

（3）建立全国统一的、规范性的外汇市场。原有分布在全国的外汇调剂市场逐步取消，并于 1998 年全部关停。与之相对应的是 1994 年 2 月 15 日建立全国统一的、规范性的银行间外汇市场。银行间外汇市场的建立，有助于人民币汇率机制的形成。不同于此前的外汇调剂市场，外汇市场的交易主体是银行，“私人部门—银行—央行”这样的结售汇闭环形成，使得央行的货币政策与贸易、汇率等因素的关联得以加强。

3. 汇改的影响与评价

1994 年汇改取得了明显的效果：首先，经常账户逆差得以逆转，汇改当年我国经常账户就实现 54 亿美元的顺差；其次，外商直接投资明显增加，经常账户与外商直接投资顺差之和占 GDP 的比重从 1993 年的 4.8%增长至 1995 年的 8.2%，由此带动外汇储备规模的显著增长，到 1997 年末我国的外汇储备存量已至 1 050 亿美元。这为我国应对 1997 年亚洲金融危机和 2001 年加入 WTO 提供了强有力的储备基础。

尽管 1994 年汇改的初衷是建立有管理的浮动汇率制度，但由于受到相关外汇管理制度以及本身设计的制约，如政府向外汇指定银行提供基准汇率并要求其遵守浮动区间限制（对美元的每日波动区间为 0.3%）、强制性结售汇制度和外汇指定银行持有头寸上限控制，人民币对美元的名义汇率除了在 1994 年 1 月至 1995 年 8 月有小幅升值外，始终保持稳定。这主要的原因是亚洲金融危机后，政府担忧人民币与美元脱钩可能导致人民币升值，不利于出口增长。事实上在 2015 年之前国际货币基金组织将人民币汇率制度列为盯住美元的固定汇率制度。

(二)2005年“7·21汇改”，人民币汇率制度开始向真正的浮动汇率制度迈进

1. 汇改背景

2001年我国正式加入世贸组织，国际贸易规模迅速增加，出口也成为拉动经济增长的“三驾马车”之一，GDP增速多年达到了10%以上，与此同时，美国由于互联网泡沫的破裂，美联储采取刺激经济的政策，连续降息11次，中美利差不断扩大，外资也迅速地进入中国。在这些因素的作用下，我国的贸易和金融双顺差规模逐年增加，外汇储备迅猛增长。而此时人民币对美元的汇率多年维持在8.27元的水平，人民币面临升值的压力。2005年上半年，随着世界经济企稳、美联储稳步加息、国内经济运行平稳，我们迎来了新一轮汇率改革的时间窗口。2005年7月21日，央行发出通知，决定对实施了11年的人民币汇率制度进行改革。

2. 汇改的内容

(1) 实行以市场供求为基础、参考一篮子货币调节、有管理的浮动汇率制度，人民币汇率不再是单一盯住美元，人民币汇率从8.27元一次性升值2.1%至8.11元。

(2) 中国人民银行于每个工作日闭市后公布当日银行间外汇市场美元等交易货币兑人民币汇率的收盘价。次日人民币汇率中间价的形成参考上一交易日的收盘价，但维持汇率0.3%的日浮动区间不变。

(3) 进一步丰富了外汇市场的交易品种和主体，包括增加外汇远期和互换业务，扩大外汇远期结售汇业务的试点范围。

2006年1月4日，我国对人民币中间价形成机制进行了进一步的调整，引入询价模式和做市商制度，即做市商在每日开市之前，向中国外汇交易中心报价，当日汇率中间价由去掉做市商报价中的最高、最低报价后加权平均得到。

2007年5月18日，中国人民银行宣布将人民币兑美元每日波动区间由0.3%扩大至0.5%，此后分别于2012年4月16日、2014年3月17日分别将每日波动区间扩大至1%和2%。

3. 汇改的影响与评价

2005年汇改后，市场供求决定汇率水平的基础作用逐步得以体现，人民币汇率弹性不断增强，人民币兑美元汇率在不同时点出现了有升有贬的特征，但总体是升值的趋势：从2005年到2015年，人民币兑美元名义汇率升值45.62%，实际汇率升值55.73%。可是在升值的情况下，我国的国际收支状况并没有恶化，反而继续出现了持续多年的双顺差，外汇储备规模在2014年6月末达到3.99万亿美元的历史新高。

2005年“7·21汇改”使得人民币汇率重新回到有管理的浮动模式，人民币兑美元交易每日波动区间不断扩大，外汇市场的主体不断丰富，不过由于各做市商所报的价格及其在中间价形成过程中所占权重等信息是非公开的，这就意味着在汇率中间价形成过程中央行有较大的操作空间，中国人民银行也仍然进行常态式的干预，“管理”的成分依旧比较大。

2005—2015年人民币汇率形成机制变化如图2-3所示。

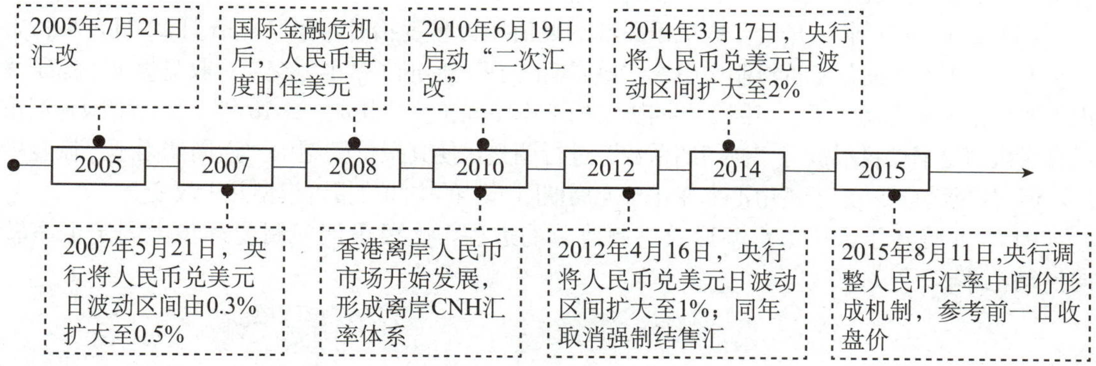

图 2-3　2005—2015 年人民币汇率形成机制变化

（三）2015 年“8 · 11 汇改”后，人民币汇率逐步实现双向浮动

1. 汇改背景

2014 年 10 月 30 日，美联储宣布从 11 月起停止购入国债，正式结束次贷危机以来实施了三轮的量化宽松政策，美元随之走强，并带动人民币相对于全球其他主要货币有效汇率升值。在此期间，中国经济增速开始放缓，如 2014 年 GDP 增速低于 8%，创下 1990 年来的新低，外汇储备也在 2014 年 6 月底达到 3.99 万亿美元的峰值后开始出现下降。人民币汇率不断走强和实体经济增速放缓的矛盾局面，使得市场对人民币由升值预期转向贬值预期。

2. 汇改内容

2015 年 8 月 11 日，中国人民银行宣布优化人民币对美元汇率的中间价报价机制。改革内容主要包括两方面：

（1）做市商在每日银行间外汇市场开盘前，参考上日银行间外汇市场的收盘汇率报价。

做市商在每日银行间外汇市场开盘前，参考上日银行间外汇市场的收盘汇率，综合考量外汇供求情况以及国际主要货币汇率变化，再向中国外汇交易中心提交中间报价。

（2）8 月 11 日当天央行一次性将人民币兑美元汇率中间价贬值 2%。

2015 年 8 月 11 日当天，央行一次性将人民币兑美元汇率中间价下调 1 136 个基点，贬值幅度为 2%。

3. 汇改影响及评价

“8 • 11 汇改”对市场造成了不小的冲击：（1）2015 年 8 月 11 日至 9 月初，人民币兑美元汇率贬值 10%；（2）在岸、离岸人民币价差明显加大，最高时 CNH 与 CNY 价差达到了 1 300 多个基点，加剧了外汇市场的投机活动；（3）由于贬值预期强化，加剧了汇率贬值，人民币进入了近一年半的贬值区间，多次接近 7 这个整数关口；（4）人民币汇率贬值，伴随而来的是大规模的资本外流；（5）中国人民银行外汇干预明显增大，甚至对人民币离岸市场进行宏观干预；（6）外汇储备下降明显，2016 年外汇储备规模降低近 1 万亿美元。

面对“8 • 11 汇改”引发的市场剧烈波动，央行在此后采取各种措施以稳定市场：

（1）2015 年 12 月 11 日，中国外汇交易中心首次公布 CFETS 人民币汇率指数，货币篮子含 13 个外汇交易币种，后于 2017 年将币种增加到 24 种。

（2）2016 年 2 月正式发布新的人民币汇率中间价的定价公式，即“中间价＝上一交易日收盘价＋一篮子货币汇率变化”，要求做市商在对中间价报价时，适度调整人民币兑美元汇率，以维持人民币对一篮子货币汇率的基本稳定。

（3）2016 年下半年开始，人民币面临的贬值压力再度抬升，2017 年 5 月 26 日，央行宣布在人民币汇率中间价定价机制中引入“逆周期因子”，形成了“上一交易日收盘价＋一篮子货币汇率变化＋逆周期因子”三因素共同决定的汇率中间价形成机制。2018 年 1 月，中国外汇市场自律机制秘书处将报价行“逆周期系数”进行调整，使其报价模型中“逆周期因子”恢复中性，但“收盘价＋一篮子货币汇率变化＋逆周期因子”的中间价报价模型并未改变。

图 2－4 描述了人民币汇率形成机制改革的进程，人民币汇率制度逐步由固定汇率转向浮动汇率。

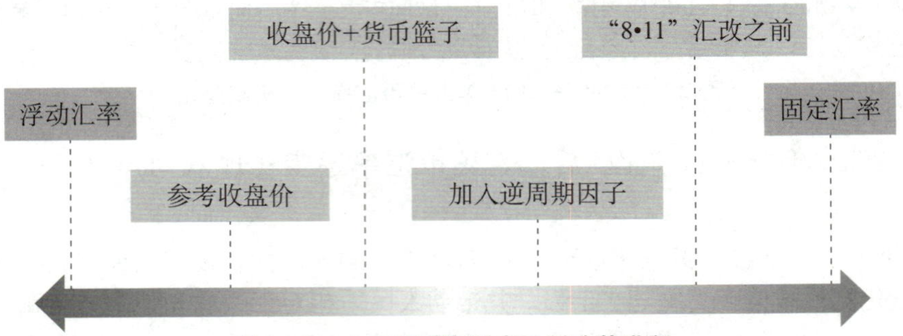

图 2－4　人民币汇率形成机制改革进程

此次人民币汇率中间价形成机制的改革，更加体现了市场化的特征。

（1）中间价的形成主要由外汇市场供求情况决定，做市商报价来源更为透明，很大程度上缩小了央行对汇率中间价的操控空间。

（2）在最初的单边汇率贬值以后，开启了双边浮动模式，人民币汇率波动的弹性也在逐步加大。

（3）“8・11 汇改”也是促进人民币加入 SDR、推动人民币国际化进程的重要助力。

1994—2022 年人民币汇率走势图如图 2－5 所示。

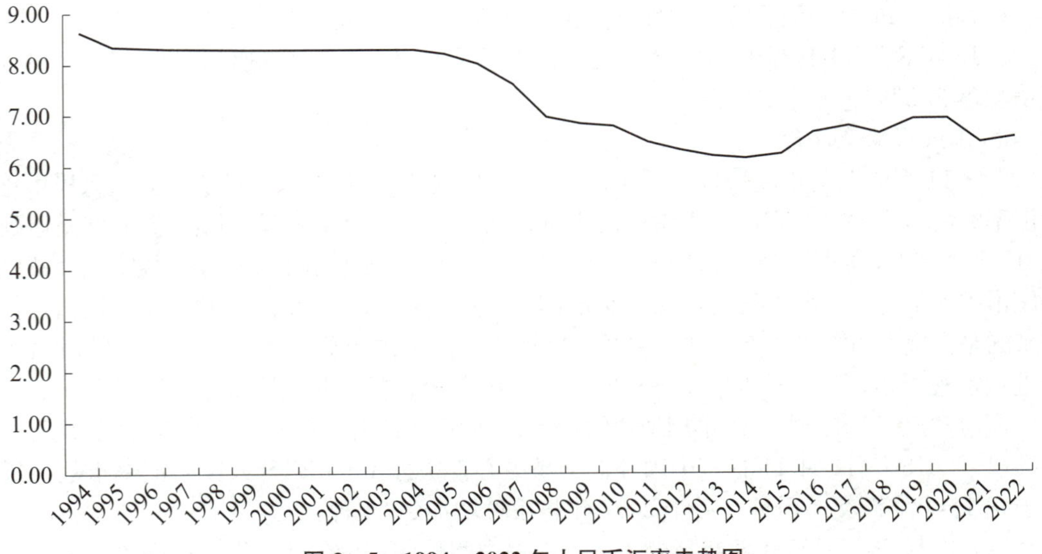

图 2－5　1994—2022 年人民币汇率走势图

数据来源：国家外汇管理局 . https：//www. safe. gov. cn/safe/2020/1218/17833. html（数据均为年底数据）.

2015—2022 年 CFETS 人民币汇率指数走势图如图 2-6 所示。

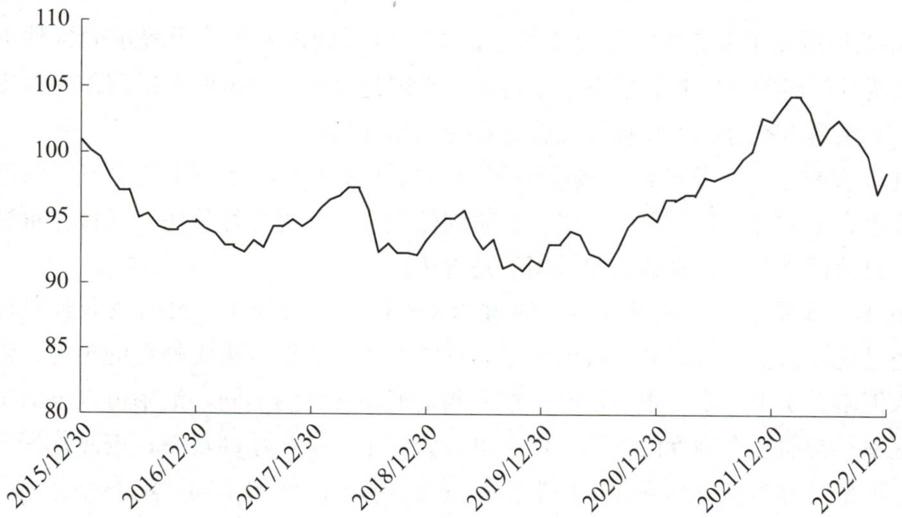

图 2-6 2015—2022 年 CFETS 人民币汇率指数走势图

数据来源：中国货币网．https：//www.chinamoney.com.cn（数据均为月底数据）．

专栏 2-4

当前人民币汇率中间价形成机制

人民币汇率中间价指中国外汇交易中心根据中国人民银行授权，每日计算和发布人民币对美元等主要外汇币种汇率中间价，于交易日每日早上 9：15 发布。

人民币对美元汇率中间价的形成方式为：交易中心于每日银行间外汇市场开盘前向外汇市场做市商询价。外汇市场做市商参考上日银行间外汇市场收盘汇率，综合考虑外汇供求情况以及国际主要货币汇率变化进行报价。交易中心将全部做市商报价作为人民币对美元汇率中间价的计算样本，去掉最高和最低报价后，将剩余做市商报价加权平均，得到当日人民币对美元汇率中间价，权重由交易中心根据报价方在银行间外汇市场的交易量及报价情况等指标综合确定。

人民币对港元汇率中间价由交易中心分别根据当日人民币对美元汇率中间价与上午 9 时国际外汇市场港元对美元汇率套算确定。

人民币对欧元、日元、英镑、澳大利亚元、新西兰元、新加坡元、瑞士法郎、加拿大元、林吉特、俄罗斯卢布、兰特、韩元、阿联酋迪拉姆、沙特里亚尔、匈牙利福林、波兰兹罗提、丹麦克朗、瑞典克朗、挪威克朗、土耳其里拉、墨西哥比索和泰铢汇率中间价形成方式为：交易中心于每日银行间外汇市场开盘前向银行间外汇市场相应币种的做市商询价，去掉最高和最低报价后，将剩余做市商报价平均，得到当日人民币对上述货币汇率中间价。

本章小结

1. 外汇是指能用来清算国际收支差额的外国货币或以外国货币表示的各种资产的总称。要成为外汇必须同时具备以下三个特征：必须是以外币表示的可以用作对外支付的金融资产、必须具有充分的可兑换性、普遍接受性和可偿性。

2. 汇率又称汇价，是外汇市场上一国货币与他国货币相互交换的比率，也可以称为以一种货币表示的另一种货币的价格。汇率的标价方法有直接标价法、间接标价法、美元标价法。目前世界上绝大多数国家采用的是直接标价法。

3. 在实际应用中汇率可以从不同的角度来进行不同的分类。根据民众到银行购汇是买现汇还是现钞，汇率可以分为现汇汇率和现钞汇率；从银行买卖外汇的角度，汇率可以分为买入汇率、卖出汇率、中间汇率；按照制定汇率方法的不同，汇率可以分为基本汇率和套算汇率；按照汇率制度的不同，汇率可分为固定汇率与浮动汇率；按照外汇管制程度的不同，汇率可分为官方汇率和市场汇率；按银行营业时间的不同，汇率可分为开盘汇率和收盘汇率；根据银行汇兑方式的不同，汇率可分为电汇汇率、信汇汇率、票汇汇率；按照交割时间的不同，汇率可分为即期汇率和远期汇率。

4. 市场汇率的变动主要取决于外汇市场对该国货币的供给和需求，当外汇供给大于需求时，该国货币贬值，反之则升值。影响汇率变动的因素主要通过影响外汇市场上的供求关系起作用。这些因素主要包括经济增长率差异、国际收支、利率差异、通货膨胀率差异、政府干预、国际储备的变动、预期因素、外汇投机的影响等。

5. 汇率的变动对社会经济各个方面都有广泛的影响，汇率变动的影响体现在对国内经济活动的影响和对一国涉外经济活动的影响两个方面。汇率变动对一国国内经济的影响一般通过国内物价、国民收入、产业结构、就业水平、证券市场等渠道进行。通过这种影响，汇率变动不可避免地会影响一国国内的经济结构、资源配置等，从而对整个国内的经济状况产生深远影响。汇率变动对一国涉外经济的影响表现在对贸易收支、非贸易收支、资金流动、外汇储备和国际经济关系等方面。

6. 汇率制度又称汇率安排，是指一国货币当局对本国汇率水平的确定、汇率变动方式等问题所做的一系列安排和规定。传统上按照汇率变动的幅度，可将汇率制度分为固定汇率制和浮动汇率制。亚洲金融危机后，国际货币基金组织对汇率制度进行了重新分类，总共有十种：无独立法定货币汇率制度、货币局制度、传统的固定盯住汇率制度、稳定化安排汇率制度、水平区间盯住汇率制度、爬行盯住汇率制度、类爬行安排制度、浮动汇率制度、自由浮动汇率制度、其他有管理安排制度。

7. 长期以来，学术界一直存在着固定汇率制和浮动汇率制孰优孰劣的争论，但是从实际来看，固定汇率制和浮动汇率制都不是十全十美的，二者各有利弊，不能简单地说哪一种汇率制度比另外一种更为优越，而应该视具体国情具体分析。

8. 人民币汇率制度经历了多次变迁，尤其重要的是 1994 年汇改、2005 年“7.21 汇改”和 2015 年“8.11 汇改”，每次汇改都有其特定的背景。

思考题

1. 重要概念

外汇；即期外汇；远期外汇；汇率；直接标价法；间接标价法；买入汇率；卖出汇率；现钞汇率；关键货币；套算汇率；固定汇率；浮动汇率；官方汇率；市场汇率；即期汇率；远期汇率；汇率制度；美元化；货币局制度。

2. 简答题

（1）外汇有哪些特征？

（2）广义的静态外汇和狭义的静态外汇有哪些区别？

（3）什么是汇率？汇率有哪几种表示方法？

（4）即期汇率和远期汇率有何区别？

（5）汇率决定的基础是什么？

（6）影响汇率变动的因素有哪些？它们的作用机理又是什么呢？

（7）简述主要汇率决定理论。

（8）简述汇率制度的几种类型以及它们的特点。

（9）试比较浮动汇率制度和固定汇率制度的优缺点。

（10）中国未来汇率形成机制改革的主要方向是什么？

在线自测

扫一扫 练一练

第三章 外汇实务

学习目标

通过本章的学习，理解外汇市场、外汇市场的结构、外汇市场的层次和作用及主要外汇市场概况；能够熟练掌握和运用各种传统外汇交易业务；了解和熟悉外汇衍生交易业务的流程及操作。

学习方法

1. 预习法。通过预习对本章主要内容有初步了解，了解外汇市场的概念及参与者，以及如何进行套汇和套利，了解外汇衍生品的交易原理。

2. 实例与联系学习法。这一章的内容是纯实务，通过学习，要能够了解外汇交易的方式，会模仿例题进行简单的计算。上一章外汇与汇率是本章学习的基础，要熟练掌握外汇标价方法和外汇的买入和卖出价格，才能学好即期外汇交易、远期外汇交易、套汇、套利、外汇期货、外汇期权等具体外汇业务，在对传统外汇业务熟练掌握的基础上才能进一步学习了解各种衍生外汇交易业务。

3. 完成课后思考题，认真阅读相关文献。

案例导读

若上海外汇交易中心 3 个月期美元远期汇价为：$1＝RMB￥7.2，某交易者预测 3 个月后美元汇率会上涨，于是按此汇率买入 1 000 万美元。三个月后美元汇率上涨，则交易者盈利；若美元汇率下跌，则交易者承受损失。

通过本案例的研读，请大家思考以下问题：

1. 什么是外汇市场？进入外汇市场进行交易的主体有哪些？

2. 外汇交易的类型有哪些？

3. 请结合不同的外汇交易业务对本案例进行分析，掌握预测汇率变动的方法以避免损失的发生。

第一节 外汇市场

外汇市场是外汇需求者、供给者和中间商组成的专门从事外汇交易的场所，它的存在和发展极大地便利了国际债权债务的清偿以及资本的自由流动。外汇市场是真正意义上的全球化市场，把全球外汇交易中心联合成为一个统一的国际大市场。

一、外汇市场

（一）外汇市场的概念

外汇市场（Foreign Exchange Market）是进行外汇交易的场所或网络，是由经营外汇业务的银行、各种金融机构、买卖中介机构以及个人等外汇需求者和外汇供给者之间进行外汇买卖、调剂外汇供求的交易场所。

随着现代化通信工具的日新月异和全球性外汇交易网络的完善，外汇交易突破了交易时间的限制，形成了一个 24 小时不间断交易的全球性的外汇市场。通过电子手段，外汇市场的参加者可以在世界各地进行交易，外汇资金流动顺畅，市场间的汇率差异变小，形成了全球一体化运作的局面。外汇市场是全球最大的金融市场，国际清算银行 2022 年 10 月 27 日发布的外汇市场调查报告显示外汇市场的交易量达到每天 7.5 万亿美元，高于 2019 年的 6.6 万亿美元，增长达到 14%，外汇交易蓬勃发展。

（二）外汇市场的特征

1. 全球一体化

首先，外汇市场分布呈全球化格局。以全球最主要的外汇市场为例，美洲有纽约、多伦多等外汇市场；欧洲有伦敦、巴黎、法兰克福、苏黎世、米兰、布鲁塞尔、阿姆斯特丹等外汇市场；亚洲有东京、香港、新加坡等外汇市场。其次，外汇市场高度一体化，全球市场连成一体，各市场在交易规则、交易方式上趋同，具有较大的同质性。各外汇市场在交易价格上相互影响，如欧洲外汇市场的开盘价格参照中国香港和新加坡外汇市场的价格来确定，当一个市场发生动荡，往往会影响其他市场，引起连锁反应，外汇市场上的外汇汇率表现为价格均等化。

2. 全天候运行

从全球范围看，外汇市场是一个 24 小时全天候运行的昼夜市场。每天的交易是澳洲的惠灵顿、悉尼最先开盘，接着是亚洲的东京、香港、新加坡，然后是欧洲的法兰克福、苏黎世、巴黎和伦敦，到欧洲时间下午 2：00，美洲大陆的纽约开盘，当纽约收市时，惠灵顿又开始了新一天的交易。在欧洲时间的下午，伦敦和纽约的两大市场均在营业，是大额交易的最佳时间，大的外汇交易商及各国的中央银行一般都选择在这一时段进行交易。

（三）外汇市场的种类

1. 有形市场与无形市场

根据有无固定场所，外汇市场可分为有形市场和无形市场。

（1）有形市场。

有形市场是指有具体交易场所的市场。外汇市场的出现与证券市场相关，外汇市场产生之初，多在证券交易所交易大厅的一角设立外汇交易场所，称为外汇交易所。外汇买卖各方在每个营业日的约定时间集中于此从事外汇交易。早期的外汇市场以有形市场为主，因该类市场最早出现在欧洲大陆，故又称“大陆式市场”。

（2）无形市场。

无形市场是指没有固定交易场所，所有外汇买卖均通过联结于市场参与者之间的电话、电传、电报及其他通信工具进行的网络交易。目前，无形市场是外汇市场的主要组织形式，因其最早产生于英国、美国，故又称“英美式市场”。

与有形市场相比，无形市场的优势更为明显，主要表现在以下方面：①市场运作成本低。有形市场的建立与运作，依赖于相应的投入与费用支出，如交易场地的购置费（租金）、设备的购置费、员工的薪金等；无形市场则无须此类投入。②市场交易效率高。无形市场中的交易双方不必直接见面，仅凭交易网络便可达成交易，从而使外汇买卖的时效性大大增强。③有利于市场一体化。在无形市场，外汇交易不受空间限制，通过网络将各区域的外汇买卖连成一体，有助于市场的统一。

2. 批发市场和零售市场

根据外汇交易规模的不同，外汇交易市场可分为批发市场和零售市场。

（1）批发市场。

批发市场通常是银行间市场，又称同业市场，是由外汇银行之间相互买卖外汇而形成的市场。银行间市场是外汇市场的主体，其交易量占整个外汇市场交易量的90%以上。

（2）零售市场。

零售市场是指外汇银行与一般顾客（进出口商、个人等）进行交易的市场。零售市场的交易量占外汇市场交易总量的比重不足10%。

3. 自由外汇市场、平行市场和外汇黑市

按照货币当局管制程度的不同，外汇交易市场可分为自由外汇市场、平行市场和外汇黑市。

（1）自由外汇市场。

自由外汇市场是指外汇供需各方基本不受限制地进行外汇买卖的场所。这种市场主要出现在无外汇管制的发达国家。

（2）平行市场。

平行市场又称替代市场，是对受外汇管制的官方市场的一种替代。这个市场可以缓解官方市场的外汇供给矛盾，同时该市场形成的汇率较真实地反映着外汇供求，政府可据此对官方汇率进行调整。

（3）外汇黑市。

外汇黑市是政府法律不允许存在的、非法的外汇市场。在外汇管制较严格的国家，会存在这种外汇市场。

4. 即期外汇市场和远期外汇市场

按交割时间的不同，外汇交易市场可分为即期外汇市场和远期外汇市场。

（1）即期外汇市场。

即期外汇市场又称现汇交易市场，是从事即期外汇交易的市场。按照国际外汇市场交易惯例，外汇交易达成后，买卖双方在2个营业日之内办理交割手续，即为即期交易。

（2）远期外汇市场。

远期外汇市场又称期汇交易市场，是从事远期外汇交易的市场。外汇交易时，买卖双方根据买卖数量、价格、货币币种等签订合同，买卖双方根据合同规定，在将来某个时间办理交割的外汇交易，即为远期交易。

二、外汇市场的结构

（一）外汇市场的参与者

在外汇市场上，外汇交易的参与者主要有四类：外汇银行、外汇经纪人、客户和中央银行。

1. 外汇银行

外汇银行是外汇市场的首要参与者，具体包括专业外汇银行和一些由中央银行指定的设有外汇交易部的大型商业银行。

2. 外汇经纪人

外汇经纪人是活跃于中央银行、外汇银行和客户之间的中间人，其主要功能是起中介作用。

3. 客户

在外汇市场中，凡是在外汇银行进行外汇交易的公司或个人，都是外汇银行的客户，主要包括交易性的外汇买卖者和保值性的外汇买卖者。

4. 中央银行

中央银行是外汇市场的管理者或调控者，它参与外汇交易的主要目的是稳定汇率，是非营利性质的。

（二）外汇市场的层次

根据对外汇市场参与者的分类，外汇市场的交易可以分为三个交易层次，即中央银行与银行之间的外汇交易，银行间的外汇交易，银行与客户之间的交易。

1. 中央银行与银行之间的外汇交易

中央银行出于稳定本国货币汇率的目的，通常通过在公开市场上与外汇银行进行即期外汇买卖，将本国货币汇率稳定在某一水平上。当本国货币汇率贬值时，中央银行向外汇银行卖出外汇，买入本国货币，以阻止本国货币汇率贬值。当本国货币汇率升值时，中央银行向外汇银行卖出本国货币，买入外汇，以阻止本国货币汇率升值。

2. 银行间的外汇交易

银行间即期外汇交易的目的在于平衡自身的外汇头寸，防范汇率风险。银行与客户进行外汇买卖时，银行的外汇头寸会出现“超卖”或“超买”现象，即外汇头寸出现空头或多头。银行为了避免汇率变动给自己带来损失，会在银行间市场上买进短缺部分的外汇，以补空头，或卖出多余部分的外汇，以避免多头出现。许多银行的外汇交易员可在自己的权限内自行决定是否抛补外汇，轧平买卖差额，以减少汇率变动造成的损失。

3. 银行与客户之间的交易

客户出于各种各样的动机，需要与银行进行外汇买卖，如跨境汇款、出口收汇、进口付汇以及外汇头寸的调整和外汇投机等。银行与客户之间的外汇交易一般是零售外汇交易，交易金额比较小，银行并不马上平盘，而是等对客户的买卖累积到一定金额时，才考虑是否进行抛补交易，轧平买卖头寸，以免因汇率变动造成损失。银行与客户之间的外汇交易构成了外汇零售市场。

三、外汇市场的作用

随着外汇市场规模的不断扩大和外汇业务类型的推陈出新，外汇市场对活跃世界市场、推动全球经济发展起着不可估量的作用。

（一）形成外汇价格

在外汇市场上，外汇交易通过电话、电传、计算机终端、通信线路等硬件设备形成的全球连通的网络进行，汇率时刻反映着全球在任何地点的供求关系。即使在某一地点、某一时点存在着汇率差，套利交易也会很快使汇率差消失，形成统一的汇率即外汇价格。

（二）规避外汇风险

汇率的频繁波动会给各国经济交易主体带来风险。国际经济交易主体除了可利用远期外汇交易外，还可利用外汇期货和外汇期权等交易工具来避免或减少外汇风险，从而保障国际经济交易的安全进行。

（三）便利国际资金融通

外汇市场同国际资金借贷市场紧密相连，外汇市场上的交易活动往往引起资金的借贷，同时也为国家间的资金借贷与投资活动提供了便利。这种资金的转移是以各种货币之间可自由兑换及自由流通为前提的。

（四）实现购买力国际转移的场所

国际经济交易必然产生国家之间的债权债务关系，需要进行国际支付，把货币购买力从债务人所在国向债权人所在国转移，这种购买力的国际转移是通过外汇市场实现的。

四、主要外汇市场概况

外汇市场作为国际金融市场的重要组成部分，分布在世界各个国际金融中心，主要有伦敦、纽约、东京、香港、新加坡等国际外汇市场，它们各具特色，并分别位于不同的国家和地区。

（一）伦敦外汇市场

伦敦外汇市场是无形外汇市场，通过电信网络完成交易，有 300 多家外汇指定银行（包括英国的商人银行、清算银行和外国银行设在伦敦的分行），90 多家外汇经纪商，其中有些经纪人在中国香港和新加坡设有分支机构。全球每天一半以上的外汇交易额是由位于伦敦和纽约的银行完成的。

第二次世界大战前，由于伦敦在国际金融和贸易方面所处的中心地位，英镑作为国际结算中的主要支付货币和伦敦票据兑换业务的发展，促成了伦敦外汇市场的形成，并成为世界最重要的外汇市场。第二次世界大战后，随着英国经济实力的日渐衰落，英镑作为国际支付货币的地位逐渐下降和外汇管制的加强，使伦敦外汇市场的作用受到影响。英国政府于 1979 年 10 月全部取消外汇管制，对伦敦金融市场产生了重大影响。

尽管英镑作为国际贸易支付手段和国际储备货币的地位已被美元所代替，但由于伦敦外汇市场交易类型齐全，交易结构完备，设有十分现代化的电信网络设备，加上伦敦横跨欧、亚、美洲几个时区，得天独厚，使伦敦外汇市场成为全球最大的外汇交易中心之一，占全球外汇交易的38%。

（二）纽约外汇市场

第二次世界大战后，随着美国经济实力的增强和对外贸易、资本输出的迅速发展，美元取代英镑成为主要国际结算和支付货币，加之美国实行的外汇开放政策，纽约国际金融市场的地位不断提高，交易量仅次于伦敦，成为世界最重要的外汇市场之一。纽约外汇市场是最复杂的，同时也是最具特色的外汇市场，具体表现为以下方面。

1. 外汇业务经营门槛低

由于美国对经营外汇业务不加限制，政府不专门指定外汇专业银行，因此，几乎所有的美国银行和金融机构都可以经营外汇业务，如商业银行、储蓄银行、投资银行、人寿保险公司和外汇经纪人等，其中又以商业银行为主。

2. 纽约外汇市场交易活跃，但与进出口贸易相关的外汇交易量较小

美国的进出口贸易中大多数以美元计价结算。当美国从国外进口商品、劳务时，支付的是美元，美元和外币的兑换发生在出口国；当美国出口商品和劳务时，收的是美元，美元和外币的兑换由进口商进行，发生在进口国。在纽约外汇市场上，外汇交易的相当部分和金融期货市场密切相关，美国的企业除了因防范汇率风险进行金融期货交易而与外汇市场发生关系外，其他外汇业务较少。

3. 纽约是世界美元交易的清算中心

世界各地的美元买卖，包括欧洲货币市场和亚洲美元市场的交易，最终都在美国，特别是纽约商业银行的账户上收付、划拨和结算，占全球90%以上的美元交易最后通过纽约的银行间清算系统进行结算。纽约外汇市场的大商业银行通过其庞大的海外分支机构承担着国际结算和资本流动的主要结算任务。

（三）新加坡外汇市场

新加坡外汇市场是在20世纪70年代初亚洲美元市场成立后，才发展成为国际外汇市场。新加坡地处欧亚非三洲交通要道，时区优越，上午可与香港、东京、悉尼进行交易，下午可与伦敦、苏黎世、法兰克福等欧洲市场进行交易，中午可同中东的巴林进行交易，晚上可同纽约进行交易。新加坡外汇市场除了保持现代化通信网络外，还直接同纽约的CHIPS（纽约清算所银行同业支付系统）系统和欧洲的SWIFT（环球银行金融电信协会）系统连接，货币结算十分方便。

新加坡外汇市场是一个无形市场，大部分交易由外汇经纪人办理，并通过他们把新加坡和世界各金融中心联系起来。交易以美元为主，约占交易总额的85%。大部分交易都是即期交易，掉期交易及远期交易合计占交易总额的1/3。汇率均以美元报价，非美元货币间的汇率通过套算求得。

新加坡外汇市场的参加者由经营外汇业务的本国银行、经批准可经营外汇业务的外国银行和外汇经纪商组成。其中外国银行的资产、存贷款业务和净收益都远远超过本国银行。

（四）中国外汇市场

改革开放以前，由于外汇资源短缺，我国一直实行比较严格的统收统支的外汇管理，一切外汇收入都要卖给国家，一切外汇支出都要由国家负责统一安排，因而不存在实际的外汇市场。改革开放以后，我国外汇管理体制发生了巨大的变化，外汇市场也经历了从无到有、从小到大、从简单到复杂的发展过程。最早的外汇调剂中心于1985年底在深圳成立，其后在国家外汇管理局的统一领导和管理下，各省、自治区、直辖市纷纷设立外汇调节中心，办理本地区外汇额度和现汇的调剂业务。随着外汇留成制度的推出，外汇调剂市场参与者逐步增加，外汇调剂价格由买卖双方自由商定，一定程度上反映了市场的供求状况。1992年，26家地方外汇调剂中心组成的联合报价网络开通，我国外汇调剂市场迈出了规范化的重要一步，市场透明度增加，信息传导机制不断完善，公开报价、竞价成交的市场化雏形显现，与之相对应的是外汇调剂规模不断增加。外汇调剂市场一直运行到1998年底，其功能由中国外汇交易中心取代。

当前我国外汇市场运行呈现以下新的特点。

1. 外汇市场交易主体扩大

2005年7月人民币汇改之前，我国外汇交易系统共有366家会员，主要是商业银行和政策性银行等银行机构。汇改后，非银行金融机构和非金融公司都可以申请成为银行间市场的会员。如中化、中石化和中石油的财务公司等“两非”企业陆续申请入市，它们的加入改变了原来市场的同质性，使得市场供求更为多元化，因而形成的汇率是更为市场化的汇率。目前，我国外汇市场会员涉及中外资商业银行、信托投资公司、企业财务公司以及中国人民银行等。

2. 交易币种不断增加

1994年银行间外汇市场成立初期只有美元和港币两个币种的交易；1995年增加了日元兑人民币的交易；2002年增加了欧元兑人民币的交易；自2006年8月1日起增设英镑的交易。2008年增加了澳元和加拿大元的交易。2010年11月22日，中国外汇交易中心又迎来了新币种的“加盟”——俄罗斯卢布。目前中国外汇交易中心交易的币种已达20多种。

3. 交易方式不断扩大

1994年成立以来，我国外汇市场上主要以几种主要货币的即期交易为主，为活跃交易、提高流动性，2003年10月1日，交易主体在当日可进行买卖双向交易；2002年4月和7月，中国外汇交易中心分别在欧元和港币交易上开始试行做市商制度；2005年8月推出远期外汇交易；2006年4月推出人民币外币掉期交易；2007年4月推出利率互换交易；2011年4月推出人民币对外汇期权交易。2015年4月13日，中国外汇交易系统推出外币拆借交易。外币拆借交易模式为双边询价，双边清算，交易币种包括美元、欧元和港元。拆借期限包括标准期限和非标准期限。外汇交易方式的不断扩大，使得我国外汇市场交易规模不断扩大。

4. 交易系统不断发展

2005年5月18日，银行间外币对外币的买卖系统上线；2005年8月15日，银行间人民币外汇远期交易正式上线。远期交易实行双边授信、双边清算的询价交易方式。2007

年 4 月 9 日，中国外汇交易中心新一代外汇交易系统上线，该系统集合以前的各种交易系统，各种外币交易在这一个系统上都能够完成。新系统支持了人民币外汇即期、远期和掉期交易，同时支持人民币对外币和外币对外币两个市场，以及竞价和询价两种交易模式。2009 年 4 月 27 日，第三代外汇交易系统上线。

2022 年我国外汇市场交易概况如表 3-1 所示。

表 3-1 2022 年我国外汇市场交易概况

单位：亿美元

交易品种	合计
一、即期	125 924
银行对客户市场	42 490
其中：买入外汇	21 219
卖出外汇	21 270
银行间外汇市场	83 434
二、远期	10 574
银行对客户市场	9 275
其中：买入外汇	4 736
卖出外汇	4 539
其中：3 个月（含）以下	4 732
3 个月至 1 年（含）	3 855
1 年以上	688
银行间外汇市场	1 299
其中：3 个月（含）以下	892
3 个月至 1 年（含）	302
1 年以上	105
三、外汇和货币掉期	195 086
银行对客户市场	1 719
其中：近端换入外汇	275
近端换出外汇	1 444
银行间外汇市场	193 367
其中：3 个月（含）以下	178 810
3 个月至 1 年（含）	14 153
1 年以上	404
四、期权	13 417
银行对客户市场	4 153

数据来源：国家外汇管理局网站，https：//www.safe.gov.cn/safe/2022/1028/21644.html.

专栏3-1

世界主要外汇交易系统

随着国际金融的一体化，各金融中心的联系越来越紧密，为了满足广大外汇交易者的需要，通信与信息系统越来越灵敏。运用最广泛的有以下三种系统：路透社终端、美联社终端和德励财经终端。这三大系统在服务内容和方式上大同小异，下面仅就路透社终端进行介绍。

路透社终端由英国路透新闻社推出，路透社利用分散于全球各地和金融中心的新闻记者，广泛采集有关政治、经济、金融、贸易等信息，并通过卫星、交易机等先进的通信工具，以最快捷的速度向用户提供服务。

全世界参加路透社交易系统的银行达数千家，每家银行都有一个指定的代号，例如中国银行总行的代号是BCDD。交易员若要与某家银行进行交易，在键盘上输入对方银行的代号，叫通后即可询价，并可以讨价还价。双方的交易过程全部显示在终端机的荧屏上，交易完毕后即可通过打印机打印出来，作为交易双方的文字记录和交易合同。路透社终端提供的服务主要包括如下几种。

1. 即时信息服务

路透社记者将即时的政治、金融、商品等信息汇集到路透社编辑中心，然后再输送到各地的终端。用户只需输入代号，即可在屏幕上阅读信息。

2. 即时汇率行情

路透社终端的即时汇率版面为交易员显示即时世界各大银行外汇买卖的参考价。

3. 走势分析

路透社系统中有许多专业的分析人员，他们负责每天撰写汇市评论和走势分析，然后输入路透社电脑中心，用户需要时可调出，作为参考。

4. 外汇买卖和技术图表分析

通过路透社交易机，交易员可以与系统内任意一家银行买卖外汇。路透社为用户提供各种货币的技术图表，以帮助用户分析。

专栏3-2

香港外汇市场

香港外汇市场是20世纪70年代以后发展起来的亚太地区最重要的国际外汇市场。20世纪70年代以来，亚洲美元市场的兴起，使香港金融业务获得了新的发展，1973年，香港取消了外汇管制，国际资本大量流入，经营外汇业务的金融机构不断增加，外汇市场越来越活跃。

香港外汇市场和伦敦、纽约外汇市场一样，是一个无形市场，没有固定的交易场所或正式的组织，是一个由从事外汇交易的银行、其他金融机构以及外汇经纪人组成，并以电话、电传等通信工具联结起来的交易网络。

专栏 3-3

新加坡同业拆借利率（SIBOR）生成机制

新加坡银行业协会基准管理公司和新加坡外汇市场委员会对 SIBOR 给出的定义是："报价银行（由银行业协会和外汇市场委员会确定并更新）在新加坡时间上午 11 点之前，在同业市场上通过问询方式获得，借款规模合理并接受的借款利率。"

SIBOR 由新加坡银行业协会有限责任公司所有和管理，路孚特为其官方指定的计算代理机构，工作日上午 11 时 30 分（新加坡时间）在路孚特终端和彭博终端公布。报价数据采取基于调查的方法（SIBOR 继续采用市场调查的方式收集报价数据，但会受到定期审查，参与银行也被要求优先提供真实的交易数据），并于上午 11 时至 11 时 10 分提交。借款货币必须是新加坡元且具备合理的借款规模，利率期限包括 1 个月、3 个月、6 个月和 12 个月。路孚特每天在上午 11 时前核对银行报价利率。如超过 12 家银行提交借款利率，则可以计算 SIBOR，按利率高低将报价银行提交的借款利率排序，去掉最高和最低的四分之一数值，计算剩余数据的算术平均值。如少于 12 家报价银行提交借款利率，就不会产生 SIBOR。

资料来源：丁昌选．SIBOR 生成机制［J］．现代商贸工业，2019（35）：109-111.

第二节　传统外汇交易

外汇交易的发生是由于国际经济贸易的发生和随之而产生的国际结算、国际投资、外汇融资和外汇保值等业务的需要。在国际经济活动中，由于各国的货币和货币制度都是互相独立的，一国货币不能在另一国流通，这样，在国际经济活动中的对外债权、债务清偿和结算及国际投资时，人们就需要将外国货币兑换成本国货币，或将本国货币兑换成外国货币，外汇交易就成为必然和必要的了。

外汇交易分为传统外汇交易方式和外汇衍生交易方式。前者是指 20 世纪 70 年代以前外汇市场上普遍采用的外汇交易方式，主要包括即期交易、远期交易、套汇交易、套利交易；后者是指 20 世纪 70 年代以后为有效规避汇率风险而在外汇市场上出现的外汇交易方式，主要包括外汇期货交易、外汇期权交易、互换交易。本节我们主要介绍传统外汇交易方式，第三节主要介绍外汇衍生交易方式。

专栏 3-4

外汇交易的程序

1. 询价

询价方首先要自报家门，以便让报价行知道交易对手是谁，并决定其交易对策。询价的内容主要包括交易的币种、交易金额、交割期限等。为节省时间、提高效率，询价方应采用简洁明了的规范化语言进行询价。

2. 报价

外汇银行的交易员接到询价后，应迅速报出所询问的有关货币的现汇或期汇的买入价和卖出价，如20/30。迅速报价体现了外汇银行的业务水平及交易效率，也使询价方无暇寻找其他交易对象，增大了成交的可能性。与此同时，外汇银行的交易员还应根据其自身的头寸情况和买卖意图报出一个具有竞争力的价格。

例：假设某外汇银行的英镑处于多头寸状况，国际外汇市场上英镑兑美元的报价为：GBP1＝USD1.245 0～60，该外汇银行为了将本行多余的英镑头寸抛出，应如何报价？

该外汇银行为了将本行多余的英镑抛出，应该压低英镑的报价 GBP1＝USD1.244 5～55，这一报价中英镑的买入价、卖出价显然比市场报价低，这样一方面阻止了客户到该银行卖出英镑，另一方面也吸引了客户到该银行购买英镑，进而达到了抛出英镑的目的。当然，报价银行的交易员在报出具有竞争力的买卖价格后，还要根据本行外汇头寸的变化情况，灵活而及时地调整报价。

3. 成交

询价者接到报价后，应立即作出反应，或者成交，或者放弃，而不应该与报价方讨价还价。当询价者表示愿意以报出的价格买入或卖出一定数额的某种货币，报价银行应对此交易承诺。一旦报价银行的外汇交易员说成交了，外汇交易合同即成立，双方都应遵守各自的承诺，不得反悔、更改或取消。

4. 确认

交易得到承诺后，为防止错漏和误解，双方当事人不管多么繁忙都会不厌其烦地将交易的所有细节以书面形式相互确认一遍。

交易结束后，若发现原证实有错误或遗漏，交易员应尽快与交易对手重新证实，其内容必须得到交易双方的同意方可生效。

5. 交割

交割是外汇交易的最后环节，也是最重要的环节。交易双方需按对方的要求将卖出的货币及时准确地汇入对方指定的银行存款账户中，以了结债权债务关系。

一、即期外汇交易

一般而言，在国际外汇市场上进行外汇交易时，除非特殊指定日期，一般都视为即期交易。目前，路透社交易系统的即时报价以及在金融报刊中出现的报价都是即期汇率。

（一）即期外汇交易的概念

即期外汇交易（Spot Transaction）又称现汇交易，是指外汇买卖成交后，交易双方于当天或两个交易日内办理交割手续的一种交易行为。即期外汇交易的汇率由银行或其他信息系统（如路透行情）即时报价。即期外汇交易的特点是：市场容量大且交易活跃；报价容易、快捷且便于捕捉市场行情；买卖外汇入账快。即期外汇交易是最基本的外汇交易。

即期外汇交易是外汇市场上最常用的一种外汇交易方式。即期外汇交易占外汇交易总额的大部分，主要是因为即期外汇买卖不但可以满足买方临时性的付款需要，也可以帮助买卖双方调整外汇头寸的币种结构，以避免外汇汇率风险。

（二）即期外汇交易交割日的确定

交割日又称结算日，也称起息日，是指买卖双方相互交换货币资金的日期，此日也是双方的货币资金划拨到指定账户银行并开始计息日。即期外汇交易的交割日有以下三种情况。

1. 标准交割日

标准交割日是指即期外汇交易一般采用 T＋2 的交割方式，与欧洲账户的结算同步，即成交后第二个营业日交割。目前，一些主要的外汇市场基本都是采用 T＋2 方式交割。

2. 隔日交割

隔日交割又称现金交割，是指即期外汇交易一般采用 T＋1 的交割方式，即成交后第一个营业日交割。某些国家或地区因时差的原因而采用此交割方式。例如，在中国香港外汇市场上，港元对日元、新加坡元、澳元的即期交易成交后的次日是交割日；美元对加拿大元、墨西哥比索的即期交易也是成交后的次日为交割日。因为这些国家或地区基本上属于同一时区。

3. 当日交割

当日交割是指即期外汇交易一般采用 T＋0 的交割方式，即成交当日进行交割。银行与当地客户的零星即期外汇买卖一般是当天就可以实现外汇的收付，了结该笔外汇买卖。

需要指出的是，两个营业日是以成交地的时间为准而不是以结算地的时间为准。成交地与结算地是两个不同的概念。成交地是指双方买卖货币的地点；结算地是指所买卖货币的发行国家或地区。例如，在伦敦的两家银行进行美元的买卖，伦敦是成交地，纽约则是结算地。因此，在即期外汇交易中，交割日最好是结算地银行的营业日，否则就不能实现外汇存款的转移。

根据市场惯例，交割日必须是两种货币的发行国家或地区的各自银行营业日，并且遵循“价值补偿原则”，即外汇交易的双方必须在同一时间内进行交割或结算，以免任何一方因交割或结算不同时而蒙受损失。

（三）即期外汇交易的功能

1. 即期外汇交易可以满足客户对不同货币的临时性支付需求

通过即期外汇买卖业务，客户可将手上的一种货币及时兑换成另一种货币，用以应付进出口贸易、投标、海外工程承包等的外汇结算或归还外汇贷款。例如，某进出口公司持有美元，但商务合同的支付货币是日元，可以通过即期外汇买卖，卖出美元，买入日元，满足对外支付日元的需求。

2. 即期外汇交易可以帮助客户调整手中外币的币种结构

若一国外汇储备中美元比重较大，为了防止美元汇率下跌带来损失，可以卖出一部分美元，买入其他货币。外汇持有机构或个人可遵循“不把所有的鸡蛋放在同一个篮子里”的原则，通过即期外汇买卖，将其全部外汇的一定比例调整为不同货币，降低美元在篮子中的比重，通过调整组合可以分散外汇风险。

3. 即期外汇交易是外汇投机的重要工具

即期外汇投机是指投机者通过买卖现汇的方式进行的外汇投机交易。例如，在东京外汇市场上，美元对日元的汇率停留在 1 美元兑换 120 日元的水平上。某投机商预测美元汇率在近期内将会出现上升，于是就将手中持有的 120 万日元在即期外汇市场上购进 1 万美元。15 天后，美元汇率上升到 USD1＝JPY130，该投机商又按这个汇率抛出美元，购回 130 万日元。这项成功的投机交易使他赚到了 10 万日元，相隔 15 天，赚得的利润率年化高达 200%。当然，投机交易是有风险的。假如投机商预测失败，未来美元的汇率不是上升而是下跌，投机性质的头寸将给他带来损失。

进行即期外汇投机，必须持有本币或外币现金，因为交易必须在两个营业日内交割完毕。这就产生两个影响：第一，即期外汇投机的数额不能随心所欲，必须受手中拥有的资金数量的限制。第二，用作投机交易的资金可能会存在利息差异的问题。例如，在上述例子中，日本投机商放弃了 120 万日元 15 天的利息，与此同时，他获取了 1 万美元 15 天的利息。假如美元资金和日元资金的利息率差异较大，那会对即期外汇投机的收益率（或利润率）产生影响。

二、远期外汇交易

（一）远期外汇交易的概念

远期外汇交易（Forward Transaction）又称期汇交易，是指买卖成交后，双方（其中至少有一方是银行）不立即进行交割（办理收付手续），而是在未来的某个约定日期（至少是成交后第三个营业日以后）进行交割的一种交易方式。远期外汇交易是通过远期合同来完成的，它是买卖双方达成的协定。合同一经签订，双方必须按照合同的有关条款履行，不得违约。合同中一般包括五个方面的内容：货币种类、汇率、数量、交割期限以及买卖外汇的类型（到期是买进还是卖出）。

常见的远期外汇交易的期限为 1 个月、2 个月、3 个月、6 个月、9 个月及 12 个月，当然也有短至几天或长至 1 年以上的，不过这在实际中比较少见。远期外汇交易的特点是“三个固定”：价格（远期汇率）固定、数量固定、交割期限固定。

（二）远期外汇交易的起息日和交割日

远期外汇交易的起息日为成交后的第二个营业日，就是即期日；而远期外汇交易的交割日则是远期交割月的最后一个营业日，可按照外汇交易的通用惯例来确定。这些惯例可以概括为“日对日”“月对月”“节假日顺延与不跨月”。

1. “日对日”

“日对日”是指远期外汇交易的起息日与即期外汇交易的交割日相对应。也就是说，交割期限是从起息日开始计算，而不是从成交日开始算起。例如，在 3 月 25 日达成一笔 3 个月期的远期外汇交易，则其起息日为 3 月 27 日，交割日为 6 月 27 日。

2. “月对月”

“月对月”也称“月底日对月底日规则”。月底日是指每个月的最后一个营业日，而不是指某个月的最后一天。按照外汇市场交易的惯例，如果即期日为月底日，那么远期交易的起息日也应该为月底日。例如，某月的月底日为28日，29、30日为周末，31日为法定节假日，则即期日就为该月的28日，那么一月期远期交易的交割日为下一月的30日或31日，而不是下一月的28日，因为下一月的月底日最后一个交易日为30日或31日。

3. “节假日顺延与不跨月”

“节假日顺延”是指远期交易的起息日为周末或公共假日时，则起息日顺延到下一个营业日。不过，需要注意的是，当起息日向后顺延时，一定不能跨越其所在的月份，以这个月的最后一天为准，这就是“不跨月”。

（三）远期外汇交易的种类

根据交割日的不同，远期外汇交易可分为固定交割日远期交易和择期交易两种类型。

1. 固定交割日远期交易

固定交割日远期交易是指交割日期固定的远期外汇买卖活动。这种交易的特点在于交割日一旦确定，双方的任何一方都不能随意变动。我们通常所说的远期外汇交易指的就是这种固定交割日远期交易。

2. 择期交易

择期交易是指在做远期交易时，不规定具体的交割日期，只规定交割的期限范围。在规定的交割期限范围内，客户可以按预定的汇率和金额自由选择日期进行交割。

客户在签订贸易合同后经常不能把未来收付款的具体日期确定下来，只能预期在将来的某一段时间内将收、付一定外汇款项，为了防止收付款时汇率变化导致损失，客户可以通过银行为其做择期外汇买卖，这样，在约定的时期内，客户可以自由选择交割的日期。客户在做择期外汇买卖时，应尽可能地缩短未来不确定时间，以便获得更有利的远期汇率。

（四）远期外汇交易的功能

进行远期外汇交易的最初目的是使进出口商、货币借贷者以及投资者借助外汇交易来消除汇率变动的风险。但是，随着金融自由化和国际金融市场一体化，远期外汇交易已被广泛地作为国际外汇投机和套利的工具，因而其功能也不断扩大，具体表现在以下两方面。

1. 保值避险

通过远期外汇买卖，能够事先将贸易和金融上外汇的成本或收益固定下来，有利于经济核算，避免或减少外汇上的风险。例如，在国际贸易中，经常会出现合同中的货币与进口商手中持有的货币不一致，而合同中的支付往往在将来的一定时期。为了避免支付时外汇汇率的变化带来的外汇风险，进口商可以事先进行远期外汇买卖，固定成本。在国际借贷中，也经常会遇到借款货币与实际经营收支（即还款的资金来源）的货币不一致，而借款的偿还一般又是在远期，为了避免在还款时外汇汇率的变化，借款人可以事先进行远期外汇买卖，固定还款金额，避免将来在还款时因汇率变化带来外汇风险。

【例3-1】　美国某出口商向英国出口一批商品，出口合同规定2个月后收汇，数量为100万英镑。当时外汇市场的行情是：

即期汇率：1 英镑＝1.273 0～1.274 0 美元

2 个月汇水：70～60

解析：

2 月期远期汇率为：1 英镑＝(1.273 0－0.007 0)～(1.274 0－0.006 0)美元

1 英镑＝1.266 0～1.268 0 美元

如果该美国出口商预测 2 个月后英镑对美元的汇率将会贬值，他就会当时在外汇市场上向银行卖出 2 个月期远期英镑 100 万，到期时，银行将会付给他 100×1.266 0＝126.6 万美元，该出口商就不必担心这 2 个月内现汇汇率的变动情况，避免了英镑贬值造成的外汇风险。

2. 投机以赚取利润

远期外汇市场为外汇投机者提供了简单便捷的投机场所。投机者根据自己的专业知识和掌握的各方面信息进行判断，若投机者预计某种货币汇率将上升，就预先大量买进该种远期货币，待今后交割时，如果该货币汇率上升，则卖出以抵补，从中获利。这种先买后卖的投机行为称为“买空”。

例如，在纽约外汇市场上，如果美国某外汇投机商预测英镑对美元的汇率近期将会上升，他就可以做买空交易，先以 1 英镑＝1.274 1 美元汇价买进 100 万 1 月期远期英镑；1 个月后，当英镑对美元的即期汇率涨到 1 英镑＝1.275 2 美元时，他再卖出 100 万英镑。这样，轧差后他就会获得 100×(1.275 2－1.274 1)＝0.11 万美元的投机利润。

反之，若预计某种货币汇率（如美元汇率）将要下降，便可以预先卖出该种远期货币(远期美元)，待今后该种货币（美元）汇率下降，再买进（美元）以抵补，从中赚取差价。这种先卖后买的投机行为称为作“卖空”(short position)。

例如，在东京外汇市场上，如果某日本投机者预测美元对日元的汇率将会较大幅度地下跌，他就可以做卖空交易，先以 1 美元＝128 日元的汇价卖出 100 万 3 月期美元；3 个月后，当美元对日元的即期汇率跌到 1 美元＝124 日元时，他就以此即期汇率购进 100 万美元进行抵补，轧差后他就会获得 100×(128－124)＝400 万日元的投机利润。

3. 投机交易与保值避险交易的区别

(1) 交易目的不同。投机交易没有实际的商业或金融业务为基础，其交易的目的不是为了商业或金融业务，而单纯是为了赚钱。保值避险交易是为了避免汇率上下波动对具体的商业或金融业务造成损失。

(2) 交易行为不同。投机交易不论外汇汇率是涨是落，都主动交易，而保值避险交易大多在外汇有下降趋势时进行。

(3) 交易带来的影响不同。投机交易在远期外汇市场上起着一种微妙的平衡作用，通过远期交易改变供求预期使得市场最终趋于均衡。保值避险交易尤其是进出口贸易保值交易对外汇市场供求的影响弱于投机交易。

(4) 资金来源不同。投机交易大部分用借入资本进行交易，投机交易在买进卖出时，并非真有实际金额的资金，而保值避险交易大多是运用自有资本。

（五）远期汇率的报价

1. 直接报价方式

直接报价方式即直接报出完整的不同期限远期外汇的买入价和卖出价。银行对客户的远期外汇报价通常使用这种方法。例如，某日美元对日元的 1 个月远期汇价为：US＄1＝J￥128.77～129.88。

2. 点数报价方式（掉期报价）

点数报价方式即只报出远期汇率与即期汇率的差额，不直接报出远期汇率的买入价和卖出价。远期汇率与即期汇率的差额，称为汇水或远期差价。远期差价在外汇市场上是以升水、贴水和平价来表示的。升水表示远期外汇比即期外汇贵，贴水表示远期外汇比即期外汇贱，平价表示两者相等。在实际远期外汇交易中，银行只报出远期汇率升、贴水的点数，实际的远期汇率可通过即期汇率加上或减去升水、贴水得出，但上面报价中的数字并未标明是升水还是贴水，因此，首先要判断远期外汇是升水还是贴水，然后才对升水、贴水进行加减得出远期汇率。

在外汇市场上，表示远期汇率点数的有前后两栏数字，分别代表外汇的买价和卖价。判断升水、贴水的方法是，当买价大于卖价时，即为贴水；当卖价大于买价时，即为升水。在不同的标价法下，买价和卖价的位置不同。在直接标价法下，前面是买价，后面是卖价；在间接标价法下，前面是卖价，后面是买价。

由于汇率标价方法不同，计算远期汇率的公式也不相同。

在直接标价法下：

远期汇率＝即期汇率＋升水额

远期汇率＝即期汇率－贴水额

在间接标价法下：

远期汇率＝即期汇率－升水额

远期汇率＝即期汇率＋贴水额

【例 3-2】 某日在纽约外汇市场上，即期汇率为 GBP1＝US＄1.273 0～1.274 0。若 1 个月远期英镑升水 10～20，则英镑 1 个月远期汇率为多少？

解析： 在纽约市场美元兑换英镑采用的是直接标价法：

即期汇率 GBP1＝US＄1.273 0～1.274 0

1 个月远期英镑升水，所以，远期汇率＝即期汇率＋升水额。即

GBP1＝US＄(1.273 0＋0.001 0)～(1.274 0＋0.002 0)＝US＄1.274 0～1.276 0

【例 3-3】 某日在纽约外汇市场上，即期汇率为 US＄1＝CHF0.897 0～0.897 8。若 3 个月汇水为：100～200，则美元 3 个月远期汇率为多少？

解析： 在纽约外汇市场间接标价法下，即期汇率为 US＄1＝CHF0.897 0～0.897 8。然后，判断升水、贴水。在纽约市场美元兑换瑞士法郎采用的是间接标价法，前面的数字是卖价，后面的数字是买价，这里买价大于卖价，所以是贴水。根据公式进行计算。在间接标价法下，远期汇率等于即期汇率加上贴水额，即 US＄1＝CHF(0.897 0＋0.010 0)～(0.897 8＋0.020 0)＝CHF0.907 0～0.917 8。

实际上，无论是哪种标价方法（直接标价法或间接标价法、美元标价法或非美元标价法），只要远期差价点数顺序是前小后大，就用加法。远期差价点数的顺序是前大后小，就用减法。即“前小后大往上加，前大后小往下减”。同时，远期差价点数“前小后大”说明标准货币升水，报价货币贴水；远期差价点数“前大后小”说明标准货币贴水，报价货币升水。

（六）远期汇率升、贴水计算

国际政治经济形势的变化、货币所在国实施的宏观政策、中央银行对外汇市场的干预措施及外汇市场的投机程度等诸多因素，都会不同程度地影响外币的远期汇率。但一般情况下，两国货币短期利率的差异和两国货币远期外汇市场的供求关系是导致远期汇率升水或贴水的主要原因。

1. 两国货币短期利率的差异

两国货币短期利率的差异是两国货币的远期汇率在即期汇率的基础上出现升水或贴水的基本原因。通常情况下，低利率的货币远期汇率表现为升水，高利率的货币表现为贴水。计算升水额或贴水额的近似公式为：

标准货币的升（贴）水额＝即期汇价×两国年利率差×月数÷12

若求报价货币的升贴水额，需要先进行汇率变形，把报价货币变为标准货币，再代入上述公式进行计算。

【例 3-4】 伦敦货币市场的年利率为 9.5%，纽约货币市场的年利率为 7%，伦敦外汇市场即期汇率为：GBP1＝USD1.280 0。求 3 个月英镑的远期汇率。

解析：

3 个月英镑的贴水额＝1.280 0×(9.5%－7%)×3÷12＝0.008 0（美元）

3 个月英镑的远期汇率＝即期汇率－远期贴水额

＝1.280 0－0.008 0＝1.272 0（美元）。

2. 两国货币远期外汇市场的供求关系

以两国货币的短期利率差所决定的远期汇率升贴水额只是剔除供求因素影响的纯理论数值，实际的远期外汇市场的升贴水额还要受到供求关系的影响。从长期和均衡的观点来看，远期外汇市场的远期汇率升贴水额总是围绕着由两国货币短期利差所决定的升贴水额上下波动。在供求均衡的情况下，两者才会一致。外汇市场的供求关系决定的标准货币远期汇水的折年率计算公式为：

标准货币升（贴）水折年率＝升贴水额×12 ÷(即期汇率×月数）×100%

【例 3-5】 若某日即期外汇市场汇价为：GBP1＝US＄1.273 0，3 个月远期汇率为 GBP1＝US＄1.286 0，纽约市场年利率为 7%，伦敦市场年利率为 5.5%，问投资者应该在英国投资还是在美国投资？

解析：

英镑升水折年率＝(0.013×12)÷(1.273 0×3)×100%＝4.08%

英、美两国利差＝7%－5.5%＝1.5%

投资者应该选择在英国投资，因为在英国投资与在美国投资相比，尽管一年有 1.5%

的利息损失，但是英镑（低利率货币）的升水折年率为 4.08%，不仅弥补了所有利息损失，还有盈余。不难得出结论：若升水折年率大于两国年利差，则投资者在低利率货币国投资有利可图。

三、套汇交易

套汇（Arbitrage of Foreign Exchange Rate）是指投机者利用各地外汇市场汇率在某一时点的不同，通过同时买进与卖出外汇以谋取市场间差价的一种投机性交易活动。在国际外汇市场上，只要各国外汇市场的汇率存有差异，通过进行贱买贵卖的外汇交易就可以获取利润。

套汇的方式主要有两角套汇和三角套汇。

（一）两角套汇

两角套汇（Spatial Arbitrage）又称直接套汇，是指外汇投机者利用两个不同地点外汇市场的汇率差异，在汇率低的市场买进某种外汇的同时在汇率高的市场卖出该种外汇，以获取投机利润。

【例 3-6】 某日，在纽约外汇市场上美元对加拿大元的汇率是 US＄1＝CAD1.321 0～18，而同时在温哥华外汇市场美元对加拿大元的汇率是 US＄1＝CAD1.322 4～26，如果某外汇投机商用 132.18 万加拿大元作为本金，可以获利多少？

解析：

外汇投机商用 132.18 万加拿大元作为本金委托外汇经纪人或银行在纽约外汇市场买进 100 万美元，然后再将这 100 万美元在温哥华外汇市场卖出，买回 132.24 万加拿大元，在这个过程中赚取 0.06 万加拿大元。由此可见，只要两种可兑换货币在不同外汇市场的汇率存有差异，必然会引起大量的套汇活动。

在这一例中，如果这类套汇增加，即纽约外汇市场的美元需求增加，会促使美元对加拿大元的汇率上升；与此同时，温哥华外汇市场的加拿大元需求增加，反过来促使加拿大元汇率回升，最后这两个外汇市场的汇率会逐渐趋于一致，套汇活动也随之减少直至停止。由于电子通信系统的发展，两地市场间瞬间的套汇机会能很快被捕捉，从而使得各地区外汇市场间的外汇报价差别大为缩减，两角套汇机会大大减少，只有投入大量的本金，才会取得利润。

（二）三角套汇

三角套汇（Triangular Arbitrage）又称间接套汇，是指外汇投机者利用三个不同地点外汇市场的汇率差异，同时进行三种货币的即期买卖，以获取投机利润。

由于涉及三个市场、三种货币，因此要进行三角套汇时首先是要识别间接套汇的机会。在业界，一种常用的方法是将三地的汇率标价方法统一表示，然后将汇价相乘，若乘积为 1，则不存在机会；否则就有机会，而且乘积与 1 的距离越远，说明套汇的收益越高。

【例 3-7】 某日，纽约外汇市场上　US＄1＝CHF0.897 0

伦敦外汇市场上　GBP1＝US＄1.273 0

苏黎世外汇市场上　GBP1＝CHF1.130 0

请问是否存在套汇机会？

解析：

纽约和伦敦外汇市场上采用的是间接标价法，而苏黎世外汇市场上采用的是直接标价法，因此先统一标价法，将苏黎世外汇市场的标价法转化为间接标价法，即

CHF1＝GBP1÷1.1300

然后将三个汇率的等号右边相乘，0.897 0×1.273 0×1÷1.130 0＝1.010 5≠1，说明在这三个市场间存在套汇的机会。从市场差价看，美元在纽约市场贵，套汇者可在纽约以美元购买瑞士法郎，并以瑞士法郎在苏黎世购买英镑，最后在伦敦出售英镑并购回美元。若以1美元为本金，不计交易费用，则可以获利0.010 5美元（1×0.897 0÷1.130 0×1.273 0－1），利润率为1.05％。

如果采用的是双向报价法，那么计算三角套汇的收益时就要考虑交易中买卖价格的问题。

【例3-8】 某日，伦敦、纽约和苏黎世三个外汇市场的汇率如下：

纽约外汇市场：GBP1＝US＄1.273 0～42

伦敦外汇市场：GBP1＝CHF1.136 5～76

苏黎世外汇市场：US＄1＝CHF0.897 0～80

如果不考虑其他费用，某美国投机商以100万美元进行套汇，可获利多少？

解析：

计算方法是该美国投机商以100万美元在苏黎世外汇市场上买入89.7万瑞士法郎，然后用这89.7万瑞士法郎在伦敦外汇市场买进89.7÷1.137 6＝78.85万英镑，再用这78.85万英镑在纽约外汇市场买入78.85×1.273 0＝100.376 05万美元，假定没有其他费用的存在，则该外汇投机商通过三点套汇赚取了100.376 05万－100万＝0.376 05万美元，收益率为0.376％。与两角套汇同样道理，通过三角套汇，能够使各地外汇市场的外汇供求产生变动，引起外汇汇率的波动，并导致各地汇率趋于一致，也就是说，套汇交易的增加，会促使各地外汇市场的不同货币的汇率逐步达到均衡状态。

四、套利交易

套利（Interest Arbitrage），是指在两国短期利率出现差异的情况下，将资金从低利率国家调到高利率的国家，赚取利息差额的行为。例如，美国金融市场上的利率为3％，而澳大利亚金融市场同期利率为7％，那么投资者可以把资金从美国市场上投放到澳大利亚，如果不考虑其他影响因素，该投资者在澳大利亚的投资可以比在美国多4％。

套利包括抵补（Covered）套利和不抵补（Uncovered）套利。

（一）抵补套利

抵补套利是一种套利和掉期相结合的套利交易，投资者在买进高利率货币现汇的同时，卖出相同数目的期汇，其目的是在赚取高利率货币利息收益的同时，规避该货币远期汇率下跌的风险。

一般来说，利率高的货币远期将贴水，对从事套利交易的投资者来说，投资利率高的

货币在利息上会有收益，但这种收益可能会被该货币贬值的损失所抵消，因此在买进高利率货币现汇的同时，卖出相同数目的期汇，可以使得投资者在无风险的条件下获取稳定的收益，但这个收益是多少，取决于掉期成本，而掉期成本的高低，又取决于该货币贴水的程度。

掉期成本的衡量方法是以贴水率表示，即折合为年率的贴水额：

贴水率＝(远期汇率－即期汇率)×12 ÷(即期汇率×月数)×100%

【例 3-9】 在美国，某日，即期欧元汇率€1＝＄1.085 0；12 个月远期欧元汇率€1＝＄1.084 0；美国年利率 4%，德国年利率 6%。现有美国套利者准备从美国银行借入本金108.5 万美元去德国套利。问：是否有抵补套利机会？净收益为多少？

解析：

第一步：判断是否存在套利机会（计算利差是否大于贴水率）。

利差＝6%－4%＝2%

贴水率＝(1.084 0－1.085 0)×12÷(1.085 0×12)×100%＝－0.092%

结论：因为利差为 2%，而贴水率为 0.092%，因此判断两地市场存在套利机会。

第二步：在美国以 4%的利率借入 108.5 万美元，期限 1 年。

第三步：按即期汇率买入 100 万欧元，并将它存入德国银行，存期 1 年，收取 6 万欧元利息；同时，按远期汇率卖出本息 106 万欧元。

第四步：1 年后，从德国银行取得本息€106 万；同时履行远期欧元的卖出合约，收回＄114.904 万（€106 万×1.084 0）。

第五步：偿还美国银行借款本金＄108.5 万和利息＄4.34 万，共计 112.84 万美元。

第六步：计算套利收益。若不计交易费用，该套利者获利＄114.904 万－＄112.84 万＝＄2.064 万。

（二）不抵补套利

与抵补套利相比，不抵补套利是一种纯粹的投机行为，它在买进高利率货币现汇的同时，不卖出该货币的远期做掉期交易。因而它是建立在投资者对汇率预期的基础上的，成功与否取决于投资者对汇率预测的准确程度。如果两国货币利差大于高利率货币的贴水，那么该投资者投机成功；如果两国货币利差小于高利率货币的贴水，那么该投资者投机失败。

五、择期交易

（一）择期交易的概念

择期交易（Option Forward Transactions），是指外汇买卖双方在签订远期合同时，事先确定交易的币种、数量、汇率和期限，但交割可在这一期限内选择进行的一种远期外汇交易方式。交割日的期限范围如果从成交日至到期日的整个期间，就称完全择期交易，如果定于该期间中某两个具体日期之间或具体的月份，就称部分择期交易。

在国际贸易中，很多时候较难确定付款或收款的确切日期，进出口商与银行进行一般的远期外汇交易（固定交割日的远期外汇交易）不能适应这种情况的发生。而择期交易具有较大的灵活性，客户可以在规定的交割期限范围内，按预定的汇率和金额自由选择日期进行交割，就恰恰满足了这种需要。由于银行与客户进行择期交易，并将择期主动权授予客户，银行自身就要承担更多的风险和有关成本，因而银行在确定择期汇率时都是按选择期内对银行最有利的汇率确定的。

【例 3-10】 某公司于 2023 年 4 月 3 日向中行提出用美元购买欧元，预计对外付款日为 7 月 7 日至 8 月 5 日，但目前无法确定准确交割日期。

公司可与中行做择期外汇买卖，交割日为 7 月 7 日至 8 月 5 日中的任何一个银行工作日，远期汇率为 1.091 0。无论汇率如何变化，公司都可选择 7 月 7 日至 8 月 5 日中的一个银行工作日按汇率 1.091 0 从中行买入欧元。

（二）择期交易的报价原则

在择期交易中，询价方有权选择交割日，由于报价银行必须承担汇率波动风险及资金调度的成本，故报价银行必须报出对自己最有利的价格，即报价银行在买入基准货币时，报出较低的汇率；在卖出基准货币时，报出较高的汇率。根据远期汇率等于即期汇率加减升贴水的原则，对客户最不利的汇率就是选择期的第一天或最后一天（这两天都必须是有效营业日）的汇率。择期交易期限越长，买卖差价越大，因而客户应尽可能地缩短择期期限，以降低其交易成本，获得更有利的远期汇率。根据在择期内对客户最不利和对银行最有利的原理，报价银行对于择期交易的远期汇率报价遵循以下原则。

1. 择期业务买入价报价原则

报价银行买入基准货币，若基准货币升水，按选择期内第一天的汇率报价；若基准货币贴水，则按选择期内最后一天的汇率报价。

2. 择期业务卖出价报价原则

报价银行卖出基准货币，若基准货币升水，按选择期内最后一天的汇率报价；若基准货币贴水，则按选择期内第一天的汇率报价。

六、掉期交易

（一）掉期交易的概念

掉期交易（Swap Transaction）又称调期交易或时间套汇，是指在外汇市场上，交易者在买进或卖出一种货币的同时，卖出或买入交割期限不同的、数额相同的、同币种货币的交易。掉期交易改变的不是交易者手中持有的外汇数额，只是改变交易者持有的货币期限，这也正是“掉期”的含义所在。掉期交易实际上由两笔外汇交易组成，两笔外汇交易的币种相同、金额相等、买卖方向相反、交割期限不同。

掉期交易最初是在银行同业之间进行外汇交易的过程中发展起来的，目的是使某种货币的净头寸在某一特定日期为零，以避免外汇风险，后来逐渐发展成具有独立运用价值的外汇交易活动。

（二）掉期交易的类型

1. 按交易对象的不同，掉期交易可分为纯粹掉期和制造掉期

（1）纯粹掉期是指交易者与同一交易对手同时进行两笔币种相同、数额相等、方向相

反、交割期限不同的外汇交易。例如，交易者甲向交易者乙卖出即期 100 万美元，同时又向交易者乙买入 1 个月远期 100 万美元。纯粹掉期是最常见的掉期交易。

(2) 制造掉期又称分散掉期，是指交易者分别与不同交易对手，同时进行两笔币种相同、数额相等、方向相反、交割期限不同的外汇交易。例如，交易者甲向交易者乙卖出即期 100 万美元，同时又向交易者丙买入 1 个月远期 100 万美元，若站在交易者甲的立场上看，他做了制造掉期。

2. 按掉期期限的不同，掉期交易可分为即期对即期掉期、即期对远期掉期和远期对远期掉期

(1) 即期对即期掉期（Spot-Spot Swap)。即期对即期掉期交易是指两笔币种相同、数额相等、交割日相差一天、方向相反的外汇掉期，亦称一日掉期。一日掉期主要用于银行同业的隔夜资金拆借，其目的在于避免银行进行短期资金拆借时因外汇多头或空头的存在而遭受汇率变动的风险。一日掉期包括三种情形：①隔夜交易，即在交易日做一笔当日交割的买入（或卖出）交易，同时做一笔第一个营业日交割的卖出（或买入）的交易；②隔日交易，在交易日后的第一个营业日做买入（或卖出）的交割，第二个营业日做相反的交割；③即期对次日，即在即期交割日买进（或卖出)，至下一个营业日做相反交易。

(2) 即期对远期掉期（Spot-Forward Swap)。即期对远期掉期交易是指买进（或卖出）一种货币的现汇的同时，卖出（或买进）数额相等的该种货币的期汇。它是最常见的掉期交易，主要用于套期保值、货币的转换和外汇头寸的调整。例如，花旗银行在 3 个月内需要 100 万英镑，它便与渣打银行签订一份掉期协议，买入即期 100 万英镑同时卖出 3 个月远期 100 万英镑，这样，花旗银行既满足了当前对英镑的需求，又避免了 3 个月后若英镑可能贬值带来的损失。

(3) 远期对远期掉期（Forward-Forward Swap)。远期对远期掉期交易是指同时买卖币种相同、金额相等但交割期限不同的远期外汇。例如，一家日本银行 1 个月后将有 1 000万美元的支出，而 3 个月后又将有 1 000 万美元的收入。为此，该银行做一笔 1 个月对 3 个月的掉期，即买入 1 个月的远期 1 000 万美元，同时卖出 3 个月的远期 1 000 万美元，以达到套期保值的目的。

（三）掉期交易的作用

掉期交易主要是为了调整外汇资金头寸，规避风险，以达到保值的目的，并非纯粹为了盈利。当然，外汇交易机构也可以利用有利的汇率机会通过掉期交易套期图利。

1. 套期保值

进出口商、国际投资者和借贷者利用掉期交易进行套期保值和套期图利，进出口商经常出现有不同期限的外汇应收款和应付款并存的情况，他们通常利用掉期业务套期保值，并利用有利的汇率机会套期图利。国际投资者和借贷者在对外投资和借贷时，需要购买或出售即期外汇，为了避免在收回投资或偿还借款时外汇汇率波动所带来的风险，他们可以利用掉期交易进行套期保值。

2. 利用掉期交易进行远期外汇合约的展期和提前

通过掉期交易可以对远期外汇合约的交割日进行展期和提前。

掉期率主要由即期汇率与市场利率决定，其中即期汇率对掉期率变动幅度的影响较小，影响掉期率的主要因素是两种货币之间的利率差，未来市场利率随时都可能发生变化，当利差扩大时，掉期率上升；当利差缩小时，掉期率下跌。因此，投机者也可以根据对利率变化的预期，做出对未来某个时刻市场汇率的预期，并根据这种预期进行投机性的掉期交易，从中获得利润。

七、进出口报价

在国际贸易中根据汇率变动掌握进出口商品的报价方法，不仅对搞好国际金融业务、减缓外汇风险有重大作用，而且对搞好对外经济贸易实务，做好对外报价，提高企业的经济效益也有重要意义。

（一）进口报价接受依据

利用不同货币的即期汇率进行套算时，不仅对做好出口报价有着极其重要的作用，而且对核算进口报价是否合理、可否接受也起着重要作用。

1. 按人民币汇价表折成人民币进行比较

例如，中国进口的商品，一般是在国内销售，因此，可以用人民币汇率对报价进行折算，以降低进口成本。

【例 3-11】 2022 年 9 月 25 日，我国公司从英国进口一台机床，以英镑报价，每台为 50 万英镑；而以美元报价的话，每台是 65 万美元。当天人民币对英镑及美元的即期汇率分别为：

买入价　　卖出价

1 英镑＝9.150 0～9.151 0 元

1 美元＝7.248 5～7.249 5 元

解析：

将以上报价折成人民币进行比较，即可看出哪种货币报价相对低廉。

美元报价折人民币 65 万×7.249 5＝471.217 5（万元）

英镑报价折人民币 50 万×9.151 0＝457.55（万元）

可见，美元报价的人民币成本高于英镑报价的人民币成本，如不考虑其他因素，英镑的机床报价可以接受。

2. 按国际外汇市场汇率折算报价

如上述机床的英镑和美元报价，不以人民币汇率进行折算，而是以当天伦敦市场的英镑与美元汇率进行核算，以此作为接受报价的依据。

伦敦市场上英镑对美元的汇率为：1 英镑＝1.273 5 美元。

按此比价，机床每台 50 万英镑的报价折美元为 50 万×1.273 5＝63.675 万美元。而机床美元报价每台 65 万美元，显然，不考虑其他因素，接受 50 万英镑的报价，不接受 65 万美元的报价，则在经济上是有利的。

（二）合理运用汇率的买入价与卖出价

汇率的买入价与卖出价的报价之间会有差额，进出口商如果在货价折算对外报价与履行支付义务时计算不精，就会遭受损失。

1. 本币折算外币时，应该用买入价

出口商的商品底价原为本币，如客户要求改用外币报价时，则应按该外币与本币的买入价来折算。

【例 3-12】 瑞士出口商的商品底价原为 10 万瑞士法郎，但客户要求改用外币报价。2023 年 6 月 25 日，苏黎世外汇市场：

买入价　卖出价

1 美元＝0.897 0～0.897 8 瑞士法郎

请问瑞士出口商该如何报价？

解析：

美元对瑞士法郎的买入汇率为 0.897 0；卖出汇率为 0.897 8。设某瑞士商人出口设备的底价为 10 万瑞士法郎，现外国进口商要求以美元向其报价，则该商人应根据瑞士法郎对美元的买入价，将瑞士法郎底价 10 万折成美元（$1:0.8970=X:100000$）向其报 111 482.72 美元。

出口商将本币折外币按买入价折算的道理在于：出口商原收取本币，现改收外币，则需将所收外币卖给银行，换回原来本币。出口商卖出外币，即为银行的买入，故按买入价折算。

2. 外币折算本币时，应该用卖出价

出口商的商品底价原为外币，如客户要求改用本币报价时，则应按该外币与本币的卖出价来折算。

【例 3-13】 2023 年 6 月 25 日，苏黎世外汇市场：

买入价　卖出价

1 美元＝0.897 0～0.897 8 瑞士法郎

设瑞士某钟表商出口所生产手表的底价为 1 000 美元一块，现外国进口商要求其改用瑞士法郎对其报价，请问该钟表商如何报价？

解析：

该瑞士钟表商人根据瑞士法郎对美元的卖出价，将美元底价 1 000 美元折成 897.8（1000×0.8978）瑞士法郎对外报价。

出口商将外币折成本币按卖出价折算的道理在于：出口商原收取外币，现改收本币，则需以本币向银行买回原外币。出口商的买入，即为银行的卖出，故按卖出价折算。

（三）远期汇率与进出口报价

1. 汇率贴水数是延期收款的报价标准

在出口贸易中，国外进口商在延期付款条件下，可要求以两种外币报价，假如甲币为升水，乙币为贴水，如以甲币报价，则按原价报出；如以乙币报价，应按汇率表中乙币对甲币贴水后的实际汇率报出，以减少乙币贴水后的损失。掌握远期汇率的贴水点数，对正确报价有着重要意义。

【例 3-14】 某日伦敦外汇市场英镑兑美元：

即期汇率　　　　　　　　3个月汇水

1.273 0～1.274 0　　　　　20～10

我国某公司向英国出口机床，如即期付款每台报价10 000美元，现英国进口商要求我方以英镑报价，并于货物发运后3个月付款，问我应报多少英镑？

解析：

具体报价计算过程如下：

(1) 查阅当日伦敦外汇市场汇价表。

(2) 计算英镑对美元的3个月远期汇率，由于英镑贴水20～10，故其远期实际汇率为：

1.271 0(1.273 0－0.002 0)～1.273 0(1.274 0－0.001 0)

(3) 考虑到3个月后方能收款，因此需将3个月后英镑贴水的损失加在货价上，故应报英镑价＝原美元报价美元÷英镑3个月远期实际汇率。

(4) 考虑到根据英镑外汇市场汇价表来套算，英镑视为本币，美元为外币，根据外币折本币按卖出价折算的原则，应报的英镑价：美元原报价÷英镑3个月远期汇率卖出价，即10 000÷1.271 0＝7 867.82英镑。

2. 汇率的贴水年率是延期收款的报价标准

如某种商品原以升水货币报价，但国外进口商要求改以贴水货币报价，出口商根据即期汇率将升水货币金额换算为贴水货币金额的同时，为弥补贴水损失，应再将一定时期内的贴水率加在折算后的货价上。

【例3-15】 我国某服装公司服装出口原报价为每件100美元，该笔业务从成交到收汇需6个月，该公司应客户要求，改报英镑，当日伦敦市场的即期汇率为：1英镑＝1.273 0～1.274 0美元，英镑6个月贴水合年率2%，问该公司应报多少英镑？

解析：

具体报价计算过程如下：

(1) 将每件服装的美元价换算为英镑。因为根据伦敦外汇市场的汇率表计算，所以英镑视为本币，美元视为外币，根据外币折算本币应按卖出价原则，每件服装的英镑价应为：

100÷1.273 0＝78.55（英镑）

(2) 由于该笔业务从成交到收汇需6个月，而在这6个月内英镑贴水年率为2%，如把年率折为6个月的贴水率，则应为：

2%×6÷12＝1%

(3) 将6个月英镑贴水率附加于货价上，以抵补英镑在6个月内价值下降的损失，故以英镑改报美元，6个月后收汇的全部计算过程应为：

100÷[1.273 0×(1－1%)]＝79.35（英镑）

因此，单件服装的报价应为79.35英镑。

3. 远期汇率是确定加价幅度的根据

在进口业务中，某一商品从合同签订到实际支付约需3～6个月，国外出口商以升水货币、贴水货币两种货币报价，其以软币报价的加价幅度，不能超过该货币与相应货币的远期汇率，否则可接受硬币报价，只有这样才能达到在货价与汇价方面均无损失的目的。

【例 3－16】 某日，苏黎世外汇市场汇价为：

即期汇率	3 个月远期汇率
1 美元＝0.897 0 瑞士法郎	1 美元＝0.898 2 瑞士法郎

我国某公司从瑞士进口设备，3 个月后付款，每台设备瑞士出口商报价 100 万瑞士法郎，如我方要求瑞士出口商以美元报价，则其报价水平不能超过瑞士法郎对美元的 3 个月远期汇率，即 100 万÷0.898 2＝111.33 万美元。如果瑞士出口商以美元报价，每台设备报价超过 111.33 万美元，则我方不应接受，仍接受每台设备 100 万瑞士法郎的报价。因为接受瑞士法郎硬币报价后，我方以美元买瑞士法郎 3 个月远期进行保值，以防瑞士法郎上涨的损失，成本也不过 111.33 万美元。

可见，在进口业务中做到汇价与货价均不损失，硬币对软币的远期汇率是核算软币加价可接受幅度的标准。

第三节 外汇衍生交易

自 1973 年世界各国实行浮动汇率制度以来，货币汇率波动频繁，不仅幅度大，而且各种主要货币之间经常出现强弱、地位互相转换的局面。不论是参加外汇交易的个人、银行还是企业，只要有外汇，就有外汇风险。规避外汇风险的各种外汇衍生交易应运而生。

一、外汇衍生交易出现的背景

外汇衍生交易的出现有一定的背景，是适应了时代的需求而产生的。

（一）国际货币体系的重大变化：浮动汇率制的出现

20 世纪 70 年代初，布雷顿森林体系崩溃，各国纷纷放弃固定汇率制度，实行浮动汇率制。到了 20 世纪 80 年代，随着牙买加体系的建立，浮动汇率制合法化，成为世界最主要的汇率制度安排。但浮动汇率制带来的问题是汇率频繁波动，影响了各国正常国际贸易和金融活动的开展。在这种情形下，规避汇率风险的各种衍生工具如外汇期货、外汇期权相继出现①，并形成规模巨大的交易市场。

（二）各国国内金融自由化，特别是利率自由化

20 世纪 80 年代以来，各国纷纷放松金融管制，推行金融深化和金融自由化改革，特别是放松对利率管制使之市场化，从而使利率能全面反映资金供求，但是利率自由化带来的一个后果是金融机构的利率风险加大，因而规避利率风险的各种金融衍生产品相继出现，并迅速成为衍生产品市场上的主要品种。

① 金融期货与期权出现于 20 世纪 70 年代，但真正广为发展是在 20 世纪 80 年代。

（三）金融理论的创新

布莱克（F. Black）和斯科尔斯（M. Scholes）于1973年提出了欧式期权定价模型Black-Scholes模型。罗伯特·默顿（Robert Merton）建立了另外一个极为相似的模型，可以给支付红利的资产、期货和外汇等标的资产的期权进行定价。这些模型解决了金融衍生产品估价的问题并被广泛应用于实务，从而导致了20世纪80年代金融衍生产品的大量创新。

（四）计算技术的重大突破

20世纪70年代以来，计算机通信技术的重大突破，是促进衍生产品市场飞速发展的重要推动力和基础。一方面，计算机通信技术的发展使得通信范围扩大的同时，交易成本大大降低，从而可以在外汇、黄金等诸多领域形成一个24小时不间断的全球金融市场。另一方面，计算机通信技术使得金融工程师设计各种复杂的金融衍生产品成为可能。金融工程学出现是金融创新发展到比较成熟阶段的产物，将尖端的电脑技术、通信技术、数理分析技术全面导入金融领域，从此各种类型的金融衍生产品尤其是结构型产品就以令人眼花缭乱的速度出现在世人面前。

二、外汇衍生品市场的发展特征

外汇衍生品市场是一种有效率的制度安排，能够为金融体系和社会经济系统提供正效益，这从外汇衍生品市场规模迅速膨胀即可体现。20世纪90年代以来，计算机技术和现代通信技术的飞速发展和广泛应用深刻地改变了外汇衍生品市场的格局。

（一）从地区构成看，欧美市场仍然占据80%以上的份额

欧美发达国家集中了世界上绝大部分的外汇衍生品交易。英国一直保持着场外交易市场的领先地位，而且市场份额不断上升，英国之外的OTC交易主要分布在美国、德国、法国、日本等国家。欧美市场占据了外汇衍生品市场份额的80%以上。

（二）市场发展更倾向于满足保值需要

与追求投机高收益相比，可以说大多数的外汇衍生品的初衷都是出于套期保值和规避风险的需要而设计的。事实上，外汇衍生品市场的发展以及各种新的外汇衍生品的推出都是倾向于满足保值的需要。

（三）衍生交易与金融危机

外汇衍生交易被认为是一柄双刃剑，它在规避风险的同时，也起到了传播风险和扩大风险的作用。历次金融危机中都可以看到外汇衍生品的影子，可以说外汇衍生品过度发展及缺乏有效监管是导致金融危机的重要原因之一。

三、外汇期货

外汇期货（Currency Future）也称货币期货，指交易双方通过标准化的合约形式，约定在将来的某一时日，按照事先确定的汇率交割一定数额外汇的交易。这是一种以外币作为交易标的物的金融期货交易。外汇期货交易最早出现于20世纪70年代初期的芝加哥商

品交易所 CME（目前占全球一半以上的交易额），20 世纪 80 年代以后发展迅速，是重要金融创新之一。目前在 CME 以美元标价的外币期货品种主要包括英镑、欧元、日元、加元、澳元、瑞郎等。

（一）外汇期货交易的特点

外汇期货交易与远期外汇交易业务很相似，都是通过合约把将来交易的汇率固定下来，不即时交割，但外汇期货交易又有与远期外汇交易不同的特点。

1. 合约内容标准化

（1）规模标准化。

每一种外汇期货的合约规模均为固定数量，交易者可以按照一定的汇率购买或出售一份或多份合约，但不得低于一份或其他不是其倍数的数量。IMM 外汇期货标准化合约内容如表 3-2 所示。

表 3-2　IMM 外汇期货标准化合约内容

币种	英镑	日元	欧元	瑞士法郎	加元	澳元
货币标准代码	GBP	JPY	EUR	CHF	CAD	AUD
合同规模（万）	6.25	1 250	12.5	12.5	10	10
最小变动值	12.5	12.5	12.5	12.5	10	10
初始保证金	2 000	2 100	2 100	2 100	900	1 200
维持保证金	2 000	1 700	1 700	1 700	700	900

（2）交割期固定。

交割期固定是指货币期货合约的到期日为固定的。譬如，在 CME，所有货币期货的到期日均为每年的 3、6、9、12 月的第三个星期三。因此，如果 2023 年 2 月 1 日成交一笔交易，其年内可供选择的交割日有 4 个。

2. 交易价格具有竞争性。

外汇期货交易是在期货交易所内进行，并由场内经纪人采用竞价方式竞价成交，因而交易价格具有竞争性。目前在 CME 以美元表示的合约价格，主要受两个因素的制约：场内的供求状况和远期汇率。

3. 交易所按照一定的规则进行交易

外汇期货交易中采用会员制交易、保证金制度、每日清算制度、价格限额制度。

（1）外汇期货交易所实行会员制。其他机构或个人参与交易必须通过具有会员资格的经纪人来进行。

（2）外汇期货交易采用保证金制度。保证金分为初始保证金和维持保证金。初始保证金是初开仓时按一定比例缴存的保证金；维持保证金是交易过程中必须保持的一个最低数额（一般为初始保证金的 75%）。当交易中因为亏损而使保证金账户上的余额低于维持保证金时客户必须追缴保证金，否则就会被交易所强行平仓。

（3）外汇期货交易采用每日清算制度，也称逐日盯市制度，即每天营业结束时清算所对每日尚未平仓的合约按照清算价格进行结算，并据此调整客户的保证金账户金额。

（4）外汇期货交易采用价格限额制度，通常以前一日结算价作为当日行情波动中点，上下振幅有一定的限制，上限为涨停板，下限为跌停板，这样做的目的是降低风险，抑制过度投机。

4. 合约一般通过对冲完成交割，很少实际交割

同其他商品期货一样，外汇期货合约一般都不进行实物（外汇）交割，而是进行“对冲”，即交易者通过买卖一个反向合约来结束自己交收实物（外汇）的义务。

5. 交易当事人包括三方

外汇期货合约交易当事人包括：买方、卖方、交易所下属的清算公司。

6. 交易参加者范围广

只要能够缴纳一定的初始保证金，就可委托经纪公司入市买卖。普通平民均可参与交易。

外汇期货交易与远期外汇交易的区别如表 3－3 所示。

表 3－3　外汇期货交易与远期外汇交易的区别

	外汇期货交易	远期外汇交易
交易合约标准化程度	标准化合约（买卖双方不见面）	非标准化合约（买卖双方要见面）
交易金额是否固定	每份合约交易金额固定	每份合约交易金额不固定
交易币种	较少	较多
交易参与者	自然人和机构均可	主要是金融机构和企业
交易方式	场内交易	场外交易
交割方式	绝大多数是对冲交割	绝大多数是实物交割
合约流动性	外汇期货合约可以自由流通转让	远期外汇合约不可流通转让
保证金要求	买卖双方必须按比例缴存保证金	无须缴纳保证金

（二）外汇期货交易的功能

与远期外汇交易一样，外汇期货交易的功能也主要是用于套期保值与投机。

1. 套期保值

外汇期货交易的保值原理是利用外汇现货市场与外汇期货市场价格同步变化的特点，在两个市场进行相反方向的操作（其中，外汇现货市场进行真实交易，而外汇期货市场上运用对冲机制），以一个市场的盈余弥补另一个市场的亏损。

【例 3－17】 假设美国某制造商 M 在英国有一工厂，该厂急需资金支付即期费用，但预计 9 个月后经营将会好转，并偿还总公司这笔费用。M 正好有闲置资金，于是便汇去 12.5 万英镑。为避免将来汇率变化（英镑下跌）带来损失，M 一方面在现货市场买进英

镑支付费用，同时又在期货市场卖出近似等额的英镑期货（根据标准合约的数量，M 卖出英镑 2 份，交割期为其后的 9 个月最接近的交割日）。请问 M 公司如何操作，盈亏是多少？

解析：

制造商 M 的操作及盈亏如表 3-4 所示。

表 3-4 制造商 M 的操作及盈亏情况

现货市场	期货市场
3 月 1 日，买进英镑 125 000 汇率 \$1.273 5/£ 价值 \$159 187.5 12 月 1 日，卖出英镑 125 000 汇率 \$1.272 0/£ 价值 \$159 000/£	3 月 1 日，卖出两份 12 月到期的英镑合约（共 125 000 英镑） 汇率 \$1.273 3/£ 价值 \$159 162.5 12 月 1 日，买回（即对冲）两份 12 月到期的英镑合约 汇率 \$1.271 8/£ 价值 \$158 975
汇价亏损 \$187.5（汇率跌 15 点）	汇价盈利 \$187.5（汇率跌 15 点）

2. 投机

利用外汇期货交易进行投机的原则是：看涨买，看跌卖，在未到交割期前利用“对冲”轧差获利。

【例 3-18】 某公司预计英镑汇率将上升，于是在 6 月 10 日以£1＝\$1.273 0 的三个月英镑期货价（9 月份交割），购入两份英镑合约（合 125 000 英镑），价值 \$159 125。6 月 15 日，英镑汇率上升到£1＝\$1.275 0，请问该公司该如何操作来获利？

解析：

当英镑汇率上升时，该公司可以两份反向的合约来对冲其 6 月 10 日购买的英镑合约，即卖出两份英镑合约，价值 \$159 375，结果获净利 \$250。

四、外汇期权

外汇期权（Currency Option），是指期权的购买者在支付给期权的出售者一笔期权费后，获得的一种可以在合同到期日或期满前按预先确定的汇率购买或出售某种货币的权利。在期权合约期内，当行市有利时，期权买方有权执行期权，买进或卖出约定的外汇资产；当行市不利时，可以放弃买卖该种外汇资产，不执行期权。期权的卖方有义务在买方要求履约时卖出或买进约定的外汇资产。

作为对这种权利占有的代价，购买者需要向出售者（通常是银行）支付一笔期权费，也称保险费（Premium）。

1982 年 12 月，美国费城股票交易所率先推出标准化的货币期权交易合同，随后芝加哥等交易所立即效仿，不久这种标准化的交易方式又迅速推广到其他西方国家。现在期权交易已成为一种应用广泛、交易活跃、挑战性强的衍生金融工具。期权交易的品种覆盖外汇、利率、股票、股指等各种基础资产，成为重要的金融风险防范工具之一。

（一）外汇期权合约的要素

在外汇期权交易中，每笔外汇期权都需要确定执行价格和期权费。

1. 执行价格（Strike Price 或 Exercise Price）

执行价格又称协定价格或履约价格，即期权交易双方在期权合约中事先约定的双方买卖外汇资产的价格。当期权购买方要求执行期权或行使期权时，双方会根据此约定汇率进行实际的货币收付。

2. 期权费（Option Premium）

期权费又称期权价格或保险费、权利金，是指期权合约成交后，由期权的购买方向期权的出售方支付的合同费用。无论合同购买者最终是否执行合同，这笔费用都归合同出售者所有。

3. 标准化

外汇期权合约的规模、币种和交割期是标准化的。以费城股票交易所为例，规模为 CME 的外汇期货标准合约的一半；币种是主要工业化国家货币，与 CME 的外汇期货品种基本一样；交割期为每 3、6、9、12 月的第三个星期三。另外，各交易所在外汇期权合约中均规定有标准化的协定价格及价格档次，而且价格都用美元表示。

（二）外汇期权的种类

1. 根据期权购买者获得的权利分为看涨期权、看跌期权和双向期权

看涨期权（Call Option），又称买权，它是指期权合约的买方支付一笔期权费后，将来就可以按照事先约定的协定价格买入一定数量外汇的权利。

看跌期权（Put Option），又称卖权，它是指期权合约的购买方支付一笔期权费后，将来就可以按照事先约定的协定价格卖出一定数量外汇的权利。

双向期权是指外汇期权的买方，在同一时间内、以同一执行价格同时买入看涨期权和看跌期权。买方之所以购买双向期权，是因为预测该种外汇未来市场价格将有较大波动，但波动的方向是涨是跌难以断定，所以只有既买看涨期权又买看跌期权，以保证无论是涨是跌都有赢利的机会。卖方之所以会出售双向期权是因为预测未来市场价格变化的幅度不会太大。双向期权的保险费高于前者中的任何一种，因此，卖方愿意承担外汇波动的风险。

2. 按行使期权的时限分为欧式期权和美式期权

欧式期权（European Option），是合约购买方只能在期权合约有效期的最后一天（即交割日）才能执行的期权。

美式期权（American Option），是合约购买方可以在合约到期日前任何一个营业日执行的期权。由于美式期权合约被执行的概率更高，因而美式期权合约的期权费要高于欧式期权合约。

3. 按交易场所分为场内交易期权和场外交易期权

场内交易期权是在交易所内进行的期权交易，交易的期权都是合约化的，交易规则由交易所事先确定，参与者只需同意交易中合约的价格和数量。在交易所交易的期权由于已经标准化，因此可以进入二级市场买卖，具有流动性。

场外交易期权是在场外交易市场（柜台市场）交易的期权，主要适合个别客户的需要，其合约不像交易所那样标准化，通常通过协商达成，且根据客户的需要可以进行特制。目前，场外交易市场的期权合同也在向标准化方向发展，其目的是提高效率、节约时间。

（三）外汇期权的盈亏分析

由于外汇期权交易比远期外汇交易和外汇期货交易能更好地规避风险，因而它已经成为外汇市场上投资者重要的保值手段之一。下面以看涨期权为例，对外汇期权合约买卖双方的盈亏进行分析。

【例 3-19】 假设 2023 年 6 月某投机商 N 预计欧元将升值，购买了 10 份 12 月到期的欧元看涨合约（单位合约规模为 62 500 欧元），期权交易价为€1＝＄1.084 0，买权费为 0.008 0 美元。到期时，欧元的即期汇率为€1＝＄1.093 0。请问该投机商是否会执行合约，其盈亏状况如何？

解析：

投机商 N 决定行使合约，因为 12 月即期汇率高于协定价格，作为看涨期权，投机商执行合约有利可图。其利润为：

行使合约买入欧元的美元支出：

62 500×＄1.084 0×10＝＄677 500

买权费支出：

62 500×0.008 0×10＝＄5 000

按照 6 月份的市场即期汇率卖出这笔欧元的美元收入：

62 500×＄1.093 0×10＝＄683 125

净利润：

＄683 125－＄677 500－＄5 000＝＄625

1. 期权合约购买者盈亏分析

（1）购买外汇看涨期权的风险有限而且事先可知，其最大风险就是损失期权保险费。

（2）外汇看涨期权的协定价格加保险费是买卖双方的盈亏平衡点，协定价格是合约执行点，当外汇市场即期汇率高于或等于协定价格即执行合约。

（3）只要即期汇率上升到协定价格加保险费以上，购买外汇看涨期权就有利可图，上升越多获利越多。从理论上说，购买外汇看涨期权的最大利润是无限的。

2. 期权合约出售者盈亏分析

（1）即期汇率≤协议价格时，可获取全部保险费收入。

（2）协议价格＜即期汇率≤（协议价格＋保险费）时，可获取部分保险费或不亏不赚。

（3）即期汇率＞（协议价格＋保险费）时，卖方遭受损失，两者差额越大，其损失越大。

看跌期权的盈亏分析正好与看涨期权相反，协定价格减保险费是买卖双方的盈亏平衡点。当市场即期汇率在盈亏平衡点以下，则外汇看跌期权合约的买方有利可图。

（四）影响外汇期权价格的因素

外汇期权价格即外汇期权费（Premium）通常直接用美元金额来表示，如【例 3－19】协定价格为€1＝US＄1.084 0，期权费为€1＝US＄0.008 0。

从根本上讲，外汇期权费取决于场内对该货币期权的供求力量对比，影响这种供求的因素包括该货币期权的内在价值、时间价值和该货币的潜在变动性等。

1. 期权的内在价值（Intrinsic Value）

期权的内在价值是指行使期权合约所产生的资产增值。在合约签订之时，它取决于签约时的即期汇率与期权交易价（协定汇率）的差距。对于买权，相对于协定汇率，即期汇率越高，购买者行使合约的可能性越大，故买权费越高；反之越低。对于卖权，相对于协定汇率，即期汇率越低，购买者行使合约的可能性越大，故卖权费越高；反之越低。

看涨期权的内在价值＝期权金额×（市场价格－协定价格）

看跌期权的内在价值＝期权金额×（协定价格－市场价格）

2. 期权的时间价值

期权的时间价值是指到期日时间长度所决定的价值。一般而言，到期日时间越长，期权费越高；反之越低。因为对于买权，到期日时间越长，即期汇率越可能升至协定汇率之上，买权被行使的可能性越大，故买权费越高；对于卖权，到期日时间越长，即期汇率越可能跌至协定汇率之下，卖权被行使的可能性越大，故卖权费越高。

3. 货币的潜在变动性

在其他条件相同时，货币的潜在变动性越大，即期汇率高于或低于期权交易价（协定汇率）的可能性就越大，因此，买权费或卖权费就越高；反之越低。

4. 市场利率

利用期权交易可比远期外汇交易节省更多资金（避免到期交割）。因此，市场利率越高，这部分被节省下来的资金利息收入越高，期权卖方有理由要求更高的期权费；反之则越低。

5. 期权的供求状况

一般而言，外汇期权市场上的供求状况对期权费也有直接影响。期权买方多卖方少，期权费会高些；期权卖方多买方少，期权费会便宜些。

（五）外汇期权的特征

1. 买卖双方的权利和义务不对称

外汇期权的交易对象是一种将来可以买卖某种货币的权利，而不是货币本身。因此，期权的买方有行使期权的权利但不承担义务，期权的卖方只有义务但没有行使期权的权利。

2. 买卖双方的收益与风险不对称

外汇期权的购买方所承担的最大风险就是期权费。当外汇期权的购买者在价格对其有利的情况下执行期权时，收益可能是无限的。外汇期权的出售者获得的最大收益就是所收取的期权费，而一旦外汇期权购买者在价格对其有利时执行了期权，那么外汇期权的出售者就要遭受无限的风险损失。外汇期权具有杠杆效应。

3. 期权费不能收回且费率不固定

期权交易的买方获取期权，意味着卖方出售了这种权利，所以卖方要收取一定金额作为补偿。期权费在期权交易成交时由合约买方支付给合约卖方，无论买方在有效期内是否行使期权，期权费均不能收回。

4. 外汇期权交易的对象是标准化的合约

期权交易中外汇期权合约的内容已实现标准化，如货币数量、到期日等。以费城股票交易所为例，每个外汇期权合约的金额分别为 62 500 瑞士法郎、50 000 加元、31 250 英镑等。期权合约到期日分别为每年的 3 月、6 月、9 月、12 月的第三个星期三。

（六）外汇期权交易与远期外汇交易的比较

1. 期权合约更具灵活性

利用外汇期权交易保值具有灵活性，既可防范汇率不利变动带来的风险，又不会放过汇率有利变动带来的利益；远期外汇交易则只能防范外汇风险。

2. 期权协定价格有选择

外汇期权交易的协定价格具有可选择性；远期外汇交易则没有。

3. 期权交易较主动

在实际经济交易尚不确定的时候，利用外汇期权交易比较主动；远期外汇交易则可能造成被动交易。

4. 损失不同

利用外汇期权交易投机，其损失是有限的（最大不会超过期权费支出）；远期外汇交易则不是。

5. 期权交易有期权费

外汇期权交易的费用比远期外汇交易高。

专栏 3－5

期权助力汇率风险中性管理

2021 年以来，外汇局等监管部门大力推动企业树立“风险中性”理念，引导企业建立汇率套期保值的财务管理体系，通过强化外汇套保考核、降低手续费用、新增外汇期权品种等方法推动银行创新外汇风险对冲产品和方案，为企业提供针对性、全面性的服务。2021 年 10 月，外汇局印发《银行外汇业务合规与审慎经营评估内容》，将“外汇套保比率”纳入银行外汇业务考核指标；外汇交易中心发布《关于支持金融机构服务中小微企业减免银行间外汇市场相关交易手续费的通知》。

在监管、银行和企业合力推动下，2021 年企业套保比率大幅提高，以“远期与期权成交量占即期、远期和期权成交量比重”衡量的汇率套保比率从 2020 年的不到 16％增至 2021 年的 22％。与之前汇率波动幅度较大时追加套保的情形有所不同，此次套保比率的提高发生在人民币汇率波动率下降时期，这反映出企业的风险中性意识提升，且对汇率的单向预期减弱。

我国人民币汇率市场化程度不断提高与我国企业不成熟的套保理念之间的矛盾，已成为外汇市场进一步深化发展的掣肘。全球外汇市场波动率普遍下降的背景下，当前企业面对市场和政策的双重优化，正是培育汇率风险管理经验的最佳“试炼场”。未来随着汇率市场化改革进一步深化，人民币汇率弹性进一步增强，境内企业需要提前积累更加成熟的风险中性财务管理方案方可应对。对于已具备对客户期权业务资格的银行而言，建议从以下方面更好地帮助企业合理运用衍生品工具进行汇率套保。

首先，区分企业汇率套保的类型。从外汇敞口类型划分，企业汇率套保可以分为资产负债表套保和现金流套保两大类。资产负债表套保是指规避集团内海外分支机构以外币计价的资产负债表在并表时产生的汇兑损失。此类企业往往关注发生汇兑损益的会计科目、差额结算金额等。资产负债表货币错配将会对财务报表中净利润、所有者权益、国有资产保值增值等会计科目产生影响，还会影响外币现金和银行存款、应收/应付/预收/预付账款等。对资产负债表进行套保的过程中，往往采取定期调汇（例如每月一次）的策略对动态变化的外汇敞口进行锁定。现金流套保是指规避未来收取或支出的贸易和投融资现金流因汇率波动而遭受的损失。此类企业往往关注该笔订单的净利润率、企业现金流的充裕度和利润率的稳健性等。对现金流进行套保时，需要根据现金流的收支时点和市场波动情况制定针对性套保方案，期权和期权组合在现金流套保中具有更大的灵活性。

其次，帮助企业锁定“成本汇率”，以“成本汇率”而非“远期汇率”为锚制定套保方案，既不过度套保也不完全“裸敞口”。不同交易类型的企业面临不同的成本汇率。举例来说，经常项下生产型企业的成本汇率是订单汇率；经常项下代理型企业的成本汇率则是交割汇率；资本项下外债企业的成本汇率是结汇汇率；国际化企业并表时的成本汇率则是记账汇率。确定成本汇率后，银行帮助企业建立汇率套保是为了“锁定未来的结算汇率优于成本汇率”（即锁定成本，稳定利润）而非“确保结算汇率优于到期时的市场汇率”（即利用衍生品赚取收益）的观念。套保比例方面，既无须过度套保也不可完全“裸敞口”，可以采取汇率套保与随行就市相结合的方式。

最后，加强修炼“内功”，配合风险中性理念的宣传与引导。一方面，加强银行内部对 FICC（固定收益、外汇及大宗商品）团队的资源倾斜，对 FICC 专员进行阶梯化培育，同时创新和优化汇率套保产品及方案，包括在美式期权和亚式期权开展后研发相关产品及产品组合。另一方面，配合对风险中性的宣传引导，通过宣讲会、入户拜访等方式帮助企业搭建汇率风险管理架构，以制度取代主观决策。举例来说，银行可帮助企业调整考核机制，将汇率风险管理视为“成本中心”，取消汇率套保的收益目标，将套保的规范性和纪律性作为考核依据。

资料来源：郭嘉沂，张梦．期权助力汇率风险中性管理［J］．中国外汇，2022（2）：59－61.

五、互换交易

互换交易（Swap）是一种交换付款义务的金融交易，主要有利率互换和货币互换两种类型。金融互换市场出现于 20 世纪 80 年代初期，是布雷顿森林体系崩溃后利率和汇率多变环境下的产物。互换交易被认为是 20 世纪 80 年代最重要的金融创新之一，广受大型跨国银行和大型投资银行等机构的欢迎，其原因在于它是一种低成本、高收益，同时又能防范利率风险和汇率风险的金融创新工具。

金融互换起源于英国，英国公司为了逃避英国当局的外汇管制而安排的对外贷款业务，即不同国家的两个交易者向对方分别提供一笔等值、放款日和到期日相同，分别以贷方国货币标价的贷款。其最初的形式是平行贷款和背对背贷款，即不同国籍的两个公司相互为对方在本国的子公司提供贷款的互换。例如，一家美国母公司和一家英国母公司都需要向其海外子公司提供融资，如果直接用本币汇出，需要经过外汇市场，还要受到外汇管制。若有关的两个母公司签订一个平行贷款协议，按商定的汇率折算成对方国的货币金额，按商定的利息贷款给对方在本国的子公司，便可以回避外汇管制，也无须担保，如果一方违约，可以用另一方的债务抵消。平行贷款的操作流程如图 3-1 所示。

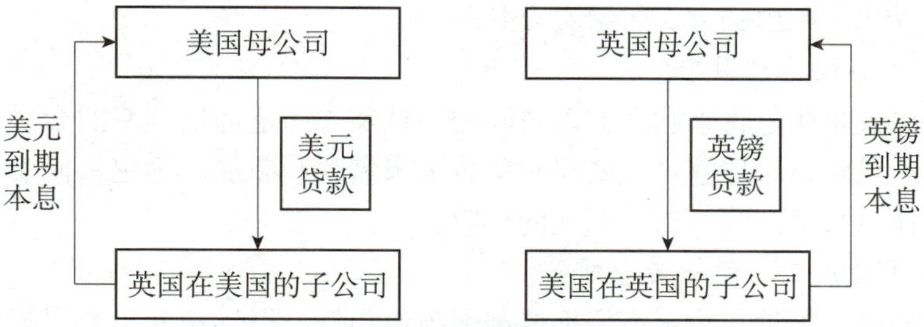

图 3-1 平行贷款的操作流程

（一）利率互换

1. 利率互换的含义

利率互换（Interest Rate Swap）是指两笔本金相同、期限相同的资金，做利率形式之间的调换。利率互换有两种形式：息票互换和基础互换。息票互换是固定利率与浮动利率的互换；基础互换是双方互换参照利率（如联邦优惠利率对 LIBOR）。利率互换双方并不为对方债务支付本金，互换的是利息的支付方式，一般采用净额支付的方法来结算。

利率互换可以使借款人有效地进入由于信用级别较低、缺乏知名度或者某个可能无法进入的特定资本市场，从而在不可能直接进入债券市场的情况下筹集到固定利率资金。

2. 利率互换的运用案例

【例 3-20】 A 公司信用等级为 AAA，B 公司信用等级为 BBB。A 公司可在市场上以固定利率 4%或浮动利率 LIBOR+2%的条件借到资金，B 公司可以固定利率 9%或浮动利率 LIBOR+5%的条件借到资金。现 A 公司筹借到以固定利率 4%计息的贷款，B 公司筹借到以浮动利率 LIBOR+5%计息的贷款。

为取得优势互补，降低融资成本，减少利率风险。A 公司与 B 公司商定：B 公司除承担 B 公司贷款利息的 LIBOR+5%外，还承担 A 公司固定利率 6%的利息；A 公司除承担 A 公司贷款利息 4%之外，还承担支付 B 公司浮动利率 LIBOR+3%的利息。

这样，利率互换的结果是：

A 公司实际负担利率：4%+LIBOR+3%-6%=LIBOR+1%（浮动利率）；

B 公司实际负担利率：LIBOR+5%+6%-LIBOR-3%=8%（固动利率）。

A 公司与 B 公司均达到融资成本降低的目的。

此外，利率互换的类型还包括：同种货币的浮动利率贷款之间的互换；不同币种浮动利率贷款之间的互换；不同币种的固定利率贷款之间的互换：不同币种的固定利率贷款与浮动利率贷款的互换等。

（二）远期利率协议

1. 远期利率协议的概念

远期利率协议在衍生金融工具家族中属于较新的品种，开始于伦敦欧洲货币市场。它是指交易双方在未来的结算日，针对某一特定名义本金，参照贴现原则，就协议利率与参考利率的差额进行支付的远期合约。协议利率是买方所支付的固定利率，而参考利率则是卖方所支付的市场利率（通常按 LIBOR 计算）。当市场利率高于协议利率时，由卖方支付给买方利差；反之，则由买方支付给卖方利差。

2. 远期利率协议的作用

远期利率协议是防范将来利率波动风险的一种预先固定远期利率的金融工具。买方是为防止利率上升风险，希望签订该协议时就将未来借款利率加以确定；而卖方则是为防止因利率下跌而使自身资产收益遭受损失的风险。

3. 远期利率协议交易的一般原则

远期利率协议的报价与货币市场拆放利率报价相似，但远期利率协议报价中一定要确定远期期限。例如“3×6，8%”表示期限为 3 个月后起息的 6 个月期的远期利率协议，协议利率为 8%。在实践中，协议利率与参考利率差额的支付是在起息日（也即远期利率协议期限的第 1 天，而不是到期日，也不是签约日），该差额是根据贴现原则计算支付的。

协议利率与参考利率差额的计算公式如下：

$$A=\frac{P\times(L-F)\times\dfrac{D}{B}}{1+L\times\dfrac{D}{B}}$$

式中，A 表示买(或卖)方交付的协议利率与参考利率的差额；L 表示远期利率协议中确定的参考利率(以百分点表示)；F 表示利率协议中确定的协议利率(以百分点表示)；D 表示远期利率协议确定的期限；P 表示远期利率协议中的本金；B 表示一年的天数(按 360 天计)。

协议起始第 1 天，如参考利率高于协议利率，则 A 为正数，卖方将向买方支付差额；如参考利率低于协议利率，则 A 为负数，买方将向卖方支付差额。

4. 远期利率协议的运用与案例

【例 3-21】 某公司为满足生产需要，3 个月后需借入 1 000 万美元、3 个月期的短期资金。该公司预期市场利率将会上涨，为避免利息负担加重、筹资成本增加，买进一份 3 个月对 3 个月的远期利率协议，参考利率为 3 个月的 LIBOR，协议利率为 8%。

A：如果市场利率果然在起息日那天上涨，3 个月的 LIBOR 为 9%，这时远期利率协议中规定的协议利率与 3 个月的 LIBOR 之间的利差，将由卖方支付给该公司，根据上述公式计算具体支付金额应为：

$$A=\frac{10\ 000\ 000\times(9\%-8\%)\times 90/360}{1+9\%\times 90/360}=24\ 449.88\text{（美元）}$$

（1）该公司实际筹集资金额为：

10 000 000－24 449.88＝9 975 550.12（美元）

(2) 该公司的借款 3 个月到期时应付利息为:

9 975 550.12×9%÷360×90=224 449.88(美元)

(3) 该公司支付的本利和为:

9 975 550.12+224 449.88=10 200 000(美元)

B:如果到起息日,3 个月的 LIBOR 为 7%,市场利率与预期相反是下降,这时远期利率协议中规定的协议利率与 3 个月 LIBOR 之间的利差,将由该公司(买方)支付给卖方,支付额为 24 570.02 美元。

(1) 这样,该公司实际筹集资金额为:

10 000 000+24 570.02=10 024 570.02(美元)

(2) 该公司的借款,3 个月到期时应付利息为:

10 024 570.02×7%×90÷360=175 429.98(美元)

(3) 该公司支付的本利和为:

10 024 570.02+175 429.98=10 200 000(美元)

(4) 最后该公司实际承担的利率仍为 200 000÷10 000 000×360÷90×100%=8%。

从上述分析可以看出,该公司购买了远期利率协议后,不论利率变化是升是降,均可达到固定利率与成本的目的。当然,将来市场利率变动幅度的大小,对于远期利率协议的保值程度是有影响的。

(三)外汇互换

1. 外汇互换的概念

外汇互换(Foreign Exchange Swap)是指两笔金额相同、期限相同、计算利率方法相同(通常都为固定利率),但币种不同的债务资金之间的调换,同时也进行不同利息额的外币调换。外汇互换双方互换的是外币,它们之间各自的债权债务关系并没有改变。初次互换的汇率以协定的即期汇率计算。

利用外汇互换可以对货币敞口头寸进行保值或投机,可以迅速改变一个公司的资产负债状况,改变支付流或者收益流的货币种类,对债务或债权的币种结构进行调整。此外,还可以更低的成本筹集资金。

2. 外汇互换的一般交易步骤

外汇互换的基础是比较优势原理,一个公司如果在某种货币的融资中具有相对优势,通过互换可以转换成所需要的货币。

(1) 确定和交换本金。

通过确定和交换本金以便按不同的外币金额定期支付利息,本金的互换可以是名义上的互换,也可以是实际转手。

(2) 利息的互换。

双方按照外币互换合约规定的各自的固定利率,以未偿债务本金为基础支付利息。

(3) 本金的再次互换。

互换交易双方在到期日换回原先确定和互换的本金。

3. 外汇互换的运用与案例

外汇互换可以降低筹资成本,减缓汇率与利率风险,调整资产负债的货币结构,以及绕过市场障碍间接进入某些条件较为优惠的市场。

【例 3-22】 某英国公司由于美元利率较低而发行一笔 10 年期的美元债券。为防范以美元还本付息的汇率风险，该公司通过银行互换中介，与另一个需将英镑债务调换成美元债务的美国某公司做货币互换交易，到期时换回本金。

这笔英镑与美元的互换交易的具体程序是：

(1) 英国公司按即期汇率以美元换取美国公司的英镑资金，两个公司各自获得本币资金，实际等于各自借了一笔本币债务，可以避免届时汇率变动遭受外汇风险。

(2) 外汇互换交易期间，英国公司向银行支付固定利率的英镑利息，同时从银行收取相应固定利率的美元利息；银行则向美国公司支付固定利率的英镑利息，同时收取固定利率的美元利息。

(3) 在交易到期日，英国公司以英镑本金从银行换回美元本金，还给美国的美元债券投资者；美国公司则以美元从银行换回英镑本金。

在这种外汇互换交易过程中，交易双方实际进行两次本金互换，一次是即期互换，另一次是远期互换。

本章小结

1. 外汇市场是进行外汇交易的场所或网络，是由经营外汇业务的银行、各种金融机构、买卖中介机构以及个人等外汇需求者和外汇供给者之间进行外汇买卖、调剂外汇供求的交易场所。

2. 外汇市场的交易方式包括即期、远期、期权、择期、掉期、套汇、套利以及投机等；其中远期外汇交易可以说是基本业务，一些创新的外汇交易都是在远期外汇交易基础之上衍生的，因此要掌握这些交易之间的共同点与不同点，以期加深理解，便于应用。

3. 运用各种外汇交易，并且在国际贸易中根据汇率变动掌握进出口商品的报价方法，不仅对搞好国际金融业务、减缓外汇风险有重大作用，而且对搞好对外经济贸易实务，提高企业的经济效益也有重要意义。

4. 外汇衍生交易的出现有一定的背景，是适应了时代的需求而产生的。外汇衍生交易具体包括外汇期货、外汇期权和互换交易。

思考题

1. 重要概念

外汇市场；外汇经纪人；即期外汇业务；交割日；远期外汇业务；套期保值；外汇投机；套汇；套利；择期交易；掉期交易；外汇期货；外汇期权交易；互换交易；利率互换；货币互换。

2. 简答题

(1) 简述外汇市场的特征及种类。

(2) 简述外汇市场的结构。
(3) 简述外汇市场的作用。
(4) 简述即期外汇交易的功能。
(5) 简述远期外汇交易的功能。
(6) 如何计算远期汇率的升贴水?
(7) 简述远期汇率的报价方式。
(8) 简述择期交易的报价原则。
(9) 简述掉期交易的作用。
(10) 简述外汇衍生交易出现的背景。
(11) 简述外汇期货交易的特点及功能。
(12) 简述影响外汇期权价格的因素。

3. 计算题

(1) 某日伦敦外汇市场上即期汇率为1英镑等于1.245 5/1.246 5美元，3个月远期贴水50/60点，求3个月远期汇率。

(2) 假定某日下列市场报价为：纽约外汇市场即期汇率为USD/CHF＝1.004 0/80，伦敦外汇市场GBP/USD＝1.224 0/70，苏黎世外汇市场GBP/CHF＝1.402 8/48。如果不考虑其他费用，某瑞士商人以100万瑞士法郎进行套利，可以获得多少套汇利润?

(3) 某日纽约外汇市场汇价如下：

	即期汇率	远期汇率
美元/瑞士法郎	1.005 0/40	贴水135/140

我国某公司向美国出口机床，如即期付款每台报价2 000美元，现美国进口商要求某公司以瑞士法郎报价，并于货物发运后3个月付款，问：该公司应报多少瑞士法郎?

(4) 我国出口公司某商品原报价为每吨1 150英镑。该笔业务从成交到收汇需6个月。某日，该公司应客户要求，改报丹麦克朗。假设当日伦敦市场的汇价为：

	即期汇率	6个月远期	年率（%）
丹麦克朗/英镑	9.454 5/75	贴水14.12 /15.86	3.17%

问：该公司应报多少丹麦克朗?

(5) 某日各银行的汇率报价如表3-5所示。

表3-5 某日各银行汇率报价

银行	EUR/USD	USD/JPY
A	1.056 0/70	125.50/80
B	1.056 3/73	125.50/75
C	1.055 8/70	125.45/65
D	1.056 5/75	125.55/90
E	1.056 1/75	125.60/90

根据上述几家银行报出的EUR/USD和USD/JPY的汇率，请回答下列问题：

① 你应向哪家银行卖出欧元，买进美元？

② 你应向哪家银行卖出美元，买进日元？

③ 假如你想卖出欧元，买进日元，用对你最有利的汇率计算 EUR/JPY 的交叉汇率。

在线自测

扫一扫　练一练

第四章 外汇风险管理

学习目标

通过本章的学习，理解外汇风险的概念、类型及构成，外汇风险产生的原因；掌握外汇风险管理内容，掌握和熟练运用防范外汇风险的管理工具；既要学会利用贸易谈判、合同的商洽和经营决策来规避外汇风险，又要善于利用金融工具来规避外汇风险。重点掌握外汇风险种类及防范风险的办法。

学习方法

1. 预习法。通过预习，了解本章的内容，对各类外汇风险及防范外汇风险的工具有一个初步的把握。

2. 联系学习法。将外汇风险与外汇汇率、外汇交易实务联系起来学习，有助于把握外汇风险的防范办法；将外汇风险与国际储备联系起来学习，可以更好地理解外汇风险的经济影响。

3. 完成本章后面的思考题。

案例导读

我国的一家跨国公司获得了10亿英镑的采购合同，合同将延续3年，以英镑支付。该笔合同占该公司销售量的55%，公司经营费用中英镑占15%，其他是人民币。

请根据以上材料思考下列问题：

1. 该公司在未来3年会遇到哪些外汇风险？
2. 这些外汇风险产生的原因是什么？
3. 该公司如何降低英镑汇率变动带来的风险？
4. 该公司可以获得哪些外部资源实现外汇风险防范管理？

第一节 外汇风险概述

从事对外贸易、投资、借贷等活动的企业在国际范围内会有大量的外汇收付或拥有外币计值的债权或债务。汇率的变化会对其资产的价值产生影响，外汇风险的防范和管理是企业经营的重要方面。

一、外汇风险

（一）外汇风险的概念

外汇风险又称汇率风险或汇兑风险，是指在一定时期内，经济实体或个人以外币计价的资产或负债、收入或支出，以及未来的经营活动可能产生的现金流量的本币价值由于货币汇率变动而引起的上升或下跌的可能性。

外汇风险可能有两个结果：获得利益或遭受损失。外汇风险有广义和狭义之分。广义的外汇风险包括汇率风险、国家风险、制度风险和信用风险等；狭义的外汇风险仅指汇率风险。通常所说的外汇风险是指狭义的汇率风险。

【例 4－1】 我国某公司于 2023 年 6 月 18 日签订一批商品的出口合同，金额为 100 万美元，三个月后以美元支付，当日人民币汇率为 1 美元＝7.001 0 元人民币。该笔货款折合人民币为 700.1 万元人民币。

到 2023 年 9 月 18 日时，若市场汇率为 1 美元＝7.011 0 元人民币，收回的货款可折为 701.1 万元人民币，比签合同时多收人民币 1 万元人民币。假若到 2023 年 9 月 18 日时，人民币汇率不是贬值而是升为 1 美元＝6.991 0 元人民币的话，收回的货款只能折为 699.1 万元人民币，比签合同时少收 1 万元人民币。不论多收还是少收，获得利益或是遭受损失，对该公司而言都存在外汇风险。

汇率变动对外汇损益的影响如表 4－1 所示。

表 4－1　汇率变动对外汇损益的影响

外币头寸状况	外币汇率上升	外币汇率下跌
外币收入大于外币支出	汇兑收益	汇兑损失
外币收入小于外币支出	汇兑损失	汇兑收益
外币收入等于外币支出	无影响	无影响

（二）外汇风险的要素

1. 外汇风险的对象

个人或经济实体所持有的外币资产和负债并不一定都承担外汇风险。只有买卖盈余未能抵消的资产或负债，才会面临汇率波动的风险。承受风险的外币资产通常被称为风险头寸或外汇敞口。风险头寸就是外汇持有头寸中的“超卖”或“超买”的部分，表现为外币资产小于或大于外币负债，或者外币的资产和负债金额上虽然相等，但是期限的长短不一致。

2. 外汇风险的构成因素

外汇风险由本币、外币和时间三个要素构成。一个经济实体在经营活动中若以外币计价结算且存在时间间隔，就可能会产生外汇风险。一般来说，外币账款的时间要素与外汇风险之间存在正相关关系，即时间越长，遭受外汇风险的可能性就越大；时间越短，遭受汇率风险的可能性就越小。缩短一笔外汇业务的收付时间一般能够减缓或降低外汇风险，但不能消除外汇风险，因为本币和外币之间兑换的汇率波动的风险还存在。

二、外汇风险的种类

从事跨国经营的企业要面临很多不确定的因素，其中汇率变动的风险就是跨国企业经常面临的金融风险之一。汇率风险可以分为交易风险、折算风险和经济风险三种类型。

（一）交易风险

交易风险是指在以外币计价的交易中，由于外汇汇率的波动而引起应收资产或应付债务价值的变化使交易者蒙受损失的可能性。交易风险可分为外汇买卖风险、外汇借贷风险和交易结算风险。

1. 外汇买卖风险

外汇买卖风险产生于本币和外币之间的反复兑换。这种风险产生的前提条件是交易者在买进或卖出外汇后又反过来卖出或买进外汇。这种风险主要存在于银行的外汇买卖过程中，因为外汇银行的交易几乎都是外汇买卖。

【例 4-2】 甲银行在某日卖出了 20 万英镑，同时又买入了 15 万英镑，出现了 5 万元英镑的空头。若甲银行日后买入这 5 万元英镑时，英镑升值，就会出现亏损，这种亏损的可能性就是外汇买卖风险。

2. 外汇借贷风险

在外汇投资或外汇借贷中，因计值货币汇率变化所产生的风险称为外汇借贷风险。如借贷计价货币汇率上升，则产生汇率损失；若借贷计价货币汇率下跌，则减少债务负担，甚至产生收益。

【例 4-3】 我国某公司在国际金融市场上以 5%的年利率借入 1 亿英镑，期限 1 年。借到款项后，该公司立即按当时的汇率 1 英镑＝10 元人民币将 1 亿英镑兑换成 10 亿元人民币。1 年后，该公司为归还贷款的本息，必须在外汇市场买入 1.05 亿英镑，而此时如果英镑对人民币的汇率发生变动，即英镑升值，该公司将面临外汇买卖风险。

假设还款时的汇率变为 1 英镑＝11 元人民币，则该公司购买 1.05 亿英镑需支付 11.55 亿元人民币，虽然该公司以英镑借款的名义利率为 5%，但实际融资成本却高达 $(11.55-10)\div10\times100\%=15.5\%$。但是，如果英镑出现贬值的情况，该公司不但不会遭受损失，反而会获得额外的收益。

由此可见，交易风险的结果是不确定的，它既有可能招致亏损，也有可能增加收益。当然从交易的某一方来说，风险是可以避免的，其实质就是将风险从一方转移到了另一方。在【例 4-3】中，如果我国公司能够准确预测英镑将会升值，而以人民币计价，可以避免交易风险。但是，如果对方不愿意以人民币成交，则可能无法达成交易。

3. 交易结算风险

交易结算风险是指以商业信用的方式购买或销售以外币计价的商品或劳务时，在货物装运或劳务提供之后，而货款或劳务费用尚未收支期间，因外汇汇率变化带来的风险。

在国际经济贸易中，贸易商无论是即期支付还是延期支付，都要经历从签订进出口合同到债权债务最终清偿的期间，而这段时间内汇率可能会发生变化，以外币表示的未结算的金额就成为承担风险的受险部分。因此，交易结算风险是由进出口商承担的，需要基于进出口合同交易额，承担未来进行外汇交易时由于汇率的不确定性所带来的风险。

【例 4-4】 我国某公司签订了一笔价值 1 000 万美元的出口合同，6 个月后交货、收汇。签约时人民币汇率为 1 美元＝7.000 0 元人民币，假设该公司的出口成本、费用为 5 000 万元人民币，目标利润为 2 000 万元人民币，则 6 个月后当该公司收到 1 000 万美元的货款时，由于美元对人民币的汇率不确定，该公司将面临交易结算风险。

6 个月后若美元与人民币的汇率高于 7，则该公司不仅可收回成本，还可获得超额利润；若汇率等于 7，则该公司收回成本后，刚好获得 2 000 万元人民币的利润；若汇率高于 5 低于 7，则该公司收回成本后所得的利润少于 2 000 万元人民币；若汇率等于 5，则该公司刚好只能收回成本，没有任何利润；若汇率低于 5，则该公司不仅没有获得利润，而且还会亏本。

进口商从签订合同到结清货款也有一段时间间隔，若进口商不是用本币计价结算，同样也要承担交易结算风险，只是汇率变动的方向及带来的损益与出口商刚好相反。

4. 影响交易风险的因素

（1）企业拥有的远期外汇的头寸。企业拥有的外汇头寸越多，敞口越大，可能蒙受的交易风险就越大。

（2）外汇汇率的波动幅度。汇率波动的幅度越大，遭受外汇风险的可能性就越大。

（3）不同外币头寸波动幅度。在公司拥有多种外币业务的情况下，几种外币相对本币汇率变化的综合变动趋势，也就是几种货币汇率变化之间的相关程度，这些外币形成的交易风险或者形成叠加关系，或者形成相互抵消关系。

（二）折算风险

折算风险又称会计风险或转换风险、记账风险，是指企业在会计处理和外币债权、债务结算时，将必须转换成本币的各种外币计价项目加以折算时所产生的风险。

企业的外币资产和负债、收益和支出，都需按一定的会计准则换算成本国货币来表示。将外币债权、债务折算成本币时，由于使用的汇率与当初入账时的汇率不同，会产生账面上的损益。虽然折算风险所产生的损益并不是实际损益，但它会影响企业向股东和社会所公布的营业报告的结果。

【例 4-5】 我国某公司持有银行往来账户余额 200 万美元，汇率为 USD1＝CNY7，折成人民币为 1 400 万元。

3 个月后若美元发生贬值，人民币升值，汇率变为 USD1＝CNY6.5，该公司 200 万美元的银行往来账户余额折成人民币后就只有 1 300 万元了。在这三个月，该公司 200 万美元的价值，按人民币折算减少了 100 万元。

同一般的企业相比，跨国公司的海外分公司或子公司所面临的折算风险更为复杂。跨国公司海外分支机构以东道国的货币入账和编制会计报表时，需要将所使用的外币转换成东道国的货币，自然会面临折算风险；而当它们向总公司或母公司上报会计报表时，又要将东道国的货币折算成总公司或母公司所在国的货币，同样也面临折算风险。

【例 4-6】 北京某公司在美国有一分公司，该公司 2022 年 12 月 31 日的资产负债表如表 4-2 所示。

表 4-2 2022 年 12 月 31 日美国分公司的资产负债表 单位：万美元

资产	金额	负债和所有者权益	金额
现金	1 000	负债	10 000
应收账款	6 000	所有者权益	20 000
厂房及设备	20 000		
存货	3 000		
合计	30 000	合计	30 000

美元兑人民币的当天汇率是 1∶6.832 7，那么折算后的资产负债表如表 4-3 所示。

表 4-3 2022 年 12 月 31 日美国分公司的资产负债表 单位：万元人民币

资产	金额	负债和所有者权益	金额
现金	6 832.7	负债	68 327
应收账款	40 996.2	所有者权益	136 654
厂房及设备	136 654		
存货	20 498.1		
合计	204 981	合计	204 981

2023 年 1 月 1 日，美元兑人民币的当天汇率变为 1∶6.897 2，那么折算后的资产负债表如表 4-4 所示。

表 4-4 2023 年 1 月 1 日美国分公司的资产负债表 单位：万元人民币

资产	金额	负债和所有者权益	金额
现金	6 897.2	负债	68 972
应收账款	41 383.2	所有者权益	137 944
厂房及设备	137 944		
存货	20 691.6		
合计	206 916	合计	206 916

由此可见，仅一天的时间，由于汇率的变动，资产由人民币 204 981 万元增加到 206 916万元。

（三）经济风险

经济风险又称经营风险，是指由于非预期的汇率变动，使企业在将来特定时期的收益发生变化的一种潜在的可能性。经济风险是由于汇率的变动产生的，这种潜在的风险会直接关系到企业在海外的经营成果。公司的价值主要取决于它能带来的现金流量，而汇率的变动又通过影响企业的生产成本、销售价格，进而引起产销数量的变化，并最终带来获利状况的变化。

当本币贬值时，某企业一方面由于出口货物的外币价格下降，有可能刺激出口使其出口额增加；另一方面因该企业在生产中所使用的主要是进口原材料，本币贬值后又会提高以本币所表示的进口原材料的价格，出口货物的生产成本因而增加，该企业将来的纯收入具有不确定性，即为经济风险。

经济风险中所说的汇率变动，仅指预期之外的汇率变动，不包括预期之中的汇率变动。因为企业在预测未来的获利状况而进行经营决策时，已经将预期到的汇率变动对未来产品成本和获利状况的影响考虑进去了，因而排除在风险之外。对于企业来说，经济风险的影响比交易风险和折算风险更大，因为经济风险不能被准确地识别和测量，经济风险的测度很大程度上取决于销售数量、销售成本的变动对汇率变动的反应程度。交易风险和折算风险的影响是一次性的、相对短期的。而经济风险的影响则是在长期、中期和短期都存在，经济风险通过间接渠道产生，即汇率变化造成经济环境变化最终导致企业收益的变化。

三种外汇风险的比较如表 4－5 所示。

表 4－5　三种外汇风险的比较

	交易风险	折算风险	经济风险
目标	短期交易	合并报表	战略规划
关注点	现金流	资产和负债	现金流
价值导向	经济值	账面值	经济值
时期	有限的	有限的	无限的

三、外汇风险的经济影响

（一）对对外贸易的影响

一国的货币汇率下浮，有利于出口，不利于进口。若其他条件不变，等值本币的出口商品在国际市场上折合为比贬值前更少的外币，使该产品在国外的销售价格下降，竞争力增强。假定出口商品在国际市场上的外币价格保持不变，则本币贬值会使等值的外币兑换成比贬值前更多的本币，国内出口商品的出口利润增加。而以外币计价的进口商品在国内销售时折合的本币价格比贬值前提高，进口商成本增加，利润减少，进口数量相应减少；如果维持原有的国内销售价格，则需要压低进口商品的外币价格。因此，本币贬值会自动地抑制外国商品的进口。反之，若一国的货币汇率上浮，不利于出口，有利于进口。

（二）对国际资本流动的影响

外汇市场汇率变动对国际资本流动特别是短期资本流动有很大影响。当本国货币汇率下降时，国内资金持有者为了规避因汇率变动而蒙受的损失，就会把本国货币在外汇市场上兑换成硬币，导致资本外流；同时，外国在本国的投资者会调走在本国的资金，这不仅使本国国内投资规模缩减，影响其国民经济的发展，而且由于对外支出增加，将恶化本国的国际收支。反之，若本国货币汇率上升，则对资本流动的影响与上述情况相反。

（三）对涉外企业经营的影响

涉外经济部门及涉外企业由于在日常经营活动中涉及两种或两种以上的货币，因此不可避免地处于各种外汇风险之中。

1. 对涉外企业经营效益的影响

汇率波动频繁会使企业预期的本币现金流量和以外币计价的各种资产、负债的价值因汇率变动而发生变化，可能使企业遭受损失，也可能给企业带来收益。涉外企业只有了解和预测外汇风险，提高对外汇风险的管理水平，才有可能承受外汇风险所带来的收益或损失。

2. 对涉外企业经营战略的影响

企业经营战略是指企业人力、物力和财力的合理配置及产、供、销活动的总体安排。如果汇率变动有利于涉外企业的资金营运，企业就会采取大胆的、开拓性的经营战略，如扩张海外投资、扩大生产规模，开辟新产品、新市场；反之，若汇率变动不利于涉外企业的资金营运，企业就会采取保守、稳妥、谨慎的经营策略，把海外市场、海外融资缩小到一定范围。外汇风险的影响在一定程度上关系到涉外企业经营的成败。

3. 对涉外企业税收的影响

一般来说，涉外企业已经实现的外汇损失可享受所得税减免，已经实现的外汇赢利构成应纳税收入。因交易风险造成的外汇亏损，一般会降低当年的应纳税收入；因经济风险造成的外汇亏损，一般会降低未来几年的应纳税收入；会计风险由于不是现实的亏损，因此不能减免税收。涉外企业会将外汇风险所造成的税后结果降到最低，使税后收益最大化。但由于税收政策是由企业所在国决定的，因此，跨国经营企业应从全局着眼制定其外汇风险管理战略。

四、外汇风险成因

（一）汇率制度

不同国家采用了不同形式的浮动汇率制，部分国家采用盯住某一币种或一揽子货币的盯住汇率制。汇率制度成为汇率频繁波动的制度基础。

（二）会计制度

不同国家的会计制度往往在会计科目的划分、会计方法的选择、会计核算标准上存在差异。会计制度不同，折算风险的损益大相径庭。

（三）市场经济结构

外汇风险形成中，汇率的波动是首要的，但汇率波动能否造成外汇风险或这种风险究竟有多大，主要取决于一国的市场结构。

（四）国家政治体系

外汇风险中的国家风险是因国家强制力造成外汇交易、正常外汇业务中断而产生的风险，影响国家强制力的因素必然影响外汇风险。

专栏 4-1

中国银行业监督管理委员会关于进一步加强外汇风险管理的通知

银监发〔2006〕16号

各银监局，各政策性银行、国有商业银行、股份制商业银行：

最近，有关部门就人民币汇率形成机制和我国银行间外汇市场出台了一系列改革措施，在银行间即期外汇市场引入了询价交易方式和做市商制度。这些举措给银行业的经营和风险管理提出了新的要求和挑战。

为了有效控制银行业外汇风险，确保银行业安全、稳健运行，现就有关事项通知如下。

一、高度重视、全面评估人民币汇率形成机制改革与银行间外汇市场发展对本行外汇业务和外汇风险可能带来的影响。各行（含城乡信用社，下同）要研究并积极制定各项应对措施，以确保外汇业务发展战略与本行的风险管理水平、资本充足水平相适应。各行要根据新的人民币汇率形成机制和交易方式，进一步完善外汇风险管理制度，积极建立与外汇业务经营部门相独立的外汇风险管理部门或职能部门，将风险管理贯穿于整个外汇业务的全过程。

二、准确计算本行的外汇风险敞口头寸，包括银行账户和交易账户的单币种敞口头寸和总敞口头寸，有效控制银行整体外汇风险。与此同时，还应注意监控和管理银行贷款客户的外汇风险，及时评估贷款客户的外汇风险水平变化对其偿债能力的影响。

三、加强对外汇交易的限额管理，包括交易的头寸限额和止损限额等。各行应对超限额问题制定监控和处理程序，建立超限额预警机制，对未经批准的超限额交易应当按照限额管理政策和程序及时进行处理。做市商银行要严格控制做市商综合头寸。

四、提高价格管理水平和外汇交易报价能力。各有关银行机构要实现银行与外汇交易市场之间、与客户之间、与总分行之间外汇价格的有效衔接，实现全行统一报价、动态管理。各行在同业竞争和向客户营销时，要基于成本、收益和风险分析合理进行外汇交易报价，避免恶性价格竞争。

五、不断加强系统建设。做市商银行要加强交易系统、信息系统、风险管理系统建设，将分支行外汇交易敞口实时归集总行，并根据实际情况尽量集中在总行平盘，不断提高外汇交易和外汇风险管理的电子化水平。

六、制定并完善交易对手信用风险管理机制。在询价交易方式下，各行要通过加强对交易对手的授信管理等手段，有效管理交易对手的信用风险，并定期对交易对手的信用风险进行重估。各行应把外汇交易涉及的客户信用风险纳入企业法人统一授信管理。

七、有效防范外汇交易中的操作风险。各行要按照交易前准备、交易的实现、确认、资金清算、往来账核对、会计和财务控制等步骤严格识别和控制外汇交易中的操作风险。外汇交易的前、中、后台职责应严格分离。交易员要严格按照业务授权进行交易，后台人员要认真、及时进行交易确认、资金清算和往来账核对，发挥独立、有效的风险监控作用，必要时可设置独立的中台岗位监控外汇交易风险。切实加强各项规章制度的执行力度，有效控制合规性风险。

八、加强对外汇风险的内部审计。审计部门应配备熟悉外汇交易业务、能够对外汇风险进行审计的专业人员。要加强外汇风险内部审计检查，及时评估本行在外汇风险控制方面的差距，确保各项风险管理政策和程序得到有效执行。

九、严格控制外汇衍生产品风险。从事人民币兑外币衍生产品交易业务的银行，要严格按照《金融机构衍生产品交易业务管理暂行办法》的要求，建立有效的、与所从事的衍生产品交易相适应的风险管理制度，要从系统开发、会计核算等方面积极支持并配合新的衍生产品开发与业务发展。

十、配备合格的外汇交易人员、外汇风险管理人员。要充分运用市场化的手段招聘和遴选外汇交易人员和风险管理人员，建立有效合理的激励机制和业绩考核系统，以适当的待遇留住人才、吸引人才。

各行要认真落实《商业银行市场风险管理指引》《金融机构衍生产品交易业务管理暂行办法》等监管法规，建立和完善风险管理体系，积极提升包括外汇风险在内的市场风险管理水平，防止产生重大外汇交易损失。对于银行间外汇市场上的进一步创新，要积极与有关部门沟通，尽可能做好预案，提前做好各方面准备工作。对于重大事项，要及时通报监管部门。

请各银监局将本通知转发给辖内各城市商业银行、城市信用社、农村商业银行、农村合作银行、农村信用社和外资银行。

二〇〇六年二月二十八日

资料来源：中国银行业监督管理委员会．关于进一步加强外汇风险管理的通知［EB/OL］．（2006－02－28）［2024－05－28］．https：//www.cbirc.gov.cn/cn/view/pages/governmentDetail.html？docId＝269013&itemId＝861&generaltype＝1.

第二节 外汇风险管理内容

一、外汇风险管理的概念

外汇风险管理就是对外汇风险的特征以及影响因素进行识别与测定，并设计和选择防止损失发生的处理方案以达到风险管理的最佳效果。

外汇风险是涉外经济中不可避免的一种风险，对一国政府、企业乃至个人都会产生很大影响。因此，对待外汇风险应积极主动地进行风险管理。在日趋波动的经济和金融环境下，外汇风险管理能力已经成为涉外企业生存和发展的核心竞争力之一。

二、外汇风险管理的原则

外汇风险管理的目标是充分利用各种有效的防范方法，力争减少汇率波动带来的经济损失，控制或消除业务活动中可能面临的不利影响。为了达到上述目标，外汇风险管理中应该遵循以下基本原则。

（一）稳妥防范原则

稳妥防范是指规避或转嫁外汇风险的同时还应尽可能地从风险防范中获利。依据不同程度及不同性质的外汇风险表现形式进行分类，有针对性地制定风险规避方法。例如：在面临交易结算风险时，考虑采用不同的计价货币的可行性，制定合理的措施应对外汇风险；在面临债券受汇率浮动影响产生风险时，选取合理有效的防范方式，保值为主，升值为辅。

（二）全面重视原则

外汇风险有不同种类，有的企业经营活动中可能只会面临一种风险，而有的企业可能面临多种风险。所以，跨国经营的企业需要对国际结算、国际筹资成本、跨国投资收益及外汇买卖等项目下的外汇风险能够全面清晰地识别，避免造成重大损失。

（三）损失可承受原则

损失可承受原则是把外汇风险损失减小到尽量低的限度，但并不意味着风险为零，外汇风险管理过程中应尽可能缩短外汇敞口的期限、减少外汇敞口的额度。

三、外汇风险管理的思路

经济交易主体对外汇风险所持的态度主要包含以下三类。

（一）外汇风险规避

这是投资者有意识地避免某种特定外汇风险的风险管理方法。预防并控制损失是为降低发生外汇损失的可能性或严重性而采取的措施，可以在损失发生前、发生中或发生后采取该措施。

（二）外汇风险留存

这是指投资者不采取任何规避外汇风险的措施，自己承担外汇风险并以自己的财产来弥补损失。

（三）外汇风险转移

这是指投资者采取措施将部分或全部外汇风险转移给他人。转移外汇风险最基本的方法是出售有风险的外汇资产。

四、外汇风险管理策略

（一）完全不防范策略

完全不防范策略是对外汇风险不采取任何措施，当汇率朝有利方向变动时则坐收其利，汇率朝不利方向变动时则甘愿蒙受损失，这是一种消极的战略。一般在以下几种情况下采用此战略。

1. 典型的固定汇率制

典型的固定汇率制下，汇率波动的规律性较明显，且波动幅度不大。

2. 外汇业务量小

若外汇业务量小，那么防范外汇风险的费用比可能遭受外汇风险的损失大，此时最佳的选择就是完全不防范。

3. 出于投机心理

有些投机者出于投机心理，认为汇率将会朝着对自己有利的方向波动，这时会采用此策略。

在浮动汇率制下，对外汇风险采取完全不防范策略的经济主体很罕见，因为一般情况下，外汇市场的均衡状态几乎不可能实现。

（二）完全防范策略

完全防范策略是对可能面临的外汇风险采取严格的防范措施。这种策略能有效防范外汇风险，但不是最经济的策略。在防范外汇风险的同时需花费高成本，费时费力，而且可能会丧失潜在的投机收益。

（三）部分防范策略

部分防范策略即对所面临的外汇风险一部分采取防范措施，其他部分则予以放置的战略。采用此战略的关键是要决定全部受险部分哪些需要采取防范措施，哪些不需要采取防范措施，需要采取防范措施的受险部分占全部受险部分的比重多大。该策略主要考虑的是防范外汇风险的成本，尤其是防范外汇风险的成本与不采取防范措施时可能蒙受的损失之间的比较。此外，防范外汇风险的难易程度、对汇率走势的预测水平及经营者的经营风格等都是影响因素。一般来说，该策略可以分为以下两种类型。

1. 主动进取型

采取此类防范外汇风险策略的企业，在高风险、高收益和低风险、低收益中选择高风险、高收益。这些经营者除了对某些受险部分采取措施以防范外汇风险外，当预测汇率可能朝自己有利的方向波动时，不仅不会平衡头寸，甚至还会有意识地使某些币种处于“超买”或“超卖”的地位，以坐收汇率变动之利。因此，这种类型的战略可能使经营者获得较高的风险收益或者较大的风险损失，具有较强的投机性。

2. 被动防守型

采取此类防范外汇风险策略的企业，在高风险、高收益和低风险、低收益中选择低风险、低收益。这些交易者尽可能地对受险部分采取防范风险的措施，虽然没有多少风险收益，但也没有什么风险损失，以稳健经营为原则。

第三节　外汇风险管理工具

实行浮动汇率制后，由于汇率波动频繁，面对各种类型的汇率风险，涌现了许多创新的防范风险办法，这些办法通常可以分为两大类：一是贸易类，即利用贸易谈判、合同的商洽和经营决策来规避外汇风险；二是金融类，即借助金融工具来规避外汇风险。

一、贸易类

运用贸易谈判、合同的商洽和经营决策能够较好地规避外汇交易风险。

（一）提早或延期收付

提早收付包括提早收汇和提前付汇两种。提前付汇是在企业的应付外汇账款中的计价货币预计出现升值时使用的方法；而提早收汇是指在企业的应收外汇账款中的计价货币预计出现贬值时使用的方法。主要目的是通过缩短外汇敞口的时间间隔来减少交易风险。

【例4-7】 我国的出口商与英国的进口商签订了以欧元为计价货币、90天之后收款的出口合同，如果订立合同之后欧元出现了大幅度升值，而且这种情况短时间内不会改变。这时英国的进口商可以通过提前付汇的方法减少损失。

延期收付与提早收付做法相反。当企业的应收外汇账款中的计价货币出现升值或者企业的应付外汇账款中的计价货币出现贬值时均可以延迟收付。

上述方法可简单归纳为表4-6。

表4-6 企业提早或延期收付法

企业类型	外币贬值	外币升值
出口企业	提早收汇	延期收汇
进口企业	延期付汇	提早付汇

实际交易中，如果一方申请提早收付或者延期收付，一般会给对方一定的补偿来弥补对方的损失，具体的补偿数额一般由双方协商确定。

（二）选择币种、优化货币组合

1. 本币计价法

外汇交易中双方有两种计价货币的选择方法：第一是以第三国货币计价；第二是以任意交易方的本国货币计价。一般而言，外汇交易中应尽量选择以本国货币计价。但是在实际操作中，并不是所有企业在进行对外贸易活动时都能够以本币计价结算，因为以本币计价结算则意味着外汇风险转移至交易对手方。除非是紧俏商品出口，否则很难实现。在对外贸易中，能够用双方都接受的本币计价结算的一般是储备货币。

2. 合理选择货币币种

一般原则是出口以硬币计价，进口以软币计价。对于债权人来说，应该尽量争取让债务人用硬币支付，这对于债权人来说没有风险。对于债务人来说，应该尽量争取用软币向债权人支付，但这样会将外汇风险转嫁给交易对手方。

3. 软硬货币搭配法

货币的软和硬是有时间性的，在实际交易中，由交易的一方独自承担汇率风险一般是难以接受的。折中的做法是一半用硬币，另一半用软币，使买卖双方共同承担风险。

4. 平衡结汇法

平衡结汇法是指创造一个与存在风险相同币种、相同金额、相同期限的资金反方向流动，以抵补外汇敞口。

【例4-8】 某公司在90天之后有一笔100万美元的应收外汇账款，该公司应设法签订一笔90天之后支付的100万美元的进口合同，通过该笔期限、金额相同的应付账款抵消应收账款，从而消除外汇风险。

一般情况下，一个公司所有交易的收支完全平衡是无法做到的。在金额较大，存在着一次性外汇风险的贸易中可采用平衡结汇法。

（三）保值条款

1. 黄金保值条款

布雷顿森林体系崩溃后，各国货币与黄金脱钩，黄金平价失去作用。但在浮动汇率制下，由于汇率波动的加大，导致外汇风险上升，有些国家采用黄金保值条款。即在贸易合同中，规定黄金为保值货币，签订合同时，按当时计价结算货币的含金量，将货款折算为一定数量的黄金，到货款结算时，按结算时的含金量，将黄金折回成计价结算货币进行结算。

【例 4-9】 A、B两国签订借贷合同，金额为10 000万美元，借贷期限为1年，并在合同中加列黄金保值条款。（注：此处不考虑利息，只算本金）

借款时：1美元＝0.03克黄金，10 000万美元＝300万克黄金

还款时若美元贬值：1美元＝0.028克黄金

还款人应偿还的本金为300万克黄金÷0.028＝10 714.29万美元。

此例中，借贷交易无论成交时还是偿还时，本金始终是与300万克黄金等值的美元，避免了合同中借款货币美元价值变化给借贷双方带来不合理利益的重新分配。但黄金保值条款是传统的保值条款，现已很少使用。

2. 硬币保值条款

在贸易合同中，规定某种软币为结算货币，某种硬币为保值货币，签订合同时，按当时软币与硬币的汇率，将货款折算成一定数量的硬币，到货款结算时，再按结算时的汇率，将硬币折回成软币来结算。此方法一般规定汇率波动幅度，在规定的波动幅度内，货款不做调整，超过波动幅度，货款则做调整。

【例 4-10】 一笔进出口贸易合同，其支付货币是美元，合同金额10万美元，双方约定以日元为保值货币。若规定美元兑日元的汇率上下波动达到5%则调整货款。在签约时，美元兑日元的汇率是1∶100，合同金额折算为1 000万日元，到了支付日时，美元兑日元的汇率变为1∶80，则应付合同金额为12.5万美元，从而使美元贬值给收汇方带来的损失得以弥补。若支付日，美元兑日元汇率变为1∶98，美元兑日元的汇率上下波动未达到5%，则合同金额不变。

3. "一篮子"货币保值

"一篮子"货币保值指的是选择多种货币对合同货币保值。在浮动汇率制下，各种货币的汇率时时刻刻都处在变动之中，而且变化的方向和幅度并不一致，由于是多种货币的组合，不同货币的汇率有升有降，汇率的风险得以分散。在使用"一篮子"货币保值时，须确定组合由哪几种货币构成；确定计价结算货币与组合货币之间的汇率，并规定各种组合货币与支付货币之间的汇率变化的调整幅度。到期支付时，汇率的变动超过了规定的幅度，则按合同规定的汇率进行支付，从而达到保值的目的。

【例 4-11】 一份金额为500万美元的贸易合同，约定以美元、日元、英镑作为保值货币，其中美元、日元各占30%，英镑占40%。

（1）已知签约时汇率为 USD1＝JPY120；GBP1＝USD1.5，则 500 万美元折算成保值货币为：

500×30%×1＝150 万美元

500×30%×120＝18 000 万日元

500×40%÷1.5＝133.33 万英镑

（2）签约时，合同货币与一篮子货币的关系为：

500 万美元等值于 150 万美元、18 000 万日元与 133.33 万英镑的总值。

（3）若支付时，市场汇率变动为 USD1＝JPY130：GBP1＝USD1.43，则将各保值货币再折算为合同货币：

150 万美元÷1＝150 万美元

18 000 万日元÷130＝138.46 万美元

133.33 万英镑×1.43＝190.66 万美元

150 万＋138.46 万＋190.66 万＝479.12 万美元

（4）货款支付日，由于美元升值，进口商只需向出口商支付 479.12 万美元即可。

4. 价格调整法

在国际贸易中，一般坚持出口收硬币，进口付软币的原则，但是在实际交易中，可能会出现出口商收软币，进口商付硬币的情况，这时可以通过调整进出口商品价格的方法，将外汇风险分摊到价格中去，即价格调整法。价格调整法包括加价保值法和压价保值法。

加价保值的计算公式为：

出口商品的新价＝出口商品的原价×[1÷(1－计价货币预期贬值率)]

压价保值的计算公式为

进口商品的新价＝进口商品的原价×[1÷(1＋计价货币预期升值率)]

（四）贸易融资法

涉外企业应清晰地认识防范外汇风险的重要性，将各种规避外汇风险的工具作为常规手段，可以通过出口押汇、打包放款、福费廷、保付代理等贸易融资方法降低外汇风险。

二、金融类

（一）即期合同法

即期合同法是指具有应收或者应付外汇账款的企业通过与外汇银行签订出卖或者购买外汇的即期合同来消除外汇风险的方法。即期交易通过资金反向流动降低风险，具体操作参见第三章相关内容。

（二）远期合同法

远期合同法是指具有应收或应付外汇账款的企业通过与外汇银行签订出卖或者购买外汇的远期合同来消除外汇风险的方法。远期合同法的基本原理是利用远期合同，将外汇风险的成本固定在一定范围内，同时将不确定的汇率变动因素转化为可计算因素，具体操作参见第三章相关内容。

（三）期货合同法

期货合同法是指具有应收或应付外汇账款的企业，在外汇期货市场，根据标准化原则与清算公司或经纪人签订货币期货合同，以消除或减少外汇风险的方法，包括多头套期保值和空头套期保值，具体操作参见第三章相关内容。

（四）期权合同法

期权合同法就是具有应收或应付外汇账款的企业，通过外汇期权市场进行外汇期权交易，以降低外汇风险的方法。期权合同法的原理是利用期权交易合约的买方具有选择权的特点，通过选择是否执行期权合约规避汇率波动对企业的影响，具体做法是买进看跌期权和买进看涨期权，具体操作参见第三章相关内容。

（五）掉期合同法

掉期交易是指在买进或卖出一种期限的某种货币的同时，卖出或买进另一种期限的同种货币的外汇交易。掉期交易因为实现了资金的反向流动，所以可以减少外汇风险，具体操作参见第三章相关内容。

（六）择期合同法

择期交易是指外汇买卖双方在签订远期合同时，事先确定交易的币种、数量、汇率和期限，但交割可在这一期限内选择进行的一种远期外汇交易方式。交割日的期限范围如果为从成交日至到期日的整个期间，就称完全择期交易，如果定于该期间中某两个具体日期之间或具体的月份，就称部分择期交易。择期合同法的基本原理是利用择期合同，将外汇风险的成本固定在一定范围内，具体操作参见第三章相关内容。

（七）借款法

借款法就是拥有应收外汇账款的企业通过向银行借入一笔与远期收入金额相同、期限相同、币种相同的贷款，并通过融资来降低外汇风险的一种方法。借款法的原理就是通过改变外汇风险中的时间结构来降低外汇风险。但是因为要从银行借款，所以借款法防范外汇风险是有成本的，即借款利息。但如果利息的支出小于汇率波动带来的损失，仍可以起到规避风险的作用。

【例 4-12】 我国某公司向美国出口价值 500 万美元的货物，半年后收回货款。该公司即可在签订贸易合同后首先从外汇银行借入 500 万美元贷款，然后将 500 万美元在现汇市场出售，收回本币资金，半年后收回 500 万美元货款，以此偿还外汇银行借款（不考虑利息）。

对该公司来讲，借助这一操作，将本来应该在未来进行的本、外币之间的兑换提前到现在进行，从而消除了未来汇率变化的影响。

（八）投资法

投资法就是有应付外汇账款的企业通过将一笔资金投放于某金融市场，一定时期之后连同利息收回，从而使该笔资金增值，并降低外汇风险。投资法的原理也是通过改变时间结构来降低外汇风险，但是与借款法不同的是，借款法是将未来的收入转移到现在，投资法是将未来的支付转移到现在。

【例 4-13】 某公司从国外进口价值 100 万英镑的货物，半年后货到付款。该公司即可在签订贸易合同后先在现汇市场购进100万英镑，然后在国际货币市场将100万英镑做半年期投资。半年后收回英镑投资本息，然后用收回的100万英镑（不考虑利息）本金支付货款。

（九）BSI和LSI法

在即期合同法、借款法和投资法的基础上，将这三种方法综合利用，可达到消除外汇风险的方法，就是BSI和LSI法。

1. BSI法

BSI法即借款—即期合同—投资法（Borrow-Spot-Invest，BSI）。

（1）BSI法在应收外汇账款中的应用。

企业首先从银行借入与应收外汇账款相同数额、相同币种、相同期限的外币，将借入的外币通过即期交易兑换成本国货币，再将换得的本币进行投资，投资的期限与应收账款的期限一致，到期后将本金和利息全部收回，应收外汇账款用于偿还银行借款，投资的利息所得用于弥补银行借款的利息。

【例4-14】 法国某公司60天之后有一笔100万美元的应收外汇账款，为防止美元对欧元的汇率出现波动，法国公司可以先向银行借入100万美元（不考虑利息因素），时间是60天，在借得这笔款项后按即期汇率USD1=EUR0.835 7兑换成83.57万欧元，随后将83.57万欧元投资于金融市场，期限是60天。60天后，法国公司的应收美元账款到期，以收回的美元账款偿付美元债务，最终消除了美元债务的汇率风险。

（2）BSI在应付外汇账款中的应用。

企业从银行借入与应付账款相同期限的本币，将借入的本币通过即期交易兑换成与应付账款币种相同、金额相等的外币，再将换得的外币进行投资，投资的期限与应付账款的期限一致，到期后将本金和利息全部收回，本金用于应付账款的支付，投资的利息所得用于弥补银行借款的利息。银行借款的本金则以应付账款对应的进口商品国内销售收入偿还。

2. LSI法

LSI法即提早收付—即期合同—投资法（Lead-Spot-Invest，LSI）。

（1）LSI在应收外汇账款中的应用。

有应收外汇账款的企业在征得债务方的同意后，请其提前支付货款，并给予对方一定的折扣，然后通过即期合同兑换成本币，与此同时，将换回的本币用于短期投资，用其收益弥补折扣的损失。

（2）LSI在应付外汇账款中的应用。

有应付外汇账款的企业先借入一笔与外币金额等同的本币贷款，通过即期合同将本币兑换成外币，以外币提前支付并获得对方的折扣。整个过程虽然是借款—即期合同—提早支付，但是国际传统习惯不把它称为BSL，而称为LSI。

综上所述，外汇风险管理对持有外汇收入的企业至关重要，涉外企业应针对外汇收付的具体情况，优选外汇风险防范方法以缓解汇率波动对企业的影响。

专栏 4-2

日本企业外汇风险管理措施

日本经济以出口为导向。这一点在东亚其他国家和地区有一定的可比性，比如韩国、新加坡、马来西亚等，对中国企业也有一定的借鉴意义。

一、短期措施

1. 外汇期货交易

布雷顿森林体系的崩溃直接促使美国推出外汇期货。通过外汇期货交易来回避金融风险已经为大部分企业所采用。据日本经济产业省统计，约有40%的日本企业会选择采取外汇期货交易来规避风险。

2. 扩大日元结算

外汇风险主要存在于对外交易使用外币时，如果使用本国货币来结算，则可以避免外汇风险。日本企业采用日元结算的交易不断增加。

3. 外汇资产平衡

日本许多跨国企业在欧洲等地设立金融运营公司，通过对冲和债权、债务调整等对外汇资产进行管理和平衡。但这种措施仅限于跨国企业，中小企业则难以适用。

4. 反向交易平衡

日元升值有利于进口而不利于出口。日本既有出口又有进口业务的大公司，主要是综合商社，采取了减少出口、扩大进口的措施来规避日元升值带来的风险，维持公司的盈利。但这种方法适用企业也较少。

5. 价格转嫁

将日元升值带来的出口成本增长部分，转嫁到出口商品价格上，由海外进口商承担部分风险。但在激烈的市场竞争中，这种方法的运用存在较大难度。

二、中长期措施

短期的金融措施并不能完全回避外汇风险，必须从中长期的产品结构调整入手。日本企业正是采取了提高产品附加值、增强竞争力等措施，才真正克服了日元升值带来的不利影响。

1. 调整产业结构，提高附加值，增强产业竞争力

第一是通过技术创新和差别化战略，提高产品附加值。例如，日本电视机就经历了黑白电视、彩色电视、平面电视、数码电视等不断升级换代的过程。汽车也实现了由大众车向高级车、混合动力车的转变。第二是通过技术革新、增加廉价零部件进口、减少能耗等措施来降低生产成本。

2. 加快海外转移，强化海外生产体制，扩大多边贸易

充分利用日元升值带来的汇率优势，建立全球化生产体制，同时提高当地零部件采购比例，培育当地协作企业，扩大多边贸易。这样既可以提高对汇率变动的抵抗能力，又能够确立全球化的内部分工体系，还可以带动原材料和零部件的出口。

专栏 4-3

中国企业应增强汇率风险管理能力

在融入全球经济的进程中，做好汇率风险管理应当成为企业稳健经营的“必修课”。企业应坚持“风险中性”理念，不断增强汇率风险管理能力。

央行货币政策委员会提出，深化利率、汇率市场化改革，健全市场化利率形成和传导机制，引导企业和金融机构坚持“风险中性”理念，稳定市场预期，保持人民币汇率在合理均衡水平上的基本稳定。这为企业有效应对汇率市场变化、实现更加稳健的经营，提供了重要引导。

很多企业尤其是国际业务占比较高的企业，不可避免地要和汇率打交道。2020 年以来，人民币汇率在合理均衡水平上保持了基本稳定，双向波动的幅度有所增加。面对同样的市场环境，有的企业汇率风险管理意识较强，经营没有或很少受到市场波动影响，未来开拓国际业务的信心更足；有的企业则表示，汇率波动给企业利润带来了较大损失。这表明，能不能实现有效避险，对企业业绩表现可能会产生一定影响，需要给予足够重视。

近年来，随着汇率市场化改革的不断推进，整体上我国企业的汇率风险管理水平也在不断提升。然而也要看到，还有一些企业对汇率风险管理不够重视。国家外汇管理局对 2 400 多家企业的问卷调查显示，有的企业汇率风险管理意识相对薄弱，甚至有企业不进行任何金融避险；有的企业平日不采取任何汇率避险措施，习惯在汇率波动加剧时才重视汇率风险管理。这些问题说明，在融入全球经济的进程中，做好汇率风险管理应当成为企业稳健经营的“必修课”。

人民银行和国家外汇管理局多次倡导，企业要坚持“风险中性”理念。所谓风险中性，是指企业既不追求人民币升值、也不期待人民币贬值，无论汇率是升是降，都能正常看待。历史上，由于多种因素，人民币汇率有时呈现单边走势，客观上助长了一些企业“押”人民币汇率走势的倾向。实际上，在市场化程度越来越高的今天，人民币汇率有涨有跌是正常现象。企业要逐渐适应人民币汇率双向波动的市场环境，坚持“风险中性”理念，正确看待汇率波动。只有这样，才能在市场正常波动中更加游刃有余。

合理使用金融工具进行避险，是企业增强汇率风险管理能力的重要手段。企业可以考虑通过外汇衍生品等金融工具，将汇率波动给生产经营活动造成的不确定性降到最低。为了更好地满足市场主体的汇率风险管理需求，近年来我国稳步发展外汇衍生品市场，在丰富交易工具、扩大参与主体、优化基础设施等方面取得了不同程度的进展。目前，我国外汇市场已具备即期、远期、掉期、货币掉期和期权等主要外汇交易产品类型，可以满足企业汇率避险管理需求。同时，凡依法可使用外汇结算的跨境交易，企业也可以使用人民币进行结算，从而在根本上规避汇率风险。

当然，做好汇率风险管理不应只是企业一方的责任。金融机构要不断丰富避险产品，满足企业多样化的避险保值需求，进一步降低避险保值成本。监管部门应健全开放、有竞争力的外汇市场，继续丰富外汇供求类型、扩大市场参与主体、完善市场基础设施。相信在各方的共同努力下，我国企业一定能够最大限度排除汇率波动的“干扰”，更加坚实有力地走向世界。

资料来源：晓超．中国企业应增强汇率风险管理能力[N]．人民日报，2021-01-18（18）．

本章小结

1. 外汇风险又称汇率风险或汇兑风险，是指在一定时期内，经济实体或个人以外币计价的资产或负债、收支或支出，以及未来的经营活动可能产生的现金流量的本币价值由于货币汇率变动而引起的上升或下跌的可能性。外汇风险可能有两个结果：获得利益或是遭受损失。

2. 外汇风险有三个构成因素：本币、外币和时间。

3. 外汇风险可以分为交易风险、折算风险和经济风险三种类型。

4. 交易风险是指在以外币计价的交易中，由于外汇汇率的波动而引起应收资产或应付债务价值的变化使交易者蒙受损失的可能性。交易风险又可分为外汇买卖风险、外汇借贷风险和交易结算风险。影响交易风险的因素有三个：(1) 企业拥有的远期外汇的头寸；(2) 外汇汇率的波动幅度；(3) 不同外币头寸波动幅度。

5. 折算风险又称会计风险或转换风险、记账风险，是指企业在会计处理和外币债权、债务结算时，将必须转换成本币的各种外币计价项目加以折算时所产生的风险。

6. 经济风险又称经营风险，是指由于非预期的汇率变动，使企业在将来特定时期的收益发生变化的一种潜在的可能性。

7. 外汇风险管理策略包括：完全不防范策略、完全防范策略、部分防范策略。

8. 外汇风险的管理方法大致可以分为两大类：一是贸易类，即利用贸易谈判、合同的商洽和经营决策来规避交易风险；二是金融类，即利用金融工具来规避交易风险。

思考题

1. 重要概念

外汇风险；交易风险；会计风险；经济风险；外汇风险管理；平衡结汇法；借款法；投资法；BSI 法；LSI 法。

2. 简答题

(1) 简述外汇风险的要素。

(2) 简述外汇风险的种类。

(3) 简述外汇风险的经济影响。

(4) 简述外汇风险的成因。

(5) 简述外汇风险的管理原则。

(6) 简述外汇风险管理策略。

(7) 试述外汇风险管理工具。

在线自测

扫一扫 练一练

第五章　国际结算与贸易融资

学习目标

通过本章的学习，了解国际结算体系中银行的角色，熟悉相关的国际票据法律和惯例。熟悉票据基础知识，重点理解票据的基本特征。掌握汇票、本票和支票的概念和基本使用方法，掌握汇款、托收、信用证、国际保理的特点及使用流程。掌握针对进口商和出口商的主要贸易融资方式。

学习方法

1. 预习法。通过预习，了解本章的内容，对国际结算的相关内容有一个初步的把握；运用国际化视野，认识国际结算行为发生所处的国际化环境，理解票据和结算方式的应用背景，熟悉相关国际票据法律间的冲突与分歧。

2. 联系学习法。运用比较分析的方法总结汇票、本票和支票三者之间的联系与区别，对比分析不同结算方式的特征和使用流程，区分不同融资方式的适用情形。

3. 完成本章后面的思考题。

案例导读

沙特当地时间2023年5月16日，中国工商银行沙特吉达分行开业仪式暨人民币业务推介会在沙特阿拉伯首都利雅得成功举办。吉达分行是中国工商银行继利雅得分行之后在沙特开设的第二家分行。

近年来，中沙进一步加强全面战略伙伴关系。2022年中沙贸易额达到1 160亿美元，创历史新高，充分展现了双方经贸合作的蓬勃生机与活力。中国工商银行是最早进入中东市场的中资银行之一，在沙特、阿联酋、卡塔尔、科威特4个国家设有机构，资产规模居当地中资银行第一。其中在卡塔尔，中国工商银行多哈分行担任多哈人民币清算行；在沙特，中国工商银行利雅得分行于2016年成立。

目前，中国工商银行已建成覆盖69个国家和地区的全球服务网络，并在11个国家担任人民币清算行。沙特吉达分行的开业，进一步完善了工商银行在中东地区的网点布局，拓展了中资银行金融服务的覆盖面。中国工商银行将充分发挥国际化经营和人民币业务优势，与广大合作伙伴紧密携手，以优质金融服务助推共建“一带一路”倡议和沙特“2030愿景”深入对接，努力为两国经济发展贡献更大力量。

资料来源：王海洲，胡冠．中国工商银行沙特吉达分行开业［EB/OL］．（2023－05－17）［2024－05－28］．https：//cj.sina.com.cn/articles/view/2810373291/a782e4ab02002i4s8.

请根据以上资料思考下列问题：

1. 银行在国际结算中的作用是什么？

2. 人民币清算行与海外普通分行的区别是什么？

第一节 国际结算中的往来银行

国际结算是一种基础性的跨国金融活动。国家间的各种交易或往来，诸如货物买卖、服务贸易、技术贸易、直接投资、商务合作等，均会产生债权债务关系及资金流动。通过商业银行的国际结算运作，全球的货币收付和资金流动得以顺利实现，国家间的各种往来与交易得以正常进行。

国际结算就是按照一定的规则、程序，借助金融工具、结算方式以及银行的跨国合作，清偿国家间的债权债务并实现资金转移的金融活动。

一、现代国际结算特征

现代国际结算的特征主要体现在以下几点。

（一）从现金结算到票据结算

国际结算伴随着国际贸易的产生而出现。早在16、17世纪，早期的票据就开始在欧洲大陆使用。从那时起，国际贸易结算就逐渐从以现金（金银货币）结算发展到以票据结算。随着国际贸易的迅速发展和有关票据法律制度的建立和完善，票据在国际结算中的优越性日益显著，并最终取代现金成为基本结算工具。在现代经济中，票据的使用已经普及到国际和国内几乎所有经济交易中。

（二）从买卖双方直接结算到通过银行进行结算

现代国际贸易结算已经形成以银行为中心、支付和融资相结合的模式。借助高效的银行结算系统，买卖双方能以极低的成本获得银行提供的高质量专业结算服务，使资金得以安全、迅速地转移。通过银行进行结算，买卖双方还能从银行获得担保、融资和资讯等方面的便利。

（三）从凭实物结算到凭单据结算

随着运输技术和价格条件的变化，现代国际贸易的交货方式逐渐从过去的“实际交货”发展到“象征性交货”。象征性交货是指卖方以向银行或买方提交全套合格的货运单据作为其履行合同交货义务的证明，即以“交单”代替“交货”。在象征性交货中，卖方只需将货物交给指定承运人并缮制单据，而无须将货物置于买方的实际控制之下。即使货物实际上已在运输途中遇险受损，卖方仍然可以凭借全套合格单据要求买方支付货款。同样，合同中卖方承担的其他义务，通常都要求提供相关单据作为证明。

买卖双方之间凭单据结算的做法，在某种程度上已经成为一种独立于货物买卖合同的关于“单据”的买卖。国际结算业务通常需要处理的单据多种多样，包括商业发票、运输单据、保险单据，以及在报关、商检、银行等环节需要的各类证明文件等。

（四）从纸质单据结算到无纸单据结算

单据电子化是现代国际结算发展的明显趋势。传统国际结算单据的载体是纸张。使用纸质单据存在重复劳动多、浪费严重、出错率高、处理缓慢等问题。随着国际贸易量的急剧增长，纸质单据带来的弊端愈加严重。随着现代计算机技术和通信技术的发展和应用，特别是互联网的迅猛发展，国际结算单据的缮制、处理、交接、传递都出现了一系列新的变化，其中重要的推动力量是电子数据交换（EDI）技术的使用以及各家银行相继成立的单证中心。

1. 电子数据交换

电子数据交换（Electronic Data Interchange，EDI）是指将与贸易有关的运输、保险、银行和海关等行业的信息，用一种国际公认的标准格式进行编制，然后通过计算机网络，实现各有关部门或公司与企业之间的数据传输与处理，并完成以贸易为中心的全部业务过程。

2. 单证中心

单证中心模式通过当今最先进的计算机技术和影像传输技术，将分散在全球各分支机构的国际结算和贸易融资业务统一集中到单证中心处理，从而达到提高工作效率、降低运营成本、控制操作风险和规范操作标准的目的。

二、银行在国际结算中的作用

银行是国际贸易结算的中心枢纽，也是企业进行国际贸易活动时不可缺少、不可替代的助手。在国际结算过程中，银行向客户提供如下服务。

（一）国际汇兑

国际汇兑指通过国家间银行的“汇”与“兑”来实现国与国之间债权债务的清偿和国际资金的转移。“汇”是指货币资金在不同国家之间的转移，“兑”是指不同国家货币的相互转换。

国际汇兑还包括在国际贸易中，银行接受进出口商的委托，办理国际汇款、托收、信用证、国际保理等业务。依据资金流向与结算工具传递方向的关系，汇兑可分为“顺汇”和“逆汇”两类。

顺汇（Remittance）又称汇付法，是由交易的付款人或债务人（如进口商）主动将款项交给银行，委托银行使用相应的结算工具，向收款人或债权人（如出口商）支付约定的款项。这种方法由于结算工具的传递路径与资金流动呈同一方向，故称顺汇。

逆汇（Reserve Remittance）又称出票法，是由交易的收款人或债权人（如出口商）签发票据并委托银行使用相应的结算工具，向付款人或债务人（如进口商）收取约定的款项。这种方法由于结算工具的传递路径与资金流动呈反方向，故称逆汇。

（二）担保

经济交易过程中银行往往应客户请求，使用担保或保证来出让信誉度高的银行信用，以便利交易的进行。担保类业务属于银行的表外业务，不需要占用银行自有资金，却能带来稳定收入，因而正常情况下银行乐意开展担保业务。银行担保业务主要包括备用信用证、银行保函、票据承兑业务等。

（三）贸易融资

贸易融资是指围绕国际贸易运作而产生的资金借贷、信用支持及相关配套服务的金融活动。伴随着世界贸易的演进，贸易融资已经从银行的传统信贷业务，发展变革为涵括了多种融资产品及增值性服务的综合金融安排，成为贸易金融的核心业务。典型的贸易融资通常是商业银行在国际结算运作过程中向进出口商发放的贸易信贷，如进出口押汇、贴现、打包放款、预支信用证等，这些融资能够有效缓解交易各方在合同履行各环节发生的资金周转困难。

（四）其他服务

银行经营业务的特点使其自然而然就可以获得有关市场和企业的大量信息。银行利用这些信息优势，能够为客户提供有价值的服务，如远期外汇买卖（外汇期货）、客户资信调查、信用证审核等。

三、国际结算中的往来银行

要实现资金在全球范围内的安全、顺畅转移，以及国与国间的国际金融业务开展，国际结算的运作必须借助以各种方式、途径在目标市场建立经营国际结算业务的高效银行网络与账务管理平台来进行。国际结算中的往来银行有两类，一类是银行在境外开设的分支机构，另一类是代理行。由于银行在境外开设的分支机构数量有限，通常银行开展国际结算业务更多的是借助代理行，因而本节内容主要是介绍代理行，银行境外分支机构通过专栏 5－1 做简要介绍。

专栏 5－1

银行境外分支机构

一般来说，经营国际结算业务的商业银行都在境外设有分支机构。境外分支机构的设立方法主要是新设，也可以通过跨国并购的方式来设立。商业银行以新设机构的组织形式表现的境外分支机构，主要包括代表处、办事处、分支行、附属银行等；跨国并购设立新机构的组织形式主要是联营银行。

1. 代表处

代表处（Representative Office）是商业银行母行在境外开设的代表该银行的办事机构，是商业银行境外分支机构中最简单、最低层级的组织形式，也是将来设立更高层级机构的一种必需过渡形式。根据各国监管规定，商业银行想要在海外设立分支行，必须有设立代表处一定时限的要求。

代表处作为非营业性的办事机构，不具备法人资格，不能在东道国吸收存款和发放贷款，也不能从事汇票承兑和信用证业务。代表处的作用主要是代表总行与东道国客户、银行及政府管理部门保持联系，为总行收集与介绍东道国的政治、经济、法律、银行业务等方面的信息，为将来开办分行做准备。代表处的所有营运资金都来自总行，而且因其不能开展业务，不产生收入或利润，所有成本与风险均由母行承担。

2. 办事处

办事处（Agency Office）是商业银行设在境外的，能够从事资金汇兑和贷款业务，但不能在东道国吸收当地存款的分支机构。

办事处和代表处一样，都不具备法人资格，其业务范围介于代表处和分行。办事处可以从事一系列非存款银行业务，如外汇贷款、贸易融资、信用证、承兑、票据买卖等。由于不能在东道国面向公众吸收存款，所以办事处开展信贷业务的资金主要来源于母行和该行其他机构，也可以从东道国银行间同业市场拆入。

3. 分支行

分行（Branch）是商业银行根据业务发展需要在境外设立的一种最主要的营业性机构。无论是在法律上还是在业务上，分行都是母行的有机组成部分。分行要受到本国与东道国双方的法律及规章制约；其业务范围及经营政策须与母行保持一致，业务规模须以母行的资本、资产及负债为基础，母行对分行的活动负有完全责任，银行海外分行通常不具备独立的法人地位。一般来说，无论东道国实行的是分业经营还是混业经营，分行均可以经营完全的商业银行业务，不仅可以吸收当地存款，还可以向当地企业和政府提供贷款，以及向跨国公司提供贷款和服务，同时可以为母国企业在东道国的业务提供服务。不过即使是在实行混业经营东道国开设的分行，其业务范围也仅限于银行业务，不包括投资、保险等其他金融业务。分行下设的营业性机构通常是支行（Sub-branch）。

目前，许多跨国银行在世界主要金融中心设有分行，这些金融中心具有成熟的市场机制、完善的监管、完备高效的金融基础设施，客户资源丰富，业务量大，通常是商业银行主要的收入来源之一。

4. 附属银行

附属银行（Subsidiary Bank）又称“子银行”“法人分行”，是商业银行为实现本土化要求，按东道国法律在东道国注册成立的独立银行机构，其在法律上与母行是两个相互独立的法人主体或财务单位，是一个完全独立的经营实体，承担有限责任。子银行本身是一个独立的法人机构，其日常业务必须按东道国法律规定办理。附属银行是母行拥有的合法注册公司，其股权的全部或大部分为母行所控制，因此母行对附属银行拥有控制权。附属银行处于东道国的法律管辖之下，并接受东道国政府监管，可以和东道国银行一样从事东道国允许的各项金融业务，经营范围较广。如位于新加坡的永隆银行就属于我国招商银行的附属银行。

5. 联营银行

联营银行（Affiliated Bank）在法律地位、性质和经营特点上与附属银行类似，不同之处是，任何一家外国投资者拥有的股权只能低于50%，即拥有少数股权，其余股权可以为东道国所有，或由几家外国投资者共有。联营银行具有独立的法人资格。国内母行对联营银行通常拥有部分股权，但未达到控股比例，因此无法控制该联营银行的业务，故联营银行又称“离枝银行”。联营银行母行虽然不能实现对该机构的控制，但是其最大特点是可以集中两家或多家参股者的优势，国际化经营受东道国政府的限制较少，而且手续较为简便。

在上述商业银行境外分支机构形式中，代表处、办事处的业务有限；分支行、附属银行、联营银行的经营范围较广。在东道国市场开拓之初、业务量较小时，可以选择设立代表处或办事处；随着业务的进一步扩大，为适应东道国客户的需求以及业务创新要求，可建立境外分支行；为满足银行国际化战略发展及业务机构扩张需要，跨国并购不失为一种较为有效的完善银行网络体系的方式。

（一）代理行的含义

所谓代理行（Correspondent Bank 或 Correspondents），是指代理承做与本国银行之间的国际金融业务，并与本国银行建立代理行关系的外国银行。代理服务的内容涉及结算、融资、咨询、培训等多方面，在代理行协议上签字的银行互相称为对方银行在本国的代理行，在协议规定的业务范围内彼此提供金融服务。

海外代理行本身是一家独立的银行，在经营、资金、盈亏、风险等方面与国内银行没有任何关系，国内银行既不需要对对方银行投资，也不能控制对方银行的经营管理。双方只是出于拓展海外业务网点，为各自客户提供全球性服务的共同需要，经过友好协商并签订协议，而形成了互相合作的代理关系。

（二）代理行关系的建立

代理行是商业银行办理国际结算等金融业务，进行银行间资金调拨清算的重要机构，在商业银行全球业务战略中居于十分重要的地位，是商业银行开展国际业务的基础。代理行关系的建立，通常包括以下步骤与程序。

1. 资信调查与评估

代理行业务是有一定风险的，因此必须选择资信状况良好、作风正派的银行作为代理行。考察对方银行的资信状况，一般要了解以下几方面的情况：

（1）了解该行的历史沿革、政治背景、高级管理人员的基本信息、组织机构与分工构成。

（2）了解该行的经济实力，包括资本额及其构成、资产负债总额及其构成、经营损益等情况。

（3）了解该行分支机构的数量及分布情况，该行国外代理行的数量、分布、客户开立账户的情况。

（4）了解该行的经营范围、经营特点、经营作风及管理水平，是否按时对外履行义务，是否具备灵活而有效地处理国际金融业务的能力。

（5）了解该行在世界及该国银行界中所处地位。

英国的《Banker》杂志每年 7 月会在其网站上公布世界前 1 000 家银行排名（按一级资本规模），我国工、农、中、建、交五大银行都位于该榜单的前 10 名。

以上信息可以通过报纸、杂志、网络以及同行的口碑来获得。

2. 签订协议

如果资信调查没有问题，拟相互建立代理行关系的两家银行应相互签订协议，以明确代理行关系及约定有关事项。代理行协议的内容主要包括：双方指定可代理业务的分支机构；双方规定相互代理业务的范围；双方交换的控制文件；双方往来账户的开立和业务往来资金头寸的调拨；融资便利的安排等。

3. 相互交换控制文件

控制文件（Control Documents）是代理行之间在相互委托业务中，凭以核对和查验对方银行发来的委办业务信息真实性的文件，这是确保业务安全顺利进行的重要条件。控制文件包括以下三个部分：

（1）印鉴。

印鉴（Specimen of Authorized Signatures Book）又称授权签字印鉴样本，是代理行凭以核对对方银行发来的纸质版业务文件签章的真实性、有效性的依据。为确保业务安全顺利进行，代理行双方在其印鉴上须明确印鉴使用办法，分别列明各级被授权签字人员有权签字额度、有权签字范围、亲笔签字样本。只有在确认签字真实有效的情况下，才能按照文件的要求进行业务处理；若对外国银行发来的文件上的签字有任何怀疑，应尽快与对方银行联系并加以证实后方可处理业务。

（2）密押。

密押（Telegraphic Test Key）是代理行双方用来验证对方发来的电信信息的真实性、有效性的密码组合。对方银行所有以电信方式委办的业务，均须在核验密押完全相符后才能受理；查验密押时如发现疑问，应立即与对方银行联系证实后方可受理。为确保安全，密押需由专人保管并定期更换。

（3）费率表。

费率表（Schedule of Terms and Conditions）又称收费标准，是代理行双方受对方委托，代办各项业务或提供服务的计收费用标准。费率由双方协商确定，彼此费率可以不一致，并且随着业务量的扩大以及双方合作关系进一步密切，收费标准可以进一步降低。

（三）代理行关系的种类

根据代理行间是否有账户关系，代理行分为账户行和非账户行。

1. 账户行

账户行（Depository Bank）是指代理行之间开立了账户的银行。账户行必然是代理行，而代理行并不一定是账户行。

在国内结算中，商业银行之间建立账户行关系通常是彼此在对方银行开立账户，也就是双边开立账户。而在国际结算中，账户行通常表现为单边开立账户，也就是说，建立代理行关系的两家银行，只需其中一家银行到对方银行去开立账户即可，这个账户归双方共同使用。

账户行间的资金支付，主要通过开立的账户进行结算。当一家银行在另一家银行设立了账户，就建立了账户行关系。账户行关系基本原理如图 5-1 所示。

图 5-1　账户行关系基本原理

从 A 银行角度看，该银行在其他银行设立的账户是“往账”（Nostro Account），即我行在你行的账户。从 B 银行角度看，其他银行在本银行设立的账户称“来账”（Vostro Account），即你行在我行的账户。A 银行称为存款行，B 银行称为账户行，从而形成了存款行与账户行的关系。

货币支付通常发生在具有账户行关系的银行之间。如果资金从存款行流向账户行，存款行在实际上仅需减少其账户行往账内的资金即可，但存款行需通知并授权往账所在账户行处理该笔资金。如果资金是从账户行流向存款行，账户行通过增加存款行在本行来账中的相应金额，并通知存款行，来实现资金的转移。

用银行会计的术语来讲，增加某一账户金额的操作称作“贷记（Credit）”，减少某一账户金额称作“借记（Debit）”。

（1）贷记。

如“to credit your a/c with us”是“已贷记你行来账”，或“已贷记你行在我行的账户”，表示在来账上增加了金额，如图 5-2 所示。

```
DATE：230403            USD  4500.00

BENEFICIARY：MR  JOHN  SMITH,

        WOOSTER  STREET  83  NEW  YORK  10026

PAYER：THE  CHILDREN' S  HOSPITAL  N.Y.

MEMO：SALARY  OF  APRIL，23

WE  HAVE  CREDITED  YOUR  A/C  818140772  VALUE  230403

FOR  THE CITIBANK NA，NEW YORK
```

图 5-2　银行贷记通知

（2）借记。

如“to debit our a/c with you”，是指“请借记我行往账”，或“请借记我行在你行的账户”，表示授权账户行减少我行账户中的资金，如图 5-3 所示。

```
DATE：230403            USD  4500.00
BENEFICIARY：MR  JOHN  SMITH,
        WOOSTER  STREET  83  NEW  YORK  10026
PAYER：THE  CHILDREN' S  HOSPITAL  N.Y.
MEMO：SALARY  OF  APRIL，23
PLEASE  DEBIT  OUR  A/C  62305275  VALUE  230403
FOR  THE HSBC  LA ,  LONDON
```

图 5-3　银行借记通知

2. 非账户行

非账户行（Non-depository Correspondent）是指除账户行以外的其他代理行，或者说是与本国银行建立了业务代理关系，但没有建立账户行关系的代理行。非账户行之间的货币收付无法直接划转，需要通过第三家银行的参与才能实现。

3. 选择账户行应考虑的因素

在实务中，代理行中只有10%属于账户行，剩下的90%均为非账户行。这是因为账户行虽然可以直接进行资金的划转，但开设账户行需要往对方账户上存一笔资金，这笔资金一般是不生息的，由于资金有限，各家银行选择账户行时会非常慎重。具体来说，银行选择账户行时应考虑如下因素：

（1）选择与本行业务合作较为密切的国外代理行为账户行。

（2）选择位于国际贸易中心或国际金融中心，且国际知名的大中型银行为账户行。因为上述地区国际经贸、金融交易集中，资金收付频繁，外汇买卖业务也较多，与当地的大中型银行建立账户往来关系，容易与其他国家的非账户行在这些大中型银行碰头（本行和非账户行均在该大中型银行开立往账，与其建立了账户行关系），因而可以把这些分散在全世界各地的非账户行利用起来，有利于货币收付的迅速实现。

（3）选择在本国有官方汇率牌价的货币发行国的代理行为账户行。

（4）选择境内外分支机构密集及布局合理的代理行为账户行。这样可以有效地利用代理行建立起来的银行合作网络，避免资金的迂回划拨，提高国际结算业务效率。

（5）选择开户条件好，费用较低的代理行为账户行。

专栏 5－2

全球银行前1 000强

2023年3月14日，英国《Banker》杂志公布了2022年度全球前1 000家银行排名。该排名榜单显示，中国有141家银行上榜。其中，中国四大行——中国工商银行、中国建设银行、中国农业银行和中国银行在排行榜中蝉联前四位，交通银行首次挤入前十位。中国的银行首次占据该榜单前十的“半壁江山”。值得一提的是，四大行已经连续五年位居榜单前四位。连续十年位居榜首的中国工商银行也是全球银行首家一级资本超过5 000亿美元的银行，是美国最大银行摩根大通的两倍多。

榜单第11位至第20位有5家中资银行，分别是招商银行（第11位）、中国邮政储蓄银行（第13位）、兴业银行（第16位）、上海浦东发展银行（第18位）、中信银行（第19位）。

除了上述大中型银行外，榜单中还有不少中国的中小银行。宁波银行首次迈入全球银行百强行列，该行以一级资本233.67亿美元排名第87位，上升16位；江苏银行按一级资本排名位列全球银行第71位，按总资产排名位列全球银行第77位，上升8位，蝉联全球银行百强；2021年在A股上市的上海农商银行上升25位，位列第124位；长沙银行则以一级资本86.75亿美元位列第191位，上升36位；南京银行位列第101位，上升8位。

2022 年全球排名前 20 位的银行如表 5-1 所示。

表 5-1 2022 年全球银行前 20 位（按一级资本排名）

排名	银行名称	国家	一级资本总额（单位：百万美元）
1	中国工商银行	中国	508 848
2	中国建设银行	中国	404 322
3	中国农业银行	中国	377 137
4	中国银行	中国	341 245
5	摩根大通银行	美国	246 162
6	美国银行	美国	196 465
7	花旗银行	美国	169 568
8	富国银行	美国	159 671
9	汇丰控股	中国	156 292
10	交通银行	中国	150 742
11	招商银行	中国	130 515
12	三菱东京日联银行	日本	126 440
13	中国邮政储蓄银行	中国	124 491
14	法国农业信贷银行	法国	122 215
15	法国巴黎银行	法国	113 926
16	兴业银行	中国	107 465
17	高盛集团	美国	106 766
18	上海浦东发展银行	中国	103 443
19	中信银行	中国	99 221
20	桑坦德银行	西班牙	93 695

资料来源：https：//bank. hexun. com/2022-07-05/206292353. html.

第二节 国际结算工具

国际结算工具指的是票据，这是除了往来银行外开展国际结算的第二个要素。票据一般包括汇票、本票、支票三种，它们在国际结算中的功能各有不同。汇票广泛应用于国际贸易结算和融资领域，本票和支票则在非贸易结算和融资中发挥重要作用。

一、票据概述

（一）票据的含义

票据是现代国际结算业务中使用的基本工具，人们通常在广义和狭义两个层面上理解和使用这个概念。广义的票据是指一切有价证券和商业凭证，包括汇票、本票、支票、股票、债券、提单、发票等。广义票据的界定过于宽泛，难以突出体现票据的独特作用，因而对认识和应用票据的帮助不大。狭义的票据是指以支付金钱为目的的有价证券，是指由出票人签发的、无条件约定由自己或委托他人于一定日期支付确定金额的书面承诺或命令。狭义的票据仅指汇票、本票和支票三种有价证券。国际结算中的票据通常是指狭义的票据。

（二）票据权利

票据权利，是指持票人享有的索取一定金钱的权利。合法持有票据的人会获得票据权利。具体来说，票据权利包括三项基本内容：(1) 要求票据指定付款人付款的付款请求权（第一次请求权）；(2) 票据被拒绝承兑和支付后持票人对前手的追索权（第二次请求权）；(3) 票据到期前持票人有权将票据流通转让给他人。

票据权利在设立票据后产生，在票据被兑现或者票据过期后消灭。

（三）票据功能

结算功能是票据的基本功能。国际结算的基本方法是非现金结算。在非现金结算条件下，要结清国际债权债务关系必须使用一定的支付工具，而票据可以充当这种支付工具。

信用功能是票据的核心功能。票据本身是无价值的，结算功能及其他功能的发挥，是由于票据是建立在信用基础上的书面支付凭证。出票人在票据上立下书面的支付信用保证，付款人或承兑人按票面规定履行付款义务；票据可以经背书从前手转让给后手，并且可以多次背书转让。背书人对票据负有担保付款的义务，背书次数越多，票据负责人越多，票据担保性越强。

随着商品贸易及劳务交换的发展，不同国家或地区之间的货币兑换和资金转移成为一种需要，由于直接运送现金不方便，通常在一个国家将现金转换为票据，再到另一个国家将票据转换为现金；或对未到期的远期票据进行贴现和再贴现，持有者通过卖出票据而获得现金，还可以将票据质押给银行，进行质押贷款融资。

（四）票据特征

1. 设权性

票据及票据权利并不是自然就有的，而是需要通过完成特定行为、经过人为设定后才会成立。出票人通过出票行为设立合格票据，票据权利随之产生。票据在行使过程中若发生丢失或者损毁，则票据权利也会随之消灭，因而票据权利的产生、转让与行使，与票据本身密不可分。票据属于一种完全证券。

买卖双方基于销售合同形成的资金关系，是票据关系产生的基础原因或基础关系，属于普通民法调整的债权债务关系。如不经人为设立票据，这种票据原因并不会产生票据关系。

2. 无因性

票据是一种不需过问原因的证券，即票据的有效性不受票据原因的影响，受票人不能过问持票人取得票据的原因。这里的原因是指票据关系产生的基础关系。任何票据关系的产生总是有一定的原因，要么是出票人与付款人之间存在资金关系，要么是出票人与收款人、背书人和被背书人之间存在对价关系。例如，出票人 A 出具以 B 为付款人的票据，而 B 之所以会接受票据上的债务，一定是因为 A 在 B 那里有存款或补偿资金，或者 A 对

B有某种债权。

根据无因性的要求，当票据关系成立时，票据当事人的权利和义务独立于票据原因，不受票据原因变动的影响。即使原来的票据原因已经不复存在，持票人依然有权利行使票据权利。无因性特征使票据得以广泛流通。

3. 要式性

要式性是指票据必须以法定方式做成，其形式和内容必须完全符合票据法，票据上记载的必要项目必须齐全、各个必要项目的格式必须符合法律规范。各项票据行为，如票据的出票、提示、承兑、背书、付款、追索和保证等，均应符合法定要求。要式性使票据成为一种独立完整的权利凭证。结合票据的无因性特征，人们常说票据是一种要式不要因的证券。

4. 文义性

文义性是指票据当事人的权利和义务完全由票据上的文义来确定。持票人按照票据上记载的内容行使其票据权利，而不能主张票据文义中没有记载的权利。票据债务人也仅对票据文义负责。任何人都不得以票据文义之外的事项改变票据权利义务。背书人更改票据法定事项，只对其后手有效，不能要求其前手对修改后的文义负责。

票据的要式性和文义性使得持票人凭票据自身，不必借助于对票据出票和转让等行为的追溯即可确定票据权利，是无因性得以实现的必要条件。

5. 流通性

流通性（Negotiability）是票据最具吸引力的特征之一。相对于民法中的一般债权转让，票据的流通转让具有两个显著不同之处：第一，票据可以通过背书交付或仅凭交付进行转让，不必通知票据债务人；第二，票据的受让人（即被背书人）只要是以善意并支付合理对价[①]而取得票据的，就可获得票据上的全部法律权利。受让人不受前手权利缺陷的影响，可以以自己的名义提起诉讼。因此，流通票据可以使持票人免除由于合同履行不当或票据使用不当带来的索赔或抗辩事项。这样，一张票据在经过多次转让之后，最后一个善意持票人的票据权利仍然是完整的。这种票据由于保护了善意持票人的最大利益，在市场上容易被接受，方便流通。

（五）国际票据法系

1. 英国票据法

英国的《1882年票据法》（Bill of Exchange Act，1882）是总结历来的习惯法、特别法以及许多判例而编成的。该法共计97条。第1条至第72条是有关汇票的法规，第73条至第84条订立了支票法规，第85条至第89条订立了本票法规。1957年支票法规进行了补充和修订。

英国票据法比较强调保护票据的流通和信用功能。在银行处理大量的票据实务方面，注重保护银行利益。

2. 日内瓦统一票据法

1930年，法国、德国、瑞士、意大利、日本、拉美一些国家等20多个国家在日内瓦

① 对价（Value），就票据而言，是指广义地接受任何“足以支持一项简单合约”之物（货物、劳务、货币等）。

召开国际票据法统一会议，签订了《日内瓦统一汇票本票法公约》(Convention Providing a Uniform Law for Bills of Exchange and Promissory Notes)。次年，这20多个国家又签订《日内瓦统一支票法公约》(Convention Providing a Uniform Law for Cheques)。这两个公约合称《日内瓦统一票据法》。该法后来为更多的国家所采用，对促进票据在各国之间的流通与转让具有重要意义。

3. 中国票据法

20世纪80年代开始，为适应商品经济发展的需要，我国恢复了票据的使用。1988年《银行结算办法》的颁布实施，标志着我国的结算制度开始从非票据结算向票据结算全面转变。第八届全国人民代表大会常委会第十三次会议于1995年5月10日通过了《中华人民共和国票据法》(以下简称《票据法》)，并于1996年1月1日起施行。2004年8月28日，第十届全国人大常委会第十一次会议通过了修改《票据法》的决定。《票据法》从形式上采用了汇、本、支三票统一立法的方式，从内容上看比较系统全面。修改后的《票据法》共有七章，分别为总则、汇票、本票、支票、涉外票据的法律适用、法律责任、附则，总计109条。《票据法》第五章专门订立了"涉外票据的法律适用"条文，第94条明确规定，涉外票据"是指出票、背书、承兑、保证、付款等行为中，既有发生在中华人民共和国境内又有发生在中华人民共和国境外的票据"。根据这一法律界定，在我国国际结算活动中使用的票据当属"涉外票据"的范畴。

二、汇票

在国际结算中，使用最多的票据是汇票。

(一) 汇票的定义与当事人

1. 汇票的定义

目前对汇票最经典和精确的定义来自《英国票据法》的第3条："汇票是一人(A)向另一人(B)签发的，要求对方(B)于即期、定期或在可以确定的将来时间，对某人(C)或其指定人(C′)或来人(C″)无条件支付一定金额的书面命令。" [A bill of exchange is an unconditional order of writing, addressed by one person (A) to another (B), signed by the person (A) giving it, requiring the person (B) to whom it is addressed to pay on demand or at a fixed or determinable future time a sum certain in money to the order (C) or specified person (C′) or to bearer (C″).]

《中华人民共和国票据法》第19条中对汇票的定义是："汇票是出票人签发的，委托付款人在见票时或者在指定日期无条件支付确定的金额给收款人或持票人的票据。"

2. 汇票的当事人

汇票中有三个基本当事人：出票人(上述定义中的A)、付款人(上述定义中的B)和收款人(上述定义中的C)。除此之外，随着汇票的流转，还会出现背书人、承兑人等。

(1) 出票人。

出票人(Drawer)是指开立票据、在票据上签章，并交付给他人的人。票据开立后，出票人对收款人及正当持票人承担票据在提示时付款人一定付款或承兑的保证责任；如果票据遭拒付、出票人被追索，应负偿还票款的责任；在即期付款票据或远期付款票据未承兑之前，出票人是票据的主债务人；只有经过承兑的远期汇票，出票人才是从债务人。

(2) 付款人。

付款人（Drawee）是根据出票人的命令支付票款的人或票据开给的当事人。付款人对票据承担付款责任，同时根据英文字面的含义，应称为受票人，即接受票据之人。只有经过承兑的远期汇票，付款人才成为主债务人。

(3) 收款人。

收款人（Payee）是收取票款的人，又称受款人，是票据的主债权人。收款人有权向付款人要求付款，如遭拒绝，有权向出票人追索票款；收款人经票据背书转让成为票据的第一背书人时，同样承担付款或承兑的保证责任；当票据遭拒付、持票人向其追索时，应负责偿还票款，然后向出票人追索。

(4) 背书人。

背书人（Endorser）是指收款人或持票人在收到票据后，经过背书，将票据转让给他人的人。背书人在票据上背书签字，就必须承担相应的法律责任。背书人对被背书人负有票据担保承兑和担保付款的责任。被背书人可以在汇票背面签字再次背书转让，成为第二背书人，依次类推，由此，票据可以连续多次转让。

(5) 承兑人。

承兑人（Acceptor）是指同意接受出票人的命令并在票据正面签字的人。承兑人只存在于汇票关系中，本票和支票没有承兑行为，当然也就没有承兑人。承兑人一经承兑，出票人退居次债务人的地位，承兑人必须保证对其所承兑的票据付款。

(6) 持票人。

持票人（Holder）是指票据的占有人，即票据的收款人（C）、被背书人（C′）或来人（C″）。只有持票人才能向付款人或其他关系人要求履行票据所规定的义务。

在持票人中，善意持票人（Bona Fide Holder），又称正当持票人，扮演着特殊的角色。善意持票人能够获得票据上的完整权利，其权利不受前手权利缺陷的影响。成为善意持票人应满足 5 项条件：①前手背书是真实的。②汇票票面完整正常。③取得汇票时没有过期。④不知道汇票曾被退票，也不知道转让人的权利有何缺陷。⑤自己支付对价，善意地取得汇票。

（二）汇票的记载项目

汇票是一种要式证券，出票人在签发汇票时，必须按照票据的法律规定，使汇票具备必要的形式及内容，要式不具备的汇票不产生任何票据效力。

1. 绝对必要记载项目

《中华人民共和国票据法》第 22 条中明确规定，汇票的必要记载项目包括：表明“汇票”的字样；无条件支付的委托；确定的金额；付款人名称；收款人名称；出票日期；出票人签章。缺少其中任何一项，汇票无效。

(1) 表明“汇票”的字样。

汇票中必须在第一行居中写上表明“汇票”的字样，如“Exchange”“Bill of Exchange”“Draft”等，或者在第一行顶格写 Exchange for 加货币名称与小写金额。这样有利于与其他支付工具如本票和支票等相区别，实践中能大大方便票据的使用与操作。

（2）无条件支付命令。

我国《票据法》中将汇票视为一项支付委托，而在《英国票据法》中称“书面命令”，两种说法仅是在使用习惯上的差别，并无实质上的不同。该项目反映出汇票与其他票据如本票的根本区别。

首先，汇票是一道命令，而非“请求”。任何意见咨询或承诺保证等表述文句都不符合汇票的要求。

其次，该命令必须是“无条件的”。这意味着付款不能是有限制或附带条件的，即汇票的文义不能附加任何条件。如“货物运出后 10 天付款”“金额从我方第 1 号账户中支付”等文句都是限制性文句，出现这样命令的汇票违背了票据无因性的基本特征，因而是无效汇票，不具备法律效力。

（3）确定的金额。

汇票中的金额必须是确定的、可以执行的。如“about”（左右）、“circa”（大约）或“not less than”（不少于）等约量文字是不能出现在票据金额上的。

汇票金额必须用文字大写和数字小写同时记载。我国《票据法》规定：票据金额以中文大写和数码同时记载，二者必须一致，二者不一致的，票据无效；票据金额、日期及收款人名称不得更改，更改的票据无效。《英国票据法》和《日内瓦统一票据法》中规定，如果票据金额大小写不一致，以大写为准。

（4）付款人名称。

付款人是指接受汇票命令支付款项的人，也称受票人。但是付款人并不一定会承担付款的义务。只有付款人承兑汇票后，才会取代出票人成为票据的主债务人。付款人名称出现在汇票的左下角“To”后面。

（5）收款人名称。

收款人是汇票权利的最初持有人，是第一次的债权人，出现在支付命令“Pay to”的后面。我国习惯上称票据的收款人为“抬头”。

抬头的写法不同，对汇票的使用影响极大。汇票抬头主要有以下三种记载方法：

① 限制性抬头。

这种抬头的汇票仅能由指定的收款人收款，不得流通转让。这种汇票的资金风险较小，但是由于流通和信用功能受到了限制，在国际结算实践中使用不多。

② 来人抬头。

这种抬头不指定收款人名称，而只写明付给持票人或来人（Bearer）。该写法仅在《英国票据法》中出现。该汇票的持票人无须背书，仅凭交付就可以转让票据，流通性极好。但由于不记名，因此存在遗失或被窃后被冒领的风险。

《日内瓦统一票据法》和我国《票据法》都不允许汇票做成来人抬头。

③ 指示性抬头。

例如：“Pay to the order of David Miller”（付款给大卫·米勒或其指定人）

这里的“to the order”是指由指定的他人收款。这种抬头的汇票可以流通转让，但一般情况下需要经过法定手续——背书（Endorsement）。指示性抬头的汇票既可以实现流通转让，又可以避免仅凭交付转让存在的风险，在实践中使用范围最广。

(6) 出票日期。

汇票中必须记载出票日期，否则汇票无效。出票日期出现在汇票的右上角。记载出票日期的作用如下：

① 确定票据的有效期。

世界各国的票据法都规定，票据权利必须在法定的有效期内行使，超出有效期，票据权利会自动消灭。有效期根据出票日期计算。我国《票据法》规定，见票即付的汇票，有效期为出票日起 2 年内。《日内瓦统一票据法》规定，即期汇票的有效期为出票日起 1 年内。

② 决定付款的到期日。

部分远期汇票的到期日是以出票日期为基础计算的，如出票后定期付款。例如，"At 30 days after the date of issue pay to ..."，即"出票日期后 30 天付款给……"。

③ 决定出票人的行为能力。

如果出票人是法人，则可以判断出票时该法人是否已经成立或是否已宣告破产，从而判明汇票是否有效。

(7) 出票人签章。

设立票据时，票据必须经过出票人签字后才能成立。出票人在汇票上签字以示为汇票付款担保，对票据上的债务负责。若汇票上没有出票人签章，或者签章是伪造的，票据均不能成立。出票人签章出现在汇票的右下角"For"后面。

2. 相对必要记载项目

除了票据法规定必须记载的项目以外，汇票中还应包含三个相对必要记载项目。所谓"相对必要"，是指如果不记载不会影响汇票的法律效力。但由于此类项目的重要性，通常情况下应当予以记载。如果没有，则会默认引用其他的习惯规定予以确定。

(1) 出票地点。

出票地点是指出票行为发生的地点，这对国际汇票具有重要意义。根据国际法中适用行为地法律原则，当有关出票行为发生法律纠纷时，以出票地点所在国家的法律为准。我国《票据法》规定，汇票上未记载出票地的，出票人的营业场所、住所或者经常居住地为出票地。《日内瓦统一票据法》第 2 条规定，未载明出票地者，以出票人姓名旁边所记载之地点为出票地。

(2) 付款地点。

付款地点是持票人提示票据要求承兑或付款的地点，也是拒绝付款时持票人请求做出拒绝证书的地点。票据上载明付款地点的好处在于避免持票人随地请求，减少纠纷，票据涉及诉讼时，便于确定诉讼法院。我国《票据法》规定，汇票上未记载明付款地的，付款人的营业场所、住所或者经常居住地为付款地。《日内瓦统一票据法》第 2 条规定，未记载付款地者，将付款人姓名旁所记载之地点，或付款人当时之住所视同付款地点。

(3) 付款日期。

付款日期又称付款期限（Tenor）或付款到期日（Maturity），是指付款人履行付款义务的日期。汇票上关于付款日期的记载有下述四种形式：

① 见票即付。

例如：

"At sight pay to..."

"On demand pay to..."

② 出票后定期付款。

例如：

"At 30 days after date pay to..."（出票后 30 天付款给……）。

"At six months after date pay to the order of A Company..."（出票后 6 个月付款给 A 公司或其指定人……）。

③ 见票后定期付款。

例如：

"At 90 days after sight pay to..."（见票后 90 天付款给……）。

④ 定日付款。

定日付款又称"板期"，例如：

"On Aug 28th, 2023 pay to..."（定于 2023 年 8 月 28 日付款给……）。

如汇票中未载明付款期限，视为见票即付。

汇票样式如图 5－4 所示。

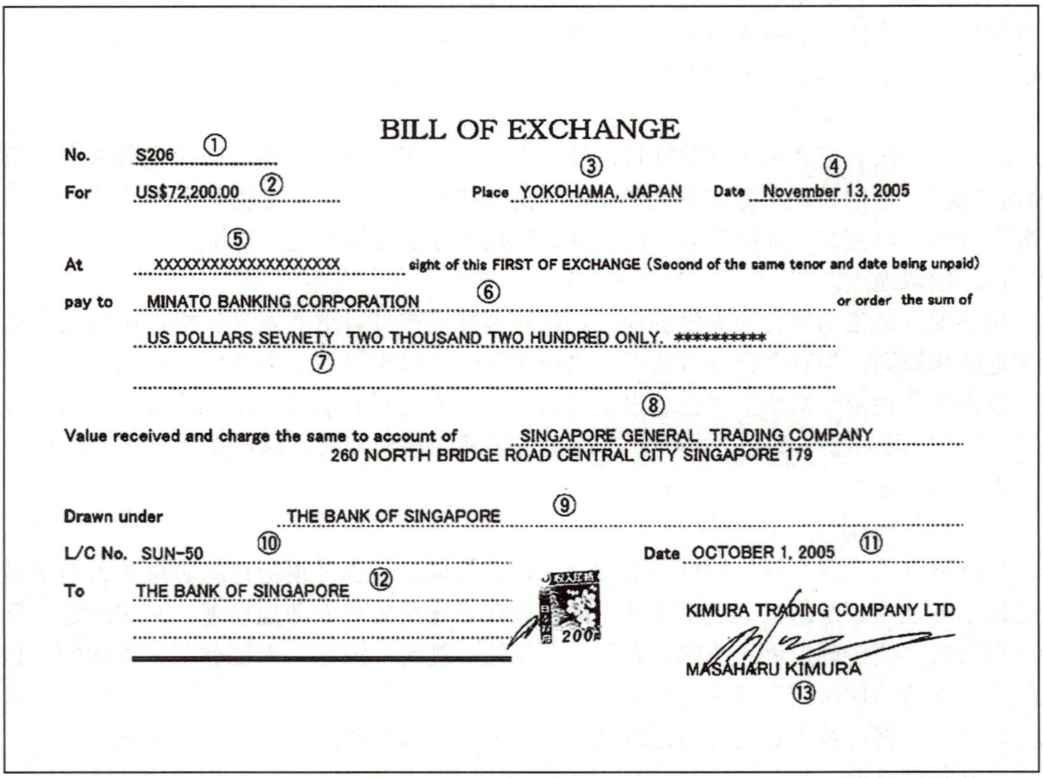
BILL OF EXCHANGE

No. S206 ①

For US$72,200.00 ② Place YOKOHAMA, JAPAN ③ Date November 13, 2005 ④

At XXXXXXXXXXXXXXXXXXX ⑤ sight of this FIRST OF EXCHANGE (Second of the same tenor and date being unpaid)

pay to MINATO BANKING CORPORATION ⑥ or order the sum of

US DOLLARS SEVNETY TWO THOUSAND TWO HUNDRED ONLY. *********** ⑦

Value received and charge the same to account of SINGAPORE GENERAL TRADING COMPANY ⑧
260 NORTH BRIDGE ROAD CENTRAL CITY SINGAPORE 179

Drawn under THE BANK OF SINGAPORE ⑨

L/C No. SUN-50 ⑩ Date OCTOBER 1, 2005 ⑪

To THE BANK OF SINGAPORE ⑫

KIMURA TRADING COMPANY LTD

MASAHARU KIMURA

⑬

图 5－4 汇票样式

注：①汇票号；②小写票据金额（阿拉伯数字）；③出票地点；④出票日期；⑤付款期限；⑥收款人名称（抬头）；⑦大写票据金额；⑧相关货物信息；⑨信用证开证银行；⑩信用证号码；⑪信用证开证日期；⑫付款人名称；⑬出票人签章。

（三）票据行为

票据行为是指依据票据上规定的权利和义务所确立的法律行为。从汇票使用的过程来说，一般包括出票、提示、承兑、付款、背书、保证、追索等。

1. 出票

出票是指出票人将空白的票据填写上必要的记载事项，使之生效，并交付收款人的行为。汇票通常需要签发一式两份，分别寄发以防丢失。出票是设立票据关系的行为，是票据流通过程的起始。出票通常称为主票据行为，其他票据行为均为从票据行为。

2. 提示

提示（Presentation）是指持票人向付款人提交汇票要求承兑或付款的行为。根据目的的不同，提示可以分为付款提示和承兑提示。即期汇票只有一次提示，为付款提示。远期汇票有两次提示，第一次提示要求承兑，第二次提示要求付款。

3. 承兑

承兑（Acceptance）的作用在于确认付款人的付款责任。付款人在承兑之前，并不是票据关系中的债务人。此时如果付款人拒绝承兑，持票人只能对其前手和出票人进行追索。出票人是未经承兑汇票的主债务人。付款人在承兑汇票后取代出票人成为票据的主债务人，承担付款责任，出票人变为从债务人。

承兑的具体做法是，远期汇票的付款人在持票人提示汇票时在汇票正面写明承兑（Accepted）字样，注明承兑日期并签字，将已承兑汇票交付持票人。

4. 付款

付款（Payment）是指付款人或承兑人于持票人付款提示后支付票款的行为。有效付款后票据上的一切债权债务关系即告结束，票据关系消灭。

5. 背书

背书（Endorsement）是指持票人在汇票背面签字，表示同意转让票据权利的行为。背书一般包含两个动作：一是持票人在汇票背面签字，或再加上受让人的名字；二是持票人将经过背书的汇票交付给受让人。在汇票上背书转让票据权利的持票人称为背书人，或转让人，或前手；受让票据权利的一方称为被背书人，或受让人，或后手。

背书人对被背书人及所有后手有担保承兑和担保付款的责任。当票据发生拒付时，背书人须接受持票人的追索。汇票可以经过多次背书实现连续的转让。背书的次数在法律上没有限制。如果票据的背面背书记载不够用，还可以在粘单上继续背书。

根据记载内容的不同，背书一般有以下两种形式。

（1）特别背书（Special Endorsement）。

特别背书又称记名背书、完全背书或正式背书。背书人在背书时，除了需要有背书人签章和背书日期外，还要注明被背书人的名称。特别背书后的汇票，持票人再次转让时，必须以背书方式进行。

当票据以特别背书方式进行多次转让时，票据背面的签名必须是连续的，否则付款人可以不付款。

（2）空白背书（Blank Endorsement）。

空白背书又称无记名背书，是指背书时背书人仅记载自己的名称和背书日期，不记载被背书人名称的做法。当空白背书的被背书人继续转让票据时，可以不经背书仅凭交付将票据转让给下一手。此时由于没有在汇票上留下签名，当汇票发生拒付时，该持票人可以不承担票据责任。

我国《票据法》不认可空白背书这种形式。

6. 保证

保证（Guarantee）是指对票据上的债务进行担保的行为。保证由票据债务人以外的他人提供，目的是增加票据的信用，以便票据的使用和流通。保证人与被保证人在票据债务方面的地位是相同的，与被保证人一起对持票人负连带责任。保证人清偿汇票债务后，可以行使对被保证人及其前手的追索权。

此外，保证不得附有条件。附有条件的保证，保证有效，条件无效。

7. 追索

追索（Recourse）是指持票人在汇票被拒付时，向其前手请求偿还票据金额及其他费用的行为。持票人行使追索权须满足三个条件：（1）票据必须在法定期限内进行提示；（2）国际汇票必须做成拒绝证书；（3）向前手发出拒付通知。

（四）汇票的种类

根据当事人的不同和付款期限的差异，汇票可以进行以下分类。

1. 即期汇票和远期汇票

（1）即期汇票。

即期汇票（Sight Bill）是指命令付款人见票即付的汇票（通常外汇业务中即期、见票即付的概念是两个工作日以内）。所谓“见票”，是指持票人将票据当面提示给付款人。

（2）远期汇票。

远期汇票（Time Bill）是指必须到约定日期方可请求付款的汇票，包括出票日后定期付款汇票、见票后定期付款汇票、定期付款汇票等。国际上还有“提单日期后定期付款”的汇票，但目前我国《票据法》尚未规定此种做法。

2. 银行汇票和商业汇票

这两种汇票的区别在于出票人和付款人的不同。

（1）银行汇票。

银行汇票（Banker's Bill）的出票人和付款人都是银行。银行汇票一般是即期汇票，多用于银行的票汇业务。

（2）商业汇票。

商业汇票（Trade Bill）的出票人是工商企业或个人，付款人可能是企业、个人或银行。商业汇票可以是即期的，也可以是远期的，多用于逆汇的结算方式。

3. 银行承兑汇票和商业承兑汇票

（1）银行承兑汇票。

银行承兑汇票（Banker's Acceptance Bill）是远期商业汇票的一种，当这种汇票得到银行的付款承诺后，便成为银行承兑汇票。银行是银行承兑汇票的主债务人。这种汇票是建立在银行信用基础上的，因而容易贴现。

(2) 商业承兑汇票。

商业承兑汇票（Commercial Acceptance Bill）是指建立在商业信用基础之上的，由工商企业或个人承兑的远期汇票。

4. 光票和跟单汇票

这是按票据是否有附属单据来划分的。

(1) 光票。

光票（Clean Bill）是不附带任何货运单据的汇票，多用于非经贸结算领域。

(2) 跟单汇票。

跟单汇票（Documentary Bill）是附带货运单据的汇票，一般用于贸易结算领域。

三、本票

（一）本票的概念

《英国票据法》中对本票的定义是："本票是一项无条件的书面支付承诺，由一人（A）做成，并交给另一人（C），经制票人（A）签名承诺即期或定期或在可以确定的将来的时间，支付一定数目的金钱给一个特定的人（C）或其指定人（C′）或来人（C″）。[A promissory note is an unconditional promise in writing made by one person (A) to another (C) signed by the maker (A), engaging to pay, on demand or at a fixed or determinable future time, a sum certain in money, to, or to the order of (C′), a specified person (C) or to bearer (C″).]

我国《票据法》第73条对本票的定义是："本票是出票人签发的，承诺自己在见票时无条件支付确定的金额给收款人或者持票人的票据。本法所称本票，是指银行本票。"

简单来说，本票是两个当事人之间有关支付一定金额的书面承诺。本票与汇票之间的区别主要在于，本票的制票人承诺自己支付收款人，而不是在汇票中由出票人命令第三方去支付给收款人。

本票中的基本当事人有两个，即制票人A（Maker）和收款人C（Payee）。

（二）本票的记载项目

我国《票据法》第75条规定，本票的必要记载项目有：表示"本票"的字样；无条件支付的承诺；确定的金额；收款人名称；出票日期；出票人签章。

本票中的其他记载事项与汇票中基本相似。本票中的票据行为也大都适用汇票的规定。如我国《票据法》第80条规定："本票的背书、保证、付款行为和追索权的行使，除本章规定外，适用本法第二章有关汇票的规定。本票的出票行为，除本章规定外，适用本法第二十四条关于汇票的规定。"

（三）本票的种类

1. 银行本票和商业本票

银行本票的出票人是银行。它是应客户的要求，客户将款项交存银行，由银行签发给其凭以办理转账结算或支取现金的票据。银行本票基于银行信用，拒付风险极小，在有效期内可以代替现金流通。

商业本票由企业或个人签发。由于商业本票建立在商业信用的基础上，除非是信誉卓著的大公司，一般企业较少发行本票。

根据我国《票据法》的规定，国内目前尚不允许发行商业本票。《票据法》中规定的本票均为银行本票。

2. 即期本票和远期本票

根据记载付款期限方式的不同，本票可分为即期本票和远期本票。即期本票指见票即付的本票，银行本票即是即期本票。远期本票是指在未来某一日期付款的本票。远期本票分为定日付款、出票后定期付款和见票后定期付款等三种。

（四）汇票与本票的异同

汇票和本票都属于票据的范畴，两者在出票、付款、背书等票据行为的规定上是一致的，但两者之前也存在着明显的区别。

1. 两者的性质不一样

汇票是出票人对付款人签发的无条件支付命令；而本票则是出票人自己作出的无条件支付承诺。

2. 两者基本当事人不一样

汇票基本当事人一般有三个，即：出票人、付款人和收款人。而本票基本当事人有两个：出票人（同时也是付款人）和收款人。

3. 是否有承兑

远期汇票有承兑，而本票不论是即期本票还是远期本票，都没有承兑，因此本票的主债务人永远是出票人。

4. 出票人与收款人身份是否可以重叠

汇票的出票人与收款人身份可以重叠，也就是出票人命令付款人付款给自己或自己的指定人，这种汇票在国际贸易结算领域很常见，称为“指己汇票”或者“己收汇票”。本票的出票人和收款人不能做成同一个，否则就是自己承诺付款给自己了。

四、支票

（一）支票的概念

《英国票据法》对支票的定义为：支票是以银行为付款人的即期汇票。（A cheque is a bill of exchange drawn on a banker payable on demand.）

我国《票据法》第 81 条规定，“支票是出票人签发的，委托办理支票存款业务的银行或者其他金融机构在见票时无条件支付确定的金额给收款人或者持票人的票据。”

从定义上看，支票是汇票的一种，其特别之处在于以银行为付款人。支票与汇票、本票有许多共同特征，所以在多数票据法中均有支票的有关事项适用汇票规定的做法。但在实践中，支票并不完全等同于汇票，在付款期限和票据行为等方面支票都有自身特殊的规定。例如，支票的使用需要以出票人与付款银行间事先达成相关协议为前提；支票的出票人所签发的支票金额不得超过其付款时在付款人处实有的存款金额，即禁止签发空头支票。正因如此，《日内瓦统一票据法》中将支票视为与汇票和本票并列的另一种有价证券，进行单独立法。

（二）支票的内容

根据《日内瓦统一票据法》的规定，支票必须记载下列事项：标明“支票”字样；无条件支付命令；确定的金额；付款银行名称及地点；出票日期和地点；出票人名称和地点。

支票上未记载上述规定事项之一的，支票无效。我国《票据法》对支票必须记载的事项也有类似规定。

由于支票的必要记载项目中未包括收款人名称，因此出具支票时可暂不填写收款人名称，后可经出票人授权补记。这事实上允许了“来人抬头”的做法。

（三）支票的种类

1. 普通支票、现金支票和划线支票

按用途的不同，支票可分为普通支票、现金支票和划线支票。

普通支票可用于支取现金，也可以通过银行转账。现金支票仅能用于支取现金。划线支票，又称转账支票，是指正面划有两道平行线的支票。划线支票只能委托银行将票款转入收款人的账户，不能支取现金。

2. 记名支票与不记名支票

根据抬头是否要写具体名称，支票分为记名支票和不记名支票。

记名支票须写明收款人的姓名，凭记名支票取款时须由收款人在支票背面签章。不记名支票又称来人支票，支票上的收款人一栏只写“付来人”而非具体的收款人，不记名支票仅凭交付即可转让，持票人取款时无须在支票背面签章。

3. 保付支票

保付支票是由支票的付款银行对支票加盖“保付（Certified）”印章并签字，保证在持票人提示时银行一定付款的支票。支票一经保付，保付银行即承担了付款责任。保付支票信誉较高，有利于流通。

（四）支票与汇票的异同

支票被视作以银行为付款人的即期汇票，它和汇票有许多相似之处，如都有三个基本当事人，关于出票、付款等票据行为的规定和汇票一样。但支票作为一种独立的票据，其和汇票也存在着明显的区别。

1. 付款期限不同

汇票可以是即期的，也可以是远期的，而支票只有即期的，因此支票上不允许有利息条款的记载，否则支票无效。

2. 付款人的要求不同

汇票的付款人可以是银行，也可以是工商企业、个人，而支票的付款人必须是银行。

3. 出票人的要求不同

支票的出票人必须在银行开立有支票存款账户，而汇票对出票人无此要求。

4. 是否有止付

支票的出票人签发支票后，根据法律规定，可授权银行止付支票，而汇票无此规定。

5. 份数不同

汇票通常开出一式两份，而支票只有一份。

第三节　国际结算方式

国际结算方式是指在国际结算中通过一定的方式，使用特定的工具结清债权债务关系。国际结算方式是国际结算的第三个构成要素。常见的国际结算方式包括：汇款、托收、信用证、国际保理。采用不同的结算方式，会影响国际结算的速度、成本和风险等。

一、汇款

（一）汇款的定义

汇款（Remittance）也称汇付，是指银行应客户的委托，利用其银行分支网络，将一定款项交付收款人的结算方式。一般来说，是进口商将货款交给进口地银行，委托银行通过一定的方式，使用一定的支付凭证，通过其在出口地的代理行将款项交付出口商。

汇款业务中，银行对进出口商的货物及代表货物的运输单据不承担任何责任，而是由出口商在装运货物后，自行将有关货物单据寄给进口商。所解付款项与货物及运输单据无关，因此汇款方式又被称作“单纯支付”。

在汇款业务中，结算资金和支付凭证的流动方向一致（均从进口商流向出口商），因此汇款属于顺汇业务。

（二）汇款的当事人

汇款方式通常涉及四个当事人，即汇款人、汇出行、汇入行和收款人。

1. 汇款人

汇款人（Remitter）即汇出款项的当事人。在国际贸易结算中通常是进口商。

2. 汇出行

汇出行（Remitting Bank）即接受汇款人委托办理汇款业务的银行。通常为进口商所在地的一家银行。

3. 汇入行

汇入行（Paying Bank）即接受汇出行指令，向收款人解付款项的银行。

4. 收款人

收款人（Payee 或 Beneficiary）即收取款项的人，是汇款业务的受益人。在国际贸易结算中通常指出口商。

（三）汇款的业务流程

汇款业务的一般流程是：由进口商将款项交付汇出行，并填写汇款申请书。汇出行接受申请后，根据申请书内容向汇入行发出支付授权书（Payment Order，P.O.），在代理行协议内，指示汇入行解付相关款项给指定收款人（通常指出口商）。汇入行严格按照汇出行的P.O.要求办理，将相应款项转入收款人账户或通知收款人收款。具体流程如图5-5所示。

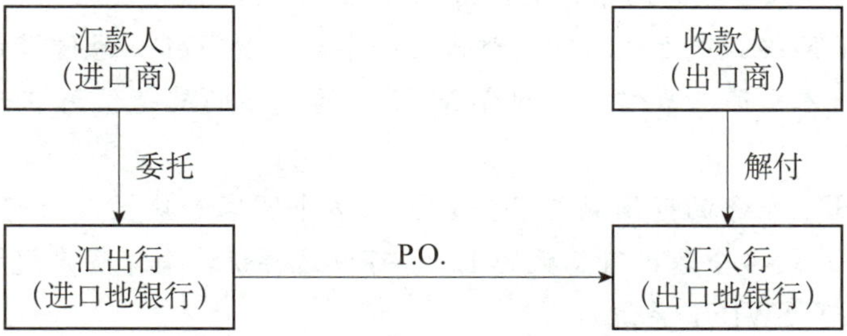

图5-5 汇款业务流程图

（四）汇款的种类

汇款业务根据P.O.传递方式的不同可以分为电汇、信汇和票汇三种。

1. 电汇

电汇（Telegraphic Transfer，T/T）是指汇出行以电信的方式将P.O.发送给汇入行。世界上任何地点间的电汇款项到账通常仅需1～2个银行工作日。现在银行常用可以自动加押的SWIFT标准报文格式传递P.O.（通常使用MT103标准汇款格式）。由于SWIFT系统的普及，电汇速度快，费用逐渐降低，安全系数高，因此成为最常用的汇款方式。电报方式因费用高、易发生错误遗漏等原因逐渐被淘汰。

2. 信汇

信汇（Mail Transfer，M/T）是指银行间使用银行信函，通过航邮（by Airmail）传递P.O.的方式。信汇方式成本低廉，但是由于邮寄信件速度慢，资金在途时间长，收款迟缓，因此现在很少使用这种方式。

3. 票汇

票汇（Demand Draft，D/D）是指应汇款人申请，汇出行开出银行即期汇票交给汇款人，由汇款人转交收款人以向汇入行提示付款。票汇中的P.O.是一张以汇出行为出票人，以汇入行为付款人的即期银行汇票。票汇业务中尽管使用了银行汇票，但票汇业务仍然基于商业信用，即收款人收款成功与否最终取决于汇款人的信用，而非银行的承诺。由于使用银行汇票，因此票汇业务可以利用票据带来的流通便利。但汇票的传递环节多，速度较慢，且存在被窃、丢失等风险，因此其使用范围不如电汇方式普及。

汇款方式常用于国际贸易中预付货款（Payment in Advance）和货到付款（Open Account，O/A）的情况中。由于汇款方式属于单纯支付，货款流动与货物的转移相互分离，因此给卖方收款和买方收货带来了较大的风险。

专栏 5-3

SWIFT

SWIFT 是 Society for Worldwide Interbank Financial Telecommunications 的缩写，翻译成中文为“环球银行金融电讯协会”。SWIFT 为社群提供报文传送平台和通信标准，并在连接、集成、身份识别、数据分析和合规等领域提供产品和服务。

1973 年，几家来自欧洲的银行共同成立了 SWIFT，总部设在比利时的布鲁塞尔。三年后，SWIFT 网络正式上线运营，替代上一个时代的 Telex 通信模式，并且开始实践 SWIFT MT（本章第三节信用证部分 MT700 格式指的就是信用证开证的模式）的通信标准。

目前，SWIFT 服务的范围涵盖了全球 200 多个国家和地区，为超过 11 000 家金融机构提供服务，约占全球银行总数的 1/3，可以这样说，全球资产规模排名中等及以上的银行都加入了 SWIFT 系统。

SWIFT 之所以有这么大的吸引力，是因为它帮助银行解决了两个重要的问题，极大地提升了整个银行业的效率。

1. 银行间不需要互相去对接通信了

接入了 SWIFT 后，A 银行只需要在 SWIFT 的终端设备发送电文信息，信息会瞬间传递给 SWIFT 总部，总部核实身份后自动将信息发送给相应的 B 银行。通过这种方式，位于不同国家和地区的 A、B 两家银行就可以安全、快速地通信，复杂度实现了指数级的降低。

2. SWIFT 定义了很多标准，统一了通信格式

SWIFT 让银行在同一个语境下传递信息，消除了理解上的歧义。SWIFT 制定了金融机构间的通信标准，它的报文支持以下九大类服务：

（1）客户汇款（Customer Transfer）。

（2）银行头寸调拨（Financial Institution Transfers）。

（3）外汇买卖和存放款（Foreign Exchange）。

（4）托收（Collections，Cash Letters）。

（5）证券（Securities）。

（6）贵金属和辛迪加（Precious Metals and Syndication）。

（7）跟单信用证和保函（Documentary Credits and Guarantees）。

（8）旅行支票（Traveler's Cheque）。

（9）银行账务（Bank Statement）。

二、托收

（一）托收的概念

1. 托收的定义

托收（Collection）是委托收款的简称。其正式定义来自《托收统一规则》（Uniform

Rules for Collection，简称《URC522》）第 2 条：“托收意指银行根据所收的指示，处理金融单据和/或商业单据，目的在于取得付款和/或承兑，凭付款和/或承兑交单，或按其他条款及条件交单。”[Collection means the handling by banks of documents as defined in sub-Article 2（b），in accordance with instructions received，in order to：i. obtain payment and/or acceptance，or ii. Deliver documents against payment and/or against acceptance，or iii. Deliver documents on other terms and conditions.]

上述定义中所涉及的金融单据（Financial Documents）是指汇票、本票、支票或其他用于付款或支付款项的类似凭证；商业单据是指发票、运输单据、物权单据或其他类似单据，或除金融单据之外的任何其他单据。

托收业务中出口商除了使用票据外，通常还会附带代表物权的货运单据一并交付银行委托其向进口商收款。此时，托收业务中涉及的货款支付和货权转让形成相互制约，有效降低了交易中的履约和信用风险。

2. 托收的当事人

托收方式中的主要当事人有以下四个：

（1）委托人。

委托人指签发汇票并委托银行办理托收业务的出口商。

（2）托收行。

托收行指接受出口商委托承办托收业务的银行，通常是出口商的往来银行。

（3）代收行。

代收行指在托收过程中，接受托收行指示，向进口商交单收款的银行。托收行通常是托收行在进口商所在地的代理行或进口商的往来银行。

（4）付款人。

付款人即国际贸易合同中的买方。

根据实际业务的需要，托收业务中还可能会出现其他的当事人，如提示行、需要时的代理人等。提示行（Presenting Bank）即向付款人提示单据的银行，也称交单行，通常由代收行充当，也可以由付款人的往来银行充当。需要时的代理人（Principal's Representative in case of Need）由出口商事先指定，在需要时代表出口商办理相关手续。具体而言，如果托收失败，进口商拒绝付款或承兑，出口商的货物到达目的港后可能会处于无人接收的状态，出口商可事先指定某一代理人来照料货物并办理投保、转运或转售等必要手续。出口商可直接指定代收行作为“需要时的代理人”，也可以选择进口商所在地的可靠的企业或个人作为需要时的代理人。

（二）关于托收的国际惯例

为了统一与规范托收业务运作，1995 年 7 月，国际商会正式公布了第 522 号出版物——《托收统一规则》，自 1996 年 1 月 1 日起生效，沿用至今。《URC522》明确了托收业务的运作规程及银行在托收业务中的地位和责任，更便于银行把握与操作。

（三）托收的种类

在实际业务中，根据托收目的、随附单据和交单条件的不同，托收可以分为以下几种。

1. 光票托收

光票托收（Clean Collection）是指不附带商业单据的金融单据的托收。出口商出具汇票，或附带发票、垫款清单等其他单据，但不包括代表物权的运输单据，交付并委托银行向进口商收款。

由于在光票托收中出口商缺乏对货物所有权的控制，因此收款风险较大。我国的光票托收一般只用于收取出口货款的尾款、样品费、定金、佣金、代垫费用和其他贸易小额费用等。

2. 跟单托收

跟单托收（Documentary Collection）包括两种情况：附带商业单据的金融单据的托收，以及不附带金融单据的商业单据的托收。

附有商业单据的金融单据的托收是指出口商开立附有各种商业单据的汇票交给银行，委托银行代收货款。一般是商业汇票随附商业发票、提单、装箱单、品质证书以及保险单等商业单据。这种跟单托收是凭汇票付款，其他单据是汇票的附件。付款人根据该无条件支付命令向指定的收款人或持票人支付汇票金额，这一业务在托收中比较常见。

不附有金融单据的商业单据的托收是指托收单据中仅有商业发票、运输单据、保险单等，而不附有汇票等金融单据。采用这类托收主要是因为某些国家对汇票征收印花税。为了减免印花税负担，跨国公司内部以及相互信任的公司之间采用这种托收方式。

以上两种类型托收的当事人，需要委托各自的银行办理托收业务，故被称为银行托收，适用于国际商会的《URC522》。

3. 直接托收

直接托收（Direct Collection）是指由出口商直接委托进口方银行办理货款代收的业务模式。出口商利用直接托收的目的在于尽快收回出口销售货款，但由于出口商和国外代收行直接对接存在困难，因而直接托收的利用率大大低于银行托收。

（四）托收业务的流程

托收业务的流程如图 5-6 所示，其具体步骤如下：

① 进出口商在合同中约定采用托收方式支付货款。

② 出口商备货、装运，并取得货运单据，制作汇票并缮制其他单据。

③ 出口商填写托收委托书，开立以进口商为付款人的汇票，连同全套单据一并交给托收行。

④ 托收行根据托收申请书制作托收指示书，连同其他单据寄交代收行。

⑤ 代收行按照托收指示书要求向进口商进行提示。

⑥ 进口商检验无误后付款/承兑。

⑦ 代收行向进口商交单。

⑧ 代收行收妥货款后将款项划拨托收行。

⑨ 托收行将相应款项交付出口商，完成托收。

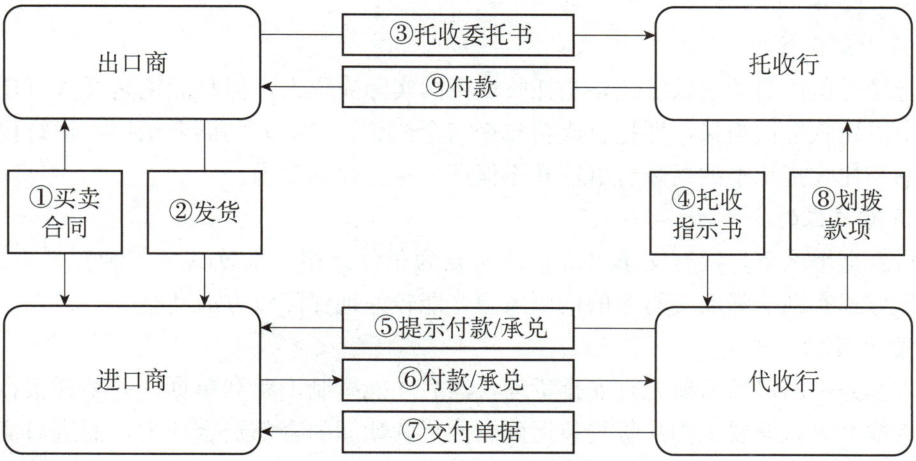

图5-6 托收业务流程图

（五）跟单托收的交单条件

根据跟单托收交单条件的不同，跟单托收分为付款交单和承兑交单两种。

1. 付款交单

付款交单（Documents Against Payment，D/P）是指出口商在托收委托书中指示托收银行，在买方付清货款后方可将商业单据交付给买方，即银行的交单以买方付款为条件，付款后才交单，不付款不交单。由于商业单据中包含代表物权凭证的运输单据，持有方可凭以实际控制货物。要求付款后才交单，体现了“一手交钱、一手交货”的“货”“款”对流原则，有效保护了贸易双方的利益。按照付款时间的不同，付款交单有即期和远期之分。

（1）即期付款交单。

即期付款交单（D/P at Sight）指付款交单下代收行第一次向进口商提示单据时，进口商应立即付款赎单。即期付款交单中出口商应开立见票即付的汇票。

（2）远期付款交单。

远期付款交单（D/P after Sight）指代收行第一次提示单据时，进口商并不付款，而是对单据中的远期汇票予以承兑。代收行继续持有全套单据，票据到期时代收行第二次提示汇票，要求付款，进口商付款赎单。由于远期付款交单下经常出现货物已到达目的港而汇票尚未到期的现象，进口商无法及时提货易造成损失，故《托收统一规则》中不提倡使用远期付款交单。

2. 承兑交单

在承兑交单（Documents Against Acceptance，D/A）中，代收行向进口商交单的条件是进口商对出口商出具的远期汇票进行承兑，即进口商承兑后即可从银行取得商业单据并据以提货，待票据到期后再付款。

承兑交单中，出口商在未获支付时就提前交单，放弃了货权，因而承担了极大的风险。

（六）托收的特点

1. 基于商业信用

银行接受出口商的收款委托，是托收业务的实际完成人，但是无论是托收行还是代收行，都未对托收提供担保，即托收成功与否完全依靠买卖双方的商业信用，银行仅依据托收委托书和托收指示书的指令行事，并不保证一定会收到款项。

2. 具有较强的安全性

在付款交单项下，银行交单以进口商付款为条件。相对汇款这种单纯支付方式来讲，托收结算方式有助于降低交易中的信用风险，能较好地保障双方的利益。

3. 资金负担不平衡

托收业务中出口商需要先行安排货运，然后才能缮制汇票和单据，并委托银行向进口商收取货款。出口商要承担从货物装运到收回货款期间的全部资金压力，而进口商相当于在此期间占用了出口商的资金，因此出口商在托收业务中实质上对进口商给予了资金融通。

4. 风险承担不平衡

出口商在托收业务中承担了较大的风险。除了货物运输风险外，出口商还要面临市场价格变化或其他原因导致的进口商拒付或借机要求降价的风险。

（七）托收业务的风险及其防范

出口商是托收业务风险的主要承担者，所以我们主要分析托收业务中出口商的风险及其防范。

1. 出口商面临的风险

跟单托收业务的实践显示，出口商面临的风险主要有以下方面：

（1）进口商拒收货物、拒付货款，从而使出口商陷入被迫低价处理已抵达进口地的货物的艰难境地。

（2）在采用承兑交单方式时，进口商仅对汇票进行承兑即可获得单据提取货物，而在付款到期日，进口商可以种种理由拖延或拒付货款，出口商将因此而遭受钱、货两空的损失。

（3）在出口商指示银行可凭信托收据向进口商借出单据时，若进口商到期拒付货款，出口商也将蒙受钱、货两空的损失。

（4）进口国由于实施外汇管制，导致进口商无法及时购汇，不能完成对出口商的支付。

2. 出口商的风险防范措施

（1）加强对进口国国家风险的评估，根据风险程度制订与该国进口商的交易原则。

（2）加强对进口商的买方风险控制，根据其资信状况及经营作风妥善掌握成交金额，以防不测。通常只对资信状况良好的老客户才叙做托收，对新客户、资信状况不佳的老客户不做托收。

（3）坚持以对己方有利的贸易术语（如 CIF）成交，一旦出险由出口商自己去找保险公司办理索赔业务。

（4）积极投保出口信用保险，转嫁风险。

（5）尽量使用付款交单方式，慎用承兑交单；在对进口商资信无确切把握的情况下，切勿允许其凭信托收据借单提货。

（6）在进口地安置可靠的代理人，通过其了解进口商的资信及动态；在进口商拒绝提货、拒付货款时，代为处理索赔、诉讼及货物安置等问题。

三、信用证

信用证是目前相对比较完善的结算方式，在国际贸易结算中占据极其重要的地位。它集货款支付与贸易融资于一体，为进出口商提供比较充分的银行信用保障和全方位的服务。目前，信用证是国际贸易中使用最广泛的国际结算方式之一。

（一）信用证的定义

在《UCP600》中，信用证被定义为："一项不可撤销的安排，无论其名称或描述如何，该项安排构成开证行对相符交单予以承付的确定承诺。"（Credit means any arrangement，however named or described，that is irrevocable and thereby constitutes a definite undertaking of the issuing bank to honour a complying presentation.）

简单来说，信用证（Letter of Credit）是指由银行开立的有条件的承诺付款的书面文件。在信用证业务中，开证银行（即开立信用证的银行）应进口商请求，开立以出口商为受益人，以银行为最终付款人的付款承诺。这里的"条件"，是指受益人须向银行提交符合信用证要求的单据，银行取代进口商承担第一性付款责任。

信用证有信开和电开两种形式。信开信用证是指以信函格式开立的信用证。开证行将信用证正本用邮寄的方式寄给通知行，由其转递给受益人。电开信用证是以电报、电传、SWIFT 等电信形式开立的信用证。通过专用计算机系统和网络传递的 SWIFT 信用证，具有标准化、格式统一、效率高、出错少、费用合理等优点，受到了各国银行的青睐。

（二）关于信用证的国际惯例

《跟单信用证统一惯例》是国际商会制订的关于信用证的国际惯例。多年来，《跟单信用证统一惯例》历经七次修订，不断完善，对指导和规范信用证运作、防范风险、化解争议，做出了巨大贡献。2006 年 10 月 25 日，在巴黎举行的国际商会银行技术与惯例委员会上，通过了新一版的《跟单信用证统一惯例》（*Uniform Customs and Practice for Documentary Credits—2006 Revision*，ICC Publication No. 600），以下简称《UCP600》。《UCP600》自 2007 年 7 月 1 日正式生效，沿用至今。

为了适应国际金融以及信息技术的发展与变革，除了《跟单信用证统一惯例》以外，国际商会还颁布了关于信用证的其他多项惯例与规则，旨在更加系统、具体地指导和规范信用证的应用，使其更为便捷、安全、有效，其中包括《URR725》《eUCP》《ISBP745》。

《URR725》是为了规范跟单信用证业务项下的银行间偿付的国际惯例。《eUCP》是对《跟单信用证统一惯例》的相关补充，其明确了使用 eUCP 信用证进行电子交单的相关规定。《ISBP745》对于在全球范围内正确理解和运用《UCP600》、统一和规范银行的单证业务、减少拒付争议具有重要的意义。

（三）信用证的性质

信用证方式反映了当事人之间即进出口商与开证行之间的三种契约关系。第一个契约关系是进出口商之间的买卖契约关系。这一关系由它们之间的销售合同约束。按合同约定，出口商应向进口商按时、按质、按量履行交货义务，而进口商则应支付货款。第二个契约关系由进口商向银行申请开立信用证时填写的开证申请书约束，是进口商与开证银行之间就付款赎单达成的约定。开证行保证向进口商提交符合信用证要求的全套单据，进口商则应立即付款赎单。若单据与约定不符，进口商可拒绝付款。信用证的第三个契约关系则反映了开证行与受益人之间的契约关系，其内容体现为信用证内的各项条款。若受益人提交的单据构成相符交单（Complying Presentation），则开证行必须兑现其在信用证中的付款承诺。信用证中的契约关系决定了信用证具有独特的性质。

1. 信用证是一种银行信用

信用证业务中银行承担第一性的付款责任。出口商发出货物后，是向开证行而不是进口商收取货款。如果进口商拒绝付款或无力支付货款，出口商依然能够从开证行处得到支付，只要能做到相符交单即可，相关风险和损失由开证行负担。因此，信用证业务中出口商开立汇票时，应以开证银行或其指定的付款银行作为票据的付款人。

2. 信用证是独立文件

虽然信用证的开立基于销售合同，但其一经开出，便不再依附于销售合同，成为独立的、自足的文件。开证行只对信用证负责，对进出口商是否真实履行合同义务不承担任何责任。

《UCP600》第 4 条规定："信用证与可能作为其开立基础的销售合同或其他合同是相互独立的。即使信用证中含有任何对合同的援引，银行也与合同无关。"

3. 信用证是一种单据买卖

在信用证业务中，银行处理的是单据，而非销售合同中的货物、服务或履约行为。因此，银行只关注出口商提交单据的表面真实性和完整性，要求做到"单单一致"和"单证一致"。至于实际货物是否符合合同中的描述，银行既不关心，也不承担任何责任。进口商在信用证中列出的针对出口商履约的各种条件，也必须具体化到能以单据来证明，即信用证条款的"单据化"，银行对不能"单据化"的信用证条款将不予理会。

（四）信用证的当事人

与汇款和托收方式相比，信用证业务流程复杂、环节多，涉及的当事人也比较多。

1. 开证申请人

开证申请人（Applicant）是指向银行申请开立信用证的当事人，一般指销售合同中的买方（进口商）。

2. 开证行

开证行（Issuing Bank 或 Opening Bank）是指应申请人请求开立信用证，并对受益人承担第一性付款责任的银行。

3. 受益人

受益人（Beneficiary）是指有权使用信用证，从开证行或其指定银行获取付款的当事人，一般为销售合同中的卖方（出口商）。

4. 通知行

信用证业务中的通知行（Advising Bank）是指受开证行指示，向受益人（出口商）转递信用证的银行。通知行通常是由开证行选定的受益人所在地的代理行。通知行负责将信用证和可能的修改通知转递给受益人，并须审核信用证的表面真实性，以保护受益人的利益。

5. 议付行

议付行（Negotiation Bank）是指被开证行授权从受益人手中购入汇票及全套单据的银行。通过议付，议付行向受益人提供了资金融通。议付行可向开证行、付款行、保兑行或偿付行进行索偿以收回向受益人垫付的款项。《UCP600》中取消了“议付行”的定义，但是在实践中“议付”业务仍然被广泛应用，承做“议付”业务的银行往往就是通知行。

在信用证业务中，经常还会出现其他一些比较重要的当事人，如保兑行、付款行和偿付行等。

6. 保兑行

保兑行（Confirming Bank）是指应开证行的要求对信用证加具保兑的银行。保兑银行的付款责任同开证行完全一样。一些小银行往往会寻求实力强的大银行加具保兑以增加其签发信用证的信用。

7. 付款行

付款行（Paying Bank）是指开证行在信用证中指定的另外一家充当信用证项下汇票付款人或偿付信用证项下款项的银行。付款行与开证行具有相同的审单和付款责任。

8. 偿付行

偿付行（Reimbursing Bank）是指按照开证行发出的偿付授权书提供偿付的银行，是开证银行指定的对议付行或付款行进行偿还的代理人。偿付行仅偿付款项，不承担付款责任，也不审核单据。

（五）信用证的种类

信用证的使用方式灵活多样。根据对随附单据的要求、付款期限和贸易方式等方面的不同，信用证在实践中存在以下几种分类。

1. 光票信用证和跟单信用证

（1）光票信用证（Clean Credit）是指仅要求随附一张汇票（即光票），不随附商业单据的信用证。由于光票信用证对货权没有要求，因此通常仅适用于一些小额资金的清偿。

（2）跟单信用证（Documentary Credit）是指开证行要求凭汇票和商业单据及其他单据付款的信用证，在国际贸易结算领域中使用最为广泛。

2. 不可撤销信用证和可撤销信用证

（1）不可撤销信用证（Irrevocable L/C）是指开证行一经签发信用证，在有效期内，未经受益人同意，不得单方面撤销或修改信用证。

（2）可撤销信用证（Revocable L/C）是指开证行有权随时撤销或修改信用证，不必征得受益人或相关当事人的同意。

信用证的可撤销与否直接关系到银行付款承诺的有效性，事关信用证受益人的利益，因此在实践中人们普遍接受不可撤销信用证，可撤销信用证则非常少见。《UCP600》中规定："信用证是不可撤销的，即使未如此表明""未经开证行、保兑行及受益人同意，信用证既不能修改，也不能撤销"。

3. 即期信用证、远期信用证和假远期信用证

这些信用证的区别主要在于付款时间的不同。

(1) 即期信用证（Sight L/C）是指开证行在收到受益人提交的、符合要求的单据后，立即予以付款的信用证。即期信用证中要求受益人开具见票即付的即期汇票。由于即期信用证收款迅速，在实践中被广泛使用。

(2) 远期信用证（Usance L/C）是指受益人按信用证要求出具远期汇票，开证行凭受益人提交的、符合信用证要求的单据远期付款的信用证。

(3) 假远期信用证（Usance L/C Payable at Sight），又称买方远期信用证，是指销售合同规定即期结算，买方向银行申请开立远期信用证，受益人提交符合信用证要求的单据可以即期获得款项，由此产生的利息费用和承兑费用由买方负担。其实质是银行为买方提供资金融通的信用证。

4. 保兑信用证和不保兑信用证

保兑信用证（Confirmed L/C）是指加具另外一家银行保证兑付表示的信用证，开证行与保兑行同时对该信用证承担保证付款责任。未保兑信用证（Unconfirmed L/C）是指只有开证银行本身承担付款责任的信用证。

保兑信用证下的收款更有保障，但是也需承担额外的保兑费用。信用证加具保兑与否经常基于对风险和费用的权衡考虑，以及不同国家和地区有关信用证的习惯做法。

5. 即期付款信用证、延期付款信用证、承兑信用证、议付信用证

根据《UCP600》的规定，信用证必须规定它是否适用于即期付款、延期付款、承兑或议付，从而产生了以下四种信用证形式：

(1) 即期付款信用证（Sight Payment L/C），指信用证要求受益人提交符合要求的单据即可获得立即付款，一般不要求受益人开立汇票。

(2) 延期付款信用证（Deferred Payment L/C），它与即期付款信用证一样，不要求受益人开立汇票，仅凭受益人提交合格单据获得远期付款。付款期限一般有两种情况：一种是提交单据后若干天付款；另一种是自装运日后若干天付款。

即期付款信用证与延期付款信用证中均不要求受益人开立汇票，这样可以避免因使用汇票而产生的印花税费用支出。但受益人和相关当事人也因此失去了利用票据进行融资的便利。

(3) 承兑信用证（Acceptance L/C），它要求受益人签发一张以指定银行为付款人的远期汇票，银行在收到符合信用证条款的单据和远期汇票后，会履行承兑手续，然后在汇票到期时进行付款。承兑信用证必须注明"acceptance"字样。

(4) 议付信用证（Negotiating L/C），是指信用证注明允许受益人通过"议付"从议付行获得垫付资金。允许议付的信用证必须有"negotiate"或"negotiation"或"negotiable"字样。根据开证行允许参与议付的银行范围大小，又可分为"限制议付"和"自由议付"

两种。

6. 可转让信用证与不可转让信用证

根据使用信用证的权利是否可以转让，信用证可分为可转让信用证和不可转让信用证。如没有特别标明，一般的信用证均为不可转让信用证。

(1) 不可转让信用证（Non-transferable L/C），是指信用证的利益只能是受益人本人所有的信用证，受益人不能将信用证权利转让给他人。

(2) 可转让信用证（Transferable L/C），是指允许受益人将信用证上的权益转让他人的信用证。按惯例，信用证只能转让一次。

7. 循环信用证、对开信用证和对背信用证

(1) 循环信用证（Revolving L/C）是指一经开出，可以反复使用的信用证，通常适用于具有分批装运条款的销售合同，可以避免反复申请开证的麻烦。

(2) 对开信用证（Reciprocal L/C）是指销售合同双方分别作为申请人，各开出一份以对方为受益人的信用证。两张信用证互为条件，同时生效，同时失效，常用于补偿贸易。

(3) 对背信用证（Back to Back L/C）是指受益人以信用证为担保，要求银行开出一份内容相似的新的信用证。对背信用证常见于中间商贸易中。

（六）信用证的内容

信用证内包含了有关销售合同、商品、运输、保险、汇票等方面的信息，相比汇款和托收，其涉及的内容更加丰富，专业性更强，阅读和审核难度较大。大多数信用证主要由以下几部分组成。

1. 信用证本身的内容

(1) 开证行（Issuing Bank）。

(2) 通知行（Advising Bank）。

(3) 信用证种类（Form of Credit）。

(4) 信用证号码（Credit Number）。

(5) 开证日期（Date of Issue）。

(6) 受益人（Beneficiary）。

(7) 开证申请人（Applicant，Accountee）。

(8) 信用证金额与使用货币（Amount and Currency）。

(9) 有效期限（Expiry Date，Validity）。

其中信用证号码非常重要，许多单据中都要求引用信用证号码。信用证种类一般为"不可撤销的""跟单的"的信用证。

2. 有关汇票的内容

(1) 出票人（Drawer）。

(2) 受票人（Payee）。

(3) 汇票期限（Tenor）。

(4) 汇票金额（Draft Amount）。

3. 商品、运输及单据

(1) 商品的描述（Description）、唛头（Marks）、数量（Quantity）、包装（Pack-

ing)、单价（Unit Price）、贸易条件（Price Term）等。

（2）运输装运港、目的港（Port of Loading，Port of Destination）。

（3）转运、分批运输（Transshipment，Partial Shipment）。

（4）最迟装运期限（Latest Date of Shipment）。

（5）所需单据（Documents Required）。

① 商业发票（Commercial Invoice）。

② 运输单据（Transport Documents）。

③ 保险单据（Insurance Certificate or Policy）。

④ 其他单据（Other Documents）。

4. 特别事项

记载有关银行费用承担、货物包装、索偿方法等注意事项。

5. 开证行保证付款的责任文句

如：We hereby engage with drawers and/or bona fide holders that draft(s) drawn and negotiated on presentation and that draft(s) accepted within the terms of this credit will be duly honored at maturity.（我行兹对出票人及/或善意持票人保证：凡按本信用证所列条款开具及议付的汇票一经提交，即予承兑；凡依本证条款承兑的汇票，到期即予付款。）

6. 引用《跟单信用证统一惯例》文句

如：This credit is subject to *the Uniform Customs and Practice for Documentary Credits* [*UCP (2007 Revision)*，International Chamber of Commerce publication No. 600.]（本信用证服从国际商会 2007 年修订本第 600 号出版物《跟单信用证统一惯例》的约束。）

图 5－7 为 SWIFT 信用证样例。

FROM：CITIBANK INTERNATIONAL，LOS ANGELES，U. S. A.
开证行：花旗银行 美国洛杉矶
TO：BANK OF CHINA QINGDAO BRANCH，QINGDAO，CHINA
通知行：中国银行青岛分行 中国青岛
：27：SEQUENCE OF TOTAL 1/1
：27：电文序列 1/1
：40A：FORM OF DOCUMENTARY CREDIT IRREVOCABLE
：40A：跟单信用证格式 不可撤销
：20：DOCUMENTARY CREDIT NUMBER CRED1523349
：20：跟单信用证号 CRED1523349
：31C：DATE OF ISSUE 230906
：31C：开证日期 230906
：40E：APPLICABLE RULES *UCP 600*
：40E：适用规则《UCP600》
：31D：DATE AND PLACE OF EXPIRY 231102 U. S. A.
：31D：有效期和有效地点 231102 美国
：50：APPLICANT UNITED OVERSEAS TEXTILE CORP. 220E 8TH STREET A682 LOS ANGELES U. S. A.
：50：开证申请人 美国大华纺织公司 220 栋，8 号街，682 室 洛杉矶 美国
：59：BENEFICIARY QINGDAO DAHAI CO.，LTD. 186 CHONGQIN ROAD QINGDAO 266002 CHINA
：59：受益人 青岛大海有限公司 重庆路 186 号 中国青岛 266002（邮编）

：32B：CURRENCY CODE，AMOUNT：USD58575.00
：32B：货币代码和金额 58575.00 美元（交易金额）
：39A：PRECENTAGE CREDIT AMOUNT TOLERANCE 10%
：39A：信用证金额上下浮动百分比 10%
：41A：AVAILABLE WITH..BY..CITIUS33LAX BY DEFERRED PAYMENT
：41A：兑付方式 花旗银行洛杉矶分行以延期付款方式兑付
：42P：DEFERRED PAYMENT DETAILS AT 90 DAYS AFTER B/L DATE
：42P：延期付款细节 提单签发日后 90 天
：43P：PARTIAL SHIPMENTS NOT ALLOWED
：43P：分批装运 不允许
：43T：TRANSSHIPMENT NOT ALLOWED
：43T：转运 不允许
：44E：PORT OF LOADING/AIRPORT OF DEPARTURE QINGDAO PORT，CHINA
：44E：装运港/始发航空站 中国 青岛港
：44F：PORT OF DISCHARGE/AIRPORT OF DESTINATION LOS ANGELES PORT，U.S.A.
：44F：卸货港/目的航空站 美国 洛杉矶港
：44C：LATEST DATE OF SHIPMENT 231017
：44C：最迟装运日期 231017
：45A：DESCRIPTION OF GOODS AND/OR SERVICES
+TRADE TERMS：CIF LOS ANGELES PORT，U.S.A. ORIGIN：CHINA
+ 71000M OF 100% POLYESTER WOVEN DYED FABRIC
AT USD0.75 PER M
WIDTH：150CM，>180G/M^2
：45A：货物/服务描述
+贸易术语：CIF 洛杉矶港，美国　原产地：中国
+71000 米 100%涤纶染色机织布料
单价为 0.75 美元/米
幅宽：150 厘米，克重：不小于 180 克/平方米
：46A：DOCUMENTS REQUIRED
：46A：单据要求
+SIGNED COMMERCIAL INVOICE IN THREEFOLD
+签署的商业发票，一式三份
+FULL SET OF CLEAN ON BOARD OCEAN BILL OF LADING MADE OUT TO THE ORDER AND BLANK ENDORSED，NOTIFY：APPLICANT（FULL ADDRESS）MARKED FREIGHT PREPAID
+全套清洁的已装船提单，空白抬头（TO ORDER），空白背书，通知开证申请人（完整地址），注明运费预付
+SIGNED DETAILED PACKING LIST
+签署的装箱单
+CERTIFICATE OF ORIGIN
+原产地证书
+HANDSIGNED INSURANCE POLICY/CERTIFICATE COVERING MARINE INSTITUTE CARGO CLAUSES A（1.1.1982），INSTITUTE STRIKE CLAUSES CARGO（1.1.1982），INSTITUTE WAR CLAUSES CARGO（1.1.1982）FOR 110PCT OF THE INVOICE AMOUNT
+手签的保险单或保险凭证，遵照英国伦敦保险协会货物条款，按照发票总金额的 110%投保 ICCA，ICC 罢工险、ICC 战争险
：47A：ADDITIONAL CONDITION 10PCT MORE OR LESS IN AMOUNT AND QUANTITY ALLOWED
：47A：附加条款 金额和数量允许有上下 10%的变动幅度
：71B：CHARGES ALL CHARGES AND COMMISSIONS OUTSIDE U.S.A. ARE FOR BENEFICIARY'S ACCOUNT

：71B：费用 发生在美国以外的全部费用和佣金由受益人承担
：48：PERIOD FOR PRESENTATION WITHIN 15 DAYS AFTER SHIPMENT BUT WITHIN THE VALIDITY OF THIS CREDIT
：48：交单期限 装运期后 15 天，但必须在信用证有效期内
：49：CONFIRMATION INSTRUCTIONS WITHOUT
：49：保兑指示 没有
：78：INSTRUCTIONS TO THE PAYING/ACCEPTING/NEGOTIATING BANK
AT MATURITY DATE，UPON RECEIPT OF COMPLYING DOCUMENTS C/O OURSELVES，WE WILL COVER THE REMITTING BANK AS PER THEIR INSTRUCTIONS
：78：对付款行/承兑行/议付行的指示在到期日，我行在收到相符单据后，根据偿付行的指示偿付货物。

图 5－7 SWIFT 信用证样例

（七）信用证业务流程

不同类型的信用证在运作程序上存在差异，在此仅以国际贸易结算中大量使用的即期跟单信用证为例，简要地描绘信用证的基本业务流程，具体如图 5－8 所示。

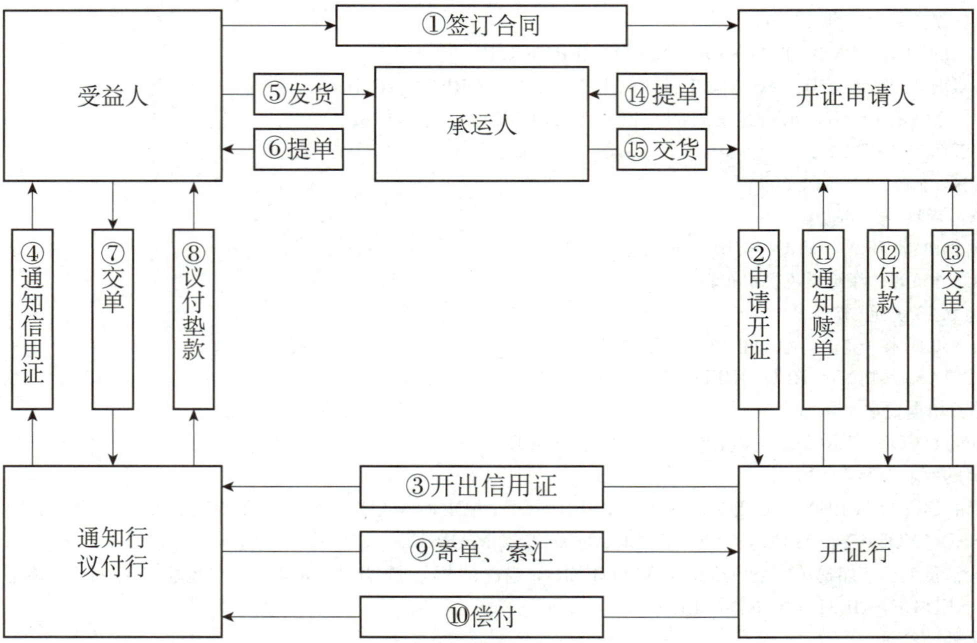

图 5－8 即期跟单信用证基本业务流程

1．进出口商签订合同

进出口商签订国际货物买卖合同，合同中支付条款规定以即期跟单信用证结算货款和相关费用。（见图 5－8 中①）

2．开证申请人申请开证

进口商作为开证申请人，应在合同规定的期限内，向银行申请开出以出口商为受益人的即期跟单信用证。进口商应按照合同内容填具开证申请书（Irrevocable Documentary Credit Application），交付开证押金（保证金）及开证手续费。（见图 5－8 中②）

3. 开证行开立信用证

开证行在经过严格的审核、评估进而决定接受进口商的开证申请后，开出信用证。（见图 5－8 中③）

4. 通知行通知信用证

通知行收到信用证后，先要认真核对密押或印鉴，在确认了信用证的真实性后，对信用证进行相关条款的审核，按开证行指示立即通知受益人。（见图 5－8 中④）

5. 受益人审证、发货、制单

受益人收到信用证通知书后，首先应审核其内容是否符合合同的规定，如发现有不符之处，可要求进口商通过开证行对信用证进行修改。经审核（或经修改）确认信用证内容符合合同规定后，受益人应严格按照信用证的规定发运货物，缮制或取得信用证要求提交的全部单据（和汇票），其种类、名称、份数、内容等必须符合信用证的规定。（见图 5－8 中⑤～⑥）

6. 受益人交单

受益人在信用证规定的期限内将正本信用证、全套单据（和汇票）交至信用证指定的银行（自由议付信用证除外），凭表面合格的单据请其议付或付款。（见图 5－8 中⑦）

7. 银行议付或付款

银行收到受益人交来的单据（和汇票）后，根据信用证开证行的委托和指示，对信用证进行议付或付款。（见图 5－8 中⑧）

8. 议付行寄单、索汇

议付行对受益人议付后，可凭表面合格的单据（和汇票）向开证行或偿付行索要议付垫款或支付的款项，这一环节即寄单、索汇。（见图 5－8 中⑨）

9. 开证行履行付款义务

开证行收到寄单行寄至的单据（和汇票）后，根据《UCP600》的规定，应在“最多不超过 5 个银行工作日”内，以信用证为依据对其进行审核。如确认相符交单，应无条件地向索汇银行支付款项。（见图 5－8 中⑩）

10. 开证行通知开证申请人赎单

开证行对外履行了付款义务后，通知开证申请人（进口商）赎单。（见图 5－8 中⑪）

11. 开证申请人付款赎单

开证申请人接到开证行的赎单通知后，应履行其在开证申请书中的承诺，付款赎单。（见图 5－8 中⑫～⑬）

12. 开证申请人凭单提货

开证申请人赎取单据后，可凭此向运输部门提取货物，并安排验货、存仓、进口报关等手续。（见图 5－8 中⑭～⑮）

（八）信用证的风险与防范

相对于单纯建立在商业信用基础上的汇款和托收方式而言，信用证是一种信用度较高的国际结算方式。信用证业务由于有了银行信用的参与，较大程度地解决了进出口双方互不信任的问题，可以帮助降低国际贸易风险，并使双方得到资金融通。但信用证也不是万无一失的支付方式，银行信用不可能完全取代商业信用，也不可能完全避免商业风险。通常必须注意对信用证如下风险加以防范。

1. 进口商面临的风险及防范措施

进口商面临的风险包括：

(1) 出口商交货严重违反贸易合同的要求。

(2) 出口商伪造单据骗取货款。

(3) 出口商勾结承运人出具预借提单或倒签提单。

为防范风险，进口商在填写开证申请书时，应该严格对照合同条款，并且把对货物的具体要求在信用证中明确列明，确保出口商所交的货物尽可能符合要求。另外要选择资信状况良好的出口商合作。

2. 出口商面临的风险及防范措施

出口商面临的风险包括：

(1) 制作单证时未满足"单单相符、单证相符、单内一致"的要求，遭开证行拒付。

(2) 因软条款而导致信用证失效。

(3) 进口商利用伪造、篡改的信用证引诱出口商发货，骗取货物。

(4) 开证行倒闭或无力偿付信用证款项。

对出口商而言，应要认识到信用的安全性是有限的，应正确、合规地运用信用证，妥善处理与货物相关的一切事项，审慎履约，这是风险防范的必要之举。要选择资信状况比较好的客户开展国际贸易，在收到信用证后要认真审核，谨防其中的"软条款"，要严格按照信用证的要求备货、装运、制单。

3. 银行面临的风险及防范措施

银行面临的风险包括：

(1) 进口商无理拒付合格单据或因进口商破产给银行带来风险。

(2) 信用证打包放款给银行带来风险。

(3) 进出口双方合谋欺诈给银行带来风险。

信用证风险控制是银行风险管理的重要组成部分，涉及信用风险、操作风险、道德风险、法律风险的综合管控，银行必须具有高度警觉性，增强抵御风险的能力。应建立稳健的风险管理组织架构、有效的风险监控评价体系及纠偏机制，强化内控机制，构建符合国际标准的风险管理技术支持体系和大风险管理战略。

四、国际保理

随着经济全球化的发展，国际竞争日趋激烈，出口商为扩大出口，除了以高质量、低价格作为竞争手段外，越来越重视向进口商提供更有竞争力的结算融资产品。传统结算方式尽管有着广泛的客户基础，但由于固有的局限性，近年来的应用比例逐年下降，而受进口商欢迎的赊销方式逐渐盛行。国际保理由于很好地解决了赊销中出口商面临的资金占压和进口商信用风险问题，得到了快速发展和广泛应用。

(一) 国际保理的定义

国际保理（International Factoring）是指出口商出售货物以后，由保理商购买出口商的应收账款，并向其提供进口商资信评估、销售账户管理、账款催收、资金融通、坏账担保等一系列服务的综合金融安排。

（二）国际保理的主要当事人

1. 出口保理商（Export Factor）

出口保理商根据与出口商签订的保理业务协议，通过进口保理商的协作，为出口商提供进口商资信调查、购入应收账款、款项催收、销售分户账管理、贸易融资、风险担保等服务。

2. 进口保理商（Import Factor）

进口保理商同意向进口商代收以出口发票表示的，并已转让给出口保理商的应收账款。进口保理商负责核准进口商的信用额度、提供信用风险担保、向进口商催收货款。进口保理商应对其核准的信用额度内的坏账损失承担付款责任。

3. 出口商

出口商（Exporter）即供应商，其应与出口保理商签订保理业务协议，并委托其办理协议约定的保理事项。

4. 进口商

进口商（Importer）通过进口保理商办理款项结算，对出口商提供的货物或劳务所产生的应收账款有必须付款的义务。

根据国际惯例，出口保理商只对出口商负责，无须与进口商发生直接业务往来；进口保理商虽负责向进口商催收款项，但与出口商无直接的契约关系，它只对出口保理商负有协议约定范围内的责任。

（三）国际保理的业务流程

在国际保理业务中最常用的类型是双保理，双保理涉及两个保理商，即出口保理商及进口保理商。因此我们就以双保理为例，分析国际保理的基本运作。国际双保理业务流程如图 5-9 所示。

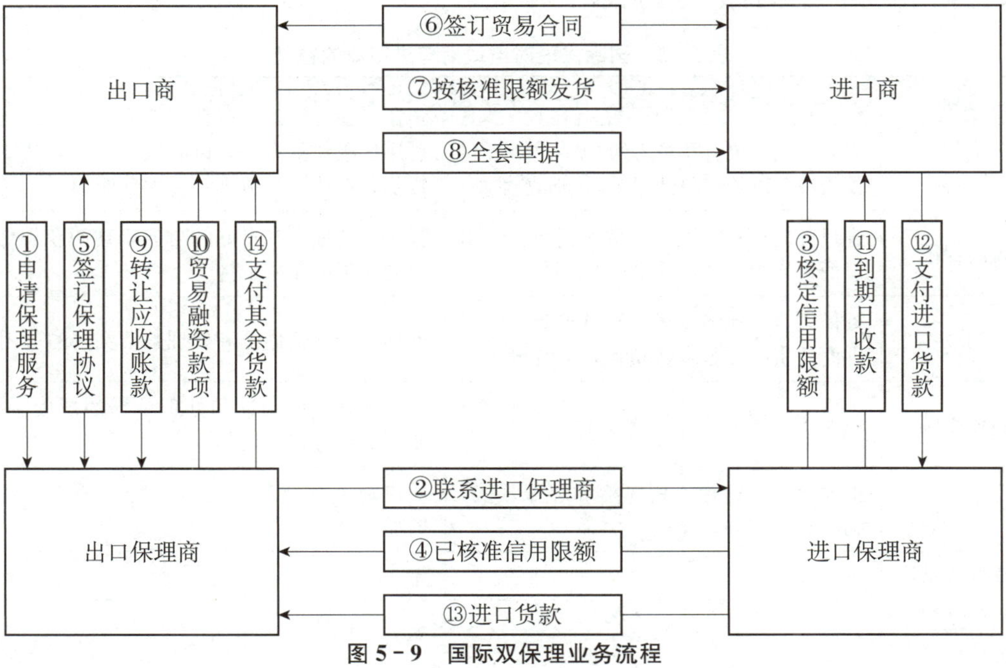

图 5-9 国际双保理业务流程

①出口商请求出口保理商提供保理服务。

②出口保理商与进口保理商取得联系，请求对进口商进行资信调查，核批信用限额，提出业务收费报价。

③进口保理商对进口商的资信及销售状况进行调查，核定信用限额。

④进口保理商将核准的信用限额及业务收费报价通知出口保理商。

⑤出口商接受业务收费报价后与出口保理商签订保理协议。

⑥出口商与进口商签订贸易合同，并在合同中规定采用国际保理方式结算货款。

⑦出口商按照经由进口保理商核准的信用限额出运货物。

⑧出口商将全套单据直接寄送进口商。

⑨出口商将发票副本交至出口保理商，向其转让货物售出后的应收账款。

⑩出口商向出口保理商提出融资要求，出口保理商当即预付发票金额80%的款项，但要收取融资利息及承购费用。

⑪进口保理商收到发票副本后，对应收账款进行管理，待付款到期日向进口商收取款项。

⑫进口商向进口保理商付款。

⑬进口保理商将款项转付出口保理商。若进口商未在规定期限内付款，进口保理商应对出口保理商承担付款责任。

⑭出口保理商向出口商支付发票金额另外20%的余款。

（四）国际保理对进出口商的好处

在国际结算领域，保理尤其适用于赊销O/A、承兑交单D/A等非信用证项下的进出口贸易结算。与托收、汇款等非信用证结算方式相比，国际保理可为进出口商提供更为便利及可靠的服务，具体如表5-2所示。

表5-2　国际保理对出口商与进口商的益处

益处	对出口商	对进口商
增加营业额	为客户提供更有竞争力的O/A、D/A付款条件，以拓展海外市场，增加营业额	利用优惠付款条件，以有限的资本购进更多货物，加快资金流动，扩大营业额
风险保障	进口商的信用风险转由保理商承担，出口商可以得到100%的收汇保障	基于公司信誉和良好的财务表现而获得保理商的信贷，无须抵押
节约成本	资信调查、账务管理和账款追收等由保理商负责，减轻业务负担，节约成本	省却了开立信用证和处理繁杂文件的费用
简化手续	免除了信用证结算的烦琐手续	省却了开立信用证和处理单据的烦琐手续，便利货物进口和付款
扩大利润	扩大出口，剔除信用风险和坏账损失，利润随之增加	加快资金和货物的流动，降低成本，利润增加
账款催收追缴	有	无
提供预付货款融资	有	无

（五）企业适宜采用国际保理的情形

实践表明，当进出口商处于下列情形时，可考虑采用国际保理。

（1）出口商对进口商不了解，而对方又不愿意接受信用证方式，致使出口交易难以达成。

（2）出口商采用汇款、托收等结算方式时，经常发生进口商逾期或拖欠货款情况。

（3）出口商同意对进口商赊销。

（4）出口商希望对应收账款寻求有效的追收和管理，以避免产生坏账。

（5）出口商发货数量少、批量多，希望减少中间环节与费用。

（6）出口商为了更好地开拓市场、争夺客户，或者决定在国外市场聘任销售代理，因此必须提供信用付款方式。

（7）进口商为争取有利的信用付款方式，打消出口商对自身信誉的疑虑。

第四节　贸易融资

贸易融资（Trade Finance）是指围绕国际贸易运作而产生的资金借贷、信用支持及相关配套服务的金融活动。伴随着世界贸易的演进，贸易融资已经从银行的传统信贷业务，发展变革为涵括了多种融资产品及增值性服务的综合金融安排，成为贸易金融的核心业务。典型的贸易融资通常是商业银行在国际结算运作过程中向进出口商发放的贸易信贷。在托收、信用证、国际保理等结算方式下，在货物装运前、装运后银行都可以向进出口商提供贸易融资服务。商业银行提供的贸易融资通常期限是在一年以内的，属于短期信贷，关于中长期信贷的内容将在后面的章节中介绍。贸易信贷体现在一国国际收支平衡表金融账户底下的其他投资子账户中。

一、出口贸易融资

（一）打包放款

1. 打包放款的概念

打包放款（Packing Loan）是指出口方银行以出口商为受益人的信用证做抵押，贷放短期周转资金的融资行为。

出口商为获得出口货物装运前的资金支持，可将正本信用证作为抵押和还款凭据，向出口地银行（多为通知行）商借信用证金额一定比例的贷款，用于履行出口合同义务的各项开支。出口商装运货物后，持单据要求贷款银行议付时，由贷款银行从议付金额中扣除贷款本息后，将余款付给出口商。

2. 打包放款的基本操作流程

（1）出口商在收到信用证后，向其往来银行提出打包放款申请。

（2）出口商向其往来银行提供近期财务报表及营业执照等材料。

（3）出口商将信用证正本留在其往来银行作为抵押品，获得其往来银行贷款。

3. 申请打包放款需要向银行提供的资料

出口商需要提供的资料包括：(1) 信用证正本。(2) 流动资金借款申请书。(3) 外销合同。(4) 境内采购合同。(5) 营业执照副本。(6) 贷款证明。(7) 近三年的年度财务报表。(8) 最近一个月的财务报表。(9) 法人代表证明。

4. 打包放款的金额和期限

(1) 最高金额为信用证金额的80%。

(2) 贷款期限通常为3个月，最长不超过半年，且不能超过信用证有效期（Expiry Date）后的15天。

(3) 展期。当信用证出现变更最后装船期、信用证有效期，出口商不能按照原来的时间将单据交给银行的情况时，出口商应在贷款到期前10个工作日向银行申请展期。展期需要提供的资料有：贷款展期申请书、信用证修改的正本。

（二）预支信用证融资

1. 预支信用证的概念

预支信用证（Anticipatory Credit）是开证行授权通知行或其指定银行，在装运前向出口商预支全部或部分信用证金额的信用证。当出口商出口营运资金不足时，可考虑通过预支信用证获得银行的贸易融资。在预支信用证项下，出口商获得了银行提供的贸易融资，有助于履行出口合同义务。

2. 预支信用证与打包放款的异同

打包放款与预支信用证项下的融资均由出口地银行在货物装运前向出口商提供，但二者本质上是完全不同的。预支信用证是开证行在信用证中，授权出口地银行向出口商预支全部或部分信用证金额的款项，故出口地银行对出口商提供的贸易融资与进口商与开证行有密切关系，其本质上是开证行向出口商提供的融资，若出口商到时不能履行信用证的要求，出口地银行可向开证行提出还款要求，开证行应立即偿还其垫款本息。打包放款是由出口商自行凭正本信用证，向出口地银行预借一定数量的资金，用于购进货物、仓储及包装出运，其借款行为与进口商和开证行无关，故放款银行须自行承担信贷风险。

（三）出口押汇

1. 出口押汇的概念

出口押汇（Collection Bill Purchased）是托收和信用证结算方式下都可采用的贸易融资方式。

出口押汇是指是由托收行（或议付行）买入出口商开立的，以进口商为付款人的汇票及随附的商业单据，从汇票金额中扣除利息及费用后，将净款付给出口商的贸易融资方式。托收行（或议付行）承做出口押汇之后，即成为出口商的债权人；托收行（或议付行）将汇票和单据寄至代收行（或开证行），并通过其向进口商收取款项，从而收回垫付的出口押汇款项。

通过出口押汇，出口商提前收回了出口销售货款；但对于银行而言，一旦进口商或开证行拒付货款，提供押汇的银行将蒙受损失。因此，银行在提供出口押汇便利时，须谨慎从事，防范风险。

2. 出口押汇的对象及条件

(1) 对象。

企业如具有进出口经营权并具备独立法人资格，且以托收或者信用证作为出口结算的方式，即可凭托收项下或信用证项下的出口单据向银行申请叙做出口押汇。

(2) 条件。

出口押汇须满足的条件包括：

① 企业应在申请行开立本币或外币往来账户并办理进出口结算业务，在押汇融资业务项下核算一切收支。

② 企业需具有一定的外贸经验且履约能力强，收汇等资信记录良好。

③ 出口商品应为企业主要出口创汇产品，适应国际市场需求。

④ 企业应具备健全的财务会计制度，能按时向银行报送财务报表，并接受银行对生产经营及财务状况的实时审核，出口押汇款项用于合理的资金周转需要。

⑤ 开证行及偿付行所在地政治及经济形势稳定，无特别严格外汇管制、无金融危机，且开证行自身资信可靠，无故意挑剔单据不符点而无理拒付的不良记录。

⑥ 若采用信用证结算，那么信用证条款应清晰完整且符合国际惯例，经银行认可无潜在风险因素。

⑦ 若采用信用证结算，出口押汇的单据必须严格符合信用证条款，做到单单一致、单证一致，远期信用证项下的出口押汇，须在收到开证行承兑后方可叙做。

3. 出口押汇的币种、利率和期限

出口押汇的币种为单据原币种，利率参照国际金融市场的利率、申请行筹资成本、开证行资信风险等因素确定。押汇金额比例由银行根据实际情况核定，最高额为单据金额的100%，银行预扣银行费用、押汇利息后，将净额划入企业账户。如实际收汇日超过押汇的期限，银行将向企业补收押汇利息。如超过押汇期限，经银行向开证行催收交涉后仍未收回议付款项，银行有权向企业行使追索权，追索押汇金额、利息及银行费用。

4. 出口押汇的程序

下文以信用证项下出口押汇为例来介绍出口押汇的程序。

(1) 出口商提交出口押汇申请。

出口商填写出口押汇申请书，并提交国外银行开立的不可撤销跟单信用证正本、全套货运单据。如果是首次申请出口押汇，还要签署《总质权书》，明确申请人对承办行所承担的责任。

(2) 对出口商的审查。

向银行申请办理押汇的出口商，原则上必须已在该行开立往来账户，并且有良好的信誉。如果是新客户，承办行则应首先对其进行审查，并根据审查的结果决定是否承做。

(3) 对信用证的审查。

出口商凭信用证申请押汇时，应把信用证正本交承办行检验审查，对信用证的审查是银行办理出口信用证押汇业务最重要的程序。承办行审查的要点包括信用证是否过期、信用证金额是否已用完、信用证是否已被开证银行撤销。

(4) 对单据的审核。

出口信用证押汇的本质是承办行先行垫付货款给出口商，然后凭有效单据向开证行索要货款来偿付垫款。单据符合信用证条款，是保证进口商接受单据和开证行向押汇行付款的先决条件。如果承办行在单据同信用证条款不符的情况下发放押汇款，在随后的结算程序中，进口商可能不接受单据，开证行也不予支付货款，最终单据会被退回押汇银行，而此时款项早已垫付，押汇银行将蒙受损失。

（5）押汇款项的支付。

承办押汇业务的银行完成单证、单单审核后，如果相符就可以做出口押汇，从出口货款中扣除押汇利息后将余额支付给出口商。如果单证或单单不符，开证行的第一性付款责任自动解除，此时付款与否完全取决于开证申请人。出口商向押汇行出具书面担保要求押汇行对不符单据先行叙做押汇，支付议付款，日后若开证行因为同样不符点拒付单据，押汇行可凭借担保书要求出口商立即退还银行垫款、利息和从属费用。

（6）押汇款项的收回。

押汇行将押汇款支付给出口商后，即填制《押汇收款委托书》，连同汇票和全套货运单据一并寄交国外开证行或开证行的委托行。开证行或其委托行审核单据相符后即支付出口货款，押汇行划回货款，贷记押汇行账户，押汇业务即告结束。

（四）贴现

在远期信用证项下，出口商在交单后可将经开证行承兑的远期汇票向银行或其他金融机构办理贴现业务，以提前获得货款。贴现银行或贴现公司贴入出口商转让的已承兑汇票后，将扣除了贴现利息的净款付给出口商，从而向出口商提供了期限为贴现天数的贸易融资。汇票到期时，贴现行或贴现公司向开证行提示汇票要求付款，收回融资款项。

（五）融资保理

融资保理（Financed Factoring）是指在国际保理业务中出口保理商应出口商的要求，保理商在购入应收账款后立即预付出口商约发票金额80%的款项，其余部分待从进口商处收回全部货款后再行支付。需要特别注意的是，出口保理商对预付的融资款项一般是没有追索权的。

（六）福费廷

福费廷是包买商无追索权地购买出口商提交的单据，从而向出口商提供融资的方式。这种融资方式以往主要用于资本品，单笔金额通常是1 000万美元以上，融资期限一般是3～5年，甚至更长。但近年来，越来越多的消费品国际贸易也开始使用福费廷融资方式，融资单笔金额可达10万美元，融资期限也可以缩短到1个月。关于福费廷业务的详细介绍请参见后面的相关章节。

二、进口贸易融资

（一）信托收据

1. 信托收据的概念

信托收据（Trust Receipt，T/R）是适用于远期付款交单的一种融资工具。在远期付款交单方式之下，进口商若想先于付款到期日取得货物，即可开出信托收据，凭以向代收行借出商业单据提货。进口商在信托收据中承认代收行对货物仍享有所有权，并保证在货物销售后立即还款并赎回信托收据。信托收据方式又称“见票后若干天付款，以信托收据换取单据

(D/P at ×× days after sight to issue trust receipt in exchange for documents，D/P-T/R)”。

2. 信托收据当事人的权利与义务

在信托收据融资中，当事人代收行与进口商形成了新的权利义务关系。

（1）信托人的权利。

作为信托人（Truster）的代收行享有如下权利：

① 可随时取消信托，收回借出货物的所有权。

② 如货物已被出售，可随时收回货款。

③ 如进口商倒闭清盘，对货物或货款享有优先权。

（2）被信托人的义务。

作为被信托人（Trustee）的进口商具有如下义务：

① 凭信托收据提取的货物的所有权仍属代收行，进口商处于代为保管货物的地位，故须将信托收据项下的货物与其他货物分开仓存或分开保险；货物一旦出险，保险赔款应归代收行所有。

② 货物售出后，所得货款应属代收行所有；若尚未到达付款到期日，应单立账户妥善保管该项货款，于到期日（或先于到期日）归还代收行。

③ 不得将凭信托收据提取的货物用于抵押，并随时接受代收行的监督与核查。

3. 信托收据的风险承担

根据《URC522》的规定，如果代收行是根据托收指示的要求向进口商提供信托收据融资便利的，由此而引起的风险损失应由出口商承担；但如果出口商未曾指示而由代收行自行决定向进口商提供信托收据融资便利时，由此而引起的风险损失由代收行承担，与出口商无关。此时，代收行允许进口商凭信托收据先于付款而提货，实质上代进口商垫付了货款，要承担很大风险，故代收行应根据进口商的资信状况谨慎行事；在提供了信托收据融资后，应坚持双方的权利和义务，并加强对信托收据项下的货物的监控、管理，必要时，代收行应要求进口商提供担保或抵押品。

（二）进口押汇

1. 进口押汇的概念

进口押汇（Import Bill Advance）是由开立信用证的银行对作为开证申请人的进口商提供的一种资金融通，其实质是银行对进口商的一种短期放款。买卖合同签订之后，进口商请求进口地的往来银行向出口商开立保证付款文件，大多为信用证。开证行将文件寄送给出口商，出口商见证后，将货物发送给进口商。进口商开立保证付款文件，可以延长付款期限，不必在出口商发货之前支付货款，即使在出口商发货后，也要等到单据到达自己手中才履行付款义务，这样，进口商减少了资金占用的时间。同时，出口商愿意接受这种延长付款期限，是以开证行保证到期付款为条件的。因此，进口押汇是开证行向进口商提供的一种资金融通。

2. 进口押汇的种类

（1）信用证单据的押汇。

进口商根据信用证的要求，将信用证上所列的各种单据和信用证交给银行进行短期借款，实际上就是将信用证的单据抵押给银行。

（2）远期信用证承兑的押汇。

远期信用证得到开证银行的承兑通知后，进口商可利用远期信用证的承兑通知，向银行申请短期借款。

（3）远期银行承兑汇票的贴现。

这是用远期银行承兑汇票作为抵押品的短期借款。进口商拿到银行已承兑的远期银行汇票，但还没有到期，进口商就可以将这张汇票质押给银行进行借款。

3. 进口押汇的对象

进口商若使用银行授信额度开立信用证，在单证相符必须承担对外付款责任时，因资金临时周转困难等原因，确实无法在规定付款日前筹措到付款资金的，可在收到银行到期付款通知书后向银行申请进口押汇。

4. 进口押汇的条件

（1）企业应当具备独立法人资格且经营作风良好，无违规、违法和违约等不良记录。

（2）企业必须在银行开有外汇或本币基本账户并保持经常结算往来，信誉良好。

（3）企业应有健全的财务管理制度和生产销售渠道，进口商品有正常合理的销售渠道和可靠的资金收回方式，能够按期偿还银行的垫付资金。

（4）企业财务状况良好，具备短期偿债能力。

5. 进口押汇的币种、利率和期限

进口押汇币种为付款币种，利率参照银行同期流动资金贷款利率，采取利随本清的计息方式，进口押汇的期限自每笔对外付款日起至押汇归还日止，原则上不超过 3 个月。

6. 进口押汇的基本操作流程

（1）出口单据到达后，开证申请人提出办理进口押汇的要求，并填写《进口押汇申请书》。

（2）开证申请人向银行提供近期财务报表、进口合同、开证申请书等材料。

（3）开证申请人向银行出具信托收据，并在必要时提供保证金等担保措施。

（4）上述手续办妥后，银行向申请人发放进口押汇款。

本章小结

1. 国际结算是指通过银行体系进行的国际货款支付和融资等业务。票据代替现金成为现代国际结算的基本工具。国际票据的使用离不开国际法律和惯例的支持。目前世界上影响力最大的有关票据的国际惯例有《日内瓦统一票据法》和《英国票据法》。我国现行的《票据法》于 1996 年实施，并于 2004 年修订。

2. 票据权利是指持票人享有的索取一定金钱的权利。票据具有设权性、无因性、要式性、文义性和流通性等基本特征。善意持票人又称正当持票人，是指善意受让票据并支付了对价的人。善意持票人的票据权利不受前手权利缺陷的影响。

3. 票据一般包括汇票、本票和支票三种。汇票是一种无条件的支付委托，其使用包括出票、提示、承兑、付款、背书、保证、追索等票据行为。本票是一种无条件的支付承诺。支票则是以银行为付款人的即期汇票。

4. 汇款、托收、信用证和国际保理是四种常见的结算方式。其中信用证业务中开证银行承担第一性付款责任，对买卖双方的保障比较合理，是当今国际贸易结算中应用最为广泛的结算方式。但信用证业务专业性较强，涉及当事人多，使用流程相对复杂。

5. 针对出口商的贸易融资方式有预支信用证融资、打包放款、出口押汇、贴现、融资保理、福费廷；针对进口商的贸易融资方式有信托收据、进口押汇等。

思考题

1. 重要概念

国际结算；代理行；汇票；本票；支票；善意持票人；汇款；托收；信用证；国际保理；出口押汇；打包放款；信托收据；进口押汇。

2. 简答题

（1）请回答并简要解释票据的特征。

（2）请回答汇票、本票和支票的定义，试归纳总结三者之间的联系与不同。

（3）汇票的绝对必要记载项目有哪些？

（4）简述托收的特点。

（5）信用证的性质有哪些？

（6）企业适用国际保理的情形有哪些？

（7）进口商的贸易融资方式有哪些？

3. 论述题

（1）请介绍托收业务的使用流程。

（2）请介绍信用证业务的使用流程。

（3）请阐述信用证业务的风险。

（4）请阐述国际保理对进出口商的益处。

在线自测

扫一扫 练一练

第六章 国际资本管理

学习目标

通过本章学习，掌握国际资本流动的分类、原因、特点及对经济的影响；掌握国际债务、金融危机、外汇管制及货币自由兑换；掌握国际资本流动的方式及发展趋势。

学习方法

1. 预习法。通过预习，了解本章的内容，对国际资本流动的现状与发展的趋势以及国际债务问题有一个初步的把握。

2. 联系学习法。将国际资本流动管理与国际收支、国际金融市场、国际贸易融资联系起来学习，有助于更好地把握本章内容。

3. 完成课后思考题，认真阅读相关文献。

案例导读

2023 年 5 月 3 日美联储宣布再次加息 25 个基点，至此，美联储从 2022 年 3 月开启的加息周期已经累计加息 500 个基点，短期还没有止步的迹象。美元通过其在国际货币和金融体系中的核心地位将紧缩压力传递给其他央行，驱动了全球的“加息潮”。

与此同时，人民币处于降息通道，2023 年 6 月 15 日，人民银行发布消息称，为维护银行体系流动性合理充裕，人民银行开展 2 370 亿元中期借贷便利（MLF）操作和 20 亿元公开市场逆回购操作。MLF 利率下调 10 个基点至 2.76%，7 天期逆回购利率已调降 10 个基点至 1.90%。利率的高低在很大程度上决定了金融资产的收益水平，从而引起资金的跨国流动。

请根据以上材料思考下列问题：

1. 什么是国际资本流动?
2. 造成国际资本流动的原因有哪些?
3. 国际资本流动有哪些类型?
4. 国际资本流动会带来哪些影响?
5. 国际资本流动与债务问题及金融危机的关系是什么?

第一节 国际资本流动概述

国家间的资本流动额以较高的增长速度增长着，对世界经济已经发生并将继续发生重要的影响。

一、国际资本流动的概念

国际资本流动（International Capital Movements）是指资本跨越国界的移动过程，即由于国际经济交易或其他原因引起的资本从一个国家或地区转移到另一个国家或地区。

一国在一定时期内同其他国家或地区之间资本流动状况，一般反映在该国国际收支平衡表的资本账户中。资本从国外流入本国，称为资本流入。资本从本国流到国外，称为资本流出。国际资本流动除了反映在资本账户中，还反映在经常账户中的单方转移项目和平衡账户中的官方储备项目中。

二、国际资本流动的类型

随着经济国际化的趋势加强，国际资本流动的规模不断扩大。国际资本流动有不同的类型。国际资本流动可以采取多种形式，也就是说，依照不同分析目的，可以对国际资本进行不同的分类。最常用的划分方法是将国际资本流动划分为长期资本流动和短期资本流动。

（一）官方资本流动和私人资本流动

按照资金所有权的不同，国际资本流动可分为官方资本流动和私人资本流动。官方资本流动，指的是政府间贷款和国际金融机构贷款，这二者由于通常条件较优惠而且相对比较稳定，因此可以认为风险较小。私人资本流动可进一步分为国际直接投资、国际证券投资和国际银行贷款。

（二）长期资本流动和短期资本流动

按照资金所有权的不同，国际资本流动可分为长期资本流动和短期资本流动。长期资本流动是指期限在一年以上的资本流动，长期资本流动以获得长期投资收益为目的。短期资本流动是指期限在一年以内（含一年）资本的流入与流出。一国对外短期资本流动一般都借助于各种票据等信用工具进行。这些信用工具包括短期政府债券、商业票据、银行承兑汇票、银行活期存款凭单、大额可转让定期存单等。虽然在国际收支的统计中难以严格区分长期资本和短期资本，但并不意味着在金融理论和政策分析中划分长期和短期资本没有意义。在资本的流动过程中，不同类型的资本从流入到流出一个国家的持续时间存在很大的差异。特别重要的是，这些不同类型的资本对接受国的经济可以产生不同的影响，甚至有时可以产生截然不同的影响。

（三）国际资本流入和国际资本流出

按照国际资本流向的不同，国际资本流动可以分为国际资本流入和国际资本流出。国际资本流入是指资本从国外流向国内，这意味着本国对国外负债的增加，或者国外对本国负债的减少；国际资本流出是指资本从国内居民手中流向国外非居民手中，这意味着外国对本国负债增加，或者本国对国外负债减少。

三、国际资本流动方式

（一）直接投资

直接投资是指一国居民或企业对另一国的企业等机构直接进行的，可以取得对方或东道国的全部或部分管理权或控制权的投资。直接投资形式包括以下几种。

1. 创办新企业

这是指一国投资者在另一国开办新企业，如设立子公司、附属机构，或与他国投资者在东道国创办合营企业或独资企业等。这类直接投资往往并不局限于货币形态资本的投资，特别是创办合资企业时，机器设备、存货甚至技术专利、商标权等都可以折价入股。

2. 收购国外企业股份达到一定比例

一国投资者收购东道国企业的股份达到一定比例以上为直接投资。如美国商务部规定，美国公司拥有外国企业10%以上有投票权的股份或外国公司拥有美国企业10%以上有投票权的股份，即为直接投资。

3. 用投资利润再投资

一国投资者不将其在国外投资所得汇回国内，而是以投资利润再投资。这种投资形式也属于直接投资，它实际上不涉及国际资本流动。

直接投资不仅包括国家间的资本流动，还包括企业的管理权限和方法、生产技术、市场营销渠道、专利权和商标等多种无形要素的转移。

（二）证券投资

证券投资是指投资者在国际证券市场上以购买外国政府或企业发行的中长期债券或公司股票的方式进行的投资。对于一个国家来说，在国际证券市场上买进债券或股票意味着资本流出；反之，在国际证券市场上卖出或发行债券或股票意味着资本流入。

证券投资和直接投资是相对而言的，主要从是否行使企业、公司的经营管理权来区分。直接投资是以获得企业、公司的控制权为标志。

（三）国际信贷

国际信贷是指政府之间、国际金融机构之间以及政府、银行、企业在国际金融市场上的信贷活动，可分为政府贷款、国际金融机构贷款和其他贷款。

1. 政府贷款

政府贷款是指各国政府或政府机构之间的贷款。这种贷款一般都有优惠条件，因而具有援助的性质。如发达国家的政府或政府机构以优惠利率对发展中国家提供的用于经济建设或指定用途的双边贷款。发达国家之间为扭转国际收支逆差相互提供的互惠信贷也属于一种政府贷款。

2. 国际金融机构贷款

国际金融机构贷款是指世界性的国际金融机构和区域性的国际金融机构对其会员国提供的各种贷款。贷款利率比私人金融机构的贷款利率低，期限也较长。

3. 其他贷款

其他贷款指上述形式以外的其他国际性贷款，如出口信贷和跨国银行信贷等。

国际信贷与直接投资相比，是货币形态的借贷资本运动。它既不涉及在外国创办企业或收购企业股权，也不涉及国际证券的发行买卖。贷款的收益以利息及有关费用来体现，贷款风险由贷款者承担。

（四）贸易资本流动

国家间的贸易往来会形成国家间的债权债务关系，为结清这些债权债务所使用的货币资本，必然从一个国家或地区流向另一个国家或地区，从而形成了贸易资本流动。这种贸易资本流动一般是由商品进口国向商品出口国方向移动，并带有不可逆转性。随着经济开放程度的提高和国际经济活动的多样化，贸易资本在国际流动资本中的比重大大降低。

（五）银行短期资本流动

银行短期资本流动是各国经营外汇的专业银行和金融机构相互之间的资金调拨而引起资本在国家间的转移。这些银行和金融机构为调剂资金余缺，会在国家间发生资金调拨或拆借，通过银行之间进行套汇、套利、掉期等行为，形成银行资本流动。

（六）保值性资本流动

保值性资本流动是指短期资本的所有者为了短期资本的安全性与盈利性，采取各种避免或防止损失的措施而引起的资本在国家间的转移。形成保值性资本流动的主要原因是国内政治动荡、经济恶化以及严格的外汇管制而发生的资本外逃。

（七）投机性资本流动

投机性资本流动是指各投机者利用国际市场千变万化的汇率、利率变动及黄金、证券和其他金融商品等价格波动所引起的资本在国家间的转移。这种资本流动的特点是利用市场上出现的资产价格差异而获取差价收益。

专栏 6-1

国际短期资本与热钱的区别

随着我国汇率制度改革的不断深化和我国外汇储备占央行总资产的比例不断增加，关于国际热钱大量进入我国的报道层出不穷，关于国际热钱对我国宏观经济影响的研究也逐步趋热。很多学者把国内股票市场波动、房地产市场过热、流动性过剩和通货膨胀率高企都归因于国际热钱作祟。这种观点一方面混淆了国际热钱与国际资本的概念，影响了相关政策的制定和实施，另一方面也使我国的监管部门、货币当局乃至整个银行体系的公信力受到普遍的质疑。

由于我国的资本与金融账户没有充分开放，国际资本无法自由地进出我国。我国监管部门对于国际资本流动的管理是非常严格的，即使国际资本能够通过其他途径隐蔽进入我国，也无法在一年之内完成流入、投资、获利和汇出的全部过程。一旦国际资本进入我国的实体经济，其在国家间的流动基本停止，只能算作长期国际资本。而外商投资的收益不汇出我国，留在国内进行再投资，不能算作国际热钱范畴。短期国际资本的定义是以投机交易的行为、流动性强的特点和倾向投资于虚拟经济的目的作为界定标准，因此，不能将短期国际资本狭隘地等同于国际热钱。

四、国际资本流动的原因

引发国际资本流动的原因很复杂，概括起来主要有以下几个方面。

（一）过剩资本的形成

随着劳动生产率和资本积累率的提高，资本积累获得了迅速增长而产生了过剩资本。大量的过剩资本被输往国外以追求国外高额利润，从而造成资本在国家间的转移。随着经济的发展，资本在国外取得的利润也大量增加。反过来，又加速了资本积累，加剧了资本过剩，并且进一步扩大了资本的对外输出，加剧了国际资本移动。近年来，随着现代通信技术的广泛运用，国际资本流动快捷而频繁。过剩资本的存在是国际资本流动的根本原因。

（二）利率、汇率两大经济杠杆的影响

利率和汇率是作用于一个国家经济或世界经济的两大杠杆，同时也是导致和推动国际资本移动的两大基本因素。

1. 利率

利率水平的高低不仅制约着资本的收益率，而且也直接影响资本的流动方向。各国经济发展与富裕程度不一，各国之间因利率水平的不同而存在利差。这样，资本就会在逐利机制的驱动下，从利率较低的国家或地区流向利率较高的国家或地区，直至利差消失为止。

2. 汇率

汇率的高低和稳定与否也决定着资本的流动及其方向。实行浮动汇率制后，各国货币汇率频繁波动且幅度较大。如果一个国家汇率不稳，本国资本持有者可能预期其所持的资本实际价值将会降低，则会把手中的资本或货币资产转换成另一种货币资产而存于国外，从而使资本向汇率较为稳定的国家或地区流动。如果一国货币发生贬值，同样会使非居民把存放在这一国家的货币资产转换成另一国的货币资产而把资本调往国外，以避免可能遭受的汇率波动损失。

（三）财政赤字与通货膨胀

财政赤字与通货膨胀在一定条件下是相通的，两者都会引起国际资本流动。如果一个国家发生财政赤字，而这个赤字又以发行纸币来弥补，必然会造成通货膨胀压力。一旦发生严重的通货膨胀，居民为避免持有的资产贬值和减少通货膨胀所带来的损失，就会把国内资产转换为外国债权。如果一个国家发生了财政赤字，而这个赤字以出售债券或向国外借款来弥补，也会导致国际资本流动。因为居民预期在将来某个时期，政府又会靠增发货币来抵偿债务或征收额外赋税来偿付债务，居民会把资本从国内移向国外。

（四）政治、经济风险

政治、经济风险的存在对国际资本流动的影响是极大的。“安全港”理论的盛行对国际资本流动方向产生了重要的影响。这种理论认为，虽然在发展中国家投资所获得的收益可能比发达国家高，但发展中国家很大程度上存在着政治、经济风险，投资者宁愿把资本

投向相对低收益而较稳定的发达国家，从而造成了国际资本在发达国家之间流动的新现象。这个现象也是国际资本流动的新特征。

（五）发展中国家利用外资战略

发展中国家以各种形式利用外资，是发展本国民族经济的一种趋势，也是导致国际资本流动的一个原因。发展中国家或地区出于历史的原因，一般都是处于经济相对落后、建设资金短缺、产业结构不合理以及管理经验缺乏的状况。因此，许多发展中国家都积极引进外资，并从中获取先进技术、管理经验乃至部分世界市场，以推动本国经济的发展。

（六）跨国公司发展

跨国公司是以本国为基础的，拥有或控制生产和劳务设施的经济体。跨国公司的生产、销售和整个经营活动都具有国际性，资本和收益也都由两个以上国家占有和分享。正是跨国公司雄厚的经济实力和全球性的经营活动，使国际资本流动的总量随着跨国公司的迅猛发展而迅速增长。

（七）其他因素

其他因素包括资本预期收益、外汇管制以及国际金融市场状况等。

1. 资本预期收益

资本预期收益既是企业资本追求的目标，又是影响一国乃至国际资本流动的直接因素。当一国的资本预期收益率高于它国，资本就会从它国流向该国；反之，资本就会从该国流向它国。

2. 外汇管制

外汇管制的松紧直接或间接地影响资本流动。一个国家外汇管制较宽松或没有外汇管制，国际资本就容易输出和输入；而一国外汇管制严格，则必然会使资本流动在运用范围、规模及方式方面受到制约，因而阻碍资本在该国自由地流出和流入。

3. 国际金融市场状况

国际上短期与长期资金市场的发展加速了资金全球性的转移。近年来，无论市场业务量和资金周转的数量与速度，还是各种外汇远期交易、远期利率交易和股市活跃程度，都获得了前所未有的发展。但是，国际货币体系不健全和金融投机活动猖獗，也给国际金融市场投下了发展失衡的阴影。

五、国际资本流动的特点

近年来，国际资本流动在质和量上都发生了巨大的变化，呈现一些新特点。

（一）金融资本流动占据主导地位

随着国际金融市场规模日益扩大，国际金融市场达到了空前未有的规模。金融市场资本量每年的递增率已远远超过国际贸易每年的增长率。金融资本流动替代了原来商品和劳务在世界经济中的主导地位，成为当代国际资本流动的一个重要特征。

随着资本证券化趋势的发展，间接投资的规模在不断扩大，其中证券投资十分活跃，间接投资有不断扩大之势。此外，间接投资的内部结构也在发生变化，从以银行贷款为主转变为以债券、股票为主，国际债券投资大规模增长。

（二）投资主体呈多元化发展

国际资本投资主体多元化是指随着各国经济的发展和国际资本流动的新变化，在国际市场上出现多国不同程度地向外输出资本的趋势。这种多层次投资主体现象打破了个别国家垄断资本输出的局面。这种多元化表现在以下方面。

1. 发达国家构成投资主体的第一层次

发达国家作为投资主体并构成投资主体的第一层次。其特点是资本雄厚、投资迅速且面广。

2. 新兴国家构成投资主体的第二层次

石油输出国组织成员、阿拉伯海湾产油国和新兴工业化经济体先后跻身于海外投资者行列，构成投资主体的第二层次，成为主要的投资力量。这些国家或地区都加快了海外投资步伐，尤其亚洲新兴工业化经济体，包括新加坡、韩国、中国等努力向欧美拓展。这些投资主体的特点是潜力大、开拓性强。

3. 其他发展中国家构成投资主体的第三层次

其他发展中国家，列为投资主体的第三层次，是补充的投资力量。其特点是资本较少，实力较薄弱，只能小规模、有条件地向外输出资本。

（三）风险资本投资发展迅速

风险资本投资可分为传统意义上的风险资本投资和现代意义上的风险资本投资。传统意义上的风险资本投资是指投向新产业、开办新企业的投资。现代意义上的风险资本投资是指把资本用于利用最新科学技术成就开发新产品的投资。前者着重于产品的经营，后者着重于新产品的开发。

随着风险资本投资迅速增长，风险资本投资也日益国际化。风险资本投资之所以迅速发展，其原因主要有：(1) 新技术革命为风险资本投资的兴起创造了条件。(2) 高技术开创的新产业部门形成的新的投资市场，其投资利润比传统的投资市场的投资利润高出许多倍，诱使风险资本投资迅速兴起。(3) 大量过剩资本和游资需寻找新的投资场所，为风险资本投资提供了大量资本。(4) 西方国家通过立法形式对风险资本投资予以税收、贷款条件优惠，进一步刺激了风险资本投资的迅速发展。(5) 新技术革命兴起所形成的新企业家，为进行风险资本投资提供了管理人才。

风险资本投资在国际资本流动中地位日益重要，它加速了新产业革命的进程，促进了新技术、新产品的形成、发展和应用，有利于调整旧的产业结构，对增强一个国家的经济实力将发挥极其重要的作用。

（四）国际资本来源的多元化

国际资本的投资主体往往是因为国内拥有大量的资本，导致资本在国内的边际收益下降，因此需要在更大范围的国际市场中重新配置资本，从而使资本流向国外，赚取高于本国的收益。国际资本主要有三个来源地，分别是发达国家、石油输出国及地区和发展中国家。发达国家经济发展处于领先水平，资本雄厚，对外投资历史长，规模大和分布广。石油输出国及地区通过输出石油赚取了大量的外汇，出于财富保值、风险规避和政治等目的，也是国际资本的重要提供者。发展中国家通过近几十年的发展，经济实力大增，也越来越多地参与到国际经济交流中。

（五）国际资本投资行业分布发生变化

资本投向产业结构的转变是世界产业结构和国际分工深化等内力合成的必然趋势。国际资本也顺应形势，减少了原有生产制造业的投资额度，将投资的触角逐渐地伸向信息、技术、医疗保健和金融服务等。这种投资结构的转变，是与全世界经济形势和各国政府发展重点相适应的。国际资本流动的主体由私人及跨国公司代替。国际资本寻利的动机、灵活多变的投资结构越发的凸显出来。以中国为例，中国过去 20 年来房地产业蓬勃发展，很多外资为躲避中国监管，流入房地产业，成为很多房地产开发公司的重要资金来源。在世界经济的舞台上，国际资本流动的方向更加多变。每次世界范围的石油危机、粮食危机和货币危机，都能够发现国际资本流动的身影。

专栏 6－2

现代国际资本流动理论

1. 流量理论

流量理论延续了金本位制度下国际资本流动研究的思想，即国内外的利差是导致国际资本流动的原因。如果国内的利率高于国外的利率，会导致国外资本内流而且抑制国内资本外流，假设这种利差一直维持在较高水平，这种资本流入将持续下去。如果国内的利率低于国外的利率，国内资本将流出而且阻止国外资本的流入。因此，利差是国际资本市场上的一个信号，根据国内外利率的关系，就能判定国际资本流动的方向。

蒙代尔（Robert A. Mundell）和弗莱明（J. Marcus Flemins）对利率决定国际资本流动的思想进行了进一步研究。蒙代尔认为较高的国内利率水平会增加资本净流入或减少资本的净流出。弗莱明进一步指出，国际资本流动在浮动汇率制度下，比固定汇率制度下对利率更敏感。马丁·费尔德斯坦（Martin Feldstein）认为既然利率是导致国际资本流动的原因，那么可以通过比较国家之间的利差来估计国际资本流动程度。在资本完全流动的状态下，所有国家利率将相等。一国储蓄率的外生变化不会影响投资率。在国际资本流动理论框架下，利率的驱动是国际资本流动的内在机制。

2. 组合理论

进入到二十世纪六十年代，经济学家发现高利率国家也存在资本外流的现象，而且不论是高利率还是低利率国家，都存在双向资本流动的现象，这是流量理论无法解释的。利率差的存在似乎不是影响国际资本流动的唯一因素，国内外风险水平以及投资者或潜在投资者的能力也应该纳入国际资本流动的研究范畴之内。组合理论强调贷方能力及信誉、国内风险水平与利差因素等都会对国际资本流动造成巨大影响，质疑认为利差是唯一影响因素的流量理论。马克维茨（Harry M. Markowitz）和詹姆斯·托宾（James Tobin）关于资产组合的选择模型，为资本流动的组合理论奠定了研究基础。马克维茨的资产组合理论认为，投资者不是单独追求收益的最大化，而是追求预期收益和风险损失两者的总收益最大化。托宾在他的理论中批评凯恩斯利率决定模型中货币需求曲线向右下倾斜的假设。因为这个假设要以投资者仅持有一种收益与利率负相关的资产为基础，显然这是与现实不符的。投资者在决定投资行为的时候，需要在风险影响和预期收益之间进行权衡，寻找两者的最佳平衡点。选择多种投资产品的投资组合，能够有效地对冲风险，获得稳定的收益。由于不同国家的资产的收益不完全相关，这恰好满足了投资者需要用多种资产来分散投资风险的动机，从而引起资本在国家间的流动。布兰逊（W. H. Branson）应用马克维茨和托宾的资产组合的思想，建立了著名的汇率资产组合调整模型，来解释国际资本流动的问题。布兰逊（W. H. Branson）认为，国民财富是在国内资产和国外资产之间分配的，而且两者是相互替代的关系。一国的进出口、利率和汇率影响短期资本流动，而长期资本流动由国内的收入和利率与国外的收入和利率决定。根据布兰逊的模型，利率的变动引起的资本流动只是暂时的，财富的增加才会导致国际资本持续地流动。

3. 货币分析理论

货币分析理论秉承了货币主义的思想，认为国际资本流动是一种货币现象。以调整国际收支平衡和国内信贷为目标的货币政策决定了资本的国际流动。国内储备的变化和国内信贷的调控影响着一个国家的资本流动，构成国际收支状况。哈里·约翰逊（Harry Johnson）建立了国际资本流动的货币分析模型。货币分析理论认为，当国民总产出增加和价格水平上涨时会增加货币需求，从而改善国际储备。货币分析理论的假设条件是价格和利率都是外生变量，当资本完全流动时国内外利率都是一致的。正是基于这样迥异的假设，货币分析理论认为流量理论缺乏解释能力，国际资本流动应当由国内货币政策来解释。当这些变量是内生的时候，就要考察导致利率上涨的原因。如果国内利率的提高是由国外利率提高引起的，流量理论认为会引起资本外流。如果国内利率的上升是由国内紧缩的货币政策所造成的，货币分析理论认为资本会内流。这是由于国内信贷与国际储备负相关的原因。杰弗里·福兰克尔（Jeffrey A. Frankel）与赫尼威尔（Honeywell）建立了一个一般均衡模型，将流量理论和货币分析理论结合起来。在模型中，利率水平决定短期国际资本流动，货币存量调整和国内信贷政策决定长期国际资本流动。波特（Portal）将组合理论和货币分析理论结合起来建立了组合余额模型。其模型结论是国内产出和国内财富与国际资本净流动正相关，国内货币供给、经常账户差额与国际资本净流量负相关，并且只要国内利率可以灵活调整，国外利率就不会影响国际资本流动。国外利率会通过国内产出和资本账户影响国际资本流动。货币分析理论侧重于分析长期国际资本流动，运用数理的方法重点研究国内的货币政策和信贷政策对国际资本流动的影响，拓宽了研究国际资本流动的视角。

4. 交易成本理论

二十世纪八十年代后期，随着经济国际化、自由化和全球一体化发展，国际资本流动的范围和影响越来越大。国际资本流动的大规模、多方向性及证券化等特点，已有的理论无法作出令人满意的解释。交易成本理论应运而生，认为影响资本跨国流动的最重要因素是各种交易成本。交易成本理论认为，导致国际资本流动的内在因素是国内外交易成本的变化。交易成本理论将那些能够减少投资成本、提高信息质量和减少投资阻碍的非金融因素都纳入联立模型当中。虽然交易成本理论全面地把握了国际资本流动问题，也涵盖了几乎所有影响资本流动的变量，但是模型过分宽泛和变量的量化问题始终萦绕在交易成本理论的发展之上。

5. 国际资本流动新理论

针对国际资本流动的新现象和新问题，学者们重新审视引起国际资本流动的内在机制，探索引起流动方向突然逆转的原因，研究国际资本对流入国宏观经济的冲击，试图解决由国际资本流动造成的各种危机，从而达到妥善利用国际资本的目的。

(1) 国际收支危机模型。

克鲁格曼（Paul R. Krugman）将萨兰特（Salant）和汉德森（Hender）建立的金本位下的黄金投机理论应用到固定汇率体系，建立了一个不包含资本市场的动态宏观非一般均衡模型，描述了国际收支危机形成过程，即国际收支危机模型。认为国际资本流动方向逆转是由于政府失当的财政政策和货币政策，资本大量外流引发了国际收支危机。当政府错误的财政政策和货币政策组合给投资者造成了汇率变动的心理预期，投资者为确保投资收益，改变原有的投资组合，抢兑外汇。国家外汇储备减少，使政府难以维持固定的汇率制度，削弱了政府抵抗风险的能力。

(2) 货币危机预期模型。

针对国际收支危机模型的不足，奥伯斯特菲尔德（Maurice Obstfeld）构建了货币危机的预期模型。货币危机预期模型认为，即使政府采取了适当的政策，投机性冲击仍然会发生，从而国际资本外流造成货币危机。国际资本逐渐地由越来越多的私人资本组成，因此具有更强的投机性。在固定汇率制度下，存在多个汇率与货币供应量相均衡的状态。政府可以选择不同的均衡点来维持汇率稳定。只要投机者认为他们的投机行为能够让政府选择另外的均衡点，在新的汇率下获得收益，投机行为就会发生。政府是否采用固定的汇率政策，取决于维持原有汇率的收益与成本。如果维持原有汇率的成本过高，而改变原有汇率的损失很小的时候，政府就会调整汇率。投机行为会增加维持原有汇率的成本，迫使政府调整汇率，投资者从中渔利。国际资本流向突然逆转而导致的货币危机的根本原因是投机者和政府之间的博弈，只要投机者认为有机可乘就会采取行动，与经济政策无关。

(3) 金融恐慌模型。

戴蒙德（Douglas Diamond）和狄布威格（Philip Dybvig）提出了金融恐慌模型，他们认为导致国际资本流动方向突然逆转是由于金融恐慌引起的“羊群效应”。银行是一个高负债的经济体，一切金融行为都建立在完备的信用体系之上。正是由于这样的特性，银行容易遭受挤兑。在国内金融市场，中央银行的准备金制度、最后贷款人制度、存款保险制度和国家透明的破产法，减少了商业银行遭受挤兑的可能性。但是在国际金融市场，具有中央银行这样角色的金融机构凤毛麟角，国际援助十分有限并且审批严格，各个国家只能依靠外汇储备来应对国际投资者的外汇挤兑。当国际投资者发现或预期其他投资者由于某种原因要将资本撤离的时候，理性的选择是赶在其他投资者之前将资本撤离。这种集体行为会导致国际资本流向突然逆转，资本撤离国的金融体系崩溃，汇率制度瓦解。

（4）道德风险模型。

克鲁格曼认真研究亚洲金融危机之后，他将危机归因于资金使用者与监管者之间的道德风险。克鲁格曼认为东南亚国际货币危机是由国内的金融危机引起的，而国内金融危机的导火索是金融资产泡沫化，金融资产泡沫化的内因是金融机构具有道德风险的问题。东南亚国家经济逐渐崛起，吸引了大量国际资本入驻。国内金融机构与政府具有千丝万缕的联系，比较容易获得国际资金又能躲避相关机构的监管并享受政府的担保。这些金融机构在获得资金之后存在机会主义行为，没有对获得的资金进行科学合理的分配，而是过度放款到股票、房地产等资本市场，造成巨大的金融资产泡沫。由于国际资本预期金融资产价格被高估而集体撤离时，泡沫破裂、金融机构倒闭、经济衰退、汇率制度崩溃，引发了全面的金融危机。

第二节 国际资本流动的影响

国际资本流动对资本输出国和资本输入国，乃至整个世界经济都产生了多方面且极其深刻的影响。

一、长期资本流动对经济的影响

长期资本流动包括国际投资与贷款两大方面，长期投资的目的主要在于创建新企业或扩大再生产。因此，长期资本流动对资本输出国、输入国与世界经济都会产生极大的影响。

（一）长期资本流动对资本输出国的影响

长期资本流动对资本输出国的影响有积极与消极两个方面。

1. 对资本输出国的积极影响

（1）可以提高资本的边际效益。

长期资本输出国一般是资本比较充裕或某些生产技术具有优势的国家。这些国家由于总投资额或在某项生产技术领域的投资额增多，其边际效益就会递减，对新增加投资的预期收益率会降低。如果将这些预期收益率较低的投资额转投资于资本较少或某项技术较落后的国家，便可提高资本使用的边际效益，增加投资的总收益，进而为资本输出国带来更可观的利润。

（2）可以带动商品出口。

长期资本输出会对输出国的商品出口起推动作用，从而增加出口贸易收入，刺激国内的经济增长。如某些国家采用出口信贷方式，使对外贷款与购买本国的成套设备或某些产品出口相联系，就达到了带动出口的目的。

（3）有利于提高国际地位。

资本输出意味着输出国的物质基础较为雄厚，意味着该国有能力加强同其他国家的政治与经济联系，从而有利于提高自己的国际声誉或地位。

（4）有利于调整资本输出国的产业结构。

如果资本无法在国际上流动，那么资本会聚集在国内某些预期收益高的行业，产生垄断等问题。资本也会流入虚拟的金融市场，造成资产泡沫和股市波动。资本这种聚集不利于政府调整产业结构，平衡国内的整个经济体系发展，造成经济发展的畸形。如果放开资本跨国流动，原来聚集在国内的资本会流向国际市场，到国外投资赚取更高的利润。资本的适当流出有利于资本流出国采取更为有效和灵活的财政政策和货币政策。

2. 对资本输出国的消极影响

（1）承担资本输出的经济和政治风险。

由于世界经济和世界市场日益错综复杂，资本输出稍有不慎，投资方向错误就会造成经济损失。此外，输出国还需承担投资的政治风险，这体现在资本输入国如果发生政变，就有可能会实施不利于资本输出国的法令，如没收投资资本，甚至拒绝偿还外债等。

（2）对本国经济发展造成压力。

在货币供应总量一定的条件下，资本输出会使本国的投资下降，从而减少国内的就业机会，影响国内的经济发展。

（3）潜在对手增加。

长期资本输出不但提供给国外充足和稳定的资本，还同时带去了先进的生产技术、管理经验和各类相关资源。国际资本帮助资本输入国快速提高产品的质量和服务，在国际市场上与资本输出国及相关产品展开竞争，甚至取而代之。

（二）长期资本流动对资本输入国的影响

长期资本流动对资本输入国同样有积极与消极的影响。

1. 对资本输入国的积极影响

（1）解决输入国资金不足。

资本输入国获得间接投资，可通过市场机制或其他手段引导资金流向资金缺乏的部门和地区；获得直接投资，在一定程度上会弥补国内某些产业的空心化现象。其结果既解决了该国资金不足问题，也促进了经济的发展。

（2）引进先进的技术设备和获得先进的管理经验。

长期资本流动的很大一部分是直接投资，直接投资的特点就是能给输入国直接带来技术和设备，甚至是销售市场。因此，只要输入得当、政策科学，资本输入无疑会提高劳动生产率，增加经济效益，加速本国的经济发展进程。

（3）增加就业机会。

资本输入的目的很大程度上是用来创建企业或改造老企业，有利于增加就业机会，增加国民生产总值，从而增加国家财政收入，提高国民的生活水平。

（4）改善国际收支。

输入的资本通过建立外向型企业，实现出口替代与出口导向，有利于扩大出口，增加外汇收入，进而起到改善国际收支的作用。

2. 对资本输入国的消极影响

（1）可能会引发债务危机。

输入国若利用贷款或间接投资过多，超过本国承受能力，则可能会出现无法偿还债务的情况，导致债务危机的爆发。

（2）可能使输入国经济陷于被动境地。

如果输入资本过多、管理不善，而且不能使本国经济获得强劲发展的话，输入国就会对外资产生很强的依赖性。一旦境外资本停止输入或抽回资本时，输入国经济发展就会陷入被动的境地。

（3）加剧国内市场竞争。

大量外国企业如果把产品就地销售，必然会使国内市场竞争加剧，对同行业国内企业形成冲击。大量的国际资本进驻的同时，输入了技术更高的设备和产品，迅速挤占国内市场，使得国内原有企业只能在夹缝中生存。由于跨国公司财大气粗，对于产业链的整合、上下游资源的控制，都会垄断相关产品的大部分市场。

（三）长期资本流动对世界经济的影响

长期资本流动对世界经济的影响是多方面、多层次的。

1. 带来全球利润最大化

长期资本流动会使世界经济的总产值或总利润增加，并趋于最大化。资本进行国际转移的一个原因，就是资本输出的盈利大于资本留守在国内投资的盈利。这意味着输出国因资本输出，在资本输入国创造的总产值会大于资本输出国因资本流出而减少的总产值，最终会促使全球利润最大化。

2. 加速世界经济的国际化

生产国际化、市场国际化和资本国际化，是经济国际化的主要标志。全球金融市场的建立与完善、高科技的发明与运用，都使资本流动规模大增，流速加快，影响更广。

3. 加深了货币国际化

（1）加深了金融业的国际化。

资本的国际转移，促使了金融业，尤其是银行业的银行网络遍布全球，同时也促使了跨国银行的发展与国际金融中心的建立。这些都为国际金融市场增添了丰富的内容。

（2）促使了国际资本遍布全球。

国际资本流动使得以借贷形式和证券形式体现的国际资本发展迅速，渗透到了世界经济发展的各个角落。

二、短期资本流动对经济的影响

短期资本流动是指国际短期资金融通或信用活动。短期资本流动对世界经济也同样具有正负两方面的影响。

（一）有利于国际贸易顺利进行

在国际贸易中，买卖双方提供的短期资金融通，如预付货款、延期付款及票据贴现等，有利于国际贸易双方获得资金便利，从而有利于国际贸易的顺利进行。

（二）对各国国际收支产生影响

短期资本，尤其是一些投机性的短期资本，对一国的国际收支会产生重大的影响。

1. 投机性资本流动有利于调节暂时性的国际收支失衡

当一国的国际收支出现暂时性逆差时，该国的货币汇率就会下跌。如果投机者意识到这种汇率下跌仅是暂时的，预期不久就会回升，就会按较低汇率买进该国货币，等待汇率上升后再以较高的汇率卖出。这样就形成了该国的短期资本流入之势，从而调节该国的国际收支逆差。反之亦然。

2. 投机性和保值性短期资本流动会加剧该国的持续性国际收支失衡状态

若一个国家出现持续性逆差，该国的本币汇率会持续下跌。投机者预期到该国货币汇率还会进一步下跌时，就会卖出该国货币，买进其他货币，以期买进的其他货币升值后获利。这种投机行为会使该国资本流出，从而会扩大逆差，加剧国际收支逆差和国际收支失衡。反之亦然。

（三）加剧国际金融市场动荡

短期资本流动会加剧国际金融市场动荡，具体表现在它会造成汇率大起大落，投机更加盛行。当一国发生短期性国际收支不平衡时，汇率将发生波动。投机性资本流动既有利于国际收支平衡的调节，又有利于保持市场汇率的稳定。但当一国发生持续性国际收支失衡时，投机者会在外汇供不应求时大量买进外汇，这种行为不利于国际收支平衡，也不利于汇率的稳定。这种投机行为会加剧国际金融市场的动荡不安。

第三节 国际债务及金融危机

一、外债

（一）外债的含义

外债是任何给定时刻，一国居民欠非居民的，已使用而尚未清偿的，具有契约性偿还义务的全部债务。

这一概念包含四个要素：（1）外债是以居民和非居民为标准，是居民对非居民的债务，这里的居民和非居民包括自然人和法人。（2）必须是具有契约性偿还义务的外债，通过具有法律效力的文书明确偿还责任、偿还条件、偿还期限等，而不是由口头协议或意向性协议所形成的债务。（3）必须是到一个时点的外债余额。（4）所谓全部债务，既可以是外币表示的债务，也可以是本币表示的债务，还可以是以实物形态构成的债务。

（二）外债的衡量指标

1. 负债率

负债率是年末外债余额与当年国内生产总值的比率。国际上公认的负债率安全线为20%。

2. 债务率

债务率是外债余额与当年商品和服务出口收入的比率。通常认为其警戒线为 100%，超过 100%说明外债余额过多，可能发生偿债困难。

3. 偿债率

偿债率是一国当年外债的还本付息额在当年商品和服务出口收入中所占的比率。国际上公认的安全线为 20%，超过 20%即说明偿债负担过高。

4. 短期外债与外汇储备的比率

该指标用于衡量一个国家短期外债相对于其外汇储备的规模，从而反映其对外债务的偿还能力。该指标的国际警戒线为 100%。

5. 外债期限结构

外债结构中，在全部外债余额中短期外债占比应小于 25%。

6. 国际储备足以支付 3 个月进口额的需要

一国的国际储备应能够支付该国 3 个月进口对外汇的需要。

专栏 6-3

中国外债状况

国家外汇管理局公布 2024 年 3 月末中国全口径外债数据。截至 2024 年 3 月末，我国全口径（含本外币）外债余额为 178 270 亿元（等值 25 126 亿美元，不包括中国香港特区、中国澳门特区和中国台湾地区对外负债，下同）。

从期限结构看，中长期外债余额为 78 197 亿元（等值 11 021 亿美元），占 44%；短期外债余额为 100 074 亿元（等值 14 105 亿美元），占 56%。短期外债余额中，与贸易有关的信贷占 33%。

从机构部门看，广义政府外债余额为 30 346 亿元（等值 4 277 亿美元），占 17%；中央银行外债余额为 8 306 亿元（等值 1 171 亿美元），占 5%；银行外债余额为 77 472 亿元（等值 10 919 亿美元），占 43%；其他部门（含关联公司间贷款）外债余额为 62 146亿元（等值 8 759 亿美元），占 35%。

从债务工具看，贷款余额为 27 901 亿元（等值 3 932 亿美元），占 16%；贸易信贷与预付款余额为 26 365 亿元（等值 3 716 亿美元），占 15%；货币与存款余额为 35 724 亿元（等值 5 035 亿美元），占 20%；债务证券余额为 56 243 亿元（等值 7 927 亿美元），占 31%；特别提款权（SDR）分配为 3 401 亿元（等值 479 亿美元），占 2%；关联公司间贷款债务余额为 19 984 亿元（等值 2 817 亿美元），占 11%；其他债务负债余额为 8 652 亿元（等值 1 219 亿美元），占 5%。从币种结构看，本币外债余额为 85 587 亿元（等值 12 063 亿美元），占 48%；外币外债余额（含 SDR 分配）为 92 683 亿元（等值 13 063 亿美元），占 52%。在外币登记外债余额中，美元债务占 83%，欧元债务占 7%，港币债务占 4%，日元债务占 4%，特别提款权和其他外币外债合计占比为 2%。

我国外债主要指标均在国际公认的安全线以内，我国外债风险总体可控。

资料来源：国家外汇管理局．国家外汇管理局公布 2024 年 3 月末中国全口径外债数据（EB/OL）．（2024-06-28）［2024-07-15］．https：//www. safe. gov. cn/safe/2024/0628/24679. html.

二、国际债务危机爆发的原因

债务国国内经济发展战略的失误和外债管理方针的不当，使外债规模的膨胀超过了国民经济的承受能力是债务危机爆发的内因。而世界经济的衰退、发达国家的贸易保护主义，以及国际金融市场的动荡等，则是诱发债务危机的外因。

（一）债务危机爆发的内因

1. 债务国不切实际地盲目借取大量外债

20 世纪 70 年代的世界经济衰退和石油价格上涨，使许多非产油发展中国家出现了严重的国际收支赤字。两次石油大幅提价后，石油输出国手中积累了大量的石油美元。它们被投入欧洲美元市场后，使国际商业银行的贷款资金非常充裕，急于寻找贷放对象，因而国际金融市场的利率很低。很多国际收支发生赤字的发展中国家都转向国际金融市场借取大量外债，盲目地追求经济增长，不断扩大投资，使发展中国家的外债总额开始加速积累。

20 世纪 80 年代初，工业国家为反通货膨胀而采取了紧缩性货币政策，这使国际市场利率急剧上升，利率的上升加重了获得贷款的发展中国家的利息负担。而经济严重衰退，主要工业国家总需求下降，债务国的出口变得困难。此外，美元的升值又使许多负有美元债务而出口收入为其他币种的发展中国家的境况雪上加霜。

2. 国内的经济政策失误

许多重债国一直采取扩张性的财政和货币政策，再加上不适当的汇率和外汇管制措施，使得几乎所有的重债国货币定值过高，不切实际的定值过高不仅严重削弱了本国出口商品的国际竞争能力，加重了国际收支的不平衡，而且还促使国内资金不断地外逃，以躲避日后不可避免的贬值。一方面国内资金加速外逃，国际储备资金枯竭；另一方面国内通货膨胀率迅速升高，使偿付外债难度加大。

3. 外债利用率低

陷入债务危机的主要国家都是在国际贸易和世界经济形势有利以及国际金融市场蓬勃发展之时，借入了超出自身偿还能力的大量贷款，但并未形成合理的债务结构。短期债务的增加和商业银行贷款的比重过大，加重了外债的负担。同时，这些国家的外债统计和监测机构效率低下。在主要借款来源从优惠的官方贷款转为私人商业银行贷款，以及短期债务比重突然增高时，不能迅速形成反馈并影响国内的有关政策。

更为严重的是，陷入严重债务危机国家的外债资金利用效率都极低，未能把外债资金全部有效地用于生产性和创汇盈利性的项目，不能保证外债资金投资项目的收益率高于偿债付息率。外债没有给国家带来生产能力的增长，当世界经济突变时，则难以应付，无法按期偿还债务。

（二）债务危机爆发的外因

1. 世界经济衰退

在世界经济衰退中，以美国为首的发达国家为了转嫁危机，纷纷实行严厉的贸易保护主义，利用关税和非关税贸易壁垒，减少从发展中国家的初级产品进口，使发展中国家的出口收入突然下降，其偿债能力自然下降。

2. 国际金融市场美元利率和汇率的上浮

发展中国家的借款主要是由商业银行以美元形式提供的。国际金融市场高利率和美元汇率上升都大大加重了债务国的偿债负担。

3. 国际商业银行贷款政策的收紧

国际商业银行对发展中国家的贷款迅速增加，使得债务国的私人债务比重上升。但随着国际贷款的风险增大，商业银行大幅减少了对发展中国家的贷款，这也加剧了发展中国家的资金周转困难，对国际债务危机的形成和发展起了推波助澜的作用。

三、解决国际债务危机的方案

国际金融机构对发展中国家的债务问题采取了一些应急措施。债务国本身也实行了经济调整，各方纷纷提出了一些解决方案。

（一）国际金融公司的设想

国际金融公司的设想是为债务国建立一项投资基金，基金负责发行美元债券，向国际银行换取债权。投资基金的证券可以在证券交易所开价转让，债务国则保证在需要时这些债权可以兑换成私人或公共企业的股票。此方法实行的结果：(1) 国际银行至少可能收回大部分美元贷款；(2) 债务不再冻结，有关资本可以重新动用；(3) 借款国不再为借新债还旧债而苦恼；(4) 当地企业会获得新的资金。

（二）国际货币基金组织总裁的方案

国际货币基金组织总裁认为债务问题不是全球性的问题，只需根据债务国的具体情况分别处理，而不需要一个综合性的解决方案。他主张采取强制性的调整措施，并认为合作战略包括：(1) 债务国的积极调整；(2) 国际融资机构的支持与合作；(3) 世界贸易的复兴。

（三）美国前财政部长贝克的计划

贝克（James Addison Baker）建议由国际大商业银行提供200亿美元，由世界银行、美洲开发银行等机构提供90亿美元贷给15个重债国；由国际货币基金组织从信托基金中拨出27亿美元，专门提供给低收入债务国。接受贷款的债务国必须实行经济改革和调整财政政策，并且在三个方面采取结构性改革，即贸易自由化、外国直接投资政策自由化、国有企业私有化。这一建议得到了国际货币基金组织、世界银行和一些国际银行的支持，它已成为发达国家在债务问题上的共同立场。但这个计划实施难度大、周期长，难以完全实现。

（四）二十四国集团的建议

发展中国家认为贝克计划具有积极因素，但需要进一步修改和补充。二十四国集团指出债务问题需要债务国、债权国、商业银行和国际金融机构通力合作，债务问题的解决已超出市场机制的能力。二十四国集团建议：建立某种机制，对债务的大部分利息予以滚转；增加多边金融机构和地区性银行的资本股权等。

（五）布雷迪计划

这项创议实际上是贝克计划的延伸，主要包括：(1) 债务国应继续实施以增长为导向的调整方案，并采取措施来鼓励外逃资本的调回；(2) 国际货币基金组织与世界银行应为债务国提供资金，通过债务回购、按一定的折扣用旧债交换附有担保品的新债券、以旧债交换面值不变但利率降低的新债券等方式削减债务；（3）商业银行将为债务削减和新贷款提供保证，并通过各种方式对当前债务加速削减；（4）债权国政府继续通过贷款重新安排或调整，并为具备健全调整方案的国家提供出口信贷保险。

布雷迪计划受到债务国的热烈欢迎。但西方金融界认为解决债务的妥善办法是债权-股权转换，即将原贷款转换为债务国的货币，然后投资于当地企业。这将帮助商业银行减少债务风险，使国际投资者从廉价资金中得到好处。发展中国家虽不能从债权转换成股权中获得更多的外资，却可以减轻债务负担，并把新的投资吸引到有效的经济部门来促进经济增长。

（六）宫泽计划

日本大藏相宫泽的设想是由大银行将部分债务转换成有担保的债券，债务国以本币形式存入相当债务转换额度的担保存款，余额可再进行谈判。这种方案实际上是将债务资本化。其具体做法是：投资者按贴现方式买进债务，并在债务国当地投资。这个方案对债务国来说，是用本币支付代替了以外币支付还债的义务，节省了外汇，还可以促进出口导向和进口替代企业的发展，有效地利用债务国的储蓄和防止资本外逃，并能促进债务国股票市场的发展。

上述各种缓解国际债务危机方案的实施对减轻发展中国家的债务负担起了一定的积极作用，但与债务危机的根本解决还相距甚远，所以债务问题仍是世界经济的一大隐患，对国际金融体系的影响不可低估。

四、金融危机

（一）金融危机的含义和起因

1. 金融危机的含义

金融危机是指市场参与者通过外汇市场操作导致该国汇率制度崩溃和外汇市场持续动荡的事件。

根据 IMF 的分类，金融危机可以分为货币危机、银行业危机、主权债务危机和全面危机四类。货币危机指的是某种货币汇率受到持续攻击，导致大幅度贬值。银行业危机指的是银行不能如期支付债务，或迫使政府出面，波及其他银行，导致整个银行系统崩溃。主权债务危机指的是一国支付系统混乱，不能按期偿还所欠外债。全面危机指的是以上三种危机发生两种或三种危机同时发生。

2. 金融危机的起因

金融危机一般是由国际短期资本的国际流动造成的投机性冲击引起的，具体原因如下：

（1）经济环境变动带来的投机性冲击。

爆发金融危机的最基本原因是政府因过度的扩张性财政、货币政策导致经济环境恶化。如果一国政府持续通过央行国内信贷来弥补财政赤字，不仅会带来货币供给的扩张，无法维持汇率的稳定，还会导致金融危机发生，汇率大幅贬值。如果投机者对经济基本面有比较正确的预期，则会对未来汇率的大幅贬值提前作出反应，大量买入外汇，加速外汇储备的耗竭。国际上发生的金融危机大都属于这一类型。

（2）心理预期造成的投机性冲击。

20世纪90年代以来，投机性资金流动对一国经济的冲击越来越大，甚至在经济基本面尚未恶化时，也会发生投机性冲击，进而爆发金融危机。在国际短期资金流动中，心理预期因素也可导致投机性冲击发生，其关键因素是利率。投机者往往先在本国货币市场上借入本币，再在外汇市场上抛售本币买入外币资产，本币贬值后投机者会再用外汇购回本币，归还本币借款。这样，投机者的攻击成本是本国货币市场上的利率所确定的利息，其预期收益是持有外汇资产期间外国货币市场上的利息收益以及预期本币贬值幅度所确定的汇率差价收入。投机者能否成功，取决于投机者掌握的投机资金数量、“羊群效应”发生与否、政府是否通过提高利率抵御投机态度的坚决性，以及政府之间的国际协调和合作是否及时、有效。除上述主要原因外，金融体系是否健全也影响金融危机发生的可能性，如1997年由泰国金融危机引发的东南亚金融危机即属此类。

（二）金融危机的效应与作用

1. 金融危机的效应

在金融一体化的今天，一国发生金融危机极易传播到其他国家，即形成“蔓延型金融危机”。金融危机的溢出效应使得金融危机更易传播到与金融危机发生国联系密切的国家，如有较密切的贸易联系或在出口上存在竞争关系的国家，有着较为相近的经济结构和发展模式，尤其是存在潜在经济问题的国家。另外，过度依赖资本流入的国家在金融危机发生后，会出现资金流出现象，也有可能发生金融危机。因为，当一个国家发生投机性导致的货币危机可能造成其市场流动性不足时，会迫使金融中介清算其在其他市场上的资产，从而通过国际资本流动渠道导致另一个与其有密切金融关系的市场流动性不足，引发另一个国家大规模的资本抽逃行为，出现金融危机的溢出效应。

专栏 6-4

金融危机传导机制

1. 通过国际金融市场流动性需求传导金融危机

戈芬（Goffan）和瓦尔德斯（Valdes）（1997）从给国外提供流动资产的金融中介入手解释金融危机的传导。由于金融中介机构为那些不愿进行长期投资的外国投资者提供了流动性资产，并且给流动存款提供了许多有吸引力的条件，它们的存在大大地增加了资本流动的数量。然而，一旦由于外生性原因使得外国投资者提取他们的存款时，金融中介不能毫无成本地收回贷款以应付提款需要，于是就会产生对金融中介的挤兑。当外国投资者提取的存款兑换成外汇时，就产生了货币危机。投资者对存款的提取，减少了金融中介的流动性，迫使金融中介机构收回给其他国家的贷款或没有能力给其他国家提供新的贷款，从而导致其他国家的危机。

2. 借助银行体系传导的金融危机

银行是外汇市场的主要参与者，并且向其他的参与者提供相关的支付服务，银行业发生的动荡无疑会波及外汇市场。银行体系的危机会诱发国内存款人和国际投资者对该国银行体系稳健性的忧虑，从而将本币资产换为外币资产，因此银行体系的危机有时就会导致货币危机，当银行危机在国际传递的时候，就有可能同时传导货币危机。

最容易导致银行危机在国际传导的是国际金融市场上的银行间多边支付清算系统，这个系统把系统内的所有银行都联系在一起，造成了相互交织的债权债务关系，一家银行造成的微小的支付困难就有可能酿成全面的流动性危机，一国银行体系的危机通过清算系统会被迅速地传递到其他国家。假设被金融危机影响的共同贷款者的银行头寸暴露很大，可能会引发大量的潜在损失，因此，共同贷款者的银行需要恢复资本资产比率，满足利润要求，调整风险暴露，商业银行就会撤回在其他国家的高风险项目的资金，产生流动性压力。在这一过程中，可能会导致危机的传染，因为一个地区危机的恢复往往依靠共同贷款者提供的资金来恢复。

3. 机构投资者的运作

随着发达国家机构投资者的增长，机构投资者的运作也极大地影响到货币危机在国家间的传导。据《国际资本市场报告》（1997）估计，当时整个保值性期货买卖基金自营交易商和投机性互助基金的总资产在 1 000 亿美元以上，而经过一定的投资活动，这些基金可在原有资本基础上放大 5～10 倍，因此机构投资者资金的运作对国际金融市场的影响极大。机构投资者在运作过程中，基本上遵循马克维茨提出的风险分散的投资组合理论，根据埃舍尔（W. Eshall）的研究报告，在抽样的美国共同基金的经验数据中，证券月收益差额的 90%来源于投资地区的选择，仅有 10%来源于证券种类的选择。因此，相当多的基金采取了按照地理区域分散投资风险的方式进行管理，如此一来，一旦某一地区内一国的货币遭受投机冲击，投资基金则可能将属于该板块货币的证券都抛出去，从而可能引发该板块内其他国家的货币冲击。

柯德雷斯（Kodres）和普里斯特克（Pristker）（1999）把注意力集中于在不同市场间对宏观经济风险进行投资保值的投资者。投资者在某个市场受到冲击时，会重新调整他们的证券组合，从而把冲击传播到其他市场。此外，基金机构者高度集中，与新兴市场规模微小的比例调整可能导致新兴市场出现大规模的不稳定，如七国集团国家从国内股票投资中转移 1%的股票交易量导致的资金流动，相当于新兴亚洲经济市值的 27%和拉丁美洲股票市场的 66%。

机构投资者运作所产生的金融危机传导也可以运用信息经济学加以阐释。卡尔沃（Calvo，1999）提出了一个内生流动性模型来解释这一现象。他把投资者分为两类：拥有信息者和不拥有信息者。拥有信息的投资者知道有关某个国家经济基本面的信号，但是由于他们受到了流动性冲击，不得不卖掉在该国的资产。不拥有信息的投资者想方设法从拥有信息者的交易中获取有关信息，但是他们不能识别拥有信息者卖掉资产的原因是该国的经济基本面不好还是由于流动性冲击，因此不拥有信息者会认为该国的资产报酬率下降了而撤回在该国的资金，使这些基金经理人具有某种形式的集体行为趋同特征。

对于基金经理人的不对称激励，也有助于解释投资基金减少区域内其他国家货币头寸的原因。例如，在亚洲金融危机中，韩国经济与东南亚各国没有太大的联系，东南亚各国的货币贬值不意味着韩元一定作出相应的调整，但是基金经理人仍然减少韩元的头寸。因为如果韩元一旦下跌，而基金经理人未事先减少韩元头寸的话，他就会因为缺乏谨慎招致委托人的责怪。

亚洲金融危机存在明显的金融溢出效应。贝格（Baig，1997）等对此进行了调查，他们测算了名义汇率日变化相关系数、股指变化相关系数、利率变化相关系数和主要外债利差相关系数，结果表明亚洲金融危机金融溢出效应较为明显，泰铢的危机通过相关性较高且不稳定的金融市场扩散到了其他国家。如在韩国出现问题之前，韩国的银行积累了大量的高收益的巴西与俄罗斯政府债券，以试图维持其营利性。同时，也有大量的巴西对俄罗斯债务的投资。当韩国银行遭遇严重的流动性问题时，它们开始出售其巴西和俄罗斯资产，导致这些国家资产价格的下降并警醒巴西投资者出售俄罗斯债务。在某些情况下这些出售是被迫进行的，因新兴市场资产价格的普遍下跌导致杠杆头寸有被增加保证金的要求，一群投资者同时出售资产会导致价格变化的话，会使一国所受的冲击传播到其他国家，不论它们的基本面如何。

2. 金融危机的作用

（1）金融危机的消极作用。

① 金融危机发生后，被迫采取的浮动汇率因缺乏政府有效管理而波动过大，不利于进出口贸易的开展，大量资金的频繁流动也会扰乱一国的金融市场稳定。

② 外资大举撤出会使国家经济发展乏力。在国际金融危机前，全球化是全球经济增长的重要动力。全球化带动的产业转移和贸易膨胀，压低了商品价格和资金利率，推高了全球投资和消费水平。金融危机爆发后，发达国家对出口的重视程度大大提升。在这种背景下，全球产业转移和跨国实业投资的速度将有所下降。加上危机后贸易保护主义倾向抬头，在一段时间内全球化进程可能减缓，甚至陷于停滞和后退。

③ 不稳定的局势干扰居民的正常生产经营活动，经济秩序陷入混乱状态，当经济、金融危机严重时，甚至可能出现政治、社会危机。

④ 金融危机发生国政府为抵御投机性冲击采取紧缩性的财政、货币政策，不利于该国的经济复苏。为获得国外资金援助，而被迫接受援助所附加的种种条件，如开放本国商品、金融市场等，也会给本国经济带来不利影响。

（2）金融危机的推动效用。

① 金融危机的危害无疑是严重的，但金融危机暴露了危机发生国许多被掩盖的经济问题，可能使之得到根本解决。

② 金融危机发生国货币的大幅贬值，有利于国际收支状况的改善。新兴市场国家在全球经济版图的作用将更加重要。金融危机后，在发达国家普遍陷入衰退的情况下，新兴和发展中经济体的总体增长特别是亚洲主要新兴经济体和拉美主要新兴经济体的强劲增长成为支撑全球经济恢复的重要力量。

（三）金融危机对国际资本流动的影响

1. 金融危机会使金融市场的流动性下降

金融危机会使金融市场的流动性下降，造成市场流动性不足，导致外国直接投资的数量减少。这是因为，当一个国家金融市场发生流动性紧缩时，跨国公司为了防止自己出现流动性危机会减少投资，不仅如此，当金融市场发生紧缩时，跨国公司也很难获得融资，于是外国直接投资就会大大减少。

2. 金融危机会使得投资和消费下降

金融危机发生后，跨国公司的经营风险也会提高，面临极大的破产威胁，从而不敢轻易向海外扩张。此外，金融危机也会造成国际贸易和消费需求等投资环境状况恶化，这会降低外国直接投资的相对规模。当投资环境恶化时，跨国公司出于利润最大化和降低风险的考虑，必然会显著降低对投资国的投资。消费需求的降低也对外国直接投资有着严重的影响。在金融危机的影响下，消费者收入水平降低，对未来的信心下降，导致边际消费倾向下降，使得全球消费者的消费需求普遍下降。

3. 金融危机会使得国际资本流动下降

金融危机的发生会使得投资者对风险的变化更加敏感，资本流动对风险和相对回报进行调整的速度会大大增加，尤其是债务流动，因为债务流动比外国直接投资流动更具有短期性质，国际市场一体化程度越高的国家，在发生金融危机时，资本流动下降幅度会越大。

专栏 6-5

主要国际金融危机简介

20 世纪 90 年代以来，随着各国金融市场的迅速对外开放，国际资本的大规模、高速度、多样化流动，以及其他因素的影响，金融危机频繁爆发，例如墨西哥金融危机、东南亚金融危机以及美国次贷危机引发的国际金融危机等。

1. 墨西哥金融危机

1994 年 12 月 19 日，墨西哥新政府突然宣布本国货币比索的汇率贬值 15%，突破了允许比索每日贬值的下限，引发墨西哥金融市场的急剧动荡，比索汇率持续失控，至 1994 年底，比索兑美元的汇率贬值幅度达 60%。比索汇率的暴跌对投资者的信心打击极大，墨西哥资本市场上撤资严重，股市暴跌。这场货币金融危机还迅速波及其他拉美国家，并引发了世界资本市场和外汇市场的动荡。

墨西哥金融危机引起了世界各国及国际金融机构的广泛关注。与墨西哥同属北美自由贸易区的美国和加拿大为帮助墨西哥克服危机，提出了提供贷款资金的担保和稳定股市的方案；IMF 专门建立了紧急贷款机制；拉美国家也积极参与了援助。

2. 东南亚金融危机

东南亚金融危机始于泰国并在整个东南亚地区迅速蔓延，形成如多米诺骨牌效应的金融风暴。1997 年 2 月，外汇市场上的投机者开始大量抛售泰铢，引起泰国金融市场动荡，泰国中央银行动用 120 亿美元干预外汇市场来维持泰铢的币值，但因没有解决危机方案的有效配合，外汇储备急剧下降，银行坏账不断上升，金融危机影响加剧。同年 6 月泰铢在外汇市场上再度遭受攻击，泰国外汇储备告罄，被迫于 7 月 2 日宣布放弃已实行了 14 年的与美元挂钩的汇率制度，汇价旋即下跌 20%。至 1997 年 11 月初，泰铢较年初贬值 54.6%，金融危机在泰国彻底爆发并迅速波及整个东南亚。

3. 美国次贷危机

美国次贷危机又称次级房贷危机（Subprime Lending Crisis），也称次债危机，是一场发生在美国，因次级抵押贷款机构破产、投资基金被迫关闭、股市剧烈震荡引起的风暴。它致使全球主要金融市场出现流动性不足危机。美国次贷危机是从2006年春季开始逐步显现的。2007年8月席卷美国、欧盟和日本等世界主要金融市场。

2007年爆发的美国次级住房抵押贷款危机对全球金融市场和经济增长造成了严重冲击。此次危机并不是短期形成的，与其他金融危机一样，经历了从酝酿、集中爆发到扩散蔓延的较长过程。次贷危机对加强金融风险管理提出了如下启示：

(1) 长期扩张性政策埋下危机隐患，宏观经济政策应适时调整。次贷危机形成的根本原因在于：随着美国经济的不断增长，美国长期实行扩张性货币政策，低廉的融资成本刺激了居民对住房的过度需求，金融机构放宽借款条件，大量发行次级房贷，房地产市场风险大量累积，最终导致次贷危机全面爆发。实践经验表明，宏观经济政策应及时调整，修正经济运行过程中宏观和微观层面的不平衡。否则，不平衡可能会不断加剧，为危机的最终爆发埋下隐患。

(2) 当经济活动呈现长期单边走势时，尤其要警惕风险。美国居民房屋价格从2003年下半年开始持续上涨，房产增值对贷款人的偿付能力提供了支撑，次级房贷的违约率降至较低水平，很多金融机构和投资者因此错误地低估了此类贷款的风险，放松了风险控制，风险敞口急剧放大。

(3) 金融体系关联复杂，应对系统性危机的关键在于预防。美国次级房贷通过资金链，使得借款人、抵押贷款机构、投资银行、投资者、融资者、担保者、实体经济等各个环节层层关联。危机发生时，各金融机构陆续出现问题，虽然极力对冲风险头寸，但是由于风险关联性太强，牵扯到众多环节，以至于整个金融系统难以通过市场弥补迅速增加的投资亏损。

(4) 对金融衍生产品过度依赖和风险控制不当，会进一步加快危机的产生。美国资产证券化导致金融衍生产品迅猛发展，原本由贷款机构持有的、流动性和信用等级较低的次级房贷，经包装销售给各类投资者，转移了信用风险，无形中鼓励贷款机构由关注贷款质量转向数量扩张，助长了次级房贷的膨胀，为危机爆发埋下了隐患。金融衍生产品为金融体系提供了分散风险的有效手段，同时，金融衍生产品设计极端复杂，缺乏进行合理评估和定价的成熟方法，几乎都具有高杠杆效应，风险管理稍有失误，监管不力，极易酿成重大损失，增加了金融体系发生系统性风险的可能性。

专栏6-6

金融危机理论

20世纪70年代以来，国际金融市场危机频繁发生，促进了金融危机理论的大发展。金融危机理论主要解释货币汇率大幅波动甚至引发汇率制度更替的原因和机制。按时间的先后顺序，其发展大体可划分为三个阶段：第一阶段，以保罗·克鲁格曼模型为主，称为第一代货币危机理论；第二阶段从80年代中期开始，以莫里斯·奥波斯特费尔德（Maurice Obstfeld）的“预期自我实现型货币危机”为代表，称为第二代货币危机理论；第三阶段从1997年东南亚金融危机开始，对此次危机的解释观点众多，可称为第三代货币危机理论。

一、第一代货币危机理论

第一代货币危机理论是克鲁格曼于1979年率先提出的，并由罗伯特·费拉德（Robert P. Flood）和彼得·加伯（Peter M. Garber）改进。该理论有两个隐含的假设：一是只有在一国的基本面出现问题时，投机者才会对一国的货币发起冲击；二是政府的行为似乎相当无理性，盲目地通过信贷扩张来弥补财政赤字，面对货币冲击，中央银行不顾现实情况而顽固地维持固定汇率制。克鲁格曼货币危机理论的主要观点有：

（1）货币危机的成因。货币危机的发生是政府宏观政策与固定汇率制的维持这两种政策目标之间发生冲突引起的，其中为弥补财政赤字的国内信贷扩张引发的国际储备下降是最重要的原因。

（2）货币危机的机制。强调投机者对货币的攻击使储备量下降至最低限是货币危机发生的一般过程。在这一过程中，中央银行为维持汇率稳定，基本上处于被动地位；投机者的预期会使货币危机发生的时间提前，国际储备存量的多少也会直接影响货币危机发生的时间。

（3）紧缩性财政、货币政策是防止货币危机发生的关键。货币危机发生的根本原因在于经济基础的削弱，也正因为如此，才产生了投机者对货币汇率贬值的预期。因此，抑制投机的短期措施只能实现汇率的暂时稳定，从根本上来讲，汇率的稳定有赖于财政、货币政策的调整。

二、第二代货币危机理论

第二代货币危机理论的主流代表人物是奥波斯特费尔德等。该理论对第一代货币危机理论的假设进行了扩展，认为投机者之所以对货币发动攻击，主要是由贬值预期的自我实现导致的。在此过程中，存在着货币当局与投机者之间的多重博弈。投机者和货币当局都在对自己的行为进行成本-收益分析。第二代货币危机理论重点强调了以下三点：

（1）市场预期在货币危机中的作用。当市场预期货币汇率贬值时，该种货币汇率的波动就会出现，政府为维护汇率的稳定不断地提高利率水平，直至最终放弃固定汇率制，形成货币危机。贬值预期一旦出现，就会不断加强，并引发投机使预期得以实现，因此，这种货币危机又称“预期自我实现型货币危机”。

（2）货币危机的发生过程也是投机者与政府之间的博弈过程。投机者是否对货币发动冲击以及冲击到什么程度，是投机者对冲击行为进行成本-收益权衡的结果，政府为抵御投机所采用的利率政策也要进行成本-收益分析，其中利率水平的高低是政府决定是否放弃固定汇率制的中心变量。

（3）防范货币危机的主要政策措施是提高政府政策的可信度。可信度越高，货币危机发生的可能性就越小。

三、第三代货币危机理论

第三代货币危机理论主要是针对1997年爆发的亚洲金融危机所做的各种解释的统称，其中比较有代表性的观点有以下三种。

1. 道德风险论

政府的隐含担保导致的道德风险是引发金融危机的真正原因，货币价值的波动只不过是危机的一个表现。防范金融危机的关键在于减少政府与金融机构之间的裙带关系和过于密切的往来，并加强对金融体系和资本市场的监管。

2. 基本因素论

该理论的基本观点如下：（1）一国的基本面是决定危机是否爆发的最关键因素，也是导致危机蔓延和恶化的根本原因。（2）基本面的恶化包括外部不平衡和内部不平衡。一国基本面的状况可以通过一系列的指标予以反映和预期。（3）基本面不能准确地预测一国何时爆发金融危机，但能表明危机的趋势。（4）在许多条件下，投机攻击、政治危机或政治问题是引发金融危机的催化剂。

3. 金融恐慌论

金融恐慌（Financial Panic）是指由于某种外在的因素，使得国际短期资本突然大规模地从尚具清偿能力的债务人那里撤回的现象。导致金融恐慌的原因主要有：一国或某金融机构的短期债务大于短期资产，使得流动资金难以偿还短期债务；没有任何经济单位能完全承担起最后贷款人的职责。在这种情况下，一个债权人的撤资行为必然诱发其他债权人的跟风，从而产生大规模的金融恐慌，引起金融危机爆发。

第四节　外汇管制和货币自由兑换

一、外汇管制的含义

外汇管制又称外汇管理，是指一个国家为防止资金的大量外逃或流入，维持国际收支的平衡和本币汇率稳定，通过法律、法令或法规对外汇资金的收支、买卖、借贷、转移、国际结算及本国货币的兑换和汇率所进行的管理。

二、外汇管制的类型

根据各国对外汇管制的松紧程度的不同，外汇管制可分为以下三种。

（一）实行全面、严格的外汇管制

对国际收支的所有项目，即经常项目和资本与金融项目都实行严格控制，而且不实行自由浮动的汇率制度。外汇极端缺乏、经济不发达或对外贸易落后的发展中国家大多采用这种制度。

（二）实行部分外汇管制

原则上对经常项目不加管制，但对资本项目的收支仍不同程度地加以管制，这些国家一般实行浮动汇率制度。由于一些发达国家或开放度较高的发展中国家经济比较发达，对外贸易规模较大，经济及金融状况较好，一般采取这种制度。

（三）基本上取消外汇管制

准许本国和本地区货币自由兑换成其他国家和地区的货币，对经常项目和资本与金融项目的收支都不加限制。一些工业发达国家和一些国际收支盈余的石油生产国常采用这种类型。从世界范围来看，经济发展水平越低的国家，其外汇管制越严；反之，经济发展水平越高的国家，其外汇管制越松甚至完全取消。目前，我国采用的是第二类外汇管制模式。

三、外汇管制的对象

（一）对人的管理

对人的管理包括对法人和自然人的管理。根据在外汇管制国家内外的不同，法人和自然人可划分为居民和非居民，对居民和非居民的外汇管制措施不同。由于居民的外汇支出涉及居住国的国际收支问题，故管制较严；对非居民的管制则较松。

（二）对物的管理

对物的管理主要涉及国际支付手段，如货币、铸币、黄金、有价证券和票据等。

（三）对地区的管理

对地区的管理是指对本国不同地区实行的外汇管制的要求有所区别，例如，对特别行政区、经济特区、出口加工区、保税区等的管理通常较为宽松。

（四）对行业的管理

对行业的管理主要是指国家根据产业政策，对不同的进出口商品采取不同的政策待遇，以及实行复汇率制等。

（五）对国别的管制

对国别的管制是指针对不同国家和地区实行不同的资本输出输入、商品进出口的管制办法。

四、外汇管制的主要内容

（一）对出口外汇的管制

在出口外汇管制中，最严格的规定是出口商必须把全部外汇收入按官方汇率结售给指定银行。出口商在申请出口许可证时，要填明出口商品的价格、数量、结算货币、支付方式和支付期限，并交验信用证。

（二）对进口外汇的管制

对进口外汇的管制通常表现为进口商只有得到外汇管理当局的批准，才能在指定银行购买一定数量的外汇。外汇管理当局根据进口许可证决定是否批准进口商的买汇申请。有些国家将进口批汇手续与进口许可证的颁发同时办理。

（三）对非贸易外汇的管制

对非贸易外汇的管制类似于对出口外汇的管制，即规定有关单位或个人必须把全部或部分贸易外汇收支和资本输出输入收支以外的外汇收支（包括运费、保险、佣金、利润、版税、驻外机构经费，以及个人所需的旅费、医疗费、留学费用等）按官方汇率结售给指定银行。为了鼓励人们获取非贸易外汇收入，各国政府可能实行一些其他措施，如实行外汇留成制度，允许居民将个人劳务收入和携入款项在外汇指定银行开设外汇账户，并免征利息所得税。

（四）对资本输出输入的外汇管制

发达国家一般采取鼓励资本输出的政策，但是在特定时期，如面临国际收支严重逆差时，也采取一些限制资本输出的政策，主要措施包括：规定银行对外贷款的最高额度；限制企业对外投资的国别和部门；对居民境外投资征收利息平衡税等。

（五）对黄金、现钞输出输入的管制

实行外汇管制的国家一般禁止个人和企业携带、托带或邮寄黄金、白金或白银出境，或限制其出境的数量。对于本国现钞的输入，实行外汇管制的国家往往实行登记制度，规定输入的限额并要求用于指定用途。对于本国现钞的输出则由外汇管理机构进行审批，规定相应的限额。不允许货币自由兑换的国家禁止本国现钞输出。

（六）汇率管制

汇率管制是通过以法定汇率代替自由汇率，并允许市场存在或实行复汇率的一种制度，其目的是扭转国际收支逆差和稳定对外汇率。汇率管制包括法定汇率制度和复汇率制两个方面。

五、外汇管制的方法

（一）直接外汇管制

直接外汇管制是指国家运用行政手段和限制性措施对外汇交易、汇率、外汇资金的来源和运用实行直接管制，主要有行政管制、数量管制和汇率管制三种方式。

1. 行政管制

行政管制是指政府全面垄断外汇交易，具体包括：强制居民申报并出售所拥有的外汇资产、管制进口贸易、限制资本和贵金属的输出输入、限制本币与外汇的自由兑换，以及决定是否给予境内金融机构、企业外汇经营权和境内外金融机构能否经营本币业务及经营范围等。

2. 数量管制

数量管制是指政府对外汇买卖和进出国境的数量实行控制，主要是通过进口限制、许可证制和管制贸易与非贸易外汇，以及限定外汇市场交易数额，甚至对资本输出输入和银行账户存款调拨进行审批管理等，实现对进出口数量和非贸易外汇的统筹调节与管制。

3. 汇率管制

汇率管制是以法定汇率代替自由汇率，并允许市场存在或实行复汇率来管制外汇的一

种制度，其目的是扭转国际收支逆差和稳定对外汇率。

（二）间接外汇管制

间接外汇管制是指外汇管理机构通过入市买卖外汇和对国际收支各项目的控制，间接影响外汇供求关系及价格的外汇管制方法。其一般做法是：各国中央银行建立外汇平准基金或外汇稳定基金。中央银行利用这个缓冲体进行市场操作，即利用基金进入外汇市场买卖外汇，由此影响或调节外汇供求。

六、外汇管制的作用

（一）外汇管制的积极作用

1. 实现本国国际收支平衡，改善国际收支状况

长期国际收支逆差会给一国经济带来显著的消极影响，维持国际收支平衡是政府的基本目标之一。政府可以用多种方式调节国际收支，但是发展中国家的调节措施可能意味着较大代价。

2. 稳定本币汇率，减少涉外经济活动的外汇风险

汇率频繁地大幅度波动所造成的外汇风险会严重阻碍一国对外贸易和国际借贷活动的进行。拥有大量外汇储备的国家或有很强借款能力的国家可以通过动用或借入储备来稳定汇率。对于缺乏外汇储备的国家来说，外汇管制是稳定本币对外币汇率的重要手段。

3. 防止资本外逃或大规模的投机性资本流动，维护本国金融市场的稳定

经济实力较弱的国家存在着非常多的可供投机资本利用的缺陷。投机性资本外逃，又会引发一系列连锁反应，造成经济局势迅速恶化。外汇管制是这些国家维护本国金融市场稳定运行的有效手段。

4. 增加本国的国际储备

任何国家都需要持有一定数量的国际储备资产。国际储备不足的国家可以通过多种途径来增加国际储备，但是其中多数措施需要长期施行才能取得明显成效。外汇管制有助于政府快速实现增加国际储备的目的。

5. 有效利用外汇资金，增强本国产品国际竞争能力

外汇管制使政府拥有更大的对外汇运用的支配权。政府可以利用它限制某些商品进口，以保护本国相对不成熟的产业，或者向某些产业提供外汇，以扶植重点产业优先发展。在本国企业不足以保证产品国际竞争能力的条件下，政府可以借助于外汇管制为企业开拓国外市场。例如，规定官方汇率是外汇管制的重要手段之一，当政府直接调低本币汇率时，或限制短期资本流入时，都有助于本国增加出口。

6. 增强金融安全

金融安全是一国在金融国际化条件下具有抗拒内外金融风险和外部冲击的能力。开放程度越高，一国维护金融安全的责任和压力就越大。影响金融安全的因素既包括国内不良贷款、金融体制改革和监管等内部因素，也涉及外债规模和使用效益、国际游资冲击等涉外因素。发展中国家经济发展水平较低，经济结构有种种缺陷，特别需要将外汇管制作为增强本国金融安全性的手段。

（二）实施外汇管制的消极作用

1. 严格的外汇管制会导致汇率扭曲

严格的外汇管制会导致汇率扭曲，从而扭曲国际贸易商品的相对优势，在世界范围内降低资源最佳配置的效率。无论是政府规定官方汇率，还是政府限制外汇买卖，都会使汇率偏离市场均衡汇率。从长远来看，这不利于该国的经济发展、技术进步和国际竞争能力的提高。

2. 在一定程度上影响国际贸易的发展和对外开放的进程

从世界范围来看，外汇管制阻碍着自由的多边结算体系的形成，自然阻碍了国际贸易和国际资本流动的正常进行。要打破国际收支逆差、外汇储备不足、外汇管制、对外开放程度低、经济发展速度缓慢之间的恶性循环，需要在逐步取消外汇管制上寻找突破口。

3. 出现外汇黑市

外汇管制会导致黑市的出现，而且外汇官价和黑市并存可能带来权钱交易。当外汇牌价被显著压低之时，就很难避免外汇黑市的出现。当外汇黑市规模较大时，政府甚至不得不开放外汇调剂市场，使该国出现合法的双轨制汇率。为了以较低的官价购买外汇，某些个人和企业可能向掌握外汇配给权的官员行贿，助长社会的腐败风气。

七、货币自由兑换

（一）货币自由兑换的含义

货币自由兑换是指一种货币持有者将手中的货币按照市场汇率（不管是固定汇率还是浮动汇率）自由兑换成主要国际储备资产货币的行为。

货币自由兑换因理解不同而有不同含义。货币自由兑换可以根据兑换的自由程度而区分为几个层次，货币兑换的限制越少，自由程度越高，货币的可兑换性就越强。即使货币兑换限制很严的货币，也存在着某种程度或某种意义上的可兑换性。实行货币自由兑换的发达国家，完全自由兑换也有某些限制存在。尽管对货币自由兑换的理解不同，但一般将货币自由兑换按国际收支口径分为经常项目自由兑换、资本与金融项目自由兑换；按交易对象分为居民与居民间交易的内部可兑换（即国内可兑换）、居民与非居民间交易的外部可兑换。

（二）货币自由兑换的内容

1. 经常项目自由兑换

经常项目下自由兑换是指对经常项目外汇支付和转移的汇兑实行无限制的兑换。《国际货币基金组织章程》第 8 条规定，凡是能实现不对经常性支付和资金转移施加限制、不实行歧视性货币措施或多重汇率、能够兑付外国持有的在经常性交易中所取得的本国货币的国家，该国货币就是自由兑换货币。

经常性支付的含义为：（1）所有与对外贸易、其他经常性业务、包括服务在内以及正常的短期银行信贷业务有关的对外支付；（2）应付的贷款利息和其他投资收入；（3）数额不大的偿还贷款本金或摊提直接投资折旧的支付；（4）数额不大的家庭生活费用汇款。可见，国际货币基金组织此处所指的自由兑换实际上是经常项目下的货币自由兑换，因此实现了经常项目下货币自由兑换的国家亦称“第 8 条成员国”。

2. 资本与金融项目自由兑换

资本与金融项目自由兑换是指对资本流入和流出的兑换均无限制。国际货币基金组织对资本项目自由兑换不像对经常项目可兑换那样进行严格的定义，只是表述为在排除基金协定第 8 条款下的各项限制后仍存在的汇兑限制。《国际货币基金协定》第 6 条款第 3 节指出，成员国可对国际资本流动采取必要的控制，但是任何成员国对这类管制的实施不得限制经常性交易的支付或过分延迟资金的转移以及各项承诺的交割，除非第 7 条第 3 节以及第 14 条第 2 节另有规定。

基金组织不强求成员国实行资本与金融项目自由兑换。但资本与金融项目可兑换性及其在宏观经济政策组合中的地位一直是基金组织国别磋商定期检查的内容。

（三）货币自由兑换的条件

1. 稳定的宏观经济状况

资本与金融项目的开放会使国内经济与世界经济更加紧密地联系在一起，而当今世界资本流动的数量远远大于贸易的数量，并且资本流动具有速度快、对信息的反应快、易受心理因素影响等特点。随着资本与金融项目的开放，国内经济更容易受国外冲击的影响，并且开放的资本与金融项目有着能放大国内外冲击的作用。不稳定的宏观经济环境可能会使资本与金融项目的开放失败，资本与金融项目的开放也可能会使不稳定的宏观经济更加不稳定。宏观经济稳定的重要标志是低通胀率，因为一方面高通胀率会扰乱市场中的价格信号，从而减少价格信号中的真实信息量，降低市场的资源配置效率；另一方面，通胀必然伴随着过度的需求。因为此时公众为尽量减少本币购买力的损失，会出现过度消费和外汇黑市交易猛增的现象，在资本与金融项目开放的情况下必然造成实际汇率水平的上升和经常项目的恶化，使外部平衡不能实现。

2. 开放的、金融产品丰富的金融市场

货币是否可自由兑换，可以从以下三个方面进行判断：（1）金融市场的广度，即市场交易者类型是否具有多样性；（2）金融市场的深度，是指金融市场的金融产品是否有足够大的市值、交易量以及较高的市场活跃度，以使在一定范围内的成交量变动不会引起价格的失常波动。（3）金融市场的弹性，是指市场价格机制是否灵活，能否应对突发事件并迅速调整价格以保持供求平衡。此外，金融市场的广度要求金融产品具有丰富性，以满足不同类型的市场参与者的交易需求。一个有广度、深度、弹性的金融市场应当是由市场主导的、规范公平的市场，其金融体系完善，市场价格秩序稳定，供求不会失衡。

3. 经济保持合理的开放状态

开放经济的政策目标之一是外部均衡，它反映的是经济合理的开放性，要求一国具有与宏观经济相适应的、合理的国际收支结构。从货币自由兑换的条件这一角度来看，主要体现为国际收支的可维持性。在货币自由兑换后，政府很难以直接管制方式强有力地控制各种国际经济交易，因此国际收支的可维持性问题格外突出。

国际收支可维持性的要求之一是消除外汇短缺，即实现外汇收支在趋势上的大体平衡，尤其是要将经常项目中的外汇短缺基本消除，否则在资本与金融项目开放后，经济意义上的外汇短缺将转化为统计意义上的收支失衡，导致持续的经常项目赤字及外汇债务的上升，可能会演变为资本外逃。外汇短缺的消除从根本上讲取决于本国企业的国际竞争力。

国际收支可维持性的要求之二是具有充足的国际储备。在货币自由兑换后，一国不仅面临着临时性的经常项目赤字，更为重要的是，还面临着国际资金流动尤其是短期投机性资金的频繁冲击，如果一国不拥有及时从国际金融市场上获取大量资金的能力，则势必要持有相当数量的国际储备以维持外汇市场的稳定。

4. 恰当的汇率制度与合理的汇率水平

汇率水平合理不仅是货币自由兑换的前提，也是货币自由兑换后保持汇率稳定的重要条件，而汇率水平能否恰当进行调整从而保持在合理水平则是与汇率制度分不开的。一般来说，在资本可以自由流动时，选择浮动汇率制度更为合适。一国币值是否稳定，不仅影响该国货币金融环境和金融稳定，也影响国际对该国货币的使用情况。在复杂多变的国际环境中，国际上会关注货币本身的币值及其汇率是否稳定，在货币币值稳定的情况下，货币汇率也会保持稳定，国际上就会倾向于使用该国货币。

（四）货币自由兑换的经济影响

货币自由兑换是各国经济发展的必然趋势，但由于各国具体条件不同，各国政府对于货币自由兑换的影响侧重点不同，从而实现货币自由兑换的速度有快有慢。

1. 货币自由兑换对经济的积极影响

一般来说，实现货币自由兑换将促进国际贸易、国际投资的发展，实现货币自由兑换对货币主体国家将产生以下积极影响：

（1）货币自由兑换可以使国际经济获得由金融服务专业化带来的效用。同商品贸易一样，进口某种金融服务可能比生产该种金融服务效率更高。许多需要范围、规模和风险分散（如海事保险）、经济效益的批发金融服务，通过进口的方式获得，效率可能会更高。

（2）货币自由兑换会加强金融部门的活力。国外竞争的加强将迫使国内生产者提高效率，并将促进创新，提高生产力。如果国际金融市场能够对金融债权的风险和收益恰当定价，那么，取消资本管制还将降低资源从储蓄者手中转到投资者手中的成本，这能将全球资金配置到最优投资中去。企业也将更容易在国外扩展业务，采取新的技术和管理经验，尤其是利用新的金融产品来管理风险和投融资。

（3）货币自由兑换使居民能在全球范围内将资产多样化，降低收入和财富受国内金融和实体部门冲击影响的程度。

（4）货币自由兑换还有助于一国进入国际金融市场，降低借款成本。对一个中期贷款的出借者来说，贷款的预期收益必须能够补偿偿债方任何潜在的违约风险或受到其他影响带来的不利影响。但是，如果人们预期一国因发生危机将加强管制或限制贷款期内支付债务的话，贷款人就会停止贷款，或是在贷款利率上加上风险溢价。

2. 货币自由兑换对经济的消极影响

一般认为，实现货币自由兑换可能会对国内经济稳定产生冲击，主要有来自几个方面的影响，如汇率波动、国际收支失衡、资金外逃以及通货膨胀的国际传递等。

汇率波动的影响在浮动汇率制下要比固定汇率制下严重得多。汇率波动给一国货币币值和经济稳定带来的风险相当大，而如何采取强有力措施来防止外汇风险，则是实行货币自由兑换的重点。在货币自由兑换条件下，防范汇率风险的主要措施之一便是通过外汇市场的运作，即通过买卖外汇、平衡市场供求来达到稳定汇率的目的，这就相应要求保有充足的外汇储备和国际收支的平衡。

国际收支的失衡对一国经济和货币汇率稳定的影响是相当大的。国际收支逆差将直接减少外汇储备，降低对这个国家经济状况和货币的信心，甚至引起货币对外贬值。在货币自由兑换条件下，国际收支平衡与否受到两方面的考验：第一是进出口贸易收支；第二是资本流出和流入。由于货币自由兑换进程是与贸易自由化进程相联系的，即意味着不能再靠外汇管制和贸易管制来维持国际收支的平衡，也增加了国际收支平衡的难度。在出口产品的国际竞争力未能有效提高之前，进出口的贸易收支会面临相当大的压力。如果一些必备的金融环境不具备，资本流出和流入的压力会更大，强行推行货币自由兑换，可能会加速资本外流，导致国际收支的严重失衡，引发经济危机。

专栏 6-7

《2023年人民币国际化报告》(概要节选)

跨境人民币业务服务实体经济能力增强。跨境人民币业务制度基础更加完善，本外币政策协同强化，经营主体使用人民币跨境结算以规避货币错配风险的内生动力增强。2022年，银行代客人民币跨境收付金额合计为42.1万亿元，同比增长15.1%。其中，货物贸易人民币跨境收付金额占同期本外币跨境收付总额的18.2%。2023年1—9月，人民币跨境收付金额为38.9万亿元，同比增长24%。其中，货物贸易人民币跨境收付金额占同期本外币跨境收付总额的24.4%，同比上升7个百分点，为近年来最高水平。

人民币融资货币功能提升。境内银行境外贷款、境外机构境内债券发行等政策相继出台，人民币投融资环境持续改善。2022年末，国际清算银行（BIS）公布的人民币国际债务证券存量为1 733亿美元，排名升至第七位，同比提升二位。环球银行金融电信协会（SWIFT）数据显示，2022年末，人民币在全球贸易融资中占比为3.91%，同比上升1.9个百分点，排名第三。2023年9月，人民币在全球贸易融资中占比为5.8%，同比上升1.6个百分点，排名上升至第二位。

离岸人民币市场交易更加活跃。2022年，中国人民银行与香港金融管理局签署常备互换协议，并扩大资金互换规模，进一步深化内地与香港金融合作。2022年以来，先后在老挝、哈萨克斯坦、巴基斯坦、巴西新设人民币清算行，海外人民币清算网络持续优化。2022年末，主要离岸市场人民币存款余额约1.5万亿元，重回历史高位。国际清算银行（BIS）2022年调查显示，近三年来人民币外汇交易在全球市场的份额由4.3%增长至7%，排名由第八位上升至第五位。

资料来源：中国人民银行．2023年人民币国际化报告（概要）[EB/OL]．(2023-10-28)[2024-05-28]．https://www.gov.cn/lianbo/bumen/202310/content_6912504.htm.

本章小结

1. 国际资本流动是指资本跨越国界的移动过程，即由于国际经济交易或其他原因引起的资本从一个国家或地区移动到另一个国家或地区。按资本流动期限的不同，国际资本流动可以分为长期资本流动和短期资本流动。前者是指流动期限在一年以上的资本流动；后者是指为期一年以下（含一年）的国际资本流动。

2. 引发国际资本流动的原因很复杂，概括起来主要有以下几个方面：过剩资本的形成；利率、汇率两大经济杠杆的影响；财政赤字与通货膨胀；政治、经济风险；发展中国家利用外资战略；跨国公司发展；资本预期收益；外汇管制；国际金融市场状况等。

3. 国际资本流动对资本输出国和资本输入国，乃至整个世界经济都产生了多方面且极其深刻的影响。

4. 外债是任何给定时刻，一国居民欠非居民的，已使用而尚未清偿的，具有契约性偿还义务的全部债务。债务危机的形成原因有内因和外因两方面。

5. 金融危机是指市场参与者通过外汇市场操作导致该国汇率制度崩溃和外汇市场持续动荡的事件。

6. 货币自由兑换是指一种货币持有者将手中的货币按照市场汇率（不管是固定汇率还是浮动汇率）自由兑换成主要国际储备资产货币的行为。货币自由兑换因理解不同而有不同含义。货币自由兑换可以根据兑换的自由程度区分为几个层次，货币兑换的限制越少，自由程度越高，货币的可兑换性就越强。

思考题

1. 关键词

国际资本流动；外债；负债率；债务率；偿债率；货币危机；外汇管制；汇率管制；货币自由兑换；金融危机。

2. 简答题

（1）简述国际资本流动的概念。

（2）简述国际资本流动的类型。

（3）简述国际资本流动的方式。

（4）简述国际资本流动的原因及特点。

（5）简述国际资本流动的经济影响。

（6）简述外债的衡量指标。

（7）简述债务危机爆发的原因。

（8）试述金融危机的概念、效应及作用。

（9）简述外汇管制的类型、对象和主要内容。

（10）简述外汇管制的方法。

（11）简述外汇管制的作用。

（12）简述货币自由兑换的内容。

（13）简述货币自由兑换的条件。

（14）简述货币自由兑换的经济影响。

在线自测

扫一扫 练一练

第七章　国际金融市场

学习目标

通过本章的学习，了解金融全球化的表现和影响；掌握国际金融市场的概念和作用；掌握国际金融市场的构成；掌握外国债券和欧洲债券的区别；了解国际黄金市场的供求决定因素；掌握离岸金融市场的概念、类型、特点、形成原因；掌握中长期国际信贷的主要类型及其基本运作原理。

学习方法

1. 预习法。通过预习，了解本章的内容，了解国际金融市场的主要分类以及演进过程。掌握国际资本市场的特点及主要种类。掌握欧洲货币市场的概念、特点、形成。了解国际信贷的主要形式及其运作原理。

2. 联系学习法，精读细思。理解金融全球化的表现，国际金融市场的构成，国际货币市场和国际资本市场之间的联系与区别。理解欧洲货币市场的形成与发展的原因。理解主要国际信贷形式适用的情形。

3. 完成本章后面的思考题。

案例导读

2022 年 3 月以来，随着美联储开启近 40 年来的一轮强力加息，美国联邦基金利率达到了 5.25%，美元指数不断上涨，美元对主要货币不断升值。企业主王先生是一家大型钢铁企业的负责人，在业务发展中需要在金融市场上筹措资金。王先生发现，以往以低于国内融资成本 3 个点就能在伦敦国际金融市场上通过发行债券借入大笔欧洲美元资金这条路走不通了，此外，偿还同样本金的美元比借款时所需的人民币增多了。王先生的企业突然面临着明显的汇率风险和利率风险，还款压力陡增。为此，王先生思考了以下问题：

1. 什么是国际金融市场？它和国内金融市场有何区别？

2. 何为国际债券？它的发行、还款方式与国内债券有何不同？

3. 什么是欧洲美元？它的产生原因是什么？

第一节　金融全球化

一、金融全球化的内涵

金融全球化是指金融业跨国境发展并趋于全球一体化的趋势。伴随着生产的全球化，生产要素在全球范围内进行配置，资金作为重要的生产要素，也跨越国界，在全球范围内流动，构成了金融全球化。

金融自由化、金融国际化和金融一体化与金融全球化密切相连，从不同角度反映出金融全球化的程度。

（一）金融自由化

金融自由化也称“金融深化”，主张改革金融制度，改革政府对金融的过度干预，放松对金融机构和金融市场的限制，增强国内的筹资功能以改变对外资的过度依赖，放松对利率和汇率的管制并使之市场化，从而使利率能反映资金供求，汇率能反映外汇供求，促进国内储蓄率的提高，最终达到抑制通货膨胀、刺激经济增长的目的。金融自由化的产生一方面是为了适应跨国公司的发展，另一方面是因为金融创新造成金融管制失效，迫使金融当局放松管制，加快金融自由化。金融自由化是金融全球化发展的前提和条件，没有金融自由化，就不可能有金融全球化。

（二）金融国际化

金融国际化是指一国的金融活动超越本国国界，脱离本国政府金融管制，在全球范围展开经营、寻求融合、求得发展的过程。金融自由化为金融国际化提供了制度基础；现代计算机技术和信息技术，特别是互联网技术的发展，消除了各国市场之间和国际市场之间金融信息传递的时空障碍，使得高速度、低成本处理大规模金融交易成为可能；为规避金融管制而进行的金融创新进一步促进了金融国际化的发展。金融国际化是金融全球化发展的过渡阶段，是实现金融全球化的必经过程。

（三）金融一体化

金融一体化是指国与国之间的金融活动相互渗透、相互影响而形成一个联动整体，在这个整体内部，同一金融资产在不同国家或地区同一时点上获得的收益率相同。金融一体化是金融自由化和金融国际化发展的必然结果，也是金融全球化的最终目标。

二、金融全球化的表现形式

金融活动是投资者和融资者通过一定的金融机构，利用金融工具在金融市场进行的资金交易活动，因此金融全球化就是金融活动的全球化，具体表现为以下方面。

（一）资本流动全球化

实现金融自由化之后，投资者和融资者可以在全球范围内选择最符合自己要求的金融机构和金融工具，资本流动表现出全球化的趋势。20 世纪 80 年代以后，国际资本流动呈现不断加速和扩大的趋势。

（二）金融机构全球化

金融机构是金融活动的组织者和服务者。金融机构全球化包括本国金融机构的准出和外国金融机构的准入两个方面。表现突出的是发展中国家逐步放宽了对外资金融机构的限制，鼓励本国金融机构积极开展国际业务，设立国外分支机构，从而推动了跨国金融机构的蓬勃发展，形成全球范围的经营网络。1997 年末，世界贸易组织成员签署“金融服务协议”，把允许外国在其境内建立金融服务公司并将按竞争原则运行作为加入该组织的重要条件，进一步促进了金融机构全球化。

（三）金融市场全球化

金融市场是金融活动的载体，金融市场全球化就是金融交易的市场超越时空和地域的限制而趋向于一体。目前全球主要国际金融中心已连成一片，全球各地以及不同类型的金融市场趋于一体，金融市场的依赖性和相关性日益密切。随着信息通信技术的高度发达和广泛应用，全球金融市场已经开始走向金融网络化，即全球金融信息系统、交易系统、支付系统和清算系统的网络化。全球外汇市场和黄金市场已经实现了每天 24 小时连续不间断交易。世界上任何一个角落有关汇率的政治、经济信息，几乎同步显示在世界任何一个角落的银行外汇交易室电脑网络终端的显示器上。远隔重洋的地球两端以亿美元为单位的外汇交易在数秒钟之内就可以完成。

（四）金融监管和协调全球化

金融全球化客观上要求有相应的国际金融监管的协调机制和机构，以确保国际货币和金融体系的正常运作。因此，国际货币基金组织、世界银行集团、国际清算银行等全球性金融组织应运而生。

三、金融全球化的利弊

金融全球化是一把双刃剑，客观上会产生积极和消极两个方面的效应。

（一）积极作用

1. 可以促进全球金融业自身效率的提高

金融全球化在很大程度上提高了发展中国家金融服务部门的效率，并降低了成本。这主要体现在以下三个方面：第一，限制性措施的取消使金融机构在开发新的金融产品与服务上获得更大的自由度，以高科技为基础的金融创新大大减少了金融活动所需的时间和交易成本，提高了工作效率；第二，金融全球化提高了金融机构之间的竞争程度，竞争反过来也使效率低下的金融机构退出市场或被其他机构兼并；第三，金融全球化扩大了资金来源、运用规模和业务活动范围。这一切都有利于金融部门降低成本、增加收益、提高效率。

2. 提高了发展中国家资源配置的有效性

金融全球化能使金融信息更具公正性，从而更准确、更迅速及全面地反映资金的市场供求状况。特别是在信贷供不应求的情况下，有限的储蓄资源可以通过竞争方式使储蓄流向收益率最高的项目，从而实现稀缺资本的有效配置。更为重要的是，实行金融全球化之后，减少了产品间、银行间的资金流动障碍，从而使资源配置更为接近最优化。

3. 提高了发展中国家在国际金融市场上的引资地位

随着金融全球化在全球范围内特别是发展中国家的发展，越来越多的资金流向了资金缺乏处。从发展中国家经济运行的角度看，外资的流入不仅填补了新兴市场的储蓄缺口和外汇缺口，而且与国际资本流动相伴随的人力资源开发、技术知识的转移、市场的开拓和对外贸易的发展也为发展中国家的经济增长提供了巨大的推动力。

（二）消极作用

金融全球化加深了金融虚拟化程度。衍生金融工具本身是作为避险的工具产生的，但过度膨胀和运用不当，滋生了过度投机，剥离了金融市场与实体经济的联系，反而成为产生金融风险的原因。

1. 削弱了宏观经济政策的有效性，降低了国家对宏观经济的干预能力

当一国采取紧缩货币政策，使得国内金融市场利率提高时，国内的银行和企业可方便地从国际金融市场获得低成本的资金，紧缩货币政策的有效性就会下降，国家对宏观经济的干预能力就会降低。

2. 加快金融危机在全球范围的传递，增加了国际金融体系的脆弱性

资本流动的自由化是金融自由化的主要内容之一。发展中国家由于长期的“金融抑制”，造成了资金的短缺，通过开放本国的金融市场虽然为吸引外资创造了条件，但全球资本流动尤其是大量投机性短期资本的波动却为这些发展中国家和地区的金融体系带来了不小的冲击。此外，金融全球化使得某单一经济体的金融危机有可能迅速蔓延到全球（如2007年美国次贷危机引发的2008年全球金融危机），增加了国际金融体系的脆弱性。

四、金融全球化对不同国家的影响

金融全球化对不同国家的影响是不同的。

（一）对发达国家的影响

发达国家是金融全球化的主要受益者。发达国家拥有充裕的资金和高度发达的金融市场，在国际金融业的竞争中拥有绝对的优势；但在宏观管理的难度、税收、培养竞争者等方面也有不利影响。

（二）对新兴市场国家的影响

1. 积极影响

金融全球化对新兴市场国家的积极影响表现在：可以充分利用市场比较充裕的资金和先进的技术促进经济迅速发展；促生一批新兴的国际金融中心，从而改变了单纯依赖发达国家金融市场的局面；有利于建立国际经济新秩序。

2. 消极影响

金融全球化对新兴市场国家的消极影响表现在：一旦经常项目连续出现赤字或国内经济出现问题，国际资本匆匆撤离，严重冲击新兴市场国家的经济发展；发达国家转移夕阳产业和过时技术，影响了新兴市场国家的可持续发展。

（三）对欠发达国家的影响

欠发达国家由于经济落后，对国际资本缺乏吸引力，这些国家金融市场国际化的步伐远远落后于新兴市场国家。尽管金融全球化带来了部分资金，但许多现代经济部门却被外资牢牢控制，容易变成发达国家的组装工厂，金融全球化正在逐步加大欠发达国家与发达国家甚至新兴市场国家之间的贫富差距。

第二节 国际金融市场概述

国际金融市场是国际性金融交易活动的场所，包括以各种方式进行的国际性资金融通（和投资）所形成的市场、外汇市场和黄金市场等。20 世纪 50 年代兴起的欧洲货币市场为国际贸易、国际投资和各国国际收支的调节提供了一个高效运转的市场，但它也加大了各国金融监管的难度。20 世纪 80 年代蓬勃发展的国际金融创新，尤其是金融衍生产品的创新，在为金融机构和市场提供收益和改善效率的同时，也成为影响整个金融市场稳定性的风险因素。

一、国际金融市场的概念

国际金融市场是国际资金借贷、货币买卖及证券交易等金融活动的场所，是世界各国在国际上调剂资金余缺的重要渠道，它的存在为国际投资和国际贸易提供了高效、便利的服务。

国际金融市场（International Financial Market）有广义和狭义之分。广义的国际金融市场是国际性金融交易活动的场所，包括以各种方式进行的国际性资金融通（和投资）所形成的市场、外汇市场和黄金市场等。狭义的国际金融市场仅指国际性资金融通（和投资）所形成的市场，不包括外汇市场和黄金市场。通常我们所说的国际金融市场指的就是广义的国际金融市场，当代的国际金融市场基本上是一个无形市场。

关于国际金融市场，还要注意区分另一个重要概念：国际金融中心。国际金融中心（International Finance Centre）是指聚集了大量金融机构和相关服务产业，全面集中地开展国际资本借贷、债券发行、外汇交易、保险等金融服务业的城市或地区，比较有名的国际金融中心包括伦敦、纽约、东京等。作为国际金融市场的重要枢纽，国际金融中心为世界经济的发展作出了巨大贡献。

二、国际金融市场形成与发展的条件

国际金融市场形成与发展必须具备一定的条件，具体如下。

（一）相对和平的国际政治环境

这是形成国际金融市场最基本的条件，只有政局稳定才可以保证国际金融市场各参与方的合法利益。

（二）国际经济的稳定发展

国际经济的稳定发展，特别是国际贸易和国际投资的增长，可以为国际金融市场创造

巨大的需求，提高对投资者的吸引力。

（三）比较自由的国际资本流动环境

自由的市场环境能充分保证国际资金的自由流出和流入，容易形成国际资本的集散地，进而形成国际金融市场。

（四）便捷的通信设施

当代国际金融市场主要是一个无形市场，交易主要通过通信网络来完成。便捷的通信设施，有利于提高交易的速度与准确性，同时降低交易费用。

（五）金融交易技术的创新

金融交易技术创新主要表现在现代化通信技术与计算机网络的应用与发展，由此形成全球金融网络，使客户能够方便地享受低成本服务，取得各种金融信息，更好地参与全球金融活动。

三、国际金融市场的主要发展阶段

伴随着资本主义工业革命，商品生产规模急剧扩大，海外贸易快速发展，尤其是当时处于世界经济霸主地位的英国，其首都伦敦是世界经济中心和国际贸易中心。伦敦也产生了票据交换所并集聚了大量开展国际结算业务的金融机构，成为当时最大的国际金融中心，所以在20世纪初期以前，国际金融市场是所谓的伦敦中心时代，不过它还不是真正意义上的现代国际金融市场，真正的国际金融市场是第二次世界大战后才发展起来的。

（一）二战后至60年代："三足鼎立"时代

作为两次世界大战的主战场，英国经济遭受重创，与此同时，美国的经济实力迅速增强，在第二次世界大战结束前超越英国成为世界经济的新霸主，并主导了国际货币体系，美元成为世界最主要的国际储备货币和国际结算货币。与此相对应的是伦敦国际金融中心的地位不断下降，而纽约成为世界最大的国际金融中心。此外，由于"永久中立国"地位，瑞士避免了战火的波及，瑞士法郎成为当时西欧唯一保持自由兑换的货币，苏黎世金融中心在此期间也获得了巨大发展，从而形成纽约、伦敦、苏黎世三大国际金融中心三足鼎立的局面。

（二）20世纪60年代以来：多元化时代

20世纪60年代后，西欧各国尤其是联邦德国经济得到了迅速恢复，而美国由于庞大的军费开支等因素，国际收支连年逆差，美元国际地位不断下降。与此同时，一些新兴经济体迅速崛起，也渴望有一个能为它们提供经济发展所需资金的国际金融市场。此外，石油输出国积累了巨额的石油美元，促进了巴林国际金融中心的形成和发展。因此，在20世纪60年代至80年代，国际金融中心走向了多元化的时代，当时主要的国际金融中心包括纽约、伦敦、苏黎世、法兰克福、巴黎、新加坡、东京、香港等。

（三）国际金融市场由"在岸交易"为主，转变为"离岸交易"为主

20世纪50年代以后，美国国际收支连年逆差，大量美元流向境外，在伦敦等国际金

融中心积聚了大量的美元，非英国、美国居民可以在伦敦市场上借贷美元，因而在该市场上，无论是参与者还是在交易货币上都突破了国家疆界的限制，形成了离岸市场，离岸金融市场成为国际金融市场的主体，它是真正意义上的国际金融市场，它的出现使得国际金融市场的发展进入一个全新的时代。

专栏 7-1

全球主要国际金融中心介绍

国际金融中心是指国际金融业务和交易行为高度集中的某一城市或地区。国际金融中心最直接的功能是提供融资与投资，随着国际金融中心的发展也衍生出一系列其他基本功能，如国际范围的金融价格发现、经济信息聚散、资金清算、金融风险管理、金融创新及其传播功能等。

国际金融中心的形成和发展主要有以下两种模式：

(1) 自然渐进式：一般由区域金融市场到全国金融市场，再到国际金融中心这个顺序发展而成的，如伦敦、纽约等国际金融市场。

(2) 政策促成式：利用优越的地理位置和优惠的政策，在短时间内形成与发展起来的，如巴哈马、开曼群岛等避税港型的离岸国际金融中心。

目前，世界上最主要的国际金融中心有纽约、伦敦、香港、东京以及开曼群岛等。

一、纽约

美国纽约在第二次世界大战后形成全球国际金融中心的过程可以说是水到渠成。第二次世界大战后，其他国家国力大幅削弱，而美国却借助第二次世界大战超过英国成为全球第一大霸主，而在战后推行的布雷顿森林体系当中，美元成为中心货币，此时的纽约具备了成为全球金融中心的几乎全部优势条件和机遇。而美国也抓住了这一机遇，顺势而为，采取了许多有效措施，如金融去监管化、金融自由化以及大力发展证券市场，从而奠定了纽约的全球金融中心地位。

由于美元是国际化程度最高的货币，美国又拥有全球最大的金融市场，所以美国本身并不具备建立离岸金融市场的条件和迫切性，更不可能自然形成离岸金融市场。20 世纪 80 年代，面对全球蓬勃发展的离岸金融市场及其引发的美元资产外流状况，美国通过创新方式，人为建立了自己独特的离岸金融中心和离岸银行业，即在美国本土以纽约为中心，建立了国际银行业务设施（International Banking Facility，IBF）。这是一种特殊形式的离岸金融中心，它是由美国的本国或外资银行为非美国居民设立的一种特殊银行账户。它不是通过地理上隔离，而是通过在岸与离岸账户之间的隔离，建立离岸业务市场。由于美元本身就是自由流通的主要国际货币，所以该离岸市场经营的不是外币而是本币，并且由于它设立在本土，所以它实际上是一种在岸的离岸中心，本国及外资银行可在岸从事本币离岸业务。IBF 的产生改写了离岸金融中心和离岸银行业的定义和必要条件：在境外设立机构和经营非本币。在全球国际金融中心内设立分离、独特的离岸市场，是纽约的一大特色，与此类似的是东京和新加坡。此举使得纽约成为真正意义上的提供全面服务的全球国际金融中心。

二、伦敦

第二次世界大战之前，国际金融中心全部在欧洲，其中以伦敦和巴黎为首，但是在经过第二次世界大战之后，英国的国际地位被美国超越，伦敦的国际金融中心位置也被纽约取代。

但是在20世纪50年代末，欧洲货币市场的发展使伦敦国际金融中心起死回生。首要的关键决策是1958年英格兰银行的协议：允许英国银行吸收美元存款，以及发放美元贷款，20世纪60年代末，80%的欧洲市场美元借贷是通过伦敦完成的，欧洲市场是由在伦敦的美国银行分行主导，这部分银行被排挤出美国，以逃避美国银行业的限制性监管。其次，布雷顿森林体系瓦解之后，美元转向浮动汇率，这促进了外汇交易的繁荣，而外汇交易主要集中在纽约和伦敦。通过这种方式，金融控制力从华盛顿释放出来，但没有转移到纽约本身，而是传递到纽约-伦敦轴心，这两个城市的整合超过了以往任何时候。

与纽约不同的是，伦敦市场对居民与非居民同时开放，境内资金与境外资金可以随时转换，内外融资业务混合在一起。在该市场上既可以经营银行业务，又可以经营证券业务。伦敦离岸金融市场实际上已经成为兼具境内和离岸业务的“内外一体式”金融市场。与此类似的是香港。

伦敦目前是世界上最大的外汇市场，其每天的外汇成交金额超过两万亿英镑，全球大约35%的货币业务在伦敦交易。伦敦还是世界上最大的欧洲美元市场，石油输出国的石油收入成交额有时一天可达500多亿美元，占全世界欧洲美元成交额的1/3以上。伦敦是世界上最大的国际保险中心，共有保险公司800多家，其中170多家是外国保险公司的分支机构。在伦敦保险业中，历史悠久、资金雄厚、信誉最高的是劳埃德保险行。同时伦敦还有伦敦证券交易所，它是世界八大证券交易所之一。

三、香港

香港金融市场的特色是流通量高，市场在有效和具有透明度的监管下运作，各项监管规例都符合国际标准。香港特别行政区政府恪守尽量不干预金融市场运作的原则，并尽力提供一个有利营商的环境。正是这种自由的金融环境、政府透明有效的监管，使香港成为继纽约和伦敦之后的第三大国际金融中心。

香港的外汇市场发展成熟，买卖活跃。本港没有外汇管制，且位于有利的时区，这对促进外汇市场的发展十分有利。由于本港与海外的外汇市场紧密联系，香港的投资者可以全日24小时在世界各地的市场进行外汇买卖。根据国际清算银行2022年的调查，香港外汇市场以成交额计算在世界排行第五位。

香港货币市场主要是银行同业拆息市场。货币市场主要是由机构开展批发层面的银行业务。香港的银行同业拆息率是由市场参与者之间的资金供求决定的，所以这个利率是香港短期贷款最重要的价格指针之一。

以截至2022年底的资本市值计算，香港的股票市场位列世界第七，在亚洲则排名第四。香港联交所有多元化的投资产品，包括普通股份、期权、认股权证、牛熊证、交易所买卖基金、房地产投资信托基金、单位信托及债务证券，供投资者进行买卖。

衍生产品市场方面，香港期货交易所（期交所）及联交所提供一系列期货及期权产品，包括指数期货、股票期货、利率期货、债券期货、黄金期货、指数期权及股票期权。

与伦敦相似，香港也是“内外一体化”的金融市场。

四、东京

东京曾经在亚洲国际金融中心中排名第一，超过香港、新加坡。近年来东京国际金融中心的地位有所下降，不过东京仍然是重要的国际金融中心。

东京证券交易所的交易量占日本的80%，如果按上市的股票价格计算，它是世界第六大证券交易所。目前东京与伦敦、纽约一起位列世界三大外汇市场，其交易主要是银行间的交易，且国外交易额远远高于国内交易额。此外，东京的黄金交易市场、期货交易市场、OTC交易市场等都非常发达。日本的保险业也非常发达，东京是全球第六大再保险中心。

近年来，日本的国际金融中心地位受到一定的挑战。国内长期经济发展乏力、烦琐的程序、较高的税收等因素降低了日本国际金融中心的吸引力。

五、开曼群岛

开曼群岛是世界上仅次于纽约、伦敦、东京和香港的第五大金融中心，第四大离岸金融中心。

公开资料显示，全世界最大的25家银行都在开曼群岛设有子公司或分支机构。岛内的金融业、信托业总资产已超过3 000亿美元，占欧洲美元交易总额的8%。每年平均约有4 000多家公司在此注册成立。全球700多家银行在开曼群岛都有分支机构。

我国有许多赴美上市的企业都是在开曼群岛注册的，包括阿里、京东、百度、汇源、新浪、联通、联想、SOHO中国、绿城中国、恒大集团、新世界百货、蒙牛、盛大、前程无忧、巨人网络、奇虎360等一大批耳熟能详的中国公司。

开曼群岛之所以如此吸引人，主要原因是它的金融政策。岛内税种只有进口税、印花税、工商登记税、旅游者税等几个简单的税种。数十年来免征个人所得税、公司所得税、资本利得税、不动产税、遗产税等直接税。外汇在开曼群岛进出比较自由，相关部门对投资者的金融信息保密工作较严谨。基于此，开曼群岛受到了全世界创业者的关注，就连可口可乐这样的全球性公司也是注册在开曼群岛。

这里法令规定永远豁免缴税义务。无论是对个人、公司还是信托行业，开曼群岛都不征收任何直接税。另外，VIE股权模式可以避开不少国家规定的相关外资投资公司的限制，这更增加了许多公司在此注册的动力。政策的巨大优势，使开曼群岛成为全世界公司注册的最佳选择地。

类似开曼群岛这样的避税港金融中心又被称作巴哈马型离岸金融中心。它是只有记账而没有实质性业务的离岸金融中心。由于在某些国家或地区开展金融业务可以避税，同时监管又比较少，因而许多跨国银行纷纷在这些国家或地区开设空壳型分支机构。

四、国际金融市场发展的新特点

20 世纪 80 年代，伴随着国际浮动汇率体系的最终确立，国际金融市场的波动更加频繁，各种避险工具相继出现，与此同时，各国相继放松金融管制，推进金融自由化，金融创新的浪潮席卷全球，国际金融市场呈现新的特点。

（一）市场一体化趋势日趋明显

国际金融市场一体化是指 20 世纪 50 年代末 60 年代初开始的国内和国外金融市场之间的日益紧密的联系、协调，它们相互影响、相互促进，逐步走向一个统一的金融市场。伴随着 20 世纪末 21 世纪初金融全球化浪潮的到来及蔓延，金融市场一体化的趋势日趋明显。

（二）交易速度显著提高

伴随着信息时代的到来，最先进的计算机软硬件技术、光纤通信技术总是最先被应用到金融领域，这些新技术的应用极大地提高了信息传输速度，金融交易速度得到显著提高。

（三）金融创新层出不穷

20 世纪 70 年代以来金融创新不断涌现，在 20 世纪 80 年代席卷全球，并在 20 世纪 90 年代得到了迅猛发展。21 世纪金融科技的广泛应用，使得金融创新对金融服务业产生了划时代的影响。金融创新通常是指金融领域内部通过各种要素的重新组合和创造性变革或引进新事物。金融创新是一个动态的概念，具有众多的表现形式，如果从国际金融市场的角度考察，金融创新主要包括金融市场创新、金融技术创新和金融产品创新。

（四）证券化趋势日趋明显

第二次世界大战后，国际银行贷款一直是国际金融市场上的主要融资渠道，但到了 20 世纪 80 年代，格局发生了重大变化，各国纷纷通过发行国际债券的方式来筹集资金，并且在 1985 年国际债券首次超过了国际信贷，成为国际融资的主渠道。此外，为提高流动性，越来越多的银行也直接进入证券市场，将自己的长期抵押贷款证券化，转卖给公司或个人，国际金融市场上证券化趋势日益明显。

（五）在岸交易的比例有所回升

尽管离岸交易市场是真正国际化的金融市场，其巨大的优势使得传统的在岸交易一度低迷、萎缩，但近年来在岸交易的比例有所回升。其原因主要是离岸交易的风险日益凸显，特别是遭遇了 2008 年金融危机后，银行纷纷“上岸”，在岸交易的比例逐步回升。

五、国际金融市场的作用

国际金融市场的发展，对世界经济的发展起着越来越大的作用。

（一）有利于各国平衡国际收支

国际金融市场的发展，为各国调节国际收支提供了新的渠道。国际收支顺差国可以将盈余的资金投放到国际金融市场上赚取利息收入，国际收支逆差国可以从国际金融市场上借入资金以弥补短期赤字。国际金融市场为各国平衡国际收支发挥了重要作用。

（二）为各国经济发展提供资金

国际金融市场是全世界资金的集散中心。资金短缺的国家可以通过各种融资方式在国际市场上获取资金，为其扩大生产、促进经济发展提供便利。尤其是发展中国家，在其经济发展中存在外汇和储蓄的“双缺口”，此时适度从国际金融市场上引进外资，对其打破发展的瓶颈起到了巨大的推动作用。

（三）有利于资源的合理配置

国际金融市场是一个高度竞争的市场，很难存在垄断，资本出于逐利的动机总是从低收益的地区流出，流向高收益的地区。伴随着资本的全球流动，有利于资源的合理配置，优化国际分工。

（四）放大金融风险

随着国际金融市场的过度发展以及监管的手段不够完善，国际金融市场上各种资本尤其是短期资本的频繁流动，投机活动猖獗，加剧了国际金融市场上价格的波动，使得金融风险不断放大，甚至有可能引爆金融危机。事实上，从 1982 年国际债务危机到 1997 年的亚洲金融危机以及由 2007 年美国次贷危机诱发的全球金融危机，每次危机的背后我们都可以看到国际金融市场资本流动的影子。

（五）增加了各国宏观调控的难度

国际金融市场上大规模的资本流动，有助于通货膨胀的国际传播。此外，一国为发展经济制定的各项宏观经济政策，可能会因为国际资本的大规模流动，使得其效果大打折扣，这增加了各国宏观调控的难度。

第三节　国际金融市场的构成

国际金融市场的构成可以从不同的角度来进行划分。按照资金融通期限的不同可以分为国际货币市场和国际资本市场；按照融资渠道的不同可以划分为国际信贷市场和国际证券市场；按照交易对象所在区域和交易币种的不同可以划分为在岸市场和离岸市场。

对国际金融市场的分类，当前流行的分类法是国际货币基金组织（IMF）、国际经合组织（OECD）的分类方法。

按照国际货币基金组织和国际经合组织的分类方法，国际金融市场可以分为国际信贷市场、国际债务证券市场、国际股票市场、国际黄金市场、国际外汇市场以及国际金融衍生产品市场。

一、国际信贷市场

国际信贷市场是指在国际金融市场上以银行为媒介融通资金的市场，它是最传统的国际金融市场。根据银行发放贷款期限长短的不同，国际信贷市场又可分为短期信贷市场和中长期信贷市场。

（一）短期信贷市场

短期信贷市场是国际银行间同业拆放，以及银行为工商企业提供短期信贷资金的场所，目的主要是融通不同国家短期资金的余缺。

1. 基本类型

短期信贷市场的基本类型包括：银行同业拆借市场、银行对工商客户的信贷市场（如贸易信贷和其他短期贷款）。其中银行同业拆借市场是短期信贷市场的主体。

2. 贷款条件

（1）无抵押。由于国际银行同业拆借业务主要是在银行间进行的，银行信用一般比较高，因而不需要抵押或担保，属于信用贷款，且每笔贷款的金额比较大，如伦敦同业拆借市场每笔交易额不低于 25 万英镑。

（2）贴现法计息。国际银行同业拆借采用贴现法计息，即发放贷款时先预先扣除利息，计算利息时一年按 360 天计算。

（3）期限 1～360 天，多为 3 个月以下。国际银行间同业拆借的期限长短不一，最短为隔夜拆，最长为 1 年，可以是 1 周、1 个月、2 个月、3 个月、6 个月，但通常是 3 个月以下的短期拆借。

（4）基准利率：SOFR、联邦基金利率（在岸）、商业银行优惠利率（在岸）等。

长期以来，在同业拆借市场乃至整个国际金融市场上，最重要和最常用的市场利率基准是伦敦银行同业拆借利率（London Inter Bank Offered Rate，LIBOR），它是英国银行家协会根据其选定的银行在伦敦市场报出的银行同业拆借利率，进行取样并平均计算成为基准利率。LIBOR 使用五种货币作为计价单位，分别为美元、英镑、欧元、日元和瑞士法郎，并搭配七种不同的期限，分别为隔夜、1 周、1 个月、2 个月、3 个月、6 个月和 1 年期。每个交易日会有 35 种不同的 LIBOR 报价，其中最常使用的是美元 3 个月期 LIBOR。

伦敦银行同业拆借利率是由伦敦金融市场上一些报价银行在每个工作日 11 时向外报出的。在伦敦金融市场上，有资格对外报价的银行仅限于那些本身具有一定的资金吞吐能力，又能代客户吸存及贷放资金的英国大清算银行、大商业银行、海外银行及一些外国银行，这些银行被称作参考银行。由于竞争比较充分，各银行报出的价格基本没有什么差异。伦敦银行同业拆借利率在国际信贷业务中被广泛使用，成为国际金融市场上的关键利率。许多国家和地区的金融市场及海外金融中心均以此利率为基础确定自己的利率。

但是，2021 年 3 月 5 日，英国金融市场行为监管局（FCA）发布了一项关于 LIBOR 终止报价的公告：2021 年 12 月 31 日之后停止所有英镑、欧元、瑞士法郎、日元四种货币 LIBOR 报价，以及 1 周和 2 个月美元 LIBOR 报价。2023 年 6 月 30 日之后所有剩余期限美元利率终止 LIBOR 报价，LIBOR 最终走向终结。

LIBOR 终结后，将以哪一种机制取代 LIBOR 呢？2020 年底以来，越来越多的贷款市场参与者选择叙做直接挂钩无风险利率贷款，即 2017 年 5 月英国选定的英镑 LIBOR 的替代利率——英镑隔夜指数均值（SONIA）。不过，英国对 SONIA 期限利率的应用仅局限在为贷款市场的部分交易提供可行的过渡选择，而美国监管机构和行业领导更认可芝加哥商品交易所（CME）的前瞻性期限利率——担保隔夜融资利率（SOFR），认为其应用范围更为广泛，因为 SOFR 与 LIBOR 利率相似，有利于贷款方现金流管理以及操作便利。SOFR 是美联储于 2017 年 6 月选定的作为 LIBOR 的替代利率。2021 年 9 月英国无风险利率工作组确认美国替代参考利率委员会（ARRC）推荐的前瞻性 SOFR 可应用于伦敦的美元业务。2022 年 12 月，在全球最大的期货市场芝加哥商品交易所集团，SOFR 挂钩期货的未平仓头寸首次超过了 LIBOR 挂钩期货。

此外，在进行在岸交易时，经常使用的同业拆借利率包括：联邦基金利率和商业银行优惠利率。联邦基金利率（Federal Funds Rate）是美国同业拆借市场的利率，它是一家存托机构利用手上的资金向另一家存托机构借出隔夜贷款的利率。商业银行优惠利率是商业银行贷放资金时能提供的最优惠利率，一般用于银行同业拆借交易。

中国外汇交易中心于 2023 年 7 月 3 日起调整银行间外汇市场相关业务，外汇交易系统、即时通信工具 iDeal 等系统终止使用美元 LIBOR 作为银行间人民币外汇货币掉期、外币对货币掉期和外币利率互换交易品种的浮动利率基准，调整后，相关产品挂钩的美元浮动利率基准包括美元担保隔夜融资利率和境内美元同业拆放参考利率（CIROR）。交易双方可通过外汇交易系统对挂钩 LIBOR 的存续交易进行基准利率转换。同时，货币掉期和外币利率互换的公开报价品种从挂钩 LIBOR 调整为挂钩 SOFR。此外，调整货币掉期基准曲线类型。下线挂钩 LIBOR 的货币掉期曲线，新增“人民币固定利率对美元 SOFR”“人民币 Shibor 3M 对美元 SOFR”基准曲线。

专栏 7－2

LIBOR 为何终结?

LIBOR 是基于各银行自律上报当期的实际借贷成本，它并不是交易利率，而是报价利率，这导致它极易被报价行串谋、操纵。

由于报价行大多在全球利率衍生品交易中持有大额头寸，其中大部分是以 LIBOR 为基准进行定价，在缺乏约束机制的背景下，报价行难免会为了自身利益而串谋、操纵 LIBOR 定价。也就是说，LIBOR 自身的形成机制存在结构性漏洞。

从 2005 年起，多家规模较大的金融机构通过操纵 LIBOR 报价并从中获利，2008 年金融危机期间，LIBOR 的可信性问题首次浮出水面，当时某些银行担心根据真实流动性报价会暴露自身的流动性状况，因而刻意压低报价，使得计算出来的 LIBOR 低于市场的真实利率。受关注的利率表现得突然和其他的市场利率不一致，这引起了投资者与监管当局的注意。在接下来的几年里，金融监管机构调查了涉嫌操纵 LIBOR 的行为。2012 年美国和英国监管机构调查发现，汇丰银行、巴克莱银行、美国银行、瑞银集团、法国兴业银行、苏格兰皇家银行、德意志银行、花旗集团等大型机构均涉嫌操控利率。从 2012 年 6 月至今，美国和英国司法机构先后向瑞士银行、荷兰合作银行、巴克莱银行等大型投资银行开出 70 多亿美元罚单。陆续出现的利率操纵案让 LIBOR 声名狼藉，公信力受到重创。

金融危机后，英国金融市场行为监管局接手管理 LIBOR，并着手对 LIBOR 进行改革，但随后它却在担心一个更大的问题：LIBOR 对金融体系构成了严重的系统性风险。

LIBOR 作为伦敦银行间无担保借贷利率，该价格实际上包含着各报价行进行借贷时的信用风险。一般情况下，各报价行的信用风险可以忽略不计，市场参与者一般也将 LIBOR 近似作为无风险利率，并以此进行风险对冲。

然而，一旦市场流动性紧张时，流动性风险可能导致的信用风险却无法忽略。

2008 年金融危机全面爆发以后，LIBOR 利率急剧飙升，主要因为危机爆发后，银行无法估算短期借贷存在的风险。较高的 LIBOR 利率不仅意味着巨大的信用风险，一些银行甚至会因此而破产，进而给金融市场带来巨大的震动。因为一旦 LIBOR 利率变高，银行间的借贷频率就会降低，进而资金流动性也会下降。一些急需资金的银行因无法及时得到贷款而面临破产。银行一旦资金断裂，企业也会遭遇现金流危机，选择歇业或关门，导致社会经济下滑，产生更多的不稳定性。

LIBOR 利率的变动还会对各国的货币政策产生影响，影响市场的资金供求状况，对外汇交易带来影响。这是因为一些央行会依赖 LIBOR 利率对货币及经济政策作出判断，如瑞士央行将货币政策目标直接盯住 LIBOR，确保基准利率围绕 LIBOR 在一定范围内波动。

由于以上种种原因，2017 年，在 LIBOR 诞生接近 50 年后，监管机构不得不为这项机制定下“死期”：英国金融市场行为监管局宣布，计划在 2021 年底前逐步淘汰 LIBOR。

资料来源：华尔街见闻·金融大事件：永别了，LIBOR [EB/OL].（2021-12-31）[2024-05-28]. https://baijiahao.baidu.com/s?id=1720671718446440019&wfr=spider&for=pc.

（二）中长期信贷市场

中长期信贷市场（Bank Medium and Long-term Credit Market）是国际性的大型商业银行、国际金融机构等向各国政府和企业贷放中长期资金所形成的市场。国际信贷市场上的资金提供者主要包括各国政府、世界银行等国际金融机构和大型商业银行，因而该信贷市场上的贷款分为政府贷款、国际金融机构贷款和国际银行贷款。

政府贷款是一国政府利用自己的财政资金向另一国政府提供的优惠贷款，是以政府名义进行的政府双边贷款，一般是在两国政治外交关系良好的情况下进行的，是条件优惠的贷款。政府贷款的基本特征是期限长、利率优惠，但贷款通常要附带一定的条件。国际金融机构贷款是指由国际货币基金组织、世界银行、亚洲开发银行、金砖银行等国际金融机构向其成员提供的贷款，其贷款的目的包括帮助成员弥补国际收支逆差、提供中长期建设和开发的贷款等。商业银行贷款对借款用途通常不做特别的约束，但是贷款利率较高，利率随着国际金融市场上行情以及借款人的信用而定。若贷款金额巨大，银行往往采用银团贷款的方式来分散风险。

银行中长期贷款的期限通常为 1～10 年，由于贷款期限较长，发放中长期贷款的银行面临比较大的利率风险，因而一般采用浮动利率，利率构成为基准利率＋附加利率。基准利率和短期信贷市场一样，也在 LIBOR 终结后，在寻求新的基准利率；附加利率的高低则取决于市场供求状况、借款人的信用状况以及宏观经济形势。不过，在中长期信贷市场上，也有少部分贷款采用固定利率，如福费廷业务中，贷款利率是事先确定下来的（关于福费廷业务，详见本章第五节）。

国际信贷市场是最传统的国际金融市场，银行、跨国公司、国际经济组织活跃在该市场上，为全球经济的发展提供了大量的资金。本章第五节将详细介绍国际中长期信贷市场上提供的各种信贷形式。

二、国际债务证券市场

债务证券（Debt Security）是指由公司或政府发行的，约定在到期日偿还本金和利息的一种借据。债务证券主要是指债券和票据。国际债务证券市场可以分为发行市场和流通市场。发行市场组织国际债券的发行和认购，流通市场安排国际债券的上市和买卖。

（一）短期债务证券市场

短期债务证券是指由公司或政府发行的，约定在到期日偿还本金和利息的一种借据，主要是指债券和票据。在这个市场上交易的短期证券是指一年以下的可转让流通的信用工具，主要有以下几种。

1. 国库券

国库券（Treasury Bill）是指各国政府为弥补国库收支不平衡而发行的一种短期债券，一般用于满足季节性需要，期限主要有 3 个月、6 个月两种，最长不超过 1 年，通常以折价方式招标发行，到期偿还本金。国库券具有流动性好、安全性高等优点，深受各国政府和银行的欢迎，也是美联储调节货币政策的重要工具。

2. 商业票据

商业票据（Commercial Bill）是指信用良好的公司、企业为筹措短期资金而签发的票据，可以是商业汇票也可以是商业本票，一般以商业本票为主。商业票据期限一般不超过 270 天（30～90 天为主），多通过银行发行，票面金额不限，采用折价方式发行。

3. 银行承兑票据

银行承兑票据（Banker's Acceptance Bill）是指经过银行承兑的票据，主要是商业汇票。商业汇票的出票人是公司、企业，一经银行承兑，就由商业信用转化为银行信用，因而更容易在二级市场上流通。银行承兑票据的期限一般是 30～180 天。

4. 大额可转让定期存单（Negotiable Certificate of Deposits，CDs）

大额可转让定期存单是花旗银行在 20 世纪 50 年代开发的一种金融产品，它是商业银行为吸引大额资金而发行的一种期限在 1 年以内的定期存单，这种存单可以在二级市场流通，从而比较好地照顾了持有人对流动性和收益性的要求。

在短期债务证券市场上，持有短期债务证券的投资者若想要获得资金融通，一般是通过贴现和再贴现来进行。贴现是指持票人可以将经过承兑的且没有到期的远期汇票扣除贴现利息卖给银行，从而提前获取现款的一种融资方式。贴现市场的主要经营者是贴现公司，贴现的票据主要有：国库券、短期债券、银行承兑票据。目前，最大的贴现市场是伦敦的贴现市场。再贴现是指商业银行将持有的未到期的票据卖给中央银行的一种短期资金融通方式。它也是央行三大货币政策工具之一，央行可以通过调整再贴现政策来调节货币供应量。

（二）国际债券市场

国际债券（International Bonds）是指一国借款人在国际证券市场上以外国货币为面值，向外国投资者发行的债券。发行人主要是各国政府、政府所属机构、银行或其他金融机构、工商企业及一些国际组织等；投资者主要是银行或其他金融机构、各种基金会、工商财团和自然人。

1. 基本类型：外国债券和欧洲债券

根据涉及国家多少的不同，国际债券可分为外国债券和欧洲债券。

外国债券一般涉及两个国家，它是指一国居民在国外发行的以发行地所在国货币为面值的债券。最典型的外国债券有武士债券、扬基债券和猛犬债券。武士债券是指外国居民在日本市场上发行的以日元为面值的债券；扬基债券是指外国居民在美国市场上发行的以美元为面值的债券；猛犬债券是指外国居民在英国市场上发行的以英镑为面值的债券。

欧洲债券一般涉及三个或三个以上国家，它是指一国居民在国外发行的以第三国货币为面值的债券，如我国财政部在新加坡市场上发行的以美元为面值的债券即是欧洲债券，它实质上是一种无国籍债券。它具有流动性强、不记名、免缴税款、自由灵活等优点，深受发行人和投资者的欢迎，目前已经成为国际债券市场上的主体，发行量一直占到国际债券市场的80%以上。

2. 利率特点：固定利率和浮动利率

国际债券的利率可以采用固定利率也可以采用浮动利率。以国际债券的主体——欧洲债券为例，固定利率的欧洲债券在欧洲债券市场上占比最大，这种债券在发行时就事先确定利率，每年按固定利率支付一次利息，它的优点是可以预先确定投资者的收益。固定利率债券在利率比较稳定时常采用。浮动利率债券是定期根据市场情况调整利率的债券，通常是每3个月或半年按照基准利率进行调整，发行时的利率定为基准利率＋附加利率。浮动利率的债券可以尽可能地消除投资者的利率风险，因而在利率波动幅度比较大的时期广受欢迎。

3. 近年来的工具组合趋势

除了固定利率债券和浮动利率债券这两大传统品种外，近年来国际债券也有了一定的发展，这其中最主要表现在国际债券出现了工具组合的趋势，如可转换债券、附认股权证债券等，这些债券同时具有股权和债权的双重性质，投资者可以在满足条件的情况下，将债券转换成公司普通股或者行使认股权，按照比较优惠的约定价格购买公司普通股。

4. 债券的发行和销售：公募与私募

国际债券的发行方式分为两类：公募与私募。

公募发行又称招标发行，指通过招标方式确定债券承销商和发行条件的发行方式。根据标的物的不同，招标发行可分为价格招标、收益率招标和缴款期招标；根据中标规则的不同，招标发行可分为荷兰式招标（单一价格中标）和美式招标（多种价格中标）。

私募发行又称定向发行、私下发行，即面向少数特定投资者发行。一般由债券发行人与某些机构投资者如人寿保险公司、养老基金、退休基金等直接洽谈发行条件和其他具体事务，属直接发行。

专栏 7－3

点心债券

点心债券，即在香港发行的人民币计价债券。香港人把粤式点心的概念挪用到金融市场上，创造出“点心债”这一可爱的专有名词，用来指称近年兴起的香港离岸人民币债券。

同粤式点心颇受茶客青睐一样，自从2007年国家开发银行首发这种以人民币定价、人民币结算的债券以来，所有的点心债都获超额认购，被一抢而空。此后，国务院、央行、发改委、香港金融局等部门陆续出台相关文件，从发行主体、发行审批、资金管理及资金回流等多方面为点心债的发行提供基础保障与政策支持。2009年后，随着人民币升值趋势的加速以及全球低利率环境，点心债供不应求，进入快速发展阶段，发行主体覆盖地区、行业持续增加。

但2015年“8·11”汇改后，受中美经济和货币政策的分化、汇率及境外人民币流动性影响，点心债发行利率优势逐渐消失，发行规模出现显著下滑。中美经济和货币政策的持续分化下，人民币贬值压力持续积累。境内外利差收窄，点心债的吸引力大幅下降，自此陷入了持续低谷。

2018年，中国人民银行与香港金融管理局签署了《关于使用债务工具中央结算系统发行中国人民银行票据的合作备忘录》，建立了在香港发行中央银行票据的常态机制，开启了在香港发行离岸央行票据之路，助推点心债市场发展。2021年10月，深圳市在香港簿记建档发行50亿元地方政府债券，是内地首次发行离岸人民币地方政府债券，开启了我国地方债的国际化进程，助推人民币国际化。随着债券通“北向通”“南向通”的开通，点心债市场回暖，2021年发行量回升至2 225.96亿元人民币。

2022年以来，由于收益率飙升和市场对信用风险的担忧，2022年国际债券市场发行骤降，美元债融资优势减少，点心债发行回暖。全球急剧变化的利率环境是导致点心债券发行量激增的最主要因素。点心债发行上升与美元债券和欧元债券的发行萎缩基本同步，源于美元和欧元相对人民币的发行成本优势显著逆转。在此市场环境下，境外人民币债（点心债券）的发行量逆势上升，成为国际债市的一大亮点。彭博社统计数据显示，2022年的点心债发行量超过2021年，达到4 090亿元人民币的规模，成为点心债创纪录发行之年。点心债存量自2018年以来逐步增长，到2022年底达到近7 000亿元人民币，亦是点心债自约10年前推出以来的峰值，部分主体在离岸市场发行人民币债券并掉期换为美元，比直接发行美元债成本更低。

点心债在离岸人民币债券中的占比维持较高比例，2018 年为 68.9%，2021 年和 2022 年分别上涨至 83.9%和 91.3%。和熊猫债相比，点心债更具备推广跨境人民币的意义，通过在海外市场推广以人民币计价形成的金融资产，可以巩固香港的人民币离岸枢纽地位，助力境内资本市场的双向开放。而且面对汇率风险，点心债以离岸人民币计价，相比于其他币种的境外债，可以更有效地控制外币汇率波动对利润产生的影响。

三、国际股票市场

国际股票是指一国公司在国外发行的，以东道国货币或第三国货币为面值的股权债务凭证，国际股票的投资者主要是东道国居民。国际股票市场是国际股票发行和买卖的市场。近年来国际股票市场出现了以下特征。

（一）欧美工业化国家的股票市场是国际股票市场的主体

尽管各国都采取各项措施推进本国股票市场国际化，但总体上来说，欧美工业化国家的股票市场依然是国际股票市场的主体。欧美工业化国家的股票市场极其发达，交易非常活跃，交易量巨大，吸引了各国公司、企业纷纷到此发行股票并参与交易。2022 年世界上按市值排名前十的证券交易所如表 7－1 所示。从表 7－1 可以发现，以中国为代表的发展中国家的证券交易所已经在全球十大市值证券公司排名中占据了五个席位，但除了香港证券交易所外，其余四家证券交易所上市交易的股票主要是本国股票，国际股票占比还比较低。NASDAQ 证券交易所 2007 年 5 月收购了欧洲 OMX 证券交易所，新公司命名为纳斯达克 OMX 集团，现有上市公司 4 695 多家，其中接近一半是美国以外的公司。截至 2022 年 6 月，在 NASDAQ 上市公司总市值超过 17 万亿美元，位列世界第二。

表 7－1 2022 年全球十大证券交易所排名（按市值） 单位：亿美元

排名	交易所名称	市值
1	纽约证券交易所	258 571
2	纳斯达克证券交易所	173 635
3	上海证券交易所	73 745
4	泛欧交易所集团	64 199
5	深圳证券交易所	52 900
6	日本交易所集团	51 601
7	香港证券交易所	49 790
8	伦敦交易所集团	30 716
9	印度国家证券交易所	30 657
10	沙特阿拉伯证券交易所	30 595

注：市值统计时间为 2022 年 6 月 30 日.

（二）各国公司股票的境外发行和上市日趋增加

近年来，境外公司尤其是发展中国家的公司纷纷到纽约、伦敦等证券交易所上市，使得这些交易所的国际化程度越来越高，特别是最近10年，在英、美证券交易所上市的公司中，近一半来自境外。这其中国际化程度最高的纽约证券交易所，上市公司数量有2 800多家，其中大量是外国公司。国内的中国建设银行、中国人寿、中国南方航空公司等企业都先后登陆了美国纽约证券交易所。

公司股票到境外发行和上市的益处主要有三点：(1) 境外资金来源广泛，对于发行规模比较大的公司来说，股票容易发行；(2) 可以增加发行者的国际声望，提高发行者的地位、信誉和知名度，从而有利于企业开拓国际市场以及在对外贸易中取得信贷和服务的优惠；(3) 面向全球范围的投资者发行股票，股东比较分散，可以降低被股东控制的风险。

（三）证券交易所的合并与联合持续进行

2000年以来，工业化国家证券交易所刮起了一股合并与联合的风潮。2005年4月末，纽约证券交易所收购全电子证券交易所（Archipelago），2006年6月1日，纽约证券交易所宣布与泛欧股票交易所（Euronext）达成100亿美元的合作协议，合并组成纽约证券交易所-泛欧交易所“NYSE Euronext”，并于2007年4月实现在纽交所和欧交所同时上市，上市代码“NYX”。2011年2月13日，德意志交易所（Deutsche Börse）与NYSE Euronext正式公布了它们的合并计划。此次合并缔造出全球最大的股票与衍生品交易所。表7-2反映了2000年来证券交易所的合并与联合的大事件。

表7-2　2000年以来证券交易所的合并与联合大事件

时间	事件	涉及金额	合并后新名称
2000年9月	法国巴黎、荷兰阿姆斯特丹、比利时布鲁塞尔三国交易所整合		泛欧证券交易所 Euronext
2001年5月	美国洲际交易所并购伦敦国际石油交易所		
2002年1月	Euronext兼并伦敦国际金融期货与期权交易所并合并葡萄牙交易所		
2003年2月	斯德哥尔摩股票交易所、冰岛期货交易所、芬兰赫尔辛基证券交易所合并		北欧证券交易集团 OMX
2004年5月	OMX并购维尔纽斯证券交易所		
2005年1月	OMX并购哥本哈根证券交易所		
2005年4月	NYSE收购 Archipelago		
2006年4月	NASDAQ收购LSE股份28.75%		
2006年6月	NYSE与Euronext合并	100亿美元	NYSE Euronext
2006年7月	澳大利亚证券交易所与悉尼期货交易所合并	17亿美元	
2006年8月	日本中部商品期货交易所和大阪交易所合并		C-Com
2006年9月	美国洲际交易所收购纽约期货交易所	10亿美元	

续表

时间	事件	涉及金额	合并后新名称
2006 年 10 月	OMX 收购冰岛交易所	350 万美元	
2006 年 10 月	芝加哥商品交易所与芝加哥期货交易所合并		
2007 年 1 月	NYSE 收购印度国家证券交易所 5%股权	1.15 亿美元	
2007 年 1 月	NYSE 宣布与东京证券交易所合作		
2007 年 8 月	伦敦证券交易所与意大利证券交易所合并		
2007 年 10 月	美国洲际交易所并购纽约期货交易所		
2008 年 6 月	纳斯达克证券交易所并购北欧证券交易集团、波士顿证券交易所、费城证券交易所		
2008 年 12 月	纽约-泛欧证券交易所并购美国证券交易所		
2010 年 4 月	美国洲际交易所并购气候交易所	3.95 亿英镑	
2011 年 2 月	NYSE Euronext 宣布与 Deutsche Börse 合并		
2011 年 11 月	东京证券交易所宣布与大阪证券交易所合并		日本交易所集团
2012 年 12 月	香港联交所收购 LME	13.88 亿英镑	
2013 年 12 月	美国洲际交易所并购纽约-泛欧证券交易所		
2014 年 4 月	沪港通启动		
2015 年 5 月	德交所与上交所、中金所联合成立中欧国际交易所		
2016 年 3 月	纳斯达克并购美国国际证券交易所	11 亿美元	
2016 年 12 月	深港通		
2019 年	美国洲际交易所并购挪威交易所		
2019 年 6 月	沪伦通启动		

四、国际黄金市场

国际黄金市场是黄金进行交易和兑换的场所。历史上黄金曾经作为一般等价物，是各国重要的储备资产。1973 年随着布雷顿森林体系的崩溃，各国货币与黄金脱钩，黄金的国际储备地位大幅度下降，但是黄金交易规模却大幅度增加，市场投机氛围浓厚，成为重要的投资对象，与此同时国际黄金市场日益活跃，形成了多个国际黄金市场。

（一）国际黄金市场的定义

黄金交易和证券交易一样，一般都有一个固定的场所。黄金市场是集中进行黄金买卖的交易场所。国际黄金市场是由位于世界的 40 多个黄金市场构成，主要分布在欧洲、亚洲和北美，是国际金融市场的重要组成部分。

世界上规模较大的黄金市场有：伦敦、苏黎世、巴黎、香港、纽约，其中伦敦黄金市场的作用尤为突出，至今该市场上的黄金交易和报价仍然是国际黄金市场的晴雨表。

（二）国际黄金市场的供给与需求

1. 国际黄金市场的供给

国际黄金市场上供给方主要有以下三个方面：

（1）新开采的黄金。

新开采的黄金是国际黄金市场上最主要的供应来源。目前世界上主要的产金国家有：中国、澳大利亚、南非、俄罗斯、美国、巴西。南非曾经在长达一个世纪里都是世界上最大的黄金生产国，但是在2009年被中国和澳大利亚超越，位居第三。据世界黄金协会统计，2022年，全球新开采的黄金产量为3 611.89吨，占全球黄金供应量的75.97%。

（2）各国政府及IMF等国际金融机构抛售的黄金。

各国政府为了应对国际收支逆差以及调整国际储备的结构，有时会在国际黄金市场上抛售黄金。IMF等国际金融机构为了实现其宗旨、目标等，也会在市场上出售黄金。

（3）个人。

参与黄金炒作的个人如预计黄金价格下跌，也会抛售黄金。

2. 国际黄金市场的需求

国际黄金市场上需求方主要有以下五个方面：

（1）黄金饰品消费。

根据世界黄金协会的统计，2022年全球实物黄金需求结构中，珠宝首饰为最大的黄金需求方，占比44%。

（2）官方储备。

各国中央银行、IMF以及国际清算银行等都拥有大量的黄金作为储备资产。在金价处于相对低位时，这些机构会买入黄金，以调整储备结构。随着国际黄金价格上涨，2022年全球各国央行购入的黄金超过1 000吨，占全球实物黄金需求的23%。我国央行也从2022年11月开始持续购入黄金，2022年11月至2023年6月，央行累计购买了100吨黄金，黄金储备以每个月10吨的数量增长。

（3）工业用途。

这是国际黄金市场的需求来源之一，大约占到黄金总需求量的6%，主要用于电子产品、钟表等的生产。

（4）私人收藏或投资。

个人出于保值或投资的目的，也会购入金条和金币。

（5）黄金ETF基金投资需求。

黄金ETF基金指的是绝大部分基金财产为黄金，紧密跟踪黄金价格，并在证券交易所上市的开放式基金，简单来说，就是一种以黄金为基础资产的金融衍生产品。黄金ETF的运行原理是由大型黄金生产商向基金公司寄售实物黄金，随后由基金公司以此实物黄金为依托，在交易所内公开发行基金份额，销售给各类投资者，商业银行分别担任基金托管行和实物保管行，投资者在基金存续期间可以自由赎回。

世界实物黄金需求结构如图 7－1 所示。

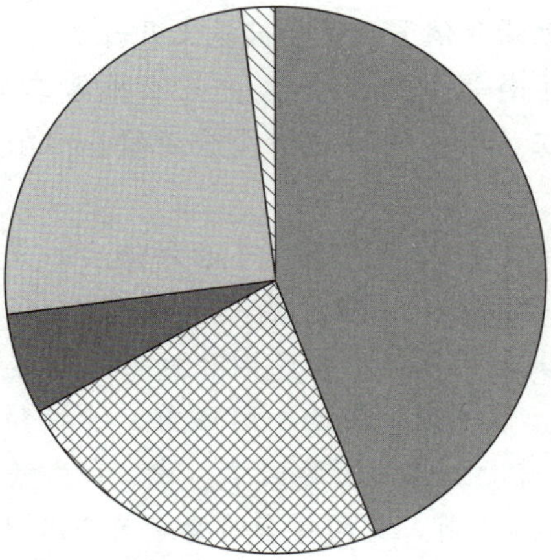

图 7－1 世界实物黄金需求结构图

（三）国际黄金市场的交易方式

国际黄金市场的交易方式有现货交易和期货交易。

现货交易是指交易双方成交后两个工作日内进行交割的一种交易方式。现货交易可以在有形市场进行，也可以在无形市场进行。期货交易是指交易双方按签订的合约在未来的某一时间进行交割的一种交易方式。期货交易主要是在有形的黄金期货交易所内进行。

黄金交易的有形市场，又称美国式黄金市场，其代表是纽约、芝加哥、香港。在该市场上，参与方面对面在交易所内集中交易。黄金交易的无形市场，又称欧洲式黄金市场，其代表是伦敦、苏黎世，在该市场上无固定交易地点，参与方主要通过现代通信系统联系成交。无论是有形市场还是无形市场，国际黄金市场的交易一般都要通过黄金经纪人来成交。

专栏 7－4

全球主要黄金生产国和消费国

一、主要黄金生产国

根据美国地质调查局的数据，2021 年中国是全球最大的矿产金生产国（占全球的 12.33%），澳大利亚和俄罗斯分别排在第二和第三（分别占全球的 11%和 10%），美国和加拿大分列第四和第五。从近 10 年情况看，中、澳、俄、美四国矿产金量排序基本稳定在前四。秘鲁在 2013 年前矿产金产量为 150 吨以上，超过加拿大位列第五，2020 年和 2021 年下降较多，两年矿产金产量下降到 100 吨以下，分别为 87 吨和 90 吨，排在前十之外。

全球黄金储量方面，澳大利亚一直是黄金储量最大的国家，2021 年为 21 000 吨，占全球储量的 20.37%。近两年俄罗斯黄金储量上升较快，2020 年达到 7 500 吨，2021 年下降到 6 800 吨，超过南非成为黄金储量全球排第二的国家。南非储量稳定在 5 000～6 000 吨，排在第三。2021 年中国黄金资源储量排在全球第八。

二、主要黄金消费国

根据世界黄金协会统计，2022 年中国（不含港澳台）是最大的黄金消费国（占当年全球实物黄金消费量的 23.89%），印度排在第二（占全球的 23.43%）。中印两国黄金消费量相近且遥遥领先其他国家（中印两国合计占比高达 47.32%）。排在前十位的还有美国、德国、土耳其、俄罗斯、越南、阿联酋、沙特和印尼，前十大黄金消费国消费合计占全球的 73%。前十大黄金消费国中，中、印、美三国排序基本稳定，其他国家排序有所波动。如 2013 年前，泰国黄金消费量为 153.80 吨，排第五，而 2015 年起至 2022 年，其消费量下降到 100 吨以下，2022 年仅消费 37.99 吨。

具体消费结构方面，2022 年印度是全球最大的珠宝首饰用金国，中国排第二；但 2021 年及以前均是中国排第一，印度排第二。金块金币方面，中国是最大的黄金消费国，2022 年德国排第二，印度排第三。印度近 10 年的金块金币用金量有所下降，2012 年时印度在这方面用金量为 318 吨，是全球最大的黄金消费国，但随后年份其金块金币用金量开始下降，2020 年为 130.45 吨，而德国金块金币用金量有所上升，2020 年达到 157 吨，超过印度成为第二大用金国。

资料来源：望星者. 全球黄金行业近 10 年情况分析（截至 2022 年末）[EB/OL].（2023 - 01 - 26）[2024 - 07 - 15]. https://mp. weixin. qq. com/s/Y _ 51H7Fj2J07cd6VyNaU3w.

五、国际外汇市场

国际外汇市场是当前国际金融市场中最大的市场，2022 年日均交易规模超过 7.5 万亿美元。由于经济全球化和通信技术的发展，已经形成了一个 24 小时不间断交易的全球市场（关于外汇市场的内容请参见本书第三章第一节）。

六、国际金融衍生产品市场

随着各种金融衍生产品的出现和发展，专门的金融衍生产品市场形成。国际金融衍生产品市场是指以各种金融合约为交易对象的交易场所，主要是 OTC 市场。在该市场上交易的对象是合约，金融衍生产品的价格受相关联的原生金融资产现货市场价格的影响，国际金融衍生产品市场的运作采用高财务杠杆方式。在国际金融衍生产品市场上的交易有：利率期货交易、利率期权交易、股票价格指数期货交易、股票价格指数期权交易、互换交易、远期利率协议等。目前国际金融市场上的衍生产品高达 1 000 多种，这些衍生产品在金融原生产品基础上，多次衍生，多次组合。根据国际清算银行（BIS）的统计，截至 2022 年 12 月，全球场外衍生品市场规模已达到 640 万亿美元，是交易所交易的金融衍生品市场规模的数倍之多。其中，利率衍生品是最大的市场，占据了全球场外衍生品市场约一半的份额，其次是外汇衍生品和股票指数衍生品。

专栏 7-5

国际大宗商品市场金融化趋势

自从原油等期货市场产生后，大宗商品市场的金融化程度越来越高，从而成为国际金融市场的一个重要组成部分。受高投资回报率的示范效应吸引，进入国际商品期货市场的各类基金规模越来越大，基金对大宗商品市场走势的影响也越来越深远。

一、商品指数的推出

美国商品研究局于 1957 年编制发布了全球第一个商品价格指数“路透 CRB 指数”，并于 1986 年在纽约期货交易所推出世界首个商品指数期货，成为商品市场由现货交易、期货交易向指数化交易演变的一个里程碑。此外，著名的商品指数还有标普高盛商品指数（S&P GSCI）、彭博商品指数（BCOM）、道琼斯-瑞士联合银行商品指数（DJ-UBSCI）和德意志银行流通商品指数（DBLCI）。目前，欧美等发达国家已有上千只与商品有关的交易型开放式指数基金，涉及黄金、白银、石油、铜、玉米、豆粕等多种大宗商品。近年来，自 1981 年开始实行的铁矿石年度议价机制受到挑战，供应商试图推出指数化的基于现货市场的季度定价或更短期合同以取代年度谈判。这种定价体系一旦确立，就可能出现掉期结算或其他衍生品，铁矿石将成为又一个金融化的大宗商品。

交易型商品指数的迅速发展促使投资资金规模急剧扩大。2002 年，商品指数基金总规模约 10 亿美元，2003 年达到 150 亿美元，2005 年底猛增至 8 00 亿美元，2008 年突破 2 000 亿美元。截至 2020 年末，全球商品基金共有 1 075 只，规模超过 4 000 亿美元，其中贵金属类产品占绝对主导，其规模占商品基金的 89%，数量占 34%。能源产品和综合指数产品平分秋色，各占市场规模的 5%，而工业金属类、农业类和畜牧业类合计规模占比不足 1%。

美国商品 ETF 在 2003—2013 年呈现快速增长态势，在 2012 年初达到峰值1 200亿美元，随后经历了四年的回落，从 2017 年起规模又开始逐步回升，截至 2019 年 9 月，美国商品 ETF 数量达到 149 只，总规模约为 850 亿美元。自 2013 年第一只黄金 ETF 在国内诞生以来，商品 LOF 以及商品 ETF 在 2019 年迎来快速发展，规模从最初的 4 亿元人民币增长到 2023 年 9 月的 270.49 亿元人民币。以基金为主的非商业机构力量在商品期货市场的参与程度日益加深，其影响力甚至已超过生产商和消费者。值得指出的是，大宗商品的金融化，既为商品市场的参与者提供了价格发现和保值避险的工具，也由于投机活动的增多而常常放大商品价格波动幅度。

二、各类基金大举进入大宗商品市场

目前，进入商品市场的基金种类主要包括商品交易顾问（CTA）基金、对冲基金及指数基金。其中，CTA 基金是始终活跃在商品市场的技术性基金，截至 2022 年末，其总规模在 3 650 亿美元左右，擅长波段操作；对冲基金总规模为 38 000 亿美元左右，擅长中长期运作；指数基金对于各种金融市场指数进行投资，包括投资于大宗商品期货市场。近年来，商品市场主要的新增资金来源于指数基金。

这些指数基金进入商品市场的方式，大致可归纳为三种：（1）购买投资银行推出的商品市场固定收益产品；(2) 进行投资银行的商品指数 OTC（柜台）交易；(3) 严格按照商品指数中的各品种比例直接购买期货合约。由于指数基金本身对商品市场并没有太深的了解，其对于直接投资期货合约也心存疑虑，因此最主要的投资形式就是第二种，即与投资银行进行商品指数 OTC（柜台）交易。具体方式为依托国际掉期和衍生品协会协议，指数基金与投资银行签订合同，购买一定期限、一定数量的某种商品指数。到期指数基金从投资银行处得到指数总收益，而向对方支付一种短期利率（如美国短期国债利率）和各种交易费用。

三、基金进入商品市场的原动力：高回报和资产组合多样化

有色金属、石油等基础性原材料是全球商品期货的主导品种，交易规模占到整个商品期货的七成以上。这些自然资源和工业原材料，为越来越多的大型投资机构所重视。有的投资机构甚至将其视作与股票和债券等“纸资产”相对应的“硬资产”，将大宗商品视为与金融资产并列的独立资产类别，并将其作为重要的投资标的或投资替代品。

大宗商品作为“资产类别”具有四方面的功能：一是直接作为投资获利的金融工具；二是作为对冲美元贬值的避险工具；三是作为对抗通货膨胀的保值手段；四是分散债券、股票等投资过度集中的风险。大宗商品的高回报使基金大量涌入商品市场。据高盛估计，自 1970 年以来，高盛商品指数的年投资回报率平均达到了 12%，而同期主要股票和债券指数的年投资平均回报率为 8.5%～11%。

将商品放入投资组合是退休基金和对冲基金等投资多样化的策略之一。许多退休基金投资的期限超过 30 年，因商品回报率通常与股市和债市回报率成反向相关，但在长线来说回报率与股市相仿。即使商品价格下跌，这些资金也很可能不会流出。商品价格指数与股票价格指数、债券价格指数的关系趋于不相关，使投资商品可以提供多样化的收益。

四、各种商品之间及商品市场与资本市场之间联动性增强

近年来，各种商品之间的关系越来越密切，或齐涨齐跌，或此消彼长。这种现象不仅归因于资源之间的替代性或互补性，更由于在各品种间游动的资本成为大宗商品之间新的纽带。农产品的价格变动因素不再局限于天气变化，大型农场的工业化耕作方式、更多的加工环节、更长的运输距离，特别是玉米、油料作物等所具有的越来越强的能源属性，都使农产品价格与石油价格息息相关。

资料来源：张礼卿．国际金融．2 版．北京：高等教育出版社，2018.

第四节　离岸金融市场

第二次世界大战后，离岸市场的兴起及发展是国际金融领域的一个重要事件，对国际金融格局和国际经济关系产生了深远的影响。

一、离岸金融市场的含义与类型

（一）离岸金融市场的含义

根据国际货币基金组织的定义，离岸金融市场（Offshore financial market）是指由非居民参与的、在某种货币发行国国境之外进行资金融通的、基本不受所在国法规或者税收限制的国际金融市场。离岸金融市场主要进行境外货币相关的金融业务和服务，包括借贷、投资、贸易结算、外汇买卖、保险服务及证券交易等业务。

（二）离岸金融市场的四种类型

从离岸金融市场的功能角度可以将目前全球主要的离岸金融市场分为四种：内外混合型离岸金融市场、内外分离型离岸金融市场、分离渗透型离岸金融市场和避税港型离岸金融市场。

1. 内外混合型离岸金融市场

内外混合型离岸金融市场也称一体型离岸金融市场，以伦敦和香港为代表，即银行的国内业务与离岸业务融为一体，没有严格的界限，居民和非居民均可进行本外币业务。这类离岸金融市场具有政策优惠、管理宽松的特点。伦敦离岸金融市场是自然形成的市场，也是最早形成的离岸金融市场。它始于 20 世纪 50 年代，该市场对居民与非居民同时开放，境内资金与境外资金可以随时转换，内外融资业务混合在一起。在该市场上既可以经营银行业务，又可以经营证券业务。伦敦离岸金融市场实际上已经成为兼具境内和离岸业务的“内外一体式”金融市场。香港自从 1972 年废除外汇管制后，也逐渐演变成亚太地区的一个主要的伦敦型离岸金融市场。

2. 内外分离型离岸金融市场

内外分离型离岸金融市场也称内外分离型离岸金融市场，以纽约和东京为代表。这种离岸金融市场的特色是“内外分离”“人为推动”，限制外资银行和金融机构与本国居民开展交易，只允许非居民参与离岸市场业务，其目的是防止离岸金融交易冲击本国货币政策，并且纽约型离岸金融市场不开设证券业务。1968 年开设的新加坡离岸金融市场以及 1986 年开放的东京离岸金融市场也都属于这一类型。

3. 分离渗透型离岸金融市场

分离渗透型离岸金融市场以分离型为基础，与内外分离型离岸金融市场相似，但允许部分离岸资金流入国内金融市场，并允许居民参与离岸金融交易，但非居民不允许经营在岸金融业务。这种类型的离岸金融市场可以在稳定国内金融市场的前提下，开辟一条快捷的利用外资的渠道，适用于资金缺乏并且政府干预行为有限的发展中国家。其中，马来西亚的纳闽岛和泰国的曼谷是这种类型的典型代表。

4. 避税港型离岸金融市场

避税港型离岸金融市场又称为巴哈马型离岸金融市场，它是只有记账而没有实质性业务的离岸金融市场。金融机构一般不经营具体的投融资业务，只从事与这些业务相关的交割转账或登记注册等事务性活动，因此也称簿记型离岸金融市场。由于在这些国家或地区开展金融业务可以避税，同时监管又比较少，因而许多跨国银行纷纷在这些城市开设空壳型分支机构。加勒比地区的巴哈马、百慕大和巴拿马以及开曼群岛均属于此种类型。

二、离岸金融市场的起源与发展

离岸金融市场发源于欧洲美元市场，随后市场规模和经营范围迅速扩大，成为当前国际金融市场的主体。

（一）起源：欧洲美元市场的出现

1950年美国发动对朝战争，冻结了中国存放在美国银行的所有资产，于是苏联及东欧等社会主义阵营国家纷纷将其存放在美国的美元存款转移到境外，主要是在英国的银行存放，而当时英国处于战后重建，正是“美元荒”的年代，因而英国政府也支持银行接受境外美元存款并对外贷放，这就是最初的欧洲美元。

1957年英国爆发了“英镑危机”，英格兰银行为了保卫英镑，实施外汇管制，禁止英国的银行对非英镑区居民之间的贸易进行英镑融资。英国的银行为规避外汇管制，开始有意识并系统地吸收境外美元存款并对外发放，这样，欧洲美元市场的雏形开始在伦敦出现。

1958年以后，西欧国家放松外汇管制，实行货币自由兑换，使储存于各国市场的境外美元能够自由买卖，兑换后能自由调拨移存，欧洲美元市场出现。

（二）离岸金融市场的发展

从20世纪50年代后期开始，英镑、法国法郎等货币的存贷也在本国以外的欧洲其他国家出现，从而形成了欧洲货币市场（Eurocurrency Market），具体包括欧洲英镑市场、欧洲法国法郎市场等。自20世纪60年代之后，这种在货币发行国境外开展的该国货币的借贷业务已经不限于欧洲地区，而在亚洲、北美、中美洲和中东等地区迅速蔓延开来，从而逐渐形成一个规模庞大的境外金融市场，也就是这里所讲的离岸金融市场。

到了20世纪年代初期，以美国推出国际银行便利（International Banking Facility）为标志，离岸金融市场有了新的发展。国际银行便利是指美国金融管理当局在境内（主要是纽约）通过对商业银行进行分账管理，来推动一种事实上的离岸业务。这种业务不仅在美国境内开展，而且使用美元，但其适用的金融监管法规非常宽松，与在伦敦等境外市场的离岸金融业务所受到的监管类似。美国推出国际银行便利的目的是在美国金融管制还比较严格的情况下，通过分账管理这种制度创新，将过去十多年里不断流向境外的金融服务活动重新吸引回美国。美国的这一创新，使得离岸金融市场有了更加丰富的形式。

总之，离岸金融市场发源于欧洲美元市场，但经过几十年的发展，它已经不再局限于欧洲，其市场规模、经营范围和存在形式都有了迅速的扩张和变革。

（三）离岸金融市场发展的主要原因

1. 二战后国际贸易和投资的发展

第二次世界大战后，生产和资本的国际化是促成离岸金融市场产生和发展的根本原因。第二次世界大战后跨国公司成为国际经济舞台上的重要力量，它们在全球范围内进行扩张，海外投资和国际贸易的规模空前发展，这些都要求有更加灵活和国际化的金融服务支持，可以说离岸金融市场是适应跨国公司全球投资和国际贸易空前发展的要求而不断壮大的。

2. 各国的外汇和金融管制

从20世纪50年代末期开始，美国国际收支赤字逐年增加，为此美国政府不得不采取措施予以调整，先后实行了“M项条例”“利息平衡税”“自愿限制对外贷款指导方针”，以限制资本外流。美国的商业银行和跨国公司为逃避这些外汇和金融管制措施，纷纷将资金调拨至其在欧洲设立的分支机构，同时在海外吸收营运存款，将筹集资金的重点放在欧洲美元市场，这些措施都极大地推动了欧洲美元市场的发展。

3. 美元地位的相对下降

20世纪60年代末，由于美元危机频发，美元的地位不断下降，国际市场上开始抛售美元，抢购黄金和其他国家货币，一些硬通货如德国马克、瑞士法郎、日元成为主要的抢购对象。联邦德国、瑞士等国为了维持本币汇率的稳定，遏制通胀，限制资本流入，实行了“倒收利息税”的政策，规定对非居民的存款不仅不付利息，甚至可以倒收利息，但如果用外汇开户则不受此政策限制。于是非居民纷纷改用外汇开户，或者将原有的资金转存到其他国家，这样就出现了欧洲马克、欧洲瑞士法郎、欧洲英镑、欧洲日元等欧洲货币，欧洲美元市场进一步扩展到欧洲货币市场。

4. 石油美元的出现

20世纪70年代，石油价格大幅上涨，石油输出国组织成员积累了大量的石油收入，而石油在国际市场上是以美元计价和结算的，这些石油收入因此被称为“石油美元”(Petro-dollar)。在产油国资金充裕的同时，非石油输出国却出现了巨额的国际收支逆差，它们需要筹措资金以弥补，再加上产油国国内金融系统不发达，于是大量的石油美元通过离岸金融市场贷给了国际收支逆差国。石油美元的数量非常庞大，据估计目前石油美元市场规模可达1万亿美元以上，它们是离岸金融市场上重要的资金来源。

5. 亚洲国家创建金融中心的需要

20世纪60年代后期，亚洲的许多国家尤其是新加坡和日本，经济得到了快速的发展，与此同时西方的跨国公司也加强了在亚洲的投资，使得亚太地区一些国家的中央银行和私人手中积累了大量的收入，它们一方面将资金投放在欧洲货币市场生息，另一方面也积极地发展本国金融市场，创建国际金融中心。恰在此时，美国银行策划建立一个境外美元借贷中心，于是1968年10月，美国银行新加坡分行开设“亚洲货币单位账户”，专门办理非居民的外币存贷款业务，至1970年底，花旗银行、汇丰银行等16家银行也先后获准开办此项业务，于是，亚洲货币市场正式建立。随后，东京、香港、马尼拉等城市都先后开展离岸业务，亚洲货币市场的规模日益扩大。

亚洲货币市场是亚太地区发展起来的区域性离岸金融市场，它是欧洲货币市场的一个重要延伸，其交易货币90%以上是美元，所以通常也称为“亚洲美元市场”。

6. 各种金融创新

推动离岸金融市场发展的一个很大动力是该市场的各种金融创新。离岸金融市场摆脱了任何国家或地区政府法令的管理约束，更容易推出各种金融创新，如欧洲债券、远期利率协定、互换等。这些金融创新使得资金的借贷者不仅可以享受非常灵活、便利的金融服务，与传统的金融市场相比投出的成本低、得到的收益高，因而实现了自身利益的最大化。

专栏 7-6

离岸人民币市场产品和机制创新不断涌现

近年来，离岸人民币市场内生动能进一步增强，离岸人民币市场平稳健康发展。

离岸人民币市场流动性逐步提高。2022 年 7 月，中国人民银行与香港金管局将货币互换协议升级为常备互换安排，为离岸人民币市场提供更加稳定、长期限的流动性支持。支持香港金管局、新加坡金管局常态化使用人民币互换资金，充实离岸人民币市场流动性。离岸人民币市场交易更加活跃。截至 2022 年末，主要离岸市场人民币存款余额为 1.5 万亿元，处于历史高位。

离岸人民币市场参与主体更加丰富，产品体系逐步完善。国际清算银行（BIS）调查显示，近三年来人民币外汇交易在全球市场的份额由 4.3%增长至 7%，排名由第八位上升至第五位，成为市场份额上升速度最快的货币，显示离岸主体更多使用人民币进行汇兑和风险管理。2023 年 2 月，中国证监会发布规定支持境内企业境外发行股票上市使用人民币分红派息，香港交易所推出“港币-人民币双柜台模式”，为发行人和投资者提供港币和人民币计价股票选择。内地与香港利率互换市场互联互通合作业务正式开通，全球投资者获准进入在岸衍生品市场对冲利率风险。广东省政府、海南省政府、深圳市政府在中国香港和中国澳门发行离岸人民币地方政府债，丰富了离岸人民币市场信用级人民币金融产品。中银香港建立人民币央票回购做市机制，为境外投资者提供人民币流动性支持工具。

下一步，中国人民银行将继续完善离岸市场人民币流动性供给机制，丰富香港等离岸人民币市场产品体系，促进人民币在岸、离岸市场形成良性循环，支持离岸人民币市场健康发展。

资料来源：中国人民银行 . 2023 人民币国际化报告［R/OL］.（2023-10-27）［2024-07-15］. http://www.pbc.gov.cn/goutongjiaoliu/113456/113469/5114765/index.html.

三、离岸金融市场的特点

离岸金融市场是一个完全自由的真正意义上的国际金融市场，它与传统的国际金融市场相比，具有如下特点。

（一）国际化程度高

1. 交易主体国际化

离岸金融市场上既有本地居民参与交易，同时又有大量的非居民参与交易，在离岸金融市场准入管理当中，凡符合所在国条件要求的各国金融机构均可在当地从事离岸金融业务，因此数量众多的国际金融机构及跨国企业纷纷进入。而传统的金融市场上，受监管等各方面限制，非本地居民进出传统市场不如离岸金融市场便捷自由。

2. 交易币种多元化

与传统的金融市场相比，离岸金融市场的货币种类更加多元化，包括了所在国货币在内的几乎一切货币，市场参与者可自由选择货币币种进行借贷。传统金融市场上交易币种具有区域性的限制。

3. 资金来源渠道全球化

离岸金融市场资金来源和运用也更加多元化，作为高度国际化的金融市场，全球的资本均可以在离岸金融市场自由进入，资金的投向更加全球化，资金在全球范围内流动，大大提高了资金获得和利用的便利程度。

（二）市场管制较松

离岸金融市场基本不受货币发行国、交易所在国及其他任何一国管辖或者影响，比如对于从事离岸金融业务的银行不受存款准备金、利率管制、存款保险制度、流动性比率等金融监管制度约束，使得银行能够有更多的资金发放贷款或进行投资，监管的自由化给予了离岸金融市场充分的发展空间。

（三）具有独特的利率结构

离岸金融市场独特的利率结构主要表现在：其存款利率往往略高于货币发行国国内存款利率；其贷款利率往往略低于货币发行国国内贷款利率，存贷利差往往只有 0.25%～0.5%，较货币发行国国内存贷利差小。

离岸金融市场这种独特的利率结构对资金提供者和资金使用者都具有很强的吸引力。从事离岸金融业务的银行能够报出这样很有吸引力的存贷利率，原因在于：从事离岸金融业务的银行享受免税和免缴存款准备金的待遇，可以提高银行利润率，银行愿意拿出一部分利润来补贴存贷款人。

（四）交易规模巨大，交易品种繁多

在传统的金融市场上，交易的参与者既有个人也有机构投资者，交易数量有大有小。而离岸金融市场上的交易主体大多为大型金融机构，且以机构间交易为主，业务具有批发的性质，交易的金额数量较大。

离岸市场是一个以银行间交易为主体的批发市场，单笔交易金额一般都超过 100 万美元，几千万、上亿美元的单笔交易也很常见，银团贷款发展迅速。此外，离岸金融市场经营环境宽松，竞争非常激烈，因而在该市场上的金融创新活动也非常活跃，市场的交易品种繁多，包括各种短期的、中长期的贷款，欧洲债券发行规模也非常大。

（五）交易便捷，税收优惠

离岸金融市场为金融主体提供高效便捷的业务办理环境，各类交易环节监管限制较少。在账户管理方面，离岸账户的开立流程简便，离岸账户资金转移不受限制，外汇资金的调拨自由灵活。在存款利率定制方面，大额存款可根据客户个性化需求，与客户协商确定利率、期限等条件。

除宽松的监管约束以外，所在国为促进离岸金融市场发展提供了优惠的税收政策，比如资本利得税、个人所得税等税种的低税率或者免税政策。大多数离岸金融市场都是在税收政策优惠的基础上发展起来的，如巴哈马等地区。

四、离岸金融市场的积极作用与消极影响

离岸金融市场灵活的运作机制，使得大规模资金在国际间高效转移成为可能，缓解了

许多国家经济发展中资金缺乏的局面，但是由于无法进行有效监管，离岸金融市场的运行和金融创新也会导致国际金融市场的巨大波动。

（一）提供了一个高效运转的资金市场

与传统国际金融市场相比，离岸金融市场利差小、手续费低、资金调拨灵活，因而具有极强的竞争力。它已经成为国际资本转移的重要渠道，最大限度地解决了国际资金供需矛盾，进一步促进经济、生产、市场、金融的国际化。发展中国家利用离岸金融市场的资金从发达国家进口生产设备和技术，发展本国经济；西方国家的跨国公司利用离岸金融市场资金扩大投资，促进国际生产与贸易的发展。

此外，离岸金融市场可以拓宽国际逆差国家的筹资渠道，能够有效缓解国际收支逆差为其带来的影响。例如，在过去数次世界石油价格暴涨的过程中，离岸金融市场充分发挥了资金融通作用，将资金由产油国等国际收支顺差国家向非产油国进行借贷，有效帮助非产油国弥补国际逆差。

（二）具有更为明显的信用扩张能力

离岸金融市场的高效很容易使一国闲置资金转变成其他国家的货币来源，从而使市场信用基础得以扩大。另外，离岸金融市场的派生存款能力高于国内银行体系，因为银行对吸收到的欧洲货币存款不必向中央银行缴存法定存款准备金，只要从事离岸金融业务的银行贷出的资金又回流到离岸市场的其他账户上，从理论上讲，它的信用扩张能力就可以是无限大。以离岸美元为例，由于无须缴纳法定存款准备金，离岸美元的信用创造能力的大小就主要取决于美元回流美国的速度，只要从事离岸金融业务的银行的存贷利差与美国国内银行利差的对比有吸引力，离岸金融市场的效率就越高，美元在境外使用的次数就越多，离岸美元的信用扩张倍数就越大。但是，这种超强的信用扩张能力也是国际通货膨胀的重要源泉。

（三）促进了国际贸易和国际投资的发展

离岸金融市场使得大量闲置资金同需求相匹配，促进了供需两端的有效结合，满足了国际经济发展的资金需要，为国际贸易的发展提供了强有力的资金支持。此外，依托于低廉的交易成本优势，离岸金融市场能够有效满足跨国公司的国际融资需要，跨国企业得以在世界各地进行投资、收购兼并。离岸金融市场低税、免税等税收优惠，也使跨国企业降低成本、获得更多的经营利润，从而进一步促进跨国企业国际投资的发展。

（四）不利于各国国内金融政策的推行

当一些国家为了遏制通货膨胀实施紧缩政策时，商业银行仍可以从离岸市场上借入大量资金；反之，当一些国家为了刺激经济实行宽松的政策时，各国银行也可能把资金调往国外。这样一来，政府的宏观金融政策效果就会被削弱，预期的目标也难以实现。

（五）缺乏监管，信用风险较大

离岸金融市场常被称作“超级风险”的根源。离岸金融市场上吸收的资金主要是1年以内的短期存款，尤其以3个月的居多，而发放的贷款一半以上是中长期的，这种短存长贷的状况增加了国际金融市场的脆弱性，容易引起国际金融市场的不稳定。另外，由于缺乏监管，离岸金融市场上的投机活动非常活跃，从而进一步加剧了国际金融市场的风险，导致国际金融市场经常动荡不安。由于和国内金融市场和在岸市场有紧密联系，这种风险还很容易扩散和传递。为此，各国从回避风险的角度出台了各项管制方案与措施，这其中以巴塞尔委员会通过的《巴塞尔协议》影响最大，但直至今日，尚无任何一国金融监管当局能够真正对离岸金融市场进行有效管制。

第五节 国际中长期信贷

国际金融市场是各国企业筹集中长期发展资金的场所，在这个市场上，有各种类型的信贷业务。

一、银团贷款

（一）银团贷款的定义

国际中长期信贷有两种基本类型，即独家银行贷款和银团贷款。独家银行贷款也称双边贷款，是由一家银行单独向一位客户提供的贷款；银团贷款也称辛迪加贷款（Syndicate Credit），是对金额比较大的项目，由一家或数家银行牵头，多家银行参与组成的银行集团，由两位或以上贷款人按相同的贷款条件、以不同的分工，共同向一位客户提供贷款，以避免风险集中于某一家银行。银团贷款一般金额巨大，贷款时间也比较长，所以通常需要政府担保，以降低贷款银行的风险。银团贷款是国际银行业中一种重要的信贷模式，贷款对象通常是各国政府机构和跨国公司，贷款货币是欧洲货币。欧洲货币是指所有在货币发行国境外流通的该种货币。

（二）银团贷款的条件

1. 期限

银团贷款名义期限通常是1～10年，中期一般为3～5年，长期一般为5～10年，少数也可超过10年。

银团贷款期限是指借款人从借入资金到偿还完毕的期限，通常由宽限期和偿还期两部分构成。在宽限期内借款人只需偿还利息不必偿还本金，而在偿还期内借款人要同时偿还本金和利息。实际贷款期限一般要比名义期限短，减少了贷款人实际使用资金的时间。

2. 利率

由于贷款的期限比较长，发放中长期贷款的银行面临比较大的利率风险，因而大多数中长期贷款采用浮动利率。

一笔银团贷款的利率通常由基准利率和附加利率两部分构成。银行中长期贷款一般是以担保隔夜融资利率（SOFR）或美国优惠利率（Prime Rate）为基准利率，基准利率可以根据同业拆借市场的状况每半年或每年调整一次，作为下次计息的依据。附加利率的高低取决于市场资金供需状况、经济形势、借款人信用级别、风险大小、贷款金额大小、贷款期限等。

3. 银团贷款的手续费

银团贷款属于典型的商业贷款。一般来说，银团贷款对贷款用途没有限制，资金使用比较自由，但是贷款的利率要高于政府贷款和国际金融机构贷款。此外，银团贷款的借款人还要支付一定的手续费，即贷款费用。这些费用包括承担费、管理费、代理费、杂费等。

（1）承担费。

承担费（Commitment Fee）是指借款人在用款期间，对已用金额要支付利息，未提用部分因为银行要准备出一定的资金以备借款人的提款，所以借款人应按未提贷款金额向贷款人支付承诺费，作为贷款人承担贷款责任而受利息损失的补偿。

（2）管理费。

管理费（Management Fee）是借款人向组织银团的牵头行支付的。由于牵头行负责组织银团、起草文件、与借款人谈判等，所以要额外收取一笔贷款管理费，作为提供附加服务的补偿，该费用通常在签订贷款协议后的 30 天内支付。

（3）代理费。

代理费（Agent Fee）是借款人向代理行支付的报酬，作为对代理行在整个贷款期间管理贷款、计算利息、调拨款项等工作的补偿。

（4）杂费。

杂费是借款人向牵头银行支付的费用，用于其在组织银团、安排签字仪式等工作时的支出，如通信费、印刷费、律师费等。

二、出口信贷

（一）出口信贷的概念

出口信贷是一种国际贸易融资方式，是指在大型成套设备的出口贸易中，出口国银行对本国的出口商或外国的进口商或进口国银行提供利率较低的贷款，以解决本国出口商资金周转的困难或满足国外进口商对本国出口商支付货款需要的一种融资方式。出口信贷只限于购买贷款国的出口商品，贷款利率低于国际金融市场的贷款利率，利差由出口国政府补贴，贷款期限最长不超过 10 年，它是各国争夺销售市场的一种融资手段。

出口信贷是在第二次世界大战前后产生的，出口信贷集中了国际闲散资金，解决了进出口商资金短缺的问题，加速了出口商的资金周转，减少了流通费用。

（二）出口信贷的特点

1. 投资周期长，风险较大

出口信贷一般都在 1 年以上，有的甚至达到 5 年以上，投资周期长、周转慢，投资的风险也较大。

2. 侧重于扶持大型设备的出口

出口信贷的主要对象是大型机械设备或技术的出口，交易金额较大，为本国成套设备与技术的出口提供直接或间接的服务。

3. 利率较低

出口信贷利率及信贷条件优惠，向本国出口商或国外进口商提供的出口信贷贷款利率明显低于国内市场的利率，其差额由政府补贴。

4. 与信贷保险紧密结合

由于出口信贷提供的信贷偿还期限长、金额大，因此风险较大。为保证所投资金的安全，一般都设有国家信贷保险机构，信贷保险机构利用国家资金赔偿贷款损失。

出口信贷实际上是借助国家力量来加强本国出口商在国际市场上的竞争力，促进本国货物的出口。出口信贷具有明显的国家补贴性质。

（三）出口信贷的主要类型

出口信贷主要有买方信贷、卖方信贷、混合信贷等类型。

1. 买方信贷

（1）买方信贷的概念。

买方信贷是指在大型机械装备或成套设备贸易中，由出口方所在地银行贷款给外国进口商（买方）或进口商的银行以给予融资便利，扩大本国设备出口的国际贸易融资方式。

（2）买方信贷的条件。

由于有政府利息补贴，买方信贷的条件非常优惠。其利率较市场条件优惠。为了限制在出口信贷领域的过度竞争，国际社会对买方信贷的利率水平、偿还期限及偿还方式有明确的规定，而且随着国际贸易自由化的不断加强，这种限制将会日益严格。

提供买方信贷的银行通常对申请买方信贷的贸易金额规定有最低点。如果货物交易金额达不到最低要求，就不能使用买方信贷。买方信贷还须收取管理费，有的国家规定管理费在签订总信贷协议后一次性支付，有的国家则规定每次申请时按具体贷款金额支付。此外还有承诺费，费率为0.1%～0.5%，每3个月或6个月计算一次。除了管理费和承诺费外，还有出口信贷保险费等。买方信贷提供的均为发放买方信贷国家的货币。但为了更好地满足进口国的不同需要，许多国家也同意以非本国货币提供买方信贷。

（3）买方信贷的程序和做法。

买方信贷若是由银行直接贷款给进口商（买方），那么其贷款程序如下：

① 进口商（买方）与出口商（卖方）洽谈贸易，签订贸易合同后，进口商（买方）先缴相当于货价15%的现汇定金。现汇定金在贸易合同生效日支付，也可在合同签订后的60天或90天支付。

② 在贸易合同签订后至预付定金前，进口商（买方）与出口商（卖方）所在地银行签订贷款协议。这个协议是以上述贸易合同作为基础。如果进口商不购买出口国的设备，则进口商就不能从出口商所在地银行取得此项贷款。

③ 进口商（买方）用其借得的款项，以现汇付款条件向出口商（卖方）支付货款。

④ 进口商（买方）从出口商（卖方）所在地银行的借款，按贷款协议的条件分期偿付。

买方信贷若是由银行直接贷款给进口商（买方）银行，那么其贷款程序如下：

① 进口商（买方）与出口商（卖方）洽谈贸易，签订贸易合同，进口商（买方）先缴15%的现汇定金。

② 签订合同至预付定金前，进口商（买方）的银行与出口商（卖方）所在地的银行签订贷款协议。该协议以上述贸易合同作为基础，但在法律上具有相对独立性。

③ 进口商（买方）银行以其借得的款项，转贷给进口商（买方），后者以现汇条件向

出口商（卖方）支付货款。

④ 进口商（买方）银行根据贷款协议分期向出口商（卖方）所在地的银行偿还贷款。

⑤ 进口商（买方）与进口商（买方）银行间的债务按双方商定的办法在国内清偿结算。

上述两种形式的买方信贷协议中，均分别规定进口商或进口商银行需要支付的信贷保险费、承担费、管理费等的具体金额，这就比卖方信贷更有利于进口商了解真实货价，核算进口设备成本，但有时信贷保险费会直接加入贸易合同的货价中。

（4）买方信贷的特点。

① 买方信贷需要签订两份合同：一份是进出口双方签订的进出口合同；另一份是出口方银行与进口商或进口方银行签订的贷款合同。贷款合同是以贸易合同为前提的，但又独立于贸易合同。买方信贷的手续比卖方信贷要复杂。

② 买方信贷方式下，出口方只负责商务方面的工作，即保证提供高质量的产品并迅速交货，令人满意地完成建厂和装配任务，保证设备的正常运转，提供担保书等。出口方一旦履行了这些责任，就不再负有其他责任，合同所规定的有关财务工作由出口方银行承担。

③ 买方信贷规定由出口方银行向买方或买方的银行提供贷款，但不允许将这笔资金从出口国转移到进口国境内。出口方银行只能依买方的指示，凭交货单据向出口方支付货款，这笔款项就是贷款合同中规定的向买方提供的信贷，由买方按照约定日期偿还。

（5）买方信贷的贷款原则。

买方信贷交易金额大，资金周转期长，因此参与双方都特别慎重，通过签订协议等方式确定双方须遵守的原则。

① 出口信贷的利率低于市场利率。

② 进口方在接受该项贷款后只能以此资金购买发放贷款国家的出口商或出口制造商的产品，以及在该国注册的外国出口公司的产品，不能用于第三国。

③ 进口商所取得的买方信贷只限于进口单机、成套设备及与此有关的劳务等资本货物，一般不能进口原材料或消费品等。

④ 出口国提供的资本货物限于该国制造的。

⑤ 贷款只提供贸易合同额的85%。贷款可分期偿还，一般规定半年还本付息一次。

2. 卖方信贷

（1）卖方信贷的概念。

卖方信贷是在大型机械装备与成套设备出口中，为便于出口商以延期付款方式出售设备，出口方所在地银行以优惠利率向出口商提供的信贷。利用卖方信贷成交时，进口商在订货时要按照合同金额支付一定比例的现金，其余由出口方银行以贷款的方式代进口商垫付资金，进口商分期偿还。卖方信贷要由出口商支付贷款利息、信贷保险费、承担费、管理费，这些费用最后会加在货价上，使得卖方信贷的货价高于用其他方式成交的货物价格。

（2）卖方信贷的程序。

① 进出口商签订合同后，进口商先支付10%～15%的定金，在分批交货验收和保证期满后，再分期支付10%～15%的货款，其余货款在全部交货后若干年内分期偿还，一般

每半年还款一次，并支付延期付款期间的利息。

② 出口商向其所在地的银行借款，签订贷款协议融通资金。

③ 进口商连同利息、费用，分期偿还货款后，根据贷款协议，出口商再偿还银行的贷款。

银行对出口商提供的是银行信用，假如发生意外，出口商未能从国外收到款项，银行对出口商保留追索权，仍由出口商来承担银行所垫付的金额或国外买主未付清的余款。因此，从信贷风险的实际承担责任来说，卖方信贷仍然是由出口商向国外买方提供延期付款的信用，属于商业信用。卖方信贷的利息是由出口商负担的，而且大部分贷款要在全部交货后才开始陆续偿还。

3. 混合信贷

混合信贷是卖方信贷与买方信贷形式的新发展。一些国家为扩大本国设备的出口，加强本国设备出口的竞争能力，在出口方银行发放卖方信贷或买方信贷的同时，出口国政府还从预算中拨出资金，作为政府贷款或给予部分赠款，连同卖方信贷或买方信贷一并发放，以满足出口商（卖方信贷）或进口商（买方信贷）支付当地费用与设备价款的需要。政府贷款或赠款占整个贷款金额的比率视政治、经济情况及出口商或进口商的资信状况而有所不同，一般占贷款金额的30%～50%。这种为满足同一设备项目的融通资金需要，卖方信贷或买方信贷与政府贷款或赠款混合发放的方式即为混合信贷。

提供混合信贷的形式大致有两种：(1) 对一个项目的融资，同时提供一定比例的政府贷款（或赠款）和一定比例的买方信贷（或卖方信贷）。这种形式的混合信贷分别签订协议，其利率、费率等融资条件各不相同。(2) 对一个项目的融资，将一定比例的政府贷款（或赠款）和一定比例的买方信贷（或卖方信贷）混合在一起，然后根据赠予成分的比例，计算出一个混合利率。这种形式的混合信贷只签一个协议，其利率、费率和贷款期限等融资条件也只有一种。

三、福费廷

（一）福费廷的概念

福费廷是指在延期付款的大型设备贸易中，出口商把经进口商承兑的、并由进口国一流银行担保的、期限在1年到5年甚至更长期限的远期汇票，无追索权地卖断给出口商所在地的银行（或大金融公司），以提前取得现款的资金融通方式。提供资金融通的金融机构由于是无追索权买断应收账款，通常称为包买商。

（二）福费廷业务的条件

利用这一融资方式的出口商应满足以下条件：

(1) 同意向进口商提供期限为1年至5年甚至更长期限的贸易融资。

(2) 同意进口商以分期付款的方式支付货款，以便汇票、本票或其他债权凭证能够按固定时间间隔依次出具，以满足福费廷业务的需要。

(3) 除非包买商同意，否则债权凭证必须由包买商接受的银行或其他机构无条件地、不可撤销地进行保付或提供独立的担保。

（三）福费廷业务的特点

（1）远期票据应产生于销售货物或提供技术服务的贸易。

（2）以福费廷方式出口，出口商必须放弃对所出售债权凭证的一切权益，将收取债款的权利、风险和责任转嫁给包买商，而包买商也必须放弃对出口商的追索权。

（3）出口商在背书转让债权凭证的票据时均须加注“无追索权”（Without Recourse）字样，从而将收取债款的权利、风险和责任转嫁给包买商。

（四）福费廷业务的程序和做法

（1）出口商与进口商在洽谈贸易合同时，如需使用福费廷，应事先与其所在地银行或金融机构约定，以便做好各项信贷安排。

（2）进口商与出口商在签订贸易合同时，需事先言明使用福费廷。

（3）担保银行必须经过出口商所在地银行认可，如出口商所在地银行认为担保行资信不高，进口商要另行更换担保行，担保行确定后，进出口双方才能最终签订贸易合同。

（4）出口商发运货物后，将全套货运单据通过银行寄送给进口商，以换取经进口商承兑的附有银行担保的承兑汇票或本票。

（5）出口商取得经进口商承兑的并经第一流银行担保的远期汇票或本票后，按照与买进这项票据的福费廷银行的约定，卖断票据，取得现款。

（五）福费廷业务对进出口商的利弊

1. 福费廷业务对出口商的利弊

（1）出口商按贸易合同发运货物后，很快就能得到包买商的资金融通，加速了其资金周转，避免了汇率风险。

（2）包买商对出口商的融资没有追索权，出口商将进口商拒付的信用风险转嫁给了包买商。

（3）出口商可以转嫁有关费用，办理福费廷业务的包买商，虽然向出口商收取了各项费用，但出口商可以将这些费用加到货价上转嫁给进口商承担，同时出口商把票据卖断给包买商，货款托收的费用就由包买商来承担了。

2. 福费廷业务对进口商的利弊

（1）利息与所有的费用负担均计算在货价之内，一般货价较高。

（2）福费廷业务的手续较简便，进口商无须办理复杂的融资手续。

（3）在福费廷方式下，进口商需要寻找担保银行，须向担保行交付一定的保费或抵押品。

（六）福费廷与一般贴现的区别

福费廷与贴现极其相似，但又不相同，主要的区别在于以下方面。

1. 有无追索权

一般票据贴现，如票据到期遭到拒付，银行对出票人能行使追索权，要求汇票的出票人付款。办理福费廷业务所出售的票据，不能对出票人行使追索权，出口商在出售这项票据时是一种卖断，以后票据遭到拒付与出口商无关。出口商将票据拒付的风险，完全转嫁给银行。这是福费廷与贴现的最大差别。

2. 票据要求不同

贴现的票据为一般国内贸易和国际贸易往来中的票据，福费廷则多为与出口设备相联系的有关票据。福费廷可包括数张等值的汇票（或期票），每张票据间隔的时间一般为6个月。

3. 是否要求担保

贴现的票据一般无须银行提供担保。办理福费廷业务的票据，必须有第一流银行的担保。

4. 手续复杂程度不同

办理贴现的手续比较简单，办理福费廷业务则比较复杂。贴现的费用负担一般仅按当时市场利率收取贴现息，而办理福费廷业务的费用负担则较高，除按市场利率收取利息外，一般还收取下列费用：

（1）管理费。管理费需一次性支付。

（2）承担费。从出口方银行确认做福费廷业务之日起，到实际买进票据之日止，按一定费率和天数收取承担费。

（3）罚款。如出口商未能履行合同或撤销贸易合同，以致福费廷业务未能实现，办理福费廷业务的银行要收取罚款。

（七）福费廷与保理业务的区别

福费廷与保理业务虽然都是由出口商向银行卖断汇票或期票，银行不能对出口商行使追索权，但两者之间存在以下区别。

1. 商品不同

保理业务一般多在中小企业之间进行，成交的多为一般进出口商品，交易金额不大，付款期限在1年以下；福费廷业务成交的商品多为大型设备，交易金额大，付款期限长，并在较大的企业间进行。

2. 是否需要担保

保理业务无须进口商所在地的银行对汇票的支付进行保证或开立保函，福费廷业务的票据必须有第一流银行的担保。

3. 是否需要事先协商

保理业务，出口商无须事先与进口商协商。福费廷业务进出口双方必须事先协商，取得一致意见。

4. 内容复杂程度不同

保理业务的内容比较综合，常附有资信调查、会计处理、代制单据等服务内容，福费廷业务的内容则比较单一。

四、国际租赁

（一）国际租赁的概念

国际租赁是指一国出租人在一定时间内把设备出租给另一国承租人使用，承租人按租约的规定分期付给出租人租赁费的业务。

狭义的国际租赁是指分别处于不同国家或不同法律制度之下的出租人与承租人之间的租赁交易，又称跨国租赁或跨境租赁。

广义的国际租赁不仅包括跨国租赁，还包括离岸租赁。离岸租赁是指一家租赁公司的海外法人企业在注册地经营租赁业务。不管承租人是否为当地用户，对这家租赁母公司而言都是离岸租赁，但对母公司的海外法人企业而言，由于在绝大多数情况下它是与其所在国的承租人达成交易的，因此属于国内交易。离岸租赁是国际租赁市场上发展最快的一种租赁形式。

（二）国际租赁的特点

国际租赁具有以租物形式融资，将贸易与金融结合在一起，发挥投资、融资与促进销售的三重作用，具有以下特点：

（1）涉及出租方、承租方和供货方三方当事人，且属于不同的国家或地区。

（2）涉及的商务合同中至少有一个是涉外合同。

（3）租金的完全支付性。出租人在租赁期内通过收取租金，可以全部或绝大部分收回设备投资。

（4）主要通过国际金融市场的短期贷款、中长期贷款和发行债券等方式筹资。

（5）租赁时间的连续性和不间断性。在较长租赁期内，设备只租给一家用户使用，租赁设备由承租人选定。

（6）租赁合同的不可解约性。在租赁期内，承租人和出租人均无权撤销合同。

（7）国际租赁的风险大于国内租赁。国际租赁除包括信用风险、政治风险、利率风险外，还包括汇率风险。

（三）国际租赁的程序

1. 由承租人根据自己的需要选择租赁设备和供货商

承租人在选定设备时，一般会重点考察设备的规格、型号、性能、质量、价格和售后服务等，并与供货商进行详细的技术交流或组织专家进行可行性分析。具体业务中，承租人也可能委托出租人代为选择供货商和租赁设备，然后由承租人确认。

2. 承租人选择出租人

承租人通过谈判或招标方式选择出租人，并向选中的租赁企业出具金融租赁委托书。出具国际租赁委托书标志着租赁项目正式启动，随后的购货合同和租赁合同会以此为基础签订。

3. 出租人对项目及承租人对出租人进行审查与评估

国际租赁相当于出租人向承租人提供一笔长期贷款，承租人的资信状况和履约能力直接关系到出租人能否及时收回投资并获得相应的利润。为了确保获得利润，出租人一般要求对租赁项目本身及承租人的背景进行全面审查和评估。

4. 谈判

在金融租赁中，购货合同和租赁合同是联立的，在签订购货合同时，必须预先考虑到其与租赁合同条款一致。

购货合同的当事人为出租人和供货商，交易双方的谈判内容包括技术谈判和商务谈判两个方面。

租赁合同的当事人是出租人和承租人。租赁合同谈判内容主要包括确定租赁物、租金、租期、担保、租赁期满后租赁物的归属以及违约或争议的处理等问题。租金是租赁谈判的核心内容。租金一般由设备价款、利息、手续费和利润等构成。出租人为租赁设备支付的保险费也计入租金总额。

5. 履行合同

出租人按照购货合同向供货商支付设备价款，供货商按照购货合同向承租人交付租赁物，承租人按照租赁合同向出租人支付租金，租赁期满后出租人和承租人按照租赁合同处置租赁物。

（四）国际租赁的形式

随着国际租赁业务不断地创新发展，对应于不同需求发展出了多种租赁形式。

1. 金融租赁

金融租赁也称融资性租赁，是指由当事人双方约定，承租人选定机器设备，由出租人购置后出租给承租人使用，承租人按期交付租金，设备的维修一般由承租人负责，租赁期满后可退租、续租或把设备转给承租人。金融租赁是国际租赁中最常见、最基本的租赁形式。

2. 经营租赁

经营租赁又称服务性租赁，是指由承租人直接向出租人租赁机器设备，定期交付租金，租赁期满设备退回出租人的租赁方式。出租人一次出租回收的租金不足以偿付出租人购买设备的资本支出及利润，出租人对投资未收回部分将通过再租赁的办法来弥补。出租人负责提供设备保养和维修服务。

3. 杠杆租赁

杠杆租赁也称平衡租赁，是指一家或几家租赁公司联合，以设备和租金作抵押，通过少量的资金来融通大量资金以便购买大型的资本密集型设备给承租企业使用的一种复杂的融资性租赁方式。

杠杆租赁是出租方利用企业财务杠杆原理，以无追索权借得长期贷款，以租金和设备作为贷款的抵押。例如：通信卫星、远洋船舶等租赁业务中，由于出租人不能负担巨额资金，会另外再约请一家或几家金融机构参加，共同提供资金，促成交易。

4. 双重租赁

双重租赁是指国家与国家之间存在不同的税收规定，出租人和承租人都是各自国家减税的资产所有人，双方都以租赁资产在各自国家取得折旧税优惠，这种租赁称为双重租赁。如英国某出租人出租资产给美国承租人，可以获得英国的折旧税优惠，且可以在美国申请投资税和折旧税减免。

5. 回租租赁

这种租赁方式是指企业将设备出售给租赁公司，同时再租回使用。设备的所有权归租赁公司，使用权归企业。企业按租赁合同规定，分期支付租金。

回租租赁业务主要用于已使用过的设备。通过这种方式，原设备的所有者可将出售设备所得到的资金另行投资或做他用，既改善了财务状况，又不影响生产。

6. 综合性租赁

综合性租赁是一种将租赁业务与某些贸易方式加以结合的租赁形式。通常将租赁与补偿贸易、来料加工以及包销等贸易方式相结合，不仅可以减少承租人的外汇支出，而且可以扩大承租人与出租人之间的贸易往来，促进商品贸易与租赁业务的共同发展。综合性租赁主要有以下形式：

（1）租赁与补偿贸易相结合。出租人把机器设备出租给承租人，而承租人则用所租设备生产的产品偿付租金。

（2）租赁与来料加工相结合。承租人用租赁方式引进设备进行来料加工，用加工费抵缴租金。

（3）租赁与包销相结合。承租人将所租设备生产出来的产品交出租人包销，出租人从包销款中扣取租赁费。

五、国际项目融资

（一）国际项目融资的概念

国际项目融资是指国际上为某一特定的工程项目提供贷款，贷款人以该项目所产生的现金流和收益作为偿还贷款的资金来源，并将该项目或经营该项目机构的资产作为贷款的担保。国际项目融资也是国际上为一些大型工程项目融资的方式，贷款人要承担项目风险，风险担保则限于该项目，还款来源是该项目的未来收益。

（二）国际项目融资的特点

（1）国际项目融资是根据承办单位的资产状况和项目的经济效益状况来发放贷款，而不是根据主办单位的资产、信誉状况来发放贷款。

（2）与工程项目有利益关系的单位都参与对贷款的风险担保。

（3）工程项目所需资金来源多样化。

（三）国际项目融资的类型

1. 无追索权的国际项目融资

国际项目融资贷款本息的收回仅来源于项目本身的收益。

2. 有追索权的国际项目融资

这种融资有第三方参与项目担保，贷款人有权向担保者进行追索，但仅以他们各自担保的金额为限。这里的第三方当事人包括项目的发起人、项目使用方、供应方、承包方等。

（四）国际项目融资与世界银行项目贷款的区别

1. 贷款根据不同

国际项目融资一定要有盈利才给予贷款；而世界银行发放的与项目结合的贷款不要求项目本身一定要有盈利，例如对教育项目发放的贷款本身就不一定有现实的、直接的盈利。

2. 贷款保证不同

国际项目融资以项目本身经济效益作保证；世界银行项目贷款以借款人直接信誉为保

证，项目贷款偿还也可用其他项目收益来归还。

本章小结

1. 金融全球化是指金融业跨国境发展并趋于全球一体化的趋势。伴随着生产的全球化，生产要素在全球范围内进行配置，资金作为重要的生产要素，也跨越国界，在全球范围内流动，构成了金融全球化。

2. 国际金融市场有广义和狭义之分。广义的国际金融市场是国际性金融交易活动的场所，包括以各种方式进行的国际性资金融通（和投资）所形成的市场、外汇市场和黄金市场等。

3. 国际金融市场呈现新的特点：市场一体化趋势日益明显；交易速度显著提高；金融创新层出不穷；证券化趋势日益明显；在岸交易的比例有所回升。

4. 按照国际货币基金组织和国际经合组织的分类方法，国际金融市场可以分为国际信贷市场、国际债务证券市场、国际股票市场、国际金融衍生产品市场、国际外汇市场以及国际黄金市场。这是目前比较流行的分类方法。

5. 国际黄金市场是由位于世界的 40 多个黄金市场构成，主要分布在欧洲、亚洲和北美，是国际金融市场的重要组成部分。国际黄金市场的交易方式有现货交易和期货交易。

6. 根据国际货币基金组织的定义，离岸金融市场是指由非居民参与的、在某种货币发行国国境之外进行资金融通的、基本不受所在国法规或者税收限制的国际金融市场。离岸金融市场主要进行境外货币相关的金融业务和服务，包括借贷、投资、贸易结算、外汇买卖、保险服务及证券交易等业务。

7. 离岸金融市场形成的原因：第二次世界大战后国际贸易和投资的发展；各国的外汇和金融管制；美元地位的相对下降；石油美元的出现；亚洲国家创建金融中心的需要；各种金融创新。

8. 离岸金融市场的积极作用与消极影响：提供了一个高效运转的资金市场；具有更为明显的信用扩张能力；促进了国际贸易和国际投资的发展；不利于各国国内金融政策的推行；缺乏监管，信用风险较大。

9. 银团贷款也称辛迪加贷款，是对金额比较大的项目，由一家或数家银行牵头，多家银行参与组成的银行集团，由两位或以上贷款人按相同的贷款条件、以不同的分工，共同向一位客户提供贷款，以避免风险集中于某一家银行。

10. 出口信贷的特点包括：投资周期长，风险较大；侧重于扶持大型设备的出口；利率较低；与信贷保险紧密结合。出口信贷的主要类型有买方信贷、卖方信贷、混合信贷等。

11. 福费廷是指在延期付款的大型设备贸易中，出口商把经进口商承兑的、并由进口国一流银行担保的、期限在 1 年到 5 年甚至更长期限的远期汇票，无追索权地卖断给出口商所在地的银行（或大金融公司），以提前取得现款的资金融通方式。

12. 国际项目融资的特点：国际项目融资是根据承办单位的资产状况和项目的经济效益状况来发放贷款，而不是根据主办单位的资产、信誉状况来发放贷款；与工程项目有利益关系的单位都参与对贷款的风险担保；工程项目所需资金来源多样化。

思考题

1. 重要概念

金融全球化；国际金融市场；国际信贷市场；债务证券；联邦基金利率；大额可转让定期存单；国际债券市场；外国债券；欧洲债券；离岸金融市场；银团贷款；买方信贷；卖方信贷；福费廷；项目融资。

2. 简答题

（1）20 世纪 50 年代后，国际金融市场出现了哪两个重要发展？20 世纪 80 年代以来，又有哪些新的特点？

（2）简述国际金融市场的作用。

（3）短期信贷市场的类型有哪些？

（4）外国债券和欧洲债券有哪些区别？

（5）简述国际黄金市场的需求方有哪些。

（6）离岸金融市场形成和发展的原因是什么？

（7）简述国际银团贷款的条件。

（8）简述福费廷与保理业务的区别。

（9）简述买方信贷的特点。

在线自测

扫一扫　练一练

第八章　国际货币体系与国际金融机构

学习目标

通过本章的学习掌握国际货币体系的演变进程；国际金本位制最终崩溃的原因；布雷顿森林体系产生和崩溃的原因；三次美元危机的爆发和拯救方式；牙买加体系的主要内容和特点；现行国际货币体系存在的问题和欧洲货币体系的影响；现有的主要国际金融组织的宗旨、组织结构及主要业务。了解现行国际货币体系状况。

学习方法

1. 预习法。通过预习对本章主要内容有初步了解，了解国际货币体系所包括的核心内容、演进过程、各主要国际金融组织的宗旨及主要业务内容。

2. 联系学习法。理解国际货币体系的演进，不同时期国际货币体系所起到的作用，以及它们为什么最终走向崩溃，进而考虑国际货币体系需要改革的地方。将国际金融组织与国际货币体系联系起来，可以更好地理解各主要的国际金融组织的功能。

3. 完成本章后面的思考题，认真阅读相关文献。

案例导读 1

在人类数千年的货币史上，使用范围最广、历史最长的货币就是黄金。这就是一种非常典型的超主权货币，但是直到近代史上的大英帝国崛起，由英格兰银行独家发行的、代表英国国家权利的英镑替代黄金在全球通用，人类历史上第一个主权性质的国际储备货币诞生了，此后，美元、西德马克、日元以及欧元，为了争夺更多经济话语权引发了一场又一场的国际货币争夺战。这些主权货币为什么会成为全球硬通货，它们成功的路径是什么，又是哪些因素导致了它们的衰败？

请根据上述材料思考下列问题：

1. 国际货币体系是如何起源的？

2. 国际货币体系的作用是什么？

3. 国际货币体系的构成是怎样的？

案例导读 2

2009 年 10 月，希腊政府忽然对外宣布 2009 年政府财政赤字和公共债务占国内生产总值的比例预计将分别达到 12.7%和 113%，远超欧盟《稳定与增长公约》规定的 3%和 60%的上限。2009 年 12 月开始，全球三大信用评级机构惠誉、标准普尔和穆迪相继调低希腊主权信用评级，希腊债务危机正式拉开序幕。

2009 年债务危机爆发后，希腊为避免违约，一直接受国际救助，于 2010 年和 2012 年分两轮先后获得欧盟、欧洲央行和国际货币基金组织提供的 1 100 亿和 1 300 亿欧元的救助资金，条件是在国内进行一系列改革，如对效率低下的国有企业进行私有化、发起针对失业青年人和失业家庭的就业计划、向无保险者提供免费医疗服务等；实行财政紧缩法案，如减少政府开支、削减社会福利和养老金等。

希腊政府对改革和紧缩政策的执行力度虽远远不够，却进一步加剧了希腊的经济衰退，希腊与国际债权人之间的关系变得微妙，多次处在违约的边缘。2015 年 6 月底，相关的救助计划到期，希腊必须偿还 15.5 亿欧元的贷款，但因极左翼政府对公众承诺政府不会大幅削减公务员和国有企业雇员的薪资，也不会减少社会福利，造成与国际债权人将近 5 个月的谈判未果。希腊因无力偿还国际货币基金 15.5 亿欧元的贷款，成为国际货币基金组织 70 年历史上首个违约的发达国家。

请根据上述材料思考下列问题：

1. 在希腊的债务危机中，国际货币基金组织充当的是什么角色？
2. 为什么说“人们仅仅在发生危机时才想到国际货币基金组织，而这些危机往往是政府不愿尽早采取行动的结果”？

第一节　国际货币体系概述

国际货币是指在国际经济交易中被普遍接受，在国际上发挥价值尺度职能、支付手段职能和贮藏手段职能的某一特定货币。随着国际金融市场一体化和国际贸易的发展，国际货币关系日益成为世界经济中的一个非常重要和复杂的问题。国际货币体系是由各国货币关系的规则和机构以及国家间进行各种交易支付所依据的一套安排和惯例构成的。

一、国际货币体系的概念

国际货币体系也称国际货币制度，是国际社会针对各国货币的兑换、汇率制度的确定与变化、国际收支调节方式、国际储备资产管理等基本问题进行的制度安排，是协调各国货币关系的一系列国际性的规则、管理与组织形式的总和。

国际货币体系的产生，主要是因为各参加国在政治上是独立的，而在经济上是相互依赖的，这就需要一种货币体系来协调各个独立国家的经济活动，促进贸易和支付过程的顺利进行，加速国际贸易和国际金融的发展，使世界生产和就业达到更高的水平。一种好的国际货币体系，其汇率机制应该稳定而灵活，能使任何一个国家在平衡国际收支时付出最小的代价。其资信也应该是最好的，并且能够提供最适度的国际储备，而不至于引起国际性的通货紧缩和通货膨胀。

二、国际货币体系核心内容

国际货币体系主要包括以下内容。

（一）汇率制度的确定

国际货币体系规定一国货币与其他货币之间的汇率应如何决定和维持，能否自由兑换，是采用固定汇率制度还是浮动汇率制度等。

（二）规定国际收支的调节方式

国际货币体系规定各国政府应采用什么方法弥补国际收支的缺口，各国之间的政策措施如何互相协调，以纠正各国国际收支的不平衡，确保世界经济的稳定与发展。

（三）国际储备资产的确定

国际货币体系规定用什么货币作为国家间的结算和支付手段，以及来源、形式、数量和运用范围如何等。

三、国际货币体系的作用

正如一国国内经济需要以该国货币为媒介才能正常运转一样，世界经济也必须以世界货币为媒介才能正常运转。国际货币体系正是维持这种经济循环的系统，其作用主要体现在以下方面。

（一）确定国际金融往来的准则

国际货币体系通过确定国际清算、国际支付和国际投资的手段、形式和数量，为世界经济的发展及各国的经贸往来提供必要而充足的国际货币，并规定国际货币与各国货币往来的准则，包括国际货币与各国货币的比价和兑换方式的确定等。

（二）确定国际收支的调节机制

国际货币体系通过确定国际收支的调节机制，以确保各国经济及世界经济的均衡发展，包括国际收支失衡的汇率调节机制、对国际收支逆差国的资金融通机制和对世界货币发行国国际收支的约束机制。

（三）确保国际金融事务处理的权威性

国际货币体系是各国在国际货币往来中必须共同遵守的基本行为准则，要使它的各项机制得到落实，则有必要建立一些监督和执行的具体机构。如国际货币基金组织和世界银行等。

四、国际货币体系发展

国际货币体系是随着历史的发展而不断演变的。国际货币体系的形成有两种途径：一种是通过经济自发形成实现内外均衡的一些国际准则（如国际金本位制）；另一种是在很短的时期内，经过国际性会议建立起来（如金汇兑本位制和布雷顿森林体系），这种体系经常会随着时间的推移而得到修正和发展。国际货币体系是国际经济交往和合作发展到一定时期的产物。从1870年的国际金本位制至今，国际货币体系依次经历了国际金本位制、金汇兑本位制、布雷顿森林体系和牙买加体系等几个阶段。尽管对国际货币体系改革的探索一直都在进行中，但总体上来说，每当国际货币体系与国际经济的发展不相协调，甚至阻碍国际经济的发展时，要求改革国际货币体系的呼声就越来越高。

第二节　国际金本位制

国际金本位制是人类历史上最早的国际货币制度。国际金本位制以黄金作为本位币，同时由于黄金在一定程度上可以自由输入输出，从而可以依据各国货币的含金量确定汇率的基础，这也导致国际收支具有自动调节机制。

一、国际金本位制的类型

（一）金币本位制

金币本位制是以黄金作为货币金属，且国家规定货币法定含金量的一种货币制度。这种制度在19世纪末20世纪初的西方国家广泛使用，促进了这一时期西方国家经济的发展。金币本位制有以下四个特点。

1. 用黄金规定货币所代表的价值

金本位制下，各国货币当局都规定本国货币的含金量，各国货币之间的汇率按照货币的含金量来决定。

2. 金币可以自由铸造

金本位制下，任何人可以将自己所持有的黄金交到国家造币厂铸成金币，同样也可以将金币熔成金块以方便对外运输。自由铸造使得金币面值与含金量保持一致，从而保持了金币的币值稳定，不会引发通货膨胀或通货紧缩。

3. 金币是无限法偿的货币

在金本位制下，金币是无限法偿的货币，具有无限制的支付手段和权利。

4. 各国货币储备是黄金

在金本位制下，各国货币储备是黄金，国际结算也使用黄金，黄金可以自由输入和输出。黄金作为国际支付手段和流通手段被各国普遍接受。黄金的自由输入输出使得各国货币之间的汇率稳定存在基础，当一国货币币值被高估时，外国投资者可以通过输入黄金，并将等值黄金铸造为该国货币的形式免去汇兑损失。

第一次世界大战使得参战国家军费开支猛增，国内经济秩序紊乱，世界格局动荡，使得各国纷纷停止了金币铸造，并且禁止黄金输出，从而在根本上破坏了金币本位制赖以存在的基础，导致金币本位制彻底崩溃。

（二）金块本位制

第一次世界大战之后，各个国家之间的黄金分配比例严重不均衡，如果恢复金币本位制，必然导致黄金匮乏国家经济重建面临巨大压力，恢复金币本位制已不可能。1922年，在意大利热那亚城召开的国际金融会议决定采用“节约黄金的原则”，施行金块本位制和金汇兑本位制。

金块本位制下，货币单位仍然规定含金量，但是黄金只作为货币发行的准备集中于中央银行。中央银行不再铸造金币进行流通，取而代之的是银行券，中央银行以一定量的黄金作为准备发行超过黄金准备量的银行券，从而弥补因为黄金不足所带来的通货紧缩的影响。银行券在一定限额以上可以兑换为黄金，同时黄金的自由输入输出也被限制，由中央银行统一负责黄金的输入输出。

（三）金汇兑本位制

金汇兑本位制又称“虚金本位制”，金汇兑本位制下，国内不能流通金币，只能流通具有法定含金量的纸币，而且纸币不能直接兑换黄金，可以兑换外汇，外汇可以在国外兑换黄金。实行金汇兑本位制的国家一般与另一个实行金块本位制度的国家货币保持固定比价，并且在该国存放外汇和黄金作为储备资产，以备随时出售维持固定比价。国家禁止黄金自由输出。

金块本位制和金汇兑本位制都是被削弱了的国际金本位制。在金汇兑本位制下，国家虽规定了货币的含金量，但流通中的货币是不能与黄金保持兑换的纸币，黄金已不能发挥自发地调节货币流通的作用，使货币流通失去了调节机制和稳定的基础，从而削弱了货币制度的稳定性。金汇兑本位制下，如果纸币流通量超过了流通对货币的需要量，就会发生货币贬值。假如国家为弥补财政赤字而大量发行纸币，就会引起通货膨胀，导致物价上涨，影响经济的发展。而实行金汇兑本位制度的国家，其货币与某大国货币保持固定比价，其对外贸易和金融政策又必然受到与之相联系国家的货币政策的影响与控制。1929—1933 年世界经济危机的爆发，迫使各国放弃金块本位制和金汇兑本位制，金本位制度彻底瓦解，退出了历史舞台。

二、国际金本位制的特点

国际金本位体制其实是按照各国货币含金量确定的一个固定汇率比价的货币体系，可以看成一个固定汇率制度。这个以货币含金量为基础关系确定的固定汇率制度具有以下几点特征。

（一）黄金充当国际货币

19 世纪末 20 世纪初，世界上多数西方国家在国内都实行金本位制度，其典型的特征就是金币可以自由铸造，银行券可以自由兑换金币，而且国家之间黄金可以自由地输入输出。金币可以自由铸造使得金币的面值和其法定的含金量能够保持一致，金币数量就能够自发满足流通中的需要；银行券可以自由兑换金币，使得银行券能够完全等同于黄金，从而保持了本国银行券币值的稳定，进而维持了国内的物价水平稳定；黄金的自由输入输出，使得各国货币的比价能够按照法定含金量决定，从而保持了外汇市场汇率的稳定。黄金充当国际货币，使得货币的对内价值（物价水平），以及对外价值（汇率）都能够保持相对稳定，黄金充当国际货币，是国际货币制度的基础。金本位制度是一种较为稳定的货币制度。

（二）各国货币由其法定平价决定

在国际金本位制下，各国货币之间的汇率由它们各自的法定含金量来决定，也称为法定平价。法定平价是固定汇率制度的核心。实际上外汇市场的汇率有可能由于黄金输入成本的存在而有一定程度的偏离，但是这种偏离以黄金输入输出点为界限。

当时国际上存在两种并行的国际结算方式：一种是以汇票为支付手段的非现金结算；另一种就是以黄金为基础的直接结算。当采用汇票的非现金结算方式对其中一方不利时，则会采用直接支付或收取黄金的方式来进行结汇，因此各国货币之间的汇率波动范围很小，从而形成了自发的固定汇率制度。

（三）具有自动调节国际收支的作用

金本位制下，内外均衡可以通过自动调节机制实现，而不需要政府对经济进行干预。这一机制就是英国经济学家大卫·休谟（David Hume）提出来的“物价-现金流动机制”。“物价-现金流动机制”是国家经济自动调节机制，该机制发挥作用还需要以下三点前提条件：第一，政府严格按金本位制要求实施货币政策，保持黄金的自由兑换、自由铸造、自由输入输出，当国际收支因素带来黄金储备变动进而影响货币供给时，不得采取冲销措施；第二，不存在国际资金流动；第三，商品价格具有完全弹性。

当一国面临国际收支逆差时，该国黄金会出现净流出的情况，黄金外流导致国内黄金存量下降，国内货币供给下降，同时商品具有完全弹性的情况下，商品价格下降，国内物价水平下降。国内物价水平降低，本国商品在国外的竞争力上升，于是出口改善，国际收支逆差得到缓解，直至最终消除。当出现国际收支顺差时，调整的过程刚好相反。上述过程可以用图 8-1 来表示。

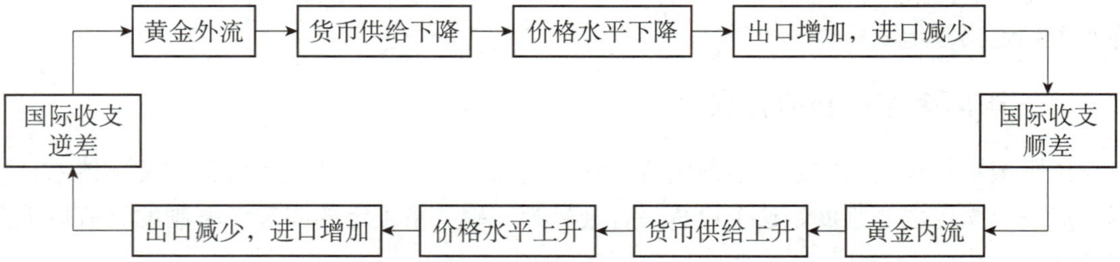

图 8-1　金本位制下国际收支的自动调节过程

三、国际金本位制的崩溃

国际金本位制是人类历史上最早的国际货币体系。第一次世界大战爆发后，各参战国均实行黄金禁运和纸币停止兑换黄金的做法，国际金本位暂时停止实行。

1922 年，在意大利热那亚城召开了国际金融会议，会议的主题是如何恢复国际金本位制，实现黄金货币化，以防止因黄金存量不足而引起世界经济紧缩。金汇兑本位制被认为是可行的方式，各国决定采用。金汇兑本位制的主要内容是：（1）各国纸币仍然规定含金量，代替黄金执行支付和清算职能，黄金依然是国际货币体系的基础。（2）本国货币与黄金挂钩或通过另一种同黄金挂钩的货币（主要是英镑、美元、法国法郎）与黄金间接挂钩，即与黄金保持直接或间接的固定比价。各国国内不再流通金币，以国家发行的银行券作为本位币流通。(3) 银行券只能购买外汇，这些外汇可在国外兑换黄金。(4) 本国货币同另一金本位国家的货币保持固定的比价，并在该国存放大量外汇或黄金作为平准基金，以便随时出售外汇来稳定外汇行市。(5) 主要金融中心维持其通货同黄金、外汇（即可兑换黄金的通货）的可兑换性，黄金只有在最后关头才能充当支付手段，以维持汇率的稳定。

第一次世界大战后所恢复的金本位制并不是 1914 年以前那样纯粹的金本位制，这是一种不受单一货币控制的货币体系，这种货币体系可以节约黄金，满足国际清偿能力，但是，由于纸币不能直接兑换黄金，只能兑换实行金本位制国家的货币，然后再按该国的规定兑换黄金，因而这种金本位制是残缺不全的金本位制。该制度下货币价值的稳定、自动调节货币供给量、国际收支的自动调节作用等，都受到了一定的限制。这种金汇兑本位制并未使经济得到发展，国际货币关系也没有因此稳定。

1929—1933 年爆发的世界经济危机，导致各国国际收支发生严重困难，各国政府不得不停止黄金的兑换。同时，通货（黄金）的短缺，导致世界性的通货紧缩，世界经济步入衰退。因而在狭小的黄金基础上建立的这一脆弱的国际货币体系不得不宣告解体，各国在 20 世纪 30 年代中期先后放弃了金汇兑本位制。

金汇兑本位制崩溃以后，正常的国际货币秩序遭到破坏，资本主义各国组成相互对立的货币集团。

各货币集团的内部成员之间保持货币比价的固定，资金也可自由调拨，但各大货币集团之间却彼此对立，各集团为了自身的利益纷纷加强外汇管制，实行竞争性贬值和外汇倾销，形成“货币战”，这使国际贸易受到严重损害。同时由于汇率变化无常，汇率风险加大，直接影响对外贸易的进行，这些都促使了 20 世纪 30 年代的世界经济大危机演变成了严重的萧条。整个国际货币体系基本处于无秩序状态。

为了恢复国际货币秩序，英、美、法三国进行了一系列的协商和谈判，于 1936 年 9 月达成“三国货币协定”。1936 年 10 月又签订了三国相互间自由兑换黄金的“三国黄金协定”。根据规定，汇率逐日商定，三国外汇稳定基金协同干预市场，并决定买卖某一共同的通货，每天用黄金进行结算。

“三国货币协定”和“三国黄金协定”虽然后来被西方国家准备战争购买军用物资引起黄金外流而冲垮，但它为建立新的国际货币体系奠定了基础。

第三节 布雷顿森林体系

一、布雷顿森林体系的建立

鉴于第二次世界大战前没有一个统一的国际货币体系，汇率波动极其频繁，经济极其萧条凋敝，国际金融领域极端混乱，各国从维持本国经济利益出发，早在第二次世界大战结束前夕，就酝酿战后的国际经济合作计划，以建立一个稳定的国际货币体系，希望能够避免两次世界大战之间的那种混乱的世界经济秩序，促进战后经济的恢复和发展。

1944年7月，在美国新罕布什尔州的布雷顿森林召开了有44国参加的联合和联盟国家国际货币金融会议。在会议召开期间，与会44国代表进行了激烈的辩论，辩论的核心最后集中在重建国际货币体系的两个方案上，是采用凯恩斯计划还是采用怀特计划。

（一）怀特计划和凯恩斯计划

1. 怀特计划

怀特计划是美国财政部官员怀特提出的国际货币稳定基金方案。这个方案采取存款原则，建议设立一个国际货币稳定基金，资金总额为50亿美元，由各会员国用黄金、本国货币和政府债券缴纳，认缴份额取决于各国的黄金外汇储备、国民收入和国际收支差额的变化等因素，根据各国缴纳份额的多少决定各国的投票权。基金组织发行一种国际货币名为“尤尼他”（Unita），作为计算单位，各国要规定本国货币与“尤尼他”之间的法定平价，平价一经确定，非经基金组织同意不能任意改动。基金组织的任务是稳定汇率，并对会员国提供短期信贷以解决国际收支不平衡问题。会员国为了应付临时性的国际收支逆差，可用本国货币向基金组织申请购买所需要的外币，但是数额最多不得超过它向基金组织认缴的份额。

2. 凯恩斯计划

凯恩斯计划是著名的经济学家、英国财政部顾问凯恩斯制订的。他提出了一个“国际清算同盟”的方案，极力主张减低黄金在国际结算中的作用而采取更灵活的国际货币体系，他主张采取透支原则，设立一个叫作“国际清算同盟”（International Clearing Union）的世界性中央银行，由该银行发行一种以一定量黄金表示的国际货币“班柯”（Bancor）作为清算单位。“班柯”等同于黄金，各国可以用黄金换取“班柯”，但不得以“班柯”换取黄金。会员国的货币直接同“班柯”联系，并允许会员国调整汇率。各国在“国际清算同盟”中所承担的份额，以二战前三年进出口贸易的平均数计算，会员国并不需要缴纳黄金或现款，而只需在清算机构中开设往来账户，通过“班柯”存款账户的转账来清算各国官方的债权债务。当一国国际收支发生顺差时，就将盈余存入账户，发生逆差时，则按规定的份额申请透支或提存，各国的透支总额为300亿美元。这实际上是将两国之间的支付扩大为国际多边清算，如清算后，一国的借贷余额超过份额的一定比例时，无论顺差国还是逆差国均须对国际收支的不平衡进行调节。这一方案反对以黄金作为主要储备，还强调顺差国和逆差国共同负担调节的责任。

怀特计划和凯恩斯计划的主要目标都是稳定二战后各国货币的汇价，促进国际贸易的发展，但在实现这个目标的原则和方法上存在着严重的分歧。前者强调黄金权势，后者强调贸易权势。前者主张较大的汇率稳定性，用“尤尼他”作为国际货币，主张回到某种形式的金本位，而后者则希望增加汇率变动的灵活性，主张用“班柯”作为国际货币（实际上后来“班柯”和“尤尼他”都未被采用，而是以美元作为国际货币），采取多边清算制，不主张回到金本位。

（二）布雷顿森林体系正式建立

1944年7月22日，联合和联盟国家国际货币金融会议闭幕，会议最后通过了《国际货币基金协定》和《国际复兴开发银行协定》，总称《布雷顿森林协定》，从而建立起布雷顿森林体系。布雷顿森林体系的建立是第二次世界大战后国际货币合作的一个成功事例。

二、布雷顿森林体系的基本内容

布雷顿森林体系的根本宗旨是建立一种汇率制度，以稳定汇价，促进世界贸易的增长，保持较高水平的就业和实际收入。布雷顿森林的基本内容如下。

（一）建立一个永久性的国际金融机构

建立一个永久性的国际金融机构，即国际货币基金组织（IMF）。国际货币基金组织对货币事项进行国际磋商，旨在促进国际货币合作。国际货币基金组织为国际上的政策协调提供了适当的场所，对各成员国的汇率政策进行监督，为成员国提供短期资金融通，从而成为国际货币体系的核心，在一定程度上维持着国际金融形势的稳定。

（二）以美元作为最主要的国际储备货币

布雷顿森林体系以黄金为基础，把美元作为最主要的国际储备货币。根据协议，美元直接与黄金挂钩，各国确认 1934 年美国规定的 35 美元折合一盎司黄金的官价，各国政府或中央银行随时可用美元向美国政府按官价兑换黄金。其他国家的货币可与美元直接挂钩，以美元的含金量作为各国规定货币平价的标准，各国货币与美元的汇率，则按各国货币的含金量确定，或不规定含金量而只规定与美元的比价，间接与黄金挂钩。

（三）实行可调整的固定汇率制

各国货币均与美元保持固定汇率，各国货币对美元的波动幅度为平价上下各 1%，各国当局有义务在外汇市场上进行干预以保持汇率的稳定。只有当一国国际收支发生“根本性不平衡”时，经 IMF 批准才可以进行汇率调整（通常是平价变动大于 10%时），实行可调整的固定汇率制（Adjustable Peg）。

（四）对货币可兑换作出相关规定

布雷顿森林体系取消对经常账户交易的外汇管制，对国际资本流动进行限制。在 20 世纪 30 年代国际金本位制崩溃后，各国都采取了严厉的外汇管制措施，给对外贸易交流造成严重的损害。为了改变这一状况，IMF 协定第 8 条规定会员国不得限制经常项目的支付，不得采取歧视性的货币措施，要在兑换性的基础上实行多边支付。但是鉴于两次世界大战期间国际资本流动投机色彩浓厚，给国际货币体系的稳定带来了非常大的冲击，布雷顿森林体系允许各国对国际资本流动进行控制，各国均严格限制资金的国际流动。

（五）制定了稀缺货币条款

当一国国际收支持续盈余，并且该国货币在 IMF 的库存下降到其份额的 75%以下时，IMF 可将该国货币称为“稀缺货币”。IMF 可按逆差国的需要实行限额分配，其他国家有权对稀缺货币采取临时性限制兑换，或限制进口该国的商品和劳务。这一条款的设置是希望顺差国能够主动承担国际收支调整的义务。

由此可见，布雷顿森林体系实际上也是一种国际金汇兑本位制，但它和第二次世界大战前的金本位制不同，它的根本特点在于美元成为一种关键货币，它既是美国的货币，同时又因为是储备货币和国际清偿力的主要来源而成为世界货币。

三、布雷顿森林体系的政策效果

布雷顿森林体系可以说是历史上迄今为止最为大胆的一次国际货币合作的成果，其基本运行规则是采取了“双挂钩”的兑换安排。它的建立使国际金融领域克服了二战前的混乱状态，获得了一个相对统一和稳定的局面。布雷顿森林体系的建立，对世界经济的发展起了较大的促进作用。

（一）布雷顿森林体系是国际货币合作的产物

布雷顿森林体系规定了成员国统一的行为规则，从而消除了第二次世界大战前各个货币集团之间的相互对立，相互的汇率战、货币战，稳定了战后国际金融混乱的动荡局势。特别是对会员国提供的各种类型中短期贷款暂时缓解了会员国国际收支逆差所造成的问题，从而有助于世界经济的稳定和增长。

（二）黄金仍然发挥世界货币的作用

由于布雷顿森林体系是以黄金为基础的，黄金仍然发挥世界货币的作用。美元是重要的国际储备货币，等同于黄金，可以作为黄金的补充。在第二次世界大战后黄金生产停滞、产量减少的情况下，美元的供应弥补了国际清偿能力的不足，在一定程度上解决了国际储备的短缺问题。

（三）布雷顿森林体系实行固定汇率制

在布雷顿森林体系下，汇率的波动受到严格限制和约束，所以汇率得以相对稳定，为国际贸易和国际投资提供了极大的便利，使第二次世界大战后国际贸易和国际投资的增长大大超过战前。

（四）国际货币基金组织提供了国际磋商与货币合作的平台

作为国际金融机构，国际货币基金组织提供了国际磋商与货币合作的平台，在建立多边支付体系、稳定国际金融局势方面发挥了积极作用。

布雷顿森林体系从一出台，就赋予美元成为国际货币体系中心的法律效力。正是这种把一个国家的货币作为维系各国货币交往支柱的做法，使整个国际货币体系受到该国政治、经济政策影响，因而孕育着潜在的不稳定因素。

四、布雷顿森林体系的崩溃

布雷顿森林体系从表面上完全满足国际货币体系的三个要素，即国际货币（美元）、汇率安排（双挂钩）、调节机制，但由于在每一个要素安排上的缺陷，在实际运行中，随着一次次美元危机的爆发，布雷顿森林体系也暴露出越来越多的问题。

（一）布雷顿森林体系的缺陷

从技术上考虑，布雷顿森林体系过于依赖美国，一旦美国出现经济萧条导致美元贬值时，就可能会连带影响全球经济和整体货币体系的瓦解。

布雷顿森林体系下美国与其他国家的外部均衡目标是完全不同的。美国的外部均衡目标体现为保证美元与黄金之间的固定比价和可自由兑换，这就要求美国控制美元向境外输出。而其他国家的外部均衡目标体现为尽可能地积累美元储备，这就要求美元大量向境外输出。显然，这两者之间是完全矛盾的，这种矛盾使得美元处于一种进退两难的状况中。为了满足世界各国发展经济的需要，美元供应必须不断增长；而美元供应的不断增长，使美元同黄金的兑换性难以维持。美元的这种两难被称为“特里芬难题”（Triffin Dilemma）。“特里芬难题”指出了布雷顿森林体系的内在不稳定性及危机发生的必然性，即随着美元流出美国日益增加，美元同黄金之间能否维持固定比价必将日益受到人们的怀疑，最终必然会引发人们对美元可兑换的信心危机。

（二）三次美元危机及其拯救

在20世纪50年代前半阶段，资本主义世界还存在着“美元荒”，各国都需要美元来扩充国际储备，所以美元仍然保持相对稳定，处于优势地位。但从20世纪50年代后半阶段开始，由于美国对外扩军等因素导致美国国际收支慢性赤字，各国对美元的可兑换性产生怀疑。同时，西欧和日本经济开始步入繁荣。美元对黄金的兑换要求越来越强烈，美国的黄金储备越来越少，这又加深了对美元的不信任，如此恶性循环。最终于1960年爆发了美元危机，国际货币体系遂进入动荡的阶段。

1. 第一次美元危机及其拯救

第一次较大规模的美元危机是1960年爆发的。在危机爆发前，美国的黄金储备开始外流，美国对外短期债务首次超过了它的黄金储备额。人们纷纷抛售美元，抢购美国的黄金和其他经济处于上升阶段国家的硬通货。

为了维持外汇市场的稳定，保持美元的可兑换性和固定汇率制，美国要求其他国家在国际货币基金组织的框架内与之合作来稳定国际金融市场，各主要工业国家通过各种国际金融协作的形式来稳定美元的地位，避免国际货币体系的动荡，具体措施主要有：稳定黄金价格的协定；《巴塞尔协定》；建立黄金总库；签订互惠信贷协定；签订借款总安排。

拯救布雷顿森林体系的几大措施都是临时性的，它们的目标全都集中在缓解双挂钩引起的美元的两难。由于这些措施的局限性，布雷顿森林体系的内在缺陷根本不可能得到纠正。

2. 第二次美元危机及其拯救

20世纪60年代中期，越南战争使得美国财政金融状况明显恶化，国内通货膨胀加剧，美元对内不断贬值，美元同黄金的固定比价又一次受到严重威胁。1968年，伦敦等地抛售美元抢购黄金风潮极其猛烈，美元再次爆发严重危机。黄金总库成员国决定解散已无力维持金价的黄金总库，并实行黄金双价制（Two-tier Gold Price System），即各国货币当局按35美元/盎司的官价向美国兑换黄金，而黄金市场私人交易价格完全由市场供求决定。这实际上就意味着以黄金-美元为中心的布雷顿森林体系的局部崩溃。

第二次美元危机爆发后，各国已认识到布雷顿森林体系的缺陷。为了摆脱这一困境，经过“十国集团”的长期讨论，国际货币基金组织于1969年创设了特别提款权（Special Drawing Rights，SDR），又称“纸黄金”，作为对美元的一种补充，以重整国际货币秩序。在国际货币基金组织范围内，特别提款权和黄金、美元一起作为国际储备货币，遇到国际收支逆差时可以用来代替黄金进行结算，它是人类历史上首次由国际协调产生的一种国际信用储备资产。国际货币基金组织创设和发行特别提款权的根本目的不是要用特别提款权来最终取代美元，而是以特别提款权来补充美元，从而使国际货币体系由黄金-美元本位转向黄金-美元/特别提款权本位。

3. 第三次美元危机及其拯救

特别提款权的创立也没有能够挽救布雷顿森林体系。1971 年，美国国际收支更趋恶化，西欧市场再度掀起了抛售美元抢购黄金和原联邦德国马克等西欧货币的风潮。这次美元危机的来势更加凶猛，美元暴跌，黄金猛涨。面对强烈的危机，尼克松政府不得不宣布实行“新经济政策”，停止外国中央银行以官价向美国兑换黄金，对进口商品征收 10%的临时附加税，以限制美国的进口，并压迫联邦德国和日本等国实行货币升值。以避免美国的国际收支恶化。这样，布雷顿森林体系的两大支柱之一即美元兑换黄金就此坍塌。

美国的“新经济政策”引起了西方国家的不满，国际金融市场陷入一片混乱。大多数国家开始实行浮动汇率，即对汇率不规定上下波动幅度，任其按市场供求自由涨落，中央银行不加干预。固定汇率制受到了严重的威胁，支撑布雷顿森林体系的另一支柱即其他国家货币与美元保持固定汇率处于摇摇欲坠之中。

在国际金融市场极度混乱的情况下，“十国集团”达成了《史密森协定》。该协定要求恢复国际货币安排的稳定，制定新的中心汇率，把汇率波动的幅度由原来的上下 1%扩大到 2.25%。这个协定虽然勉强维持了布雷顿森林体系的固定汇率，但它破坏了布雷顿森林体系的基本原则，它是以美元为中心的布雷顿森林体系瓦解的重要里程碑。

当 1973 年 2 月外汇市场再度爆发危机时，各主要资本主义国家的货币进入了普遍浮动时期，不再承担维持美元汇率的义务，美元也不再成为各国汇率所围绕的中心。布雷顿森林体系彻底崩溃。

专栏 8-1

拯救布雷顿森林体系的几大措施

1. 稳定黄金价格协定

第一次美元危机引起黄金买卖的投机活动异常猖獗，使美元、英镑承受了巨大的压力，欧洲各国的外汇市场也受到了严重的威胁。在这种情况下，欧洲各国的中央银行在美国的策划下订立了一个君子协定，相互规定以不超过每盎司 35.20 美元的价格购买黄金。这个协定表面上是抑制金价的上扬，实际上是为了制止美元的下跌，维持国际货币制度的运转。

2.《巴塞尔协定》

为了减缓国际投机资本对外汇市场的冲击，稳定美元汇率。英、德、法、意、荷、比、瑞士、瑞典等八国在国际清算银行所在地——瑞士巴塞尔达成一项不成文的君子协定，即《巴塞尔协定》(*Basel Agreement*)。规定各国应在外汇市场上合作来维持彼此汇率的稳定，当某国货币发生危机时，其他国家不但要在一定时间内保持该国货币头寸，而且还应把该国所需要的黄金和外汇贷给该国。

3. 建立黄金总库

1961 年 12 月，美国联合英、德、法、意、荷、比和瑞士等七国，建立了“黄金总库”（Gold Pool），干预伦敦黄金市场，把伦敦自由市场的金价维持在 35 美元/盎司的官价水平，避免黄金价格的暴涨暴跌。

4. 签订互惠信贷协定

签订互惠信贷协定（Swap agreement，Reciprocal agreement）是美国和其他 14 个国家的中央银行之间签订的双边备用信贷协定。两国中央银行相互开立对方国家货币的账户，当某一成员国货币受到压力时，随时可用本国货币换取对方国家货币，用于干预外汇市场，维持汇价。

5. 签订借款总安排

签订借款总安排（General Agreement to Borrow，G. A. B）是国际货币基金组织总裁 Per Jacobson 提出的一项建议。由于人们对国际货币基金组织的有限资金感到忧虑，而重新议定份额既复杂又费时，于是 1961 年 11 月，以美国为首的西方十国在巴黎成立了“十国集团”（Group of Ten），达成“借款总安排”，规定十国出总额 60 亿美元的资金，在一定条件下贷给国际货币基金组织，以应付成员国可能发生的货币危机。

五、布雷顿森林体系时期的各种货币改革方案

从 20 世纪 60 年代初开始，一些主要工业国家的政府官员和经济学家就纷纷研究对策，提出了形形色色的国际货币体系改革方案。

（一）恢复金本位制

这个方案由法国经济学家吕埃夫（J. Ruff）提出。他建议将金价提高两倍以上，以便美国用黄金兑换各国所持有的美元，各国国际收支逆差全部用黄金结算。金价提高后，将会刺激黄金生产，从而保证国际储备的适当增长，不致发生国际清偿能力问题。但大部分国家认为，黄金的美元价格提高后，各国美元储备的黄金价值就要减少，对美元的汇率也须重新调整，这将产生不利的影响。这个方案不仅遭到英美等国的反对，而且有实际困难，因为随着经济的发展，黄金的生产无法满足市场的需求。

（二）彻底改革国际货币基金组织将其变成中央银行

这个方案由美国经济学家特里芬（Robert Triffin）提出，核心观点是：(1) 降低黄金在世界货币体系中的作用。(2) 建立世界性的中央银行，逐步集中各国的黄金储备。(3) 用一种“国际货币”来代替美国境外流通的美元。这种“国际货币”采取在世界中央银行存款的形式，以便保证货币储备按照适当的速度增加，克服一国货币作为国际储备资产所带来的困难。由于它要取消美元的国际储备货币地位，遭到美国的强烈反对。

（三）建立“混合储备单位”

这一方案主张保持美元作为储备货币的地位，但美国要消除国际收支赤字，各国中央

银行所持有的美元不能增加，另外建立一种混合储备单位（Composite Reserve Unit）来满足国际储备的需要，这种储备资产由 11 种主要货币按商定的比例组成，并以一定的黄金价值来保证，但不能兑换黄金，它具有黄金的世界货币职能，可以用于国际结算，创设特别提款权的想法即以此作为依据。

（四）扩大金汇兑本位制

布雷顿体系改为“多种货币储备体系”，也就是说，把联邦德国马克、瑞士法郎等硬通货作为新的“关键货币”，各国中央银行加强合作，以保证各种储备资产在比例上能够互相配合，使这个货币体系的发展不致因国际收支结构的变化遭到破坏。这一解决方案存在两个缺陷：第一，世界储备的增长取决于各国国际收支的赤字，但当一国国际收支出现大量赤字时，它的通货供应增加，从而使这种通货的储备作用降低；第二，由于各国经济发展水平不一致，在多种货币体系下，要保持各种储备资产的适当比例是非常困难的。

第四节　牙买加体系

布雷顿森林体系崩溃后，世界经济动荡不安。石油危机和经济危机又使得国际金融关系更加动荡混乱，全球性国际收支失衡现象日益严重，各国都在探寻国际货币制度改革新方案。

一、牙买加体系的形成

1971 年尼克松宣布美元实行自由浮动后，各国货币仍尽力维持与美元的固定汇率，形成一个所谓的“全球美元区”（The Global Dollar Area）。但由于美元本身的过度膨胀，在此之后又爆发了多次“美元危机”，再加上 1973 年开始并持续两年的“石油危机”，最终使得这种体制难以为继。1973 年 6 月，“二十国委员会”不得不宣布《改革大纲》计划失败，各国彻底放弃固定汇率，国际上一度希望建立“永久性固定汇率体系”的梦想也最终破灭，有关浮动汇率制的构想开始浮出水面。

其实，浮动汇率早在 20 世纪 50 年代就已经被提出。1953 年，货币主义经济学家弗里德曼（Milton Friedman）就此曾经有过经典的阐述。他认为在工资和物价呈现刚性的情况下，固定汇率制将使任何旨在消除通货膨胀的政策努力注定失败：这些政策要么会加剧通货膨胀，要么会增加失业；只有实行浮动汇率制，通过改变货币对外价格来改善贸易条件，并进而影响实际工资，才能减少资源重新配置的成本。这个理论一经提出就引起了很大的反响，因为现实中大多数国家的工资、物价确实呈现刚性。1961 年，爱根·舒曼（Eggen Schumann）对浮动汇率制度做了更系统的研究。后来这一理论逐步为美国政府所接受，并在当时的美国财政部长的推动下转化成美国的国家政策。

主张浮动汇率制的经济学家希望各国货币均自由浮动，用外汇价格自动调节来实现各国的国际收支平衡。但实际情况却是，大国可以利用其强大的货币资金实力使国际货币汇率按照有利于自己的目标汇率运行，这明显对小国不利。为此，从 20 世纪 70 年代初开始，各种区域性货币区如美元区、英镑区、马克区等不断涌现，单独浮动（美、日、加）、联合浮动（欧盟）、盯住浮动（盯住美元、法郎、马克等强势货币，或盯住“一篮子货币”）等各种浮动形式层出不穷。浮动汇率制最初设计的各国货币自由浮动的情形并未真正出现过。相反，美国纽约华尔街资本、外汇市场上每日的行情变动对国际汇率的影响越来越大，“美元区”内美元汇率在华尔街产生，其他货币区主导货币汇率变化在很大程度上也受“美元区”的影响。

这种自发的浮动汇率状况客观上使IMF原先确定的对国际上汇率及资产流动性进行评估和安排的调节机制无法运作，但作为一个协调机构，IMF仍然感到有必要作出适当的规范。于是，1976年4月底经IMF理事会通过决议，就浮动汇率体系提出原则性的安排，后经60%以上会员国和总投票权的85%多数票通过，从1978年4月1日起生效，于是国际货币体系进入了一个新的阶段——牙买加体系。

二、牙买加体系的主要内容及政策评价

（一）牙买加体系的主要内容

1. 将已形成的浮动汇率制度合法化

牙买加体系正式确立了浮动汇率制度的合法地位，承认固定汇率制度和浮动汇率制度并存的局面，会员国可以根据自身经济情况自行选择汇率制度。同时IMF对汇率政策进行监督，并且协调会员国家的经济政策，促进全球金融稳定，缩小汇率波动幅度。

2. 黄金非货币化

《牙买加协议》作出了黄金不再担当国际货币的决定，取消黄金官价，各成员国中央银行根据市价对黄金进行自由买卖。取消成员国相互之间以及成员国与IMF之间必须用黄金清算债权债务的规定，IMF对其持有的黄金逐步进行处理。

3. 国际储备资产多元化，建议以SDR作为主要储备资产

牙买加体系下，美元仍然是主导货币，但是以欧元、日元为首的其他货币正在逐渐挑战美元的霸主地位，在国际贸易中已经作为交易媒介被广泛使用，同时也构成其他国家外汇储备的重要部分。近年来，随着中国经济实力的提升以及人民币国际化进程的快速推进，人民币作为交易媒介和价值储藏手段的功能也日益突出。

4. 国际收支调节形式多样化

在布雷顿森林体系下，发生国际收支逆差时主要通过支出增减和支出转换等政策进行调节。在牙买加体系下，国际收支逆差可以通过汇率机制、利率机制、IMF的干预和贷款以及动用国际储备资产等多种方式调节。

（二）对牙买加体系的评价

1. 牙买加体系的运行正式宣告了固定汇率制度的终结

牙买加体系对有关黄金、特别提款权和汇率等条款都作了重大修改，成为国际货币制度发展史上一个新的里程碑。但该体系只是承认既成的事实，并没有从根本上进行重大的改革。牙买加体系并不是自觉改革的结果，而是把布雷顿森林体系中的平价制由于逐渐崩溃而造成的状况予以合法化，是对既成事实的承认。

牙买加体系为国际货币关系提供了最大限度的弹性，它没有建立稳定货币体系的机

构，没有指定硬性的规则或自动的制裁办法，各国政府可以根据自己的考虑和责任来履行它们的义务。鉴于这种情形，不少经济学家和国际法学家认为，牙买加体系是一种“没有体系”的体系。

2. 牙买加体系的核心是浮动汇率制

浮动汇率的最大风险在于竞争性的货币贬值。牙买加体系下国际贸易和国际金融的迅速发展，除了各国经济依存性的加强这一根本因素在起作用外，这一体系灵活多样的制度设计也发挥了很大的推动作用。但汇率的发挥并不像主张弹性汇率的人们所预料的那样稳定。在过去的几十年时间内，汇价曾发生剧烈的波动。

3. 更为多样化的国际收支调节方式

在国际收支不平衡的调节方面，牙买加体系对国际收支的调节有汇率调整与资金流动弥补两种方式。由于实行浮动汇率，所以汇率机制是国际收支调节的主要方式。当一国经常账户收支发生赤字时，该国货币汇率便趋于疲软下跌，于是有利于增加出口减少进口，从而改善国际收支状况。但是在实际中，汇率机制调节的作用并没有预期的那么大。对于发展中国家来说，其进出口需求弹性一般都很低，出口供给弹性也不大，满足不了“马歇尔-勒纳条件（Marshall-Lerner Condition）”。

不少发展中国家采用盯住美元等单一货币的汇率安排，使得汇率机制的调节功能更难发挥。同时，对发达国家来说，汇率机制的调节也不会立即产生效果，存在“J 曲线效应”，汇率贬值对国际收支的调节作用也不是那么灵敏。贬值只有同国内紧缩政策相结合才能收到预期的效果。

4. 国际储备的创造大部分来源于需求

在牙买加体系下，国际储备的创造大部分是由需求引起的，而不像布雷顿森林体系下是供给决定的。

牙买加体系下的多元化储备体系具有以下优点：（1）摆脱了对美元的过分依赖。（2）容易调节外汇储备。（3）国际金融不受一国的操纵，可以促进国际合作与协调。

但是这种多元化的货币储备体系也存在着内在的不稳定性：（1）软通货和硬通货经常发生变化，外汇储备从一种货币转向另一种货币，从而加剧外汇市场的动荡。（2）各国国内货币供应和利率水平调控的相关货币政策更加难以贯彻。（3）储备分散化导致各国外汇储备过多，从而加剧世界性的通货膨胀。

三、国际货币体系改革相关方案

由于牙买加体系只是对既成事实的一种法律承认，而没有建立稳定货币体系的机构，没有制定硬性的规则或自动的制裁办法，各国可以根据自己的考虑和责任来履行其义务。很多人认为牙买加体系只是一个暂时的权宜之计，在不久就会有一个新的国际货币体系来取代它，因而在这一时期，有关国际货币体系改革的争论不断，各种学派、各个国际组织纷纷提出了自己的见解。

（一）勃兰特委员会报告

联合国成立了“国际发展问题独立委员会”，简称“勃兰特委员会”（Brandt Committee)，该委员会以维利·勃兰特（Willy Brandt）为首，成员包括来自西方国家和第三世界国家的著名政治活动家，共 21 人。该委员会发表了名为《争取世界的生存——发展中国家与发达国家经济关系研究》的专门报告，报告内有专门论述世界货币秩序一章。

该报告对二十国委员会的《改革大纲》中所提出的建议做了充分的肯定，并在此基础上提出了“走向一种新的国际货币秩序”的国际货币体系改革建议，其内容如下。

1. 关于汇率体制

委员会认为，应该以各种国际货币更大程度的稳定为目标，降低主要货币浮动后对国际贸易运行和外债管理的难度；同时还必须对国际资本市场的境外活动加以控制，并加强国际货币基金组织对汇率的监督，尤其需要国内的政策与国际上的合作密切配合，以保持汇率的相对稳定。

2. 关于储备制度

委员会认为，今后的国际货币制度不能建立在任何一种占统治地位国家的货币基础之上，而应使特别提款权成为国际货币体系中的主要国际储备资产。在特别提款权的分配上，应将大部分无条件使用的新储备分配给发展中国家，而不必按照国际货币基金组织“份额”制度的规定进行分配。

3. 关于国际收支的调节

委员会认为，无论是顺差国家还是逆差国家，都有进行国际收支调节的义务。具体办法包括：减少对顺差国特别提款权的分配；适当放宽国际货币基金组织对发展中国家的贷款条件；进一步扩大并改善补偿资金供应设置等。

该报告还指出，新的国际货币体系应多元化，建立一个具有广泛基础的领导力量来进行管理，并明确发展中国家应更多地发挥作用。但由于发达国家作为既得利益者，反对对国际货币体系进行结构性的改革，这份报告很难得以实施。

（二）《阿鲁沙倡议》

在坦桑尼亚的阿鲁沙召开的“关于国际货币体系与国际新秩序的南北会议”提出了《阿鲁沙倡议》（*Arusha Initiative*）。这一倡议呼吁对现行国际货币体系进行根本性变革，建立一个经全球国家协商的新的国际货币体系。

《阿鲁沙倡议》要求在国际货币事务的管理中实行民主和普遍的原则；创立一种国际货币单位用作国际交换的工具和主要储备；设立世界中央银行，并发行国际货币；改善国际货币基金组织的贷款设置、贷款条件和决策机构，限制国际货币基金组织的不适当权利。

该倡议所设想的国际货币单位由一篮子初级商品决定价格，这就要求储存大量的初级商品，并确保初级商品的国际价格保持稳定，这是相当困难的。同时，建立世界中央银行在技术上、政治上和经济上的条件都不成熟。但它提出了改革国际货币体系的一系列合理主张，尤其是关于建立一个国际通货单位的构想，具有积极的作用。

（三）《二十四国集团公报》

二十四国集团在《蓝皮书计划》的基础上完成了《二十四国集团公报》，要求对现行的国际货币体系进行改革。

该公报的内容包括：改革当前的浮动汇率制，对主要货币的汇价规定一个目标范围；加强国际货币基金组织对主要工业国家货币政策的监督，以支持世界经济尤其是发展中国家的经济增长，促进对称的协调过程；国际货币基金组织特别提款权的分配应同发展中国家对资金的需要相联系，放宽对发展中国家的贷款条件，增加发展中国家在国际货币基金组织的投票权；重新安排发展中国家的债务等。

这一时期，发展中国家要求国际货币体系改革的呼声很高，但发达国家认为，现行的国际货币体系的基本结构是健全的，没有必要进行重大改革，只需要改善一些缺陷即可。在这一问题上，发展中国家和发达国家争论不休。

除了上述各项计划外，世界各国的经济学家也对国际货币体系改革问题发表了许多见解，其中最著名的有库珀的“单一通货制”，特里芬的建立集中的国际信用储备制度以及威廉姆森的设立汇率目标区提议。

（四）库珀的“单一通货制”

哈佛大学教授理查德·库珀（Richard Cooper）在其《国际货币体系》一书中提出实行单一通货制（The Single Currency Regime）的建议。他认为：国际货币体系改革的方向是逐步在世界范围内建立起一个货币体系，实行统一的货币政策，并建立一个统一的独立的货币发行银行。库珀认为，单一通货制可分两步走：第一步，先在主要工业国家实行汇率目标区；第二步，实现由美国、日本和欧洲共同体三方组成的单一货币制度，其他国家如果愿意并承担责任，可以自愿参加，形成包括世界各国在内的单一货币制度。至于“单一通货”，不能由任何一个国家的货币充当，只能由特别提款权来担当。但要解决一些关键问题：必须成立一个超国家的世界中央银行，统一国际货币的发行，统一管理国际储备，而且能有效地直接干预和调节国际货币金融领域各种不协调的政策和行为；要改变特别提款权不合理的分配原则，并扩大其使用范围；对原有储备货币必须进行妥善处理。

库珀的单一通货制是使国际货币体系走向世界货币体系的构想。单一通货制所提出的建立一个新的国际通货是纠正过去以及当前让一个国家使自己的通货起国际交易手段和主要储备资产作用的不合理、不公正做法的一个有力措施。但是，库珀企图用特别提款权作为单一通货是一厢情愿，无法得到美国及发达国家的积极支持，因为特别提款权是纸，但不是“纸黄金”，而美元、日元等主要货币都有黄金作后盾。

（五）建立集中的国际信用储备制度

特里芬教授认为，国际货币体系改革的基本出路在于建立起超国家的国际信用储备制度，并在此基础上创立国际储备货币。他主张，应将各国持有的国际储备以存款方式交国际货币基金组织，这种储备货币不应由黄金、其他贵金属和某个国家货币来充当，IMF应成为各国中央银行的清算机构。IMF所持有的国际储备总量应由各国共同决定，并按国际贸易和生产、发展的需要加以调整。储备的创造可以通过对会员国的放松、介入各国金融市场购买金融资产、定期分配新的特别提款权来实现，但不应受黄金生产或任何国家国际收支状况的制约。储备中心建立后，就有可能创立国际中心货币，并使之在国际范围内流通。

特里芬教授的这一设想反映了他对国际货币体系改革的一贯主张，即以一种由国际机构统一发行的储备资产取代黄金和现有的储备货币。特里芬指出，应以特别提款权作为唯一的国际储备资产，来逐步取代黄金和其他储备货币。特里芬的主张在诸多储备货币改革方案中影响最大。但是，他的主张中要求各国中央银行服从于一个超国家的国际信用储备机构，这需要很密切的国际货币合作，似乎还不现实。

（六）设立汇率目标区

美国学者约翰·威廉姆森（John Williamson）和伯格斯坦（Bergsten）共同提出了设立汇率目标区，使实际汇率对基本汇率的偏离幅度不超过10%的建议。此后，他们又提出了汇率目标区的行动计划。所谓汇率目标区（Target Zone），是指有关国家的货币当局选择一组可调整的基本参考汇率，制定出一个围绕其上下波动的幅度并加以维持。

汇率目标区的特点是综合了浮动汇率制的灵活性和固定汇率制的稳定性，而且还能促进各国宏观经济政策的协调，但要实施起来存在许多技术性的困难，如均衡参考汇率的确定、基期的确定等，并且发达国家和发展中国家对它的期望实现目标也不一致。这个方案有助于促进汇率的稳定，并推动汇率制度改革，并且这一方案是欧元建立的基础，获得了巨大的成功。

专栏 8－2

从特里芬“两难”到新特里芬“两难”

当前，国际货币体系面临的内在矛盾已从固定汇率制度下的特里芬“两难”演进至浮动汇率制下的新特里芬“两难”。特里芬“两难”比较准确地预计到了固定汇率制度的崩溃，因为美元的流动性和清偿性难以同时满足。新特里芬“两难”的含义与特里芬“两难”的含义相似，是指美元流动性提供与美元信用之间存在“两难”。

随着新兴市场经济体的崛起，美国在全球产出中的份额必然会下降。随着美国产出在世界产出份额的不断下降，美国不能无限期地成为世界安全资产的唯一供应者。美国国债是安全资产，全球安全资产不够，流动性不足会影响全球增长，这也被相关研究所证实。同时，由于美国在全球产出份额的不断下降，美国将没有能力提供全球所需要的足够安全资产。在世界经济多极化背景下，美国国债受制于其经济增长有明确上限（债务总额），不能全部满足全球对安全资产的需要。这个视角的新特里芬“两难”本质上也是指美债流动性提供与美债信用之间的两难。

新特里芬“两难”准确解释了浮动汇率制度下美元货币体系的内在矛盾。从现实来看，美债上限规模不断被突破。从1917年美国国会首次引入“债务上限”概念至今，100多年以来美国债务上限已经提高了100多次，美债“软”上限是造成美国政府收不抵支膨胀的制度性缺陷，也是导致美元信用下降的制度性缺陷。

资料来源：吴立雪．从特里芬难题到新特里芬难题——关于国际货币体系内在矛盾讨论的评述［J］．中国货币市场，2023（5）：36－39.

四、现行国际货币体系状况

布雷顿森林体系崩溃后，黄金的非货币化、浮动汇率制度的合法化带来了国际货币安排的多元化，不同的国家、地区和集团经历了不同的发展和演变轨迹，而这些不同的轨迹又共同造就了今天的国际货币体系。在现行的国际货币体系——牙买加体系下出现了储备资产的多元化、汇率制度选择的多样化、国际金融合作的区域化等特征。

（一）现行国际货币体系的储备货币

在牙买加体系下，虽然国际货币体系仍然以美元为本位货币，但在 1999 年欧元正式流通后，欧元成为美元所面对的最主要的潜在竞争货币。但是将欧元与美元相比，不难发现二者在实力上仍有差距，尚未存在实质意义上的竞争。

国际货币基金组织 2023 年 3 月 31 日发布的“官方外汇储备货币构成（COFER）”数据显示，2022 年第四季度，人民币在 COFER 中的占比为 2.69%，位居全球第五位。从规模来看，全球主要央行所持有的人民币外汇储备总额由 2021 年第三季度的 2 960.3 亿美元小幅回升至 2 984.4 亿美元。2021 年第四季度，美元在全球外汇储备中占比为 58.36%，其次分别是欧元（占比 20.47%）、日元（占比 5.51%）和英镑（占比 4.95%）。

（二）现行国际货币体系的汇率制度

现行国际货币体系下存在多种自由的汇率制度安排，各国可以根据本国将面临的国内、国际的实际情况来安排本国的汇率制度。根据国际货币基金组织出版的《汇率安排和汇率限制 2016》中所统计的国际货币制度中汇率安排的分类，在汇率制度的选择上，总体上可以分为固定汇率制和浮动汇率制两种。具体来看，固定汇率制又可分为硬盯住制和软盯住制两种。其中硬盯住又可以进一步分为没有单独的法定货币交易安排和货币局制度两种类型；软盯住可以进一步分为传统盯住汇率制、汇率目标区汇率制、稳定性安排、爬行盯住、类爬行盯住等五种类型。浮动汇率制也可以进一步分为管理浮动和自由浮动两种类型。相对于此前的布雷顿森林体系，国际货币制度中的汇率安排呈现多样化的特点。

（三）现行国际货币体系的国际金融合作

现行国际货币体系的国际金融合作主要体现为国际性和区域性的金融合作，尤其以区域性金融合作为典型。

1. 以二十国集团为平台的国际金融合作

2008 年金融危机爆发以后，传统发达国家间的国际合作机制暨全球治理机制失去以往的效力，二十国集团领导人峰会成为国际经济合作的主要论坛。二十国集团成员覆盖了全球重要发达国家和新兴经济体，该集团的国内生产总值占世界 GDP 的 85%，人口占全球的 2/3，国土面积占全球的 60%。二十国集团从成立开始至今，议题越来越广泛，从最初探讨金融危机的起源，到 2009 年第二次峰会探讨国际货币基金组织增资和加强金融监管等议题，之后逐渐扩展到全球化挑战、全球金融安全、增长与就业、强化国际金融体系、完善国际金融架构、鼓励可持续发展等内容。二十国集团是目前全球国际金融合作中话语权相对均衡的国际合作机制，其代表性和影响力不断增强，符合全球金融治理的需要。

2. 东盟＋中日韩（“10＋3”）合作机制

作为区域货币和金融合作的标志性成果，东亚各国 2000 年在泰国清迈召开东盟与中日韩（“10＋3”）财长会议，会议上达成了《清迈协议》，这是东亚地区货币合作的开始，也从此展开了东亚地区的区域金融合作机制。在《清迈协议》框架下，各国达成以下共识：(1) 建立信息沟通与共同监测机制，该机制主要包括两个方面的内容，首先是对成员国宏观经济状况、金融市场、经济政策等方面信息进行沟通与共享，其次是检测宏观经济运行中出现的不利变动并提出相关政策建议。(2)《清迈协议》从双边走向多边，各成员国就建立一个比区域规模的流动性救援框架更进一步的合作框架达成共识。(3) 在货币互换的基础上，在整体契约的前提下，建立一个原则上成员国自行管理的储备池，并由各国财长作为代表共同讨论监管体系、资金规模、借款额度等事项。(4) 发展区域债券市场。2004 年 12 月，东亚及太平洋地区中央银行行长会议组织宣布，由该组织成员出资设立总额为 20 亿美元的亚洲债券基金于 2005 年初启动。

3. 欧元区的区域性金融合作

欧元区的国际金融合作起源于欧洲联盟的成立。欧洲货币体系是一种具有新性质和新特点的区域性货币合作制度，欧洲货币体系的建立标志着欧洲经济共同体成员国在汇率制度方面展开的合作，欧洲货币体系建立的目标是建立起稳定的汇率机制。这一目标是伴随着欧洲联盟国家经济金融一体化进程的加快而得以开展并完成的。从欧洲共同体到欧盟，再到欧元的诞生，体现了欧洲国家在货币金融合作方面不断发展、不断充实的合作路线。欧元区共同使用同一种超主权货币——欧元，即各国放弃主权货币而统一使用欧元，放弃主权货币意味着放弃了可以调节总需求的货币政策，需要各成员国采取不同的政策措施以配合欧元区统一的货币政策。欧元的诞生是欧元区各国区域性金融合作的最重要标志和最重要成果。

第五节 区域货币一体化

欧洲货币体系的诞生是 20 世纪末国际金融领域的重要事件，是自布雷顿森林体系崩溃以来在国际货币安排上非常有意义的成果，是国际政策协调方面最为重要的典范，也是迄今为止国际货币安排上最为成功的实践结果，对现行国际货币体系产生了深远的影响。

一、最适度货币区理论

随着欧洲政治经济一体化的发展，以及对牙买加货币体系缺陷的认识，欧洲一直致力于追求自身货币的单一化，并最终导致了迄今为止共同货币的最高成就——欧元的诞生。欧元诞生的理论依据是由蒙代尔、麦金农、肯南等创立和发展的最适度货币区理论（The Theory of Optimum Currency Areas）。最适度货币区理论最早见于对固定汇率安排和浮动汇率安排的争论中，其内容主要是结合某种经济特征来判断汇率安排的优劣，并说明何种情况下实行固定汇率安排和货币同盟或货币一体化是最佳的。

（一）蒙代尔的要素流动性分析

罗伯特·蒙代尔是供给学派的创始人之一，他于 1961 年提出了最适度货币区理论，该理论被认为是欧元问世的理论基础，他也因该成就获得了 1999 年度诺贝尔经济学奖。

蒙代尔认为浮动汇率只能解决两个不同通货区之间的需求转移问题，而不能解决同一通货区内不同地区之间的需求转移。

在论证了浮动汇率仅在区域之间有效的前提下，蒙代尔进一步分析了生产要素流动在对内、外平衡中的作用。他认为，如果按照传统的“李嘉图假说”（The Ricardian Assumption），假设生产要素在国际上不流动，则浮动汇率的效用有限，甚至是负面的。主张使用生产要素的高度流动性作为确定最优通货区的标准。

专栏 8-3

索罗斯狙击英镑

第二次世界大战后的英国金融业因缺乏竞争力和活力而面临丧失在全球领先地位的危机，为挽救颓势，在20世纪的后20年，英国进行了两次重大金融改革，即1986年以金融自由化为特征的第一次金融“大爆炸”和20世纪90年代末以混业监管体系为核心的第二次金融“大爆炸”。这两次改革使得金融家的创造性被释放出来，金融业组织形态发生巨大变化，各种金融产品层出不穷，同时金融监管机构更独立，也更有效率，由此奠定了英国金融业繁荣的坚实基础。曾经一度被认为衰落的伦敦金融城迅速壮大势力，伦敦重新获得并强化了其国际金融中心的地位，甚至在某些方面超过了纽约华尔街。

为了摆脱对美元的依赖，1990年，英国决定加入西欧国家创立的新货币体系——欧洲汇率体系（ERM），这是欧元的前身。

欧洲汇率体系使西欧各国的货币不再盯住黄金或美元，而是相互盯住；以德国马克为核心，每一种货币只允许在一定的汇率范围内浮动，一旦超出了规定的汇率浮动范围，各成员国的中央银行就有责任通过买卖本国货币进行市场干预，使该国货币汇率稳定在规定的范围之内；在规定的汇率浮动范围内，成员国的货币可以相对于其他成员国的货币进行浮动。

这种欧洲共同体内的以德国马克为中心货币的欧洲汇率体系，实际上就相当于当今以美元为中心货币的国际金融体系，附属货币与中心货币的汇率有名不副实的矛盾。国际炒家、美国的金融大鳄索罗斯（George Soros）认为英国犯了一个决定性的错误。因为ERM要求成员国的货币必须盯住德国马克。索罗斯认为，当时英国的经济并不强劲，加入ERM，就等于把自己和刚刚实现统一后的德国联结在了一起，英国将为此付出代价。

1992年，索罗斯管理的量子基金已经初露峥嵘，不但拥有一批出色的分析、交易人员，而且已经拥有了在一定程度上影响市场、操纵市场的能力，再加上对冲基金特有的保证金交易（简单地说就是买空、卖空），60亿美元资本完全可以发挥10倍的作用。

索罗斯从1990年就开始注意到这个机会。当时，东西德统一，在许多人看来，统一的德国将会很快复兴和繁荣起来，而1992年2月7日，欧盟12个成员国签订的《马斯特里赫特条约》更是让大家大受鼓舞：一个“大欧洲”的概念即将形成。在这样一个美好前景面前，几乎所有人都认为欧盟的未来一片光明。但索罗斯经过冷静的分析，认为新德国由于需要重建东德，必将经历一段经济拮据时期，德国将会更加关注自己的经济问题，而无暇帮助其他欧洲国家渡过经济难关，这将对其他欧洲国家的经济及货币带来深远的影响，货币联盟并不一定就是好事。索罗斯一针见血的分析，正是站在战略的高度审视金融市场。

1992 年夏季，英国当时的首相梅杰和财政大臣虽然在各种公开场合一再重申坚持现有政策不变，英国有能力将英镑留在欧洲汇率体系内，但索罗斯却深信英国不能保住它在欧洲汇率体系中的地位，英国政府只是虚张声势罢了。

外汇市场上，英镑对马克的比价在不断地下跌，从 2.95 跌至 2.85，又从 2.85 跌至 2.796 4。英国政府为了阻止英镑对马克的比价低于欧洲汇率体系中所规定的下限 2.7780，下令英格兰银行购入 33 亿英镑来干预市场。但政府的干预并未产生好的预期，这使得索罗斯更加坚信自己以前的判断，他决定在危机凸显时出击。

1992 年 9 月 15 日，索罗斯决定在外汇市场上大量抛售英镑。英镑对马克的比价一路下跌至 1∶2.80，虽有消息说英格兰银行购入 30 亿英镑，但仍未能挡住英镑的跌势。到傍晚收市时，英镑对马克的比价差不多已跌至欧洲汇率体系规定的下限。英镑已处于退出欧洲汇率体系的边缘。

英国财政大臣采取了各种措施来应付这场危机。首先，他再一次请求德国降低利率，但德国再一次拒绝了；无奈，他请求首相将本国利率上调 2%～12%，希望通过高利率来吸引货币的回流。一天之中，英格兰银行两次提高利率，利率已高达 15%，但仍收效甚微，英镑的汇率还是未能站在兑 2.778 马克的最低限上。

在这场捍卫英镑的行动中，英国政府动用了价值 269 亿美元的外汇储备，但最终还是遭受惨败，被迫退出欧洲汇率体系。英国人把 1992 年 9 月 15 日——退出欧洲汇率体系的日子称作“黑色星期三”。

索罗斯却是这场袭击英镑行动中最大的赢家。他在英镑空头交易中获利接近 10 亿美元，在英国、法国和德国的利率期货上的多头和意大利里拉上的空头交易，使他的总利润高达 20 亿美元。在这一年，索罗斯的基金财富增长了 67.5%。索罗斯也因此被《经济学家》杂志称为“打垮了英格兰银行的人”。

索罗斯成功狙击英镑，是现代国家货币战争的缩微版。也正是索罗斯所代表的国际投机资本，在全球外汇市场发动了一次又一次的看不见硝烟的战争，1997 年东南亚的金融危机就是这次欧洲汇率体系内货币战争的翻版。

（二）麦金农等人的发展与完善

罗纳德·麦金农（Ronald McKinnon）提出以经济的高度开放性作为确定最适度货币区的标准，从而进一步发展了蒙代尔的理论。

麦金农认为，当涉及单一货币区内国家集团的不同情况（如在欧共体内），或者当单个国家内资源流动性极低时，有必要研究是什么经济特征决定了单一货币区的最佳大小。麦金农将社会总产品区分为可贸易商品和不可贸易商品。经济开放性与可贸易商品在社会总产品中的比重呈正相关关系，该比重越高，说明该国经济越开放。麦金农认为，一个经济高度开放的小国难以采用浮动汇率，一是由于经济高度开放，市场汇率稍有波动，就会引起国内物价的剧烈波动；二是在一个进口在消费中占有很大比重的高度开放的小国中，汇率波动对居民实际收入的影响非常大。麦金农强调，一些相互间贸易关系密切的经济开放的国家应组成一个相对封闭的共同货币区，在区内实行固定汇率安排，而与区外国家之间则实行浮动汇率安排。

二、欧元创立的背景

第二次世界大战后，欧洲各国为振兴经济，开始构思经济、货币一体化的蓝图。欧洲支付同盟成立，这是欧洲货币一体化的开端。欧洲支付同盟本质上为清算同盟，其成立的最主要目的是对欧洲各国间的债权债务实行多边抵销，提高成员国间货币的自由兑换性，促进欧洲经济合作组织的自由贸易。该同盟是由参加欧洲经济合作组织的成员国签约成立的。

欧元诞生分为三个阶段：第一阶段是从 1990 年 7 月 1 日开始，到 1993 年 12 月 31 日结束，这是欧元创立的准备阶段。这一阶段的主要任务是实现欧共体内资本的自由流动，制定和实施加入货币联盟的章程。第二阶段即中期阶段，从 1994 年 1 月 1 日到 1998 年 12 月 31 日，这一阶段的主要任务是通过协调各成员国之间的经济与货币政策，为欧洲中央银行的正常运行建立必要的管理机构及相应框架。第三阶段是欧元正式启动阶段，从 1999 年 1 月 1 日到 2002 年 6 月，这一阶段的主要任务是通过欧洲中央银行体系的建立及其政策实施，尽快推出欧元，使其在银行和金融业务中占主导地位，为日后欧元在欧元区内成为唯一法定货币创造条件。

三、欧元的出现对现行国际货币体系的影响

欧元的出现发展了多元化的国际货币体系，有利于世界范围内汇率的稳定，同时也为国际货币体系改革提供了一条重要的思路，对现行的国际货币体系产生了深远的影响。

（一）对国际储备体系的影响

欧元出现以前的多元化国际储备体系可以概括为美元主导下的美元、日元、德国马克和 SDR 并存的体系。欧元在 2002 年 6 月 30 日正式成为欧洲货币联盟范围内的唯一合法通货后，带来对美元的国际储备体系中主导地位的挑战以及对 SDR 作为国际储备地位存在的挑战。

SDR 在设立之初的目标是成为世界主要清偿力，但这一目标一直未达成，原因就在于 SDR 的内在缺陷。同样，作为跨国界的国际清偿力创造的欧元，其在天然禀赋上优于 SDR。这是因为：（1）从作为信用货币其价值所必须依靠的信用源泉来讲，统一的中央银行显然要比国际货币基金组织在国际储备货币创造上的作用强大得多；（2）从货币流通手段的角度考察，在非官方结算中，SDR 的作用可以忽略不计，而欧元在非官方结算中较受欢迎。因此，欧元的挑战会动摇 SDR 作为国际储备货币的地位。

（二）为世界货币的发展起到示范作用

汇率制度安排多样化、黄金非货币化以及国际协调艰难，是目前的牙买加体系之所以被称为“无体系”的重要原因。欧元将以其汇率稳定、跨国界的协调及统一的中央银行对这一“无体系”直接提出挑战，并且统一的欧元将是人类历史上第一次可用于非官方结算的跨国界信用货币的一种创造。它的诞生及其后的发展将为未来统一世界货币提供经验，并将为其他区域性经济合作组织起到示范作用。

四、欧元区的运行困境

欧元产生之后，由于欧元区经济总量及其在国际贸易和国际金融中的地位同美国不相上下，欧元无可争议地成为美元最大的竞争对手，在各国持有的国际储备货币中，欧元的地位仅次于美元位列第二。然而，欧元的运行面临着重重困境，最终以欧债危机的形式爆发。欧洲债务危机始于希腊。2001 年至 2007 年，希腊利用加入欧元区的便利条件，国内生产总值年均增长近 4%，超过欧盟平均水平，然后，这一增长的 70%是靠借贷拉动的。与此相对应，希腊的工资增长速度远远高于经济增长，2008 年一度攀至 8%，工资增长与劳动生产率的脱节拖累了希腊经济的竞争力。在经济繁荣时期，希腊没有调整其财政结构和经济结构，以降低财政赤字和巨额债务。2009 年金融风暴来袭，希腊经济泡沫率先破灭，财政赤字 2009 年为 GDP 的 14.3%，2010 年更是飙升至 32.4%。此后，葡萄牙、意大利、西班牙先后陷入债务危机，面对这场危机，德、法等欧盟核心国初期迟迟达不成救援协议，甚至一度产生将希腊等国抛出欧元区的想法，欧元体制实际上是欧债危机发生的根源。欧洲统一货币联盟对于欧元区国家的益处不言而喻，葡萄牙、西班牙、希腊、爱尔兰等正是依托欧元区通畅的贸易条件和低廉的融资成本，从而大幅举债投资而获得了危机之前经济的快速发展。欧元体制自其诞生时便存在着不可克服的痼疾。

（一）统一的货币政策与各国独立的财政政策的不协调

欧元区将货币政策集中到欧洲央行，从而使得欧洲中央银行成为独立性最高的中央银行，但同时也使得各国失去了使用本国货币政策调节本国经济这一重要的总需求管理政策。为了约束各国滥用财政政策，欧洲联盟出台了《稳定与增长公约》，该公约规定各国财政赤字占 GDP 的比重不能超过 3%，债务余额占 GDP 比重不能超过 60%。统一的货币政策面对不同发展水平的欧洲各国，必然会产生不一样的结果：经济过热的国家要求紧缩型的货币政策，而经济低迷国家则需要宽松政策刺激经济增长。危机之前，北欧强国需要软欧元来推动其出口的不断扩大，而南欧弱国则需要欧元的坚挺以利于吸引外资。

（二）欧元区没有统一的转移支付制度

欧洲各国面对外来危机冲击时可以采用的刺激经济增长的手段匮乏，经济联盟的进程与政治、文化联盟进程不统一。欧盟或者欧元区从本质来说是欧洲为实现统一的大欧洲而在经济金融领域的高度合作，但是由于政治联盟进程的明显滞后，共同货币的成本和收益不均导致欧洲各国产生离心力，很难推动欧洲联盟的进一步统一。欧债危机初期德、法等核心国家的救助方案迟迟无法达成一致即说明了这一点。

（三）欧洲联邦对财政政策的监督缺乏力度

欧洲联邦对财政政策的监督缺乏力度是导致欧洲债务危机的最直接原因，欧盟的财政监测体系存在重大制度性缺陷。尽管《稳定与增长公约》对各国的财政状况进行了严格的约束，但由于缺乏有效的监督和检查机制，这样的约束在实际上并未发挥效力。以希腊为例，2000 年至 2008 年，其报送给欧盟委员会的财政赤字占 GDP 的比重远低于其实际值，早在 2000 年，希腊的实际财政赤字占 GDP 的比重就超过了 3%的红线，而其报备的财政赤字与 GDP 比重仅为不足 1%；2001 年更是将超过 3%的财政赤字报备为财政预算盈余。

2004 年和 2008 年的实际财政赤字与 GDP 占比均超过 7%。

专栏 8-4

最适度货币区理论提出者——罗伯特·蒙代尔

早在 20 世纪 60 年代，蒙代尔就富有远见地预言，在一个更加开放的经济体系中，汇率变动和资本高度流动对经济政策会产生极大影响。他以一篇论及“最适度货币区”的文章奠定了欧元理论，最终促使欧元顺利出台。当时只有 30 岁的蒙代尔在自己的文章里提出这样一个问题：“一些国家什么时候会愿意放弃货币主权，而去使用一种共同货币呢?”按照他的设想，西欧各国经济水平相近，相互之间要素流动性较高，可以组成一个货币区，区域内各成员的货币相互之间实行固定汇率，甚至使用同一货币。他的这个设想指引欧洲的决策者把欧元从一个纸面上的概念变成今天的现实。

蒙代尔的贡献在于开放条件下宏观经济稳定政策分析以及对最适度货币区的分析。尽管几十年过去了，蒙代尔的贡献仍显得十分突出，并构成了国际宏观经济学教学的核心内容。

开放条件下宏观经济稳定政策理论认为，不同汇率制度对宏观经济的影响存在巨大差别。在浮动汇率下，货币政策效果明显，财政政策软弱无力，而在固定汇率下，结果与此相反。这个结论对各国的金融实践有很深远的影响。它很清楚地表明了一个原则，即当一国面临的外部冲击，主要是由国际资本流动所造成的时候，固定汇率制应该是较为理想的汇率制度。

专栏 8-5

欧元数字货币的实践

2018 年 11 月，欧洲央行首次对央行数字货币表现出正面态度，宣布可能像发行加密货币一样，基于分布式账本技术发行自己的数字货币。2019 年底，欧洲央行成立了一个专家工作组，并与各成员国央行密切合作，研究欧元区央行数字货币建立的可行性、优点及可能的影响。以此为基础，欧洲央行及欧元区成员国进行了一系列央行数字货币实验。2020 年 9 月，欧元系统央行数字货币高级别工作组启动了数字欧元的实验工作，对数字欧元分类账、隐私和反洗钱、限制流通中的数字欧元、离线访问等领域进行了实验，以评估并进一步了解《数字欧元报告》中确定的设计选择的技术可行性。实验表明，上述领域都没有重大的技术限制，能够满足数字欧元的设计要求，但对于部分解决方案，还需要确认是否能够以面向公众的零售数字欧元方式加以实施。2020 年，法国央行与多方合作，积极开展了央行数字货币的多项实验，包括：与欧洲投资银行和法国兴业银行合作，在区块链上使用央行数字货币进行证券结算实验；与国际清算银行以及瑞士央行联合开展“Jura 项目”，实验央行数字货币进行跨境支付和结算等，在测试数字欧元的潜力方面发挥了重要作用。2020 年底，意大利银行协会宣布开展数字欧元实验，主要集中在两个方面：技术基础设施的可行性和分布式账本技术支持的货币可编程性应用场景。德国央行2021年3月测试了一种基于区块链的分布式电子证券分类账，并研究将区块链技术和智能合约与传统支付方式结合使用。其他多个欧元区成员国央行都进行了侧重点不同的央行数字货币实验。

第六节 国际金融组织

国际金融组织又称国际金融机构，是指从事国际金融经营与管理等业务活动，并具有超国家性质的金融组织。国际金融组织的概念有狭义和广义之分。狭义的国际金融组织是指政府间的国际金融组织，即两个或两个以上国家的政府为了实现共同的经济金融目标、依共同缔结的条约或协定而建立的具有特定金融职能的常设性组织实体。广义的国际金融组织还包括各种民间国际金融组织。

一、国际金融组织概述

（一）国际金融组织的产生与发展

国际金融组织多以银行形式出现，少数采取了基金组织、协会或金融公司等形式。

第一次世界大战前没有国际金融组织。当时实行金本位制，货币汇率比较稳定，主要资本主义国家的国际收支多呈现顺差，货币信用关系及国际结算制度尚未真正建立起来，国际金融领域的矛盾并不尖锐。

第一次世界大战结束后，德国按照《凡尔赛和约》从1924年起支付战争赔款。到1928年，德国声称发生经济危机，无力赔付逐年增加的战争赔款，要求减少。1930年1月，为处理德国无力赔款问题，由英国、法国、意大利、德国、比利时和日本六国的中央银行，以及代表美国利益的摩根银行、纽约花旗银行和芝加哥花旗银行三大银行组成的银团在瑞士巴塞尔联合成立了国际清算银行，这是最早建立的国际金融组织。

第二次世界大战后，多数西方国家的经济遭受了严重的破坏，各国普遍希望建立一个稳定的国际货币金融体系，为各国的经济复兴提供资金。1944年7月，44个国家在美国布雷顿森林举行“联合国货币金融会议”，通过了《国际货币基金组织协定》和《国际复兴开发银行协定》。

1945年12月，国际货币基金组织和国际复兴开发银行两个国际性金融组织正式成立。后来国际复兴开发银行（世界银行）又设立了四个附属机构，统称为世界银行集团。至此，以国际清算银行、国际货币基金组织、世界银行集团为主体的国际金融组织体系初步形成。

20世纪50年代末至70年代，许多发展中国家为了发展经济，迫切需要解决资金短缺问题。为此发展中国家联合组建了许多区域性的金融机构。与此同时，西方国家为适应资本国际化流动及世界经济一体化和全球化发展的趋势，也纷纷建立各种形式的区域性国际金融组织。

西欧共同体1957年创立的欧洲投资银行是最早出现的区域性国际金融机构。后来，拉美的泛美开发银行、亚洲的亚洲开发银行、非洲的非洲开发银行和中东的阿拉伯货币基金组织先后成立，这些区域性国际金融机构的出现，标志着区域性国际金融组织的产生。

（二）国际金融组织的分类

1. 国际金融组织按地区范围划分

按地区范围的不同，国际金融组织可分为全球性金融组织和区域性金融组织。

（1）全球性金融组织由遍及全球的成员构成，以国际货币基金组织和世界银行集团为代表。

（2）区域性国际金融组织主要由某一地区的成员组成，又可细分为以亚洲开发银行、非洲开发银行、泛美开发银行、欧洲开发银行等为代表的区域范围的国际金融组织和以欧洲中央银行、亚洲清算联盟、阿拉伯货币基金组织、西非开发银行、中非国家开发银行、加勒比开发银行等为代表的局部地区的国际金融组织。

2. 国际金融组织按其职能划分

按照职能的不同，国际金融组织可作如下划分：

（1）从事国际金融事务的协调和监督的国际金融组织，如国际货币基金组织和阿拉伯货币基金组织等。

（2）从事各种国际信贷业务的国际金融组织，如世界银行集团和亚洲开发银行等。

（3）从事国际结算等清算活动的国际金融组织，如国际清算银行、亚洲清算联盟等。

（4）以提供贸易融资为基本业务的国际金融组织，如拉丁美洲出口银行、阿拉伯-拉美银行等。

（三）国际金融组织建立的目的及作用

1. 建立目的

国际金融组织建立的主要目的是进行国际金融协调，以维持国际货币金融体系的稳定。

2. 作用

国际金融组织发展的作用主要体现在以下方面：

（1）制定并维护共同的国际货币制度，稳定汇率，保证国际货币体系的正常运转，促进国际贸易增长。20 世纪 70 年代之前，国际金融组织协调维护布雷顿森林体系下的固定汇率制度。布雷顿森林体系崩溃后，国际金融组织承担了监控汇率波动及解决汇率争端的重任，以避免汇率过度波动带来的经济冲击。

（2）承担最后贷款人的角色。为出现短期国际收支逆差的国家提供短期资金，以在一定程度上缓和国际支付危机。1997 年亚洲金融危机时，国际金融组织为危机国家和地区提供紧急援助，避免这些国家的经济走向崩溃。

（3）为发展中国家的经济发展和改革计划提供长期资金帮助，促进发展中国家的经济发展。如国际开发协会提供的开发信贷。

（4）创造国际支付工具，调节国际清偿能力，应付世界经济发展的需要。如国际货币基金组织发放的普通提款权和特别提款权。

二、国际货币基金组织

国际货币基金组织（International Monetary Fund，IMF）是根据1944年7月在美国布雷顿森林召开的"联合国货币金融会议"上通过的《国际货币基金协定》而设立的。1945年12月正式成立，总部设在美国首都华盛顿，是联合国的一个专门机构，目前已有190个国家或地区加入了该组织。我国于1980年4月恢复了在国际货币基金组织的合法席位。

（一）国际货币基金组织的责任和宗旨

1. 国际货币基金组织的责任

国际货币基金组织的主要责任是确保各国相互交易所依赖的汇率体系及国际支付体系的稳定。

2. 国际货币基金组织的宗旨

按照《国际货币基金协定》第1条的规定，国际货币基金组织的宗旨可概括为：

（1）通过设立一个就国际货币问题进行磋商与合作的常设机构，促进国际货币领域的合作。

（2）促进国际贸易的扩大和平衡发展，并借此提高和保持高水平的就业率和实际收入水平，开发各成员国的生产性资源，并以此作为经济政策的首要目标。

（3）促进汇率的稳定，保持成员国之间有秩序的汇兑安排，避免竞争性通货贬值。

（4）协助在成员国之间建立经常性交易的多边支付体系，取消阻碍国际贸易发展的外汇限制。

（5）在具有充分保障的前提下，向成员国提供暂时性普通资金，以增强其信心，使其能有机会在无须采取有损本国和国际繁荣措施的情况下，纠正国际收支失衡。

（6）根据上述宗旨，缩短成员国国际收支失衡的时间，减轻失衡的程度。

3. 国际货币基金组织的基本职能

（1）向会员国提供短期信贷。

（2）调整国际收支的不平衡。

（3）维持汇率的稳定。

（二）国际货币基金组织的组织结构

《国际货币基金协定》第12条约定了国际货币基金组织的组织结构，国际货币基金组织由理事会、执行董事会、总裁及工作人员构成。

1. 理事会

理事会是国际货币基金组织的最高决策机构。它由每个成员国的一名理事和一名副理事组成。理事由成员国任命，通常由财政部部长或中央银行行长担任。理事会将其大部分权力授予执行董事会，但保留以下权力，即批准增加份额、分配特别提款权、接受新成员国、强制取缔成员国资格，以及修订《国际货币基金协定》和《附则》。理事会负责选举或任命执行董事，并对与《国际货币基金协定》解释有关的问题作出最终裁决。

2. 执行董事会

执行董事会是国际货币基金组织的常设决策机构，负责开展国际货币基金组织的日常业务，并行使由理事会授予的权力。执行董事会讨论国际货币基金组织工作的所有方面，从国际货币基金组织工作人员对成员国经济健康状况的年度检查，到与全球经济有关的政策问题。

3. 总裁及工作人员

国际货币基金组织总裁是执行董事会主席，也是国际货币基金组织工作人员的首领。总裁由执行董事会任命，任期5年，可连任，并由3名副总裁协助。国际货币基金组织的理事和执行董事可以提名基金组织任何成员国的公民担任总裁。执行董事会可以通过多数票方式选出总裁，但过去一直是按协商一致原则任命的。

4. 决策机制

国际货币基金组织通常根据协商一致原则作出决定，但重大决策由成员国投票表决。每个成员国的总票数等于基本票数和以份额为基础的票数之和。以份额为基础的票数是按份额每10万特别提款权分配一票。成员国认缴的份额越多，所获票数越多，表决权也就越大。

（三）国际货币基金组织的资金来源

国际货币基金组织用于贷款的大部分资金是由成员国提供的。

1. 会员国认缴的份额

份额是国际货币基金组织最基本的资金来源，以基金组织的记账单位特别提款权（SDR）计值。

国际货币基金组织对每个会员国分配份额，份额大致基于成员国在世界经济中的相对规模。份额决定成员国对国际货币基金组织资金的最大出资规模，决定成员国投票权的多少以及成员国可以从国际货币基金组织借款或提款额度的多少。

2. 借款

国际货币基金组织设有两项常备多边借款安排：借款总安排和扩大的新借款安排。若国际货币基金组织认为其份额无法满足成员国的需要时，如遭遇重大经济危机，国际货币基金组织可以启动这些安排。

借款总安排又称借款总协定，是国际货币基金组织和美国、英国、德国、法国、日本、比利时、意大利、荷兰、加拿大、瑞典等十个发达国家（即十国集团）于1962年达成的金融协定。国际货币基金组织在国际短期资本发生大规模流动、可能引起货币危机时，有权从这十个国家借入资金，贷给国际收支有困难的国家。

新借款安排，是国际货币基金组织于1997年1月与25个成员国和地区达成的金融协定，参加的成员国和地区可以使用国际货币基金组织的340亿特别提款权，以解决重债务国的债务危机。2010年4月，新借款安排扩大至3 675亿特别提款权，新增13个出资成员国，包括一些新兴市场国家，这项大规模增资行动提供了巨额资金。扩大的新借款安排于2011年3月11日生效，已启动多次，最长期限为6个月。

另外，国际货币基金组织还签署了多个双边贷款协议和债券购买协议，以作为份额的补充。这些资金作为国际货币基金组织份额和新借款安排资源的第二道防线。

3. 出售黄金

国际货币基金组织持有约9 050万金衡制盎司的黄金，是全球第三大黄金官方持有者。《国际货币基金协定》严格限制黄金的使用。但如果获得成员国投票权 85%的多数同意，国际货币基金组织可以出售黄金或接受成员国以黄金支付，但国际货币基金组织不能购买黄金或参与其他黄金交易。

此外，捐款和经营收入也构成国际货币基金组织少量的资金来源。

（四）国际货币基金组织的业务

1. 汇率监督

为了保持汇率稳定，防止国际货币体系发生危机，国际货币基金组织对各国、地区和全球经济和金融发展进行检查。国际货币基金组织的监督工作包括对各成员国政策进行评估并提供建议的双边监督以及多边监督。

（1）双边监督。

国际货币基金组织的经济学家每年会访问成员国一次，与政府和央行交换意见，并研讨该国是否存在威胁内部和外部稳定的风险，从而需要在经济或金融政策方面作出调整。返回总部后，工作人员向国际货币基金组织执行董事会提交一份报告，执行董事会的意见随后转交该国有关当局。

（2）多边监督。

国际货币基金组织对全球和区域经济发展趋势进行检查，分析成员国政策对全球经济产生的溢出效应。其多边监督的主要手段是定期出版物，包括《世界经济展望》《全球金融稳定报告》《财政监测报告》等。

2. 贷款

国际货币基金组织的核心职责是向面临实际或潜在国际收支困难的成员国提供贷款。贷款帮助成员国重新建立国际储备、稳定本国货币、恢复强劲经济增长。

（1）贷款程序。

国际货币基金组织通常应成员国的要求提供资金。根据所使用的贷款工具，国际货币基金组织会要求成员国为解决国际收支问题实施具体的经济政策和措施。执行董事会批准后，国际货币基金组织的资金会随措施的实施分阶段发放。

（2）贷款工具。

多年来，国际货币基金组织针对各成员国的具体情况制定了各种贷款工具，主要分为两类：针对低收入成员国的优惠贷款工具和收取与市场挂钩利率的非优惠贷款工具。

① 优惠贷款工具。

国际货币基金组织对低收入国家的新的优惠贷款机制于 2010 年 1 月在减贫与增长信托下生效，目的是使国际货币基金组织的资金支持更加灵活，并更好地适应低收入国家的不同需要。

② 非优惠贷款工具。

国际货币基金组织的所有非优惠贷款均收取与市场挂钩的利率。对超过一定贷款限额的大额贷款还收取附加费。收费率以特别提款权利率为基础。成员国可向国际货币基金组织借款的最高数额称作“贷款限额”。贷款限额因贷款类型而异，但通常是成员国在国际货币基金组织份额的倍数。

3. 技术援助和培训

国际货币基金组织提供技术援助和培训，其目的是帮助成员国增强其设计和有效实施政策的能力，包括税收政策和征管、支出管理、货币和汇率政策、银行和金融体系监管、立法框架和统计等领域。技术援助旨在帮助各国建立更有效的机构、法律框架和政策，以促进经济稳定增长。

三、世界银行集团

世界银行集团（World Bank Group，WBG）由五个独立的机构组成：国际复兴开发银行（International Bank for Reconstruction and Development，IBRD）、国际开发协会（International Development Association，IDA）、国际金融公司（International Finance Corporation，IFC）、多边投资担保机构（Multilateral Investment Guarantee Agency，MIGA）和国际投资争端解决中心（International of Investment Disputes，ICSID）。

（一）国际复兴开发银行

国际复兴开发银行是全球发展合作机构，与成员国密切合作，推动各国实现平等、可持续经济增长，解决区域和全球经济、环境可持续发展等重要领域的紧迫问题。国际复兴开发银行通过提供贷款、担保、风险管理产品和发展经验，协调区域和全球行动，以实现消除绝对贫困，促进共享繁荣的目标。在国际金融市场上，通常将国际复兴开发银行称为世界银行（以下简称世行）。

1. 国际复兴开发银行的宗旨

《国际复兴开发银行协定》第1条规定了世界银行的宗旨，具体如下：

（1）促进生产目的的投资，协助成员国境内的复兴与开发，并鼓励不发达国家生产和资源的开发。

（2）利用担保或参加私人贷款及其他私人投资的方式，促进外国私人投资。

（3）鼓励国际投资以发展成员国生产资源的方式，促进国际贸易长期均衡发展，维持国际收支平衡，提高生产能力和生活水平，改善劳动条件。

（4）对与其他国际性贷款有关的更有用和更迫切的项目，优先提供贷款和担保。

世界银行向会员国提供长期贷款，促进经济复苏，协助发展中国家发展生产，开发资源，起到配合国际货币基金组织贷款的作用。

2. 国际复兴开发银行的组织结构

国际复兴开发银行设置理事会、若干执行董事、行长及其他官员和工作人员。

（1）理事会。

世界银行的最高权力机构是理事会，理事会由每个成员国任命的一名理事和副理事组成。

如果一个国家同时是世行、国际金融公司或国际开发协会成员国，其任命的理事和副理事同时也担任国际金融公司和国际开发协会理事会的理事和副理事，也可在国际投资争端解决中心行政理事会中担任本国的代表。多边投资担保机构的理事和副理事单独任命。

世行的所有权力由其最高决策机构理事会掌管，理事会将大部分权力下放给了执行董事会。

（2）执行董事会。

理事会下设执行董事会，负责处理银行的日常业务，行使理事会所委托的一切权利。执行董事会成员包括世界银行行长和25名执行董事。执行董事会以简单多数方式选举世界银行行长兼董事会主席。

（3）行长及工作人员。

行长由执行董事会选出，为银行工作人员的主管，在执行董事会的指导下处理银行日常业务，并在执行董事会的管理下负责官员和工作人员的组织、任命及辞退。行长、官员和工作人员在执行其任务时，应完全对银行负责，而不对其他官方负责。

（4）决策方式。

世界银行和国际货币基金组织一样，采用加权投票制，成员国通过投票参与决策活动。根据国际货币基金组织给予成员国的配额确定配给每个世行新成员国的股份数量。

3. 国际复兴开发银行的资金来源

（1）成员国实际缴纳的股本。

参加世界银行的成员国都需认股，认缴额按申请国的经济和财政力量分摊。《国际复兴开发银行协议条款》规定，世行成员国资格面向国际货币基金组织的所有成员国开放，按照国际货币基金组织分配给该国的份额确定分配给每个世行新成员国的股份数量。

（2）通过发行债券取得借款。

借款是世界银行的主要资金来源，主要有两个渠道：直接向成员国政府、政府机构或中央银行发行中短期债券；在国际资本市场上通过投资银行、商业银行等中间包销商向私人投资者出售中长期债券。

（3）债权转让。

20世纪80年代以来，世界银行经常将贷出的债权有偿转让给商业银行为主的私人投资者，以提前收回一部分资金，转为新贷款的资金来源，扩大贷款能力。商业银行也借此机会利用世界银行的投资能力获得比较安全的投资渠道。

（4）留存的业务净收益。

世界银行几乎年年都有巨额的净收益，它除将一部分净收益以赠款形式拨给国际开发协会外，其余均充作本身的储备金，成为发放贷款的一个资金来源。

4. 世界银行的主要业务活动

（1）发放贷款。

世行贷款有两种基本类型：投资贷款和发展政策贷款。

① 投资贷款。未拖欠世行集团贷款的国际复兴开发银行和国际开发协会借款国可以获得投资贷款。投资贷款为减贫与可持续发展所需的各类工程性和社会基础设施建设活动提供资金。绝大部分投资贷款属于特定投资贷款或部门投资与维护贷款。技术援助贷款、金融中介贷款以及紧急恢复贷款均属于此类。

② 发展政策贷款。未拖欠世行集团贷款的国际复兴开发银行和国际开发协会借款国及同意实行可监测的政策与制度改革以及有效的宏观经济管理的国家可以获得发展政策贷款。发展政策贷款向需要外部融资的国家提供快速援助，以支持某个部门或整个经济领域

的结构性改革。

（2）赠款。

世行的赠款由世行直接资助，或通过伙伴合作方式管理。大部分赠款旨在鼓励创新、同其他组织合作以及各利益相关方在国家和地方层面进行合作。捐赠机构委托世行管理的信托基金与世行资金分开，设有单独账户，包括技术援助和咨询服务、减债和冲突后过渡。

（3）担保。

世行的担保工具基本上提供三种担保方式：

①部分风险担保（PRG），对商业贷款的债务偿还违约提供担保，通常用于私营部门项目，这种违约是由于政府未能履行对项目具体的合同义务造成的。

②部分信用担保（PCG），对商业贷款特定部分的债务偿还违约提供担保，通常用于公共部门项目。

③基于政策担保（PBG），为帮助借款人获得用于为与政策和机构改革相关的一般性预算借款提供担保。

上述三种方式都可向有资格获得国际开发复兴银行贷款的国家提供，但目前只有部分风险担保可向只能获得国际开发协会贷款的国家提供。所有世界银行担保都要求成员国的反担保。

（4）技术援助。

向会员国提供技术援助也是世界银行业务活动的重要组成部分。这种技术援助是与贷款结合在一起的，世界银行派出人员、专家帮助借款国进行项目的组织和管理，提高项目资金使用效益。世界银行经常帮助会员国制订社会经济发展计划，为特殊问题提供咨询意见和解决方案。

（二）国际开发协会

国际开发协会作为世界银行的附属机构，是全球最大的提供多边优惠贷款的机构，也是世界银行集团帮助最贫困国家消除绝对贫困与促进共享繁荣两大目标的主要机构。

1. 国际开发协会的宗旨

《国际开发协会协定》第1条规定，协会的宗旨是帮助世界上欠发达地区的会员国促进经济发展，提高生产力，从而提高生活水平，对欠发达国家提供比世界银行条件优惠、期限更长、负担较轻、可用部分当地货币偿还的贷款，以促进会员国经济发展和提高居民的生活水平，从而进一步促进实现国际复兴开发银行的开发目标并补充其活动。

2. 国际开发协会的组织结构

《国际开发协会协定》中的对协会组织结构的约定基本与世界银行一致，从会长到内部机构的人员均由世界银行相应机构的人员兼任，世界银行的工作人员也即协会的工作人员，与世界银行实际上是两块牌子，一套机构。

协会会员国通过投票参与决策，投票权的大小同其认缴的股本成正比。

3. 国际开发协会的资金来源

国际开发协会资金主要来自成员国缴纳的股金、合作伙伴政府定期捐资、世界银行净收入转移、国际金融公司赠款和借款国偿还国际开发协会信贷的回流资金。

(1) 股金。

国际开发协会的初始法定认缴股本金原为10亿美元，其中，发达国家应认缴的股本必须以黄金和可自由兑换的货币交付；发展中国家认缴的股本中，10%须用黄金和可自由兑换的货币支付，其余90%用本国货币支付。

(2) 合作伙伴政府定期捐资。

这是国际开发协会资金的主要来源。由于会员国认缴的股本数额较少，这部分资金不能满足会员国的借款需要，而且国际开发协会规定不能在国际金融市场通过发行债券筹集资金，所以国际开发协会不得不要求会员国（主要是第一类会员国，即发达国家）定期捐款以提供补充资金，共同承担对不发达国家的援助任务。

(3) 世界银行净收入转移。

世界银行从其净收入中拨一部分款项给国际开发协会，作为国际开发协会贷款的资金来源。

4. 国际开发协会的主要业务

国际开发协会的主要业务是向贫困和发展中国家的基础教育、基本医疗卫生服务、清洁水源和环境卫生、环境安全保障、农业、企业营商环境改善、基础设施和体制改革等项目提供无息或低息贷款。

国际开发协会的贷款政策与世界银行的贷款政策基本相同，但两者在贷款对象方面存在显著差别。由于国际开发协会贷款条件具有较大的优惠性，其贷款对象只限于最贫穷的会员国。一个国家能否取得国际开发协会的开发信贷首先取决于该国家的贫困程度。

由于国际开发协会的贷款基本上都是免息的，故称软贷款，条件较为严格的世界银行贷款称为硬贷款。

（三）国际金融公司

国际金融公司是世界银行因原有国际金融组织体系缺乏刺激民间投资的手段，于1956年设立的专门对成员国私人企业提供贷款的国际金融机构。国际金融公司的政策由成员国共同决定。目前，国际金融公司在100多个发展中国家开展工作，为新兴市场的企业和金融机构创造就业、创造税收、改善企业治理和环境绩效提供支持。

1. 国际金融公司的宗旨

《国际金融公司协定》第1条约定了国际金融公司的宗旨：通过对会员国，特别是欠发达地区会员国的私营企业提供无须政府担保的贷款与投资，鼓励国际私人资本流向发展中国家，支持当地资金市场的发展，推动私人企业的成长，促进成员国经济发展，并以此作为国际复兴开发银行各项活动的补充。

2. 国际金融公司的组织结构

《国际金融公司协定》对国际金融公司组织结构的约定基本与世界银行保持一致，公司的内部机构和人员多数由世界银行相应的机构、人员兼任，其执行董事会主席由世界银行行长兼任，履行监督职责，但日常具体工作由总裁负责执行。国际金融公司与国际开发协会最大的不同就在于拥有自己的总裁和一些独立机构。

国际金融公司在法律和财务上虽是独立的国际金融组织，但实际也是世界银行的附属机构。

3. 国际金融公司的资金来源

国际金融公司的资金来源包括：

（1）会员国认缴的股金，这是公司最主要的资金来源。

（2）通过发行国际债券，在国际资本市场借款。国际金融公司每年在国际市场上筹集大量资金，这些资金一部分是在发达国家市场筹集，同时也来自很多发展中国家市场。

（3）世界银行与会员国政府提供的贷款。

（4）贷款与投资的利润收入。

4. 国际金融公司的主要业务

国际金融公司的贷款和投资只面向发展中国家的私营中小企业，而且也不要求会员国政府为偿还贷款提供担保。国际金融公司在帮助私营部门以能够增加价值的方式创造机会方面拥有特殊的优势。

（1）投资服务。

① 贷款。

国际金融公司使用自有资金，以贷款的方式向项目和企业提供融资，期限一般为7～12年。国际金融公司的贷款以发达国家的货币作为计价货币。

② 股权投资。

股权投资为私营企业发展提供长期资本。国际金融公司对企业投资参股，持股比例一般为5％～20％。

③ 全球贸易计划。

国际金融公司全球贸易融资计划为经过核准的金融机构提供与贸易相关的付款义务担保。

④ 联合贷款计划。

联合贷款计划是国际金融公司中历史最悠久、规模最大的联合贷款计划，是为满足发展需求而筹集资本的一个重要工具。联合贷款大部分是借给基础设施部门的借款人。

⑤ 结构化融资。

国际金融公司运用结构化和证券化产品，提供客户无法轻易从其他渠道获得、具有高成本效益的融资，包括部分信用担保、组合风险转移、证券化融资。

⑥ 客户风险管理。

国际金融公司向客户提供衍生产品，使其用于对冲利率、货币或初级商品价格风险。国际金融公司担任发展中国家的客户与衍生产品做市商之间的中介，让客户得以全面参与风险管理产品市场。

⑦ 混合融资。

国际金融公司将优惠资金与自有资金混合在一起，用于资助开展各类计划，取得原本无法实现的发展成效。

（2）咨询服务。

国际金融公司的咨询服务工作包括为发展中国家中央及地方政府改善投资环境和建设

基础设施出谋划策；帮助企业改进企业治理，强化风险管理，并提高财务、环境和社会的可持续发展。

(3) 资产管理。

国际金融公司下设资产管理公司，筹集和管理资金，让投资者能够利用国际金融公司的新兴市场投资渠道并扩大对新兴市场的长期资本供应，从而利用国际金融公司的全球网络、标准、投资模式和业绩记录，在推进国际金融公司长期发展目标的同时，为投资者创造利润。

(四) 多边投资担保机构

多边投资担保机构是世界银行集团最新的成员，其主要任务是鼓励会员国之间，尤其是向发展中国家会员国投资，以补充世界银行、国际金融公司和其他国际开发金融机构的活动。其业务包括：(1) 在会员国从其他会员国得到投资时，对投资的非商业性风险予以担保，包括共保和分保。(2) 开展合适的辅助性活动，以促进发展中国家会员国之间的投资活动。(3) 为推进其目标，行使其他必要和适宜的附带权力。

多边投资担保机构设有理事会、执行董事会、主席及总裁和职员，以履行机构所确定的职责。执行董事会主席由世界银行行长兼任，履行监督职责，但日常具体工作由总裁负责执行。

多边投资担保机构提供担保的非商业性风险包括：(1) 由于投资所在国政府对货币兑换和转移的限制而造成的转移风险。(2) 由于投资所在国政府的法律或行政行动而造成投资者丧失其投资所有权、控制权的风险。(3) 在投资者无法求诸司法或仲裁机关，或司法及仲裁机关未能在合理期限内作出裁决，或虽有裁决却无法实施时，政府撤销与投资者签订的合同而造成的风险。(4) 武装冲突和国内动乱造成的风险。

作为担保业务的一部分，多边投资担保机构也帮助投资者和政府解决可能对其担保的投资项目造成不利影响的争端，防止潜在索赔要求升级，使项目得以继续。

多边投资担保机构还与国际金融公司合作开发了政策与咨询服务，为发展中成员国制订投资法、政策和规划提供咨询和技术援助。

(五) 国际投资争端解决中心

国际投资争端解决中心是世界银行下属的非财务机构，根据《解决国家与他国国民间投资争端公约》设立，是一个国际性法人组织。其任务是制定调解或仲裁投资争端规则，受理调解或仲裁投资纠纷的请求，处理投资争端等问题，为解决会员国和外国投资者之间争端提供便利，促进投资者与东道国之间的互相信任，从而鼓励国际私人资本向发展中国家流动。

国际投资争端解决中心设有行政理事会和秘书处，行政理事会主席由世界银行行长担任，负责国际投资争端解决中心各项规章制度的拟订，确定秘书长和副秘书长的服务条件及有关国际投资争端解决中心的重要决策事宜。

国际投资争端解决中心解决争端的程序分为调停和仲裁两种。

四、国际清算银行

国际清算银行是世界上最早的国际金融组织，是 1930 年 5 月 17 日根据《海牙国际协定》由英国、法国、意大利、德国、比利时和日本六国的中央银行，以及摩根银行、纽约花旗银行和芝加哥花旗银行三大银行，共同出资组建的国际金融组织，总部设在瑞士巴塞尔。

1944 年，根据布雷顿森林会议的决议，国际清算银行的使命已经完成，应当解散，但美国仍把它保留下来，作为国际货币基金组织和世界银行的附属机构。

（一）国际清算银行的职责

国际清算银行的职责是为各国中央银行维护货币与金融稳定提供服务，促进国际合作并为中央银行提供银行服务。为实现这一宗旨，国际清算银行开展的活动包括：推动并促进各国中央银行的交流与合作；支持与其他负责金融稳定的机构进行对话；就各国中央银行和金融监管当局面临的政策问题开展研究；作为各国中央银行金融交易的主要交易对手；在国际金融合作中发挥代理人的作用。

（二）国际清算银行的组织机构

国际清算银行是以股份公司的形式建立的，组织机构包括股东大会、董事会、办事机构。股东大会决定国际清算银行的红利和利润分配，批准年报和国际清算银行的账户，决定董事会成员津贴的调整并挑选国际清算银行的外部审计机构。董事会设主席 1 名，同时担任银行行长。董事会的主要职责是决定整个机构的战略及政策发展方向并监督国际清算银行的管理。董事会根据主席建议任命 1 名总经理和 1 名副总经理，就银行的业务经营向银行负责。

（三）国际清算银行的资金来源

虽然国际清算银行的自身定位是非营利性国际金融组织，但它毕竟是中央银行的银行，而且具备一般商业银行的组织构架和运行机制，所以持续、稳定、充足的资金来源是国际清算银行实现其宗旨、履行其职责的重要基础和保证。国际清算银行的资金来源于以下四个方面。

1. 成员国中央银行缴纳的股本

成员国加入国际清算银行需缴纳一定的股本金，作为国际清算银行的启动资金，各成员国的股本金在总股本的比重反映了其在国际清算银行的权利分配关系。随着成员国数量的增加，国际清算银行股本金的规模也在变大。

2. 吸收的存款

吸收存款是国际清算银行的主要资金来源，主要是吸收各国中央银行的存款，包括货币存款和黄金存款。

3. 发行金融市场融资工具

国际清算银行的金融市场融资工具主要有三种：回购协议、固定利率融资工具及期限为 1～5 年的中期融资工具。

4. 储备基金

国际清算银行将运营收入转化为利润，并累积形成储备基金。其中一般储备金主要用于弥补国际清算银行的日常营运损失，如果不足以弥补就启动法定储备基金；自由储备基金可以被董事会用于任何目的；特别股息储备基金用来支付全部或部分的红利。

（四）国际清算银行的主要业务

1. 处理国际清算事务

国际清算银行成立之初主要承担德国战争赔款的清算业务。第二次世界大战后，国际清算银行先后成为欧洲经济合作组织、欧洲支付同盟、欧洲煤钢联营、黄金总库、欧洲货币合作基金等国际机构的金融业务代理人，承担着大量的国际清算业务。

2. 办理或代理有关银行业务

国际清算银行目前可从事的业务主要包括：接受成员国中央银行的黄金或货币存款，买卖黄金和货币，买卖可供上市的证券，向成员国中央银行贷款或存款，也可与商业银行和国际机构进行类似业务，但不得向政府提供贷款或以其名义开设往来账户。世界上很多中央银行在国际清算银行存有黄金和硬通货，并获取相应的利息。

3. 定期举办中央银行行长会议

国际清算银行经常召集成员国中央银行行长会议，商讨有关国际金融问题，协调有关国家的金融政策，促进各国中央银行的合作。

第七节　区域性国际金融机构

一、亚洲开发银行

亚洲开发银行（Asian Development Bank，ADB）创建于1966年11月24日，总部设在菲律宾首都马尼拉，是致力于促进亚洲及太平洋地区发展中成员经济和社会发展的区域性政府间金融开发机构。日本和美国并列为第一大出资国，拥有一票否决权。

（一）亚洲开发银行的宗旨

建立亚洲开发银行的宗旨是通过向成员提供贷款、投资和技术援助，协调成员在经济、贸易和发展方向的政策，并与联合国及其专门机构进行合作，以促进亚太地区的经济发展。

（二）亚洲开发银行的组织结构

《亚洲开发银行宪章》第28章规定，机构的一切决策权归理事会，除宪章中规定必须由理事会执行的权利外，其他由理事会授权给董事会执行。理事会成员每年在年会中正式会晤一次。

亚洲开发银行行长即董事会主席，在董事会的领导下开展亚行的各项业务。行长负责根据董事会制定的规章制度组织、任命和解雇官员及职员。行长由理事会选举产生，任期5年，可连任。同时行长还是亚洲开发银行的法定代理人。以行长为首的管理层包括6名副行长和1名管理总干事，负责监督管理亚洲开发银行业务部门、行政部门和职能部门的工作。董事对亚洲开发银行的财务报告进行监督管理、核准管理预算、复核并批准所有的政策文件和全部贷款、股权和技术援助项目。

（三）亚洲开发银行的资金来源

亚洲开发银行的运营资金来源于普通资金和专项基金。《亚洲开发银行宪章》规定了普通资金和专项基金在任何时候都可以单独持有和使用。

1. 普通资金

普通资金是亚洲开发银行开展业务活动的主要资金来源，它由股本、储备、净收益及从国际资本市场的借款构成，主要用于亚洲开发银行的硬贷款业务，在接近市场利率情况下提供给中等收入成员国。

2. 专项基金

专项基金设立之初便指定用途，主要用于向低收入国家提供专项基金优惠贷款和赠款。目前，专项基金主要由以下基金组成：（1）亚洲发展基金。（2）技术援助特别基金。（3）日本特别基金。（4）亚洲开发银行研究所基金。（5）巴基斯坦地震基金。（6）区域合作和一体化基金。（7）气候变化基金。（8）亚太灾害应急基金。（9）金融业发展伙伴关系专项基金。

（四）亚洲开发银行的主要业务

目前，亚洲开发银行贷款、技术援助和赠款所支持的主要领域包括：农业和以农业为基础的工业、运输、通信、供水和卫生、城市发展、健康和人口、能源、电力及金融行业，促进发展中成员金融体系、银行体制和资本市场的管理、改革和开放。

二、非洲开发银行

非洲开发银行于1963年成立，行址设在科特迪瓦首都阿比让，中国于1985年加入该行，成为正式成员国。其宗旨是为成员国经济和社会发展服务，提供资金支持；协助非洲大陆制定发展规划，协调各国的发展计划，以期达到非洲经济一体化的目标。

三、加勒比开发银行

加勒比开发银行是地区性、多边开发银行。1969年10月18日，16个加勒比国家和2个非本地区成员国在牙买加金斯敦签署协议，成立加勒比开发银行（Caribbean Development Bank，CDB）。1970年1月26日，协议生效。加勒比开发银行总部设在西印度群岛的巴巴多斯首都布里奇顿，该行的宗旨是促进加勒比地区成员国经济的协调增长和发展，推进经济合作及本地区的经济一体化，为本地区发展中国家提供贷款援助。

四、欧洲复兴开发银行

欧洲复兴开发银行简称欧银，成立于1991年。建立欧洲复兴开发银行的设想是由法国总统密特朗于1989年10月首先提出来的。其设立宗旨是：在考虑加强民主、尊重人权、保护环境等因素下，帮助和支持东欧、中欧国家向市场经济转化，以调动上述国家中个人及企业的积极性，促使他们向民主政体和市场经济过渡。其投资的主要目标是中东欧国家的私营企业和这些国家的基础设施。

五、欧洲投资银行

欧洲投资银行是欧洲经济共同体成员国合资经营的金融机构。它根据1957年《建立欧洲经济共同体国际金融机构体系条约》的规定于 1958 年 1 月 1 日成立，1959 年正式开业，总行设在卢森堡。其宗旨是：不以营利为目的，对在欧洲共同体内落后地区兴建的项目，对有助于促进工业现代化的结构改革的计划和有利于共同体或几个成员国的项目提供长期贷款或保证，也对共同体以外的地区输出资本；贷款兴建的项目须对共同体有特殊意义（如改善能源供应），并须经该行总裁委员会特别批准；对与共同体有联合或订有合作协定的国家和地区，一般按协定的最高额度提供资金。

六、美洲开发银行

美洲开发银行成立于 1959 年 12 月 30 日，是成立最早和最大的区域性、多边开发银行，总行设在华盛顿，是美洲国家组织的专门机构，其他地区的国家也可加入，但非拉美国家不能利用该行资金，只可参加该行组织的项目投标。其宗旨是集中各成员国的力量，对拉丁美洲国家的经济、社会发展计划提供资金和技术援助，并协助它们单独地或集体地为加速经济发展和社会进步作出贡献。

七、亚洲基础设施投资银行

亚洲基础设施投资银行（Asian Infrastructure Investment Bank）简称亚投行，于 2014 年 10 月 24 日在北京成立，是一个政府间性质的亚洲区域多边开发机构，重点支持基础设施建设，法定资本 1 000 亿美元，总部设在北京。

（一）成员国

亚投行主要成员国已由初期签署备忘录时的 21 个国家增长到了涵盖世界五大洲的 106 个国家，包括中国、印度、俄罗斯、韩国、印度尼西亚、土耳其、沙特阿拉伯、德国、法国、巴西等国。亚投行在未来仍将吸纳其他国家加入。

（二）股本结构

亚投行法定资本为 1 000 亿美元，初始认缴股本中实缴股本分 5 次缴清，每次缴纳 20%。区域内成员和区域外成员出资比例不同，为 75∶25，成员参照 GDP 比重在各自范围内分配股本。中国作为最大出资国，出资近 30%，这使得中国在亚投行内部拥有强大的影响力。

（三）投票权

亚投行的总投票权由股份投票权、基本投票权以及创始成员享有的创始成员投票权组成。按现有的状况推算，中国投票权占总投票权的 26.06%。随着新成员的不断加入，中方和其他创始成员的股份和投票权比例将被逐步稀释。

（四）组织机构

亚投行设立理事会、董事会、管理层三层管理架构。其中理事会是亚投行的最高决策机构，由各成员国代表组成；董事会负责亚投行的总体运营，为非常驻董事会；亚投行的行长由域内成员产生，各管理层公开选拔，负责亚投行具体事务的执行。亚投行并没有设立常驻董事会。几十年来的经验表明，无论是世界银行还是亚洲开发银行，常驻董事会的设立存在着明显的弊端，因此亚投行并没有设立常驻董事会，而是设立了非常驻董事会。

（五）作用

亚投行是一个重点支持基础设施建设的政府间的亚洲区域多边开发机构，它的设立具有加快亚洲区域性经济一体化发展、提高我国及其他东盟国家在全球经济中的地位、拉动我国经济快速增长等多重影响。

亚投行的作用体现在以下方面：

(1) 促进基础设施的建设。亚投行不仅可以夯实经济增长基础，还会成为基础设施建设的动力引擎。目前海上丝绸之路沿线的国家在基础设施建设方面差距较大，各地域的基础设施配套良莠不齐，基础设施建设水平高低不一，基础设施建设技术发展不平衡，亚投行可以为这些区域的基础设施配套提供解决问题的平台。亚投行通过助力区域经济、网络、信息技术等互通互联建设，可促进网络信息等基础领域的全面发展，并在此基础上，极大地带动区域经济增长。

(2) 推动我国经济的发展。亚投行的设立可以促进各区域投融资平台的建立，使基础设施建设投资力度增强，推动区域经济一体化，为区域经济发展注入新的活力，提高经济发展速度和质量，为我国经济的发展提供了新的契机。亚投行在推动东盟地区区域发展的同时，开发了我国与东盟自贸区的合作潜力，实现中国-东盟自贸区整体升级。

(3) 加快人民币的国际化。亚投行通过对经济增速和金融体系改革产生影响的方式，使人民币成为越来越多国家的储备货币。一方面可以解决人民币跨境贸易结算问题，实现缅甸、越南、柬埔寨、新加坡等东盟国家的跨境贸易结算，促进人民币在东盟国家的自由流通。另一方面，通过与周边国家和地区签署双边边贸本币支付结算协定、货币互换协议并建立自贸区等，促进人民币在地域上实现国际化。

(4) 提升我国的金融影响力。亚投行的设立可以在一定程度上提升我国和东盟国家在国际金融体系中的地位，补充推动亚洲发展中国家业务，改变发展中国家落后的改革局面，推进资源的快速流动和利益的合理分配。

亚投行作为一家政府间性质的亚洲区域多边开发银行，一方面按照多边发展银行的模式和规则运行，重点在于资金支持亚洲地区基础设施的建设，另一方面亚投行将作为与世界银行、亚洲开发银行等其他多边及双边开发机构密切合作的平台，促进我国与东盟各国的区域合作，并加强与周边国家的伙伴关系，一起应对全球经济发展带来的机遇与挑战。

专栏 8-6

亚投行七年发展历程

2023 年 1 月 16 日，亚投行迎来开业运营七周年。从七年前的 57 个创始成员国到如今拥有来自世界六大洲的 106 个成员。

1. 坚定践行多边主义，同行伙伴越聚越多

随着非洲国家毛里塔尼亚获批加入亚投行，亚投行已拥有 106 个成员，覆盖全球 81%

的人口和65%的GDP，成为成员数量仅次于世界银行的全球第二大国际多边开发机构。

2. 保持开放，始终敞开大门；共促发展，与合作伙伴携手前行

2022年，亚投行新成立了融资伙伴关系局，拓宽与全球发展领域机构的友好合作关系。此外，亚投行还同欧佩克国际发展基金、拉丁美洲开发银行、德国复兴信贷银行及中国进出口银行等机构建立了合作伙伴关系，共同推动解决全球发展问题。

3. 项目越做越多，公信力不断提升

2018年，孟加拉国帕德玛巴瑞村首次实现电力接入。七年来，像这样通过助力基础设施建设、推动当地经济社会发展、改善人民生活的项目，亚投行已累计批准了202个，融资总额超过388亿美元，带动资本近1 300亿美元。

在坚定支持亚洲域内成员可持续发展的基础上，2022年亚投行加大了对域外成员的融资支持力度，首个巴西项目与首个科特迪瓦项目先后获批。七年来，亚投行的项目分布在全球33个国家，涉及能源、交通、水务、通信、教育、公共卫生等行业领域。

快速增长的业务规模也在推动亚投行不断扩大全球业务布局。继天津办公室2021年设立和启用后，亚投行2022年开始筹建在阿联酋首都阿布扎比的首个海外办事处，拓展在中东、中亚、非洲、拉美等地区的投资业务。

得益于良好的业务发展、审慎的风险控制、高标准的内部治理和管理，亚投行始终保持三大国际评级机构给予的最高AAA级信用评级。

4. 合作质量越来越高，发展越来越快

2020年9月，亚投行出台了首个中期发展战略（2021—2030年），绿色基础设施被列为四大业务重点领域之一。为此，亚投行设立了气候融资目标，即到2025年气候融资至少要占核准融资总额的50%。2022年，亚投行的全年气候融资尤其显著，占比达到55%。

5. 勇于开拓创新，响应多元需求

作为国际多边机构大家庭中的新成员，亚投行创新发展理念、业务模式与机构治理，通过灵活多样的发展融资产品，促进互联互通，推动绿色发展。

2022年6月，亚投行在中国银行间市场成功发行15亿元可持续发展熊猫债。这是可持续发展债券推出后国际多边机构在中国境内发行的首单可持续发展债券，为境内外投资人提供了高质量人民币资产。

亚投行行长金立群表示，站在新的起点，亚投行将继续肩负国际社会，特别是发展中国家对促进共同发展、完善全球经济治理的期待，秉持多边主义，坚持国际化、规范化和高标准经营，积极推动多边对话、深化国际合作，为应对全球性挑战、促进可持续发展作出更大贡献。

资料来源：潘洁．开业运营7周年 亚投行“朋友圈”何以越来越大？［EB/OL］．（2023-01-07）［2024-05-28］．https：//finance. youth. cn/finance _ gdxw/202301/t20230117 _ 14263959. htm.

本章小结

1. 国际货币体系的主要内容包括：汇率制度的确定；规定国际收支的调节方式；国际储备资产的确定等。从1870年的国际金铸币本位制至今，国际货币体系依次经历了国际金铸币本位制、金汇兑本位制、布雷顿森林体系和牙买加体系等几个阶段。

2. 布雷顿森林体系的主要内容有：（1）建立了一个永久性的国际金融机构，即国际货币基金组织，对货币事项进行国际磋商，旨在促进国际货币合作；（2）以美元作为最主要的国际储备货币；（3）实行可调整的固定汇率制；（4）制定了稀缺货币条款。在布雷顿森林体系下，美国与其他国家的外部均衡目标是完全不同的。美国的外部均衡目标体现为保证美元与黄金之间的固定比价和可自由兑换，这就要求美国控制美元向境外输出。其他国家的外部均衡目标体现为尽可能地积累美元储备，这就要求美元大量向境外输出。显然，这两者之间是完全矛盾的，这种矛盾就是著名的“特里芬难题”，特里芬难题最终导致布雷顿森林体系的崩溃。

3. 现行国际货币体系为牙买加体系。牙买加体系的核心内容包括：将已形成的浮动汇率制度合法化；黄金非货币化；国际储备资产多元化，并建议以特别提款权作为主要储备资产；国际收支调节形式多样化，主要通过汇率机制、利率机制、国际货币基金组织的干预和贷款活动来调节国际收支失衡。相对于以前的货币体系，一方面，牙买加体系对促进国际贸易发展、调节国际收支起到了积极的作用，但另一方面，浮动汇率制度导致汇率波动剧烈从而诱发金融危机。

4. 欧元的出现是20世纪国际金融领域的一件大事，它发展了多元化的国际货币体系，有利于世界范围内汇率的稳定，同时它也为国际货币体系改革提供了一条重要的思路。它的出现对现行的国际货币体系将产生深远的影响。

5. 各类国际性和区域性金融机构的发展为加快各国经济发展提供了帮助。

思考题

1. 重要概念

国际货币体系；金币本位制；特里芬难题；汇率目标区；国际金融组织；国际货币基金组织；世界银行集团；国际清算银行；亚洲开发银行；亚洲基础设施投资银行。

2. 简答题

（1）简述国际货币体系的核心内容。

（2）简述国际金本位制的特点。

（3）简述布雷顿森林体系的基本内容。

（4）简述特里芬难题。

（5）简述牙买加体系的主要内容及政策评价。

（6）简述欧元的出现对国际货币体系的影响。

（7）简述现行国际货币体系下的主要改革方案。

（8）简述国际金融组织的作用。

(9) 简述国际货币基金与国际复兴开发银行的宗旨与业务活动。

(10) 简述国际复兴开发银行、国际开发协会、国际金融公司贷款的区别。

(11) 简述各主要国际金融组织的资金来源。

(12) 简述各主要国际金融组织的组织结构。

(13) 简述各主要区域性国际金融组织。

在线自测

扫一扫　练一练

参考文献

1. 钱荣堃，陈平，马君潞．国际金融．天津：南开大学出版社，2002.

2. 刘金波．国际金融实务．2 版．北京：中国人民大学出版社，2013.

3. 斯蒂芬·瓦尔德斯，菲利普·莫利纽克斯．国际金融市场导论：第 6 版．郎金焕，译．北京：中国人民大学出版社，2014.

4. 李玫．国际金融．北京：中国人民大学出版社，2016.

5. 姜波克．国际金融新编．6 版．上海：复旦大学出版社，2018.

6. 梁琦．国际结算．4 版．北京：高等教育出版社，2019.

7. 史燕平，王倩．国际金融市场．3 版．北京：中国人民大学出版社，2020.

8. 李学峰．国际金融市场学．4 版．北京：首都经济贸易大学出版社，2021.

9. 王晓光．国际金融．6 版．北京：清华大学出版社，2022.

10. 托马斯．普格尔．国际金融：第 17 版．沈艳枝，译．北京：中国人民大学出版社，2022.

11. 陈雨露．国际金融．7 版．北京：中国人民大学出版社，2023.

后 记

经全国高等教育自学考试指导委员会同意，由经济管理类专业委员会负责高等教育自学考试《国际金融》教材的审定工作。

《国际金融》自学考试教材由中央财经大学聂利君副教授担任主编，北京工业大学李玫副教授、包头铁道职业技术学院王琦凡高级讲师担任副主编。

参加本教材审稿讨论会并提出修改意见的有中国人民大学王芳教授、中国人民大学王晋斌教授，中央民族大学郭利华教授。全书由聂利君副教授和李玫副教授统稿。

编审人员付出了大量努力，在此一并表示感谢！

全国高等教育自学考试指导委员会
经济管理类专业委员会
2023 年 12 月

图书在版编目（CIP）数据

国际金融 / 聂利君主编. --北京：中国人民大学
出版社，2024.8. --（全国高等教育自学考试指定教材）.
ISBN 978-7-300-33163-8

Ⅰ.F831
中国国家版本馆 CIP 数据核字第 2024FE6283 号

全国高等教育自学考试指定教材

国际金融

（含：国际金融自学考试大纲）
（2024 年版）

全国高等教育自学考试指导委员会 组编
主　编　聂利君
副主编　李　玫　王琦凡
Guoji Jinrong

出版发行 中国人民大学出版社
社　　址 北京中关村大街 31 号　　**邮政编码** 100080
电　　话 010－62511242（总编室）　010－62511770（质管部）
010－82501766（邮购部）　010－62514148（门市部）
010－62515195（发行公司）　010－62515275（盗版举报）
网　　址 http：//www. crup. com. cn
经　　销 新华书店
印　　刷 北京市鑫霸印务有限公司
开　　本 787 mm×1092 mm　1/16　　**版　　次** 2024 年 8 月第 1 版
印　　张 22.5 插页 1　　**印　　次** 2024 年 8 月第 1 次印刷
字　　数 522 000　　**定　　价** 65.00 元